슬기바다 **13**

노자 도덕경과
왕필의 주注

노자(老子) 지음 | 김학목 옮김

홍익출판사

.

.

『노자 도덕경과 왕필의 주』개정판을 펴내며

『노자 도덕경과 왕필의 주』초판이 2000년에 나왔으니, 벌써 10년 이상의 세월이 흘렀다. 그동안 잘못 번역한 곳을 보면서 독자들께 항상 죄송하다는 마음이었는데, 이제 개정판을 내면서 무거운 짐을 내려놓는 심정이다. 옮긴이는 그동안 잠시 기업에서 근무하는 등 여러 가지 사정으로 학문에 전념하지 못하다가 다시 시간이 허락된 5, 6년 전부터는 명리학(命理學)에 빠져『노자 도덕경과 왕필의 주』개정판을 낼 여력이 없었다. 명리학의 논리적 실마리를 찾는 데에 무척 고생하며 몇 년의 세월을 보낸 덕분에 이제 어느 정도 음양오행의 이치가 보이면서 사람의 운명을 알 수 있을 것 같아 그 연구를 잠깐 접어 두고,『노자 도덕경과 왕필의 주』개정판을 낼 여유가 생겼다.

사실『노자 도덕경과 왕필의 주』는 초판을 낸 후 바로 교정을 제대로 하지 않은 것에 대한 후회가 많았다. 그 후 여러 곳에서 강의 교재로 사용하면서 오자와 오역을 바로 잡았지만 강의와 다른 연구 때문에 전체를 다시 검토해서 개정판을 내지 못했는데 이제야 다행스럽게 시간이 허락되었다.

요즘 명리학을 학문적으로 숙성시키면서 책과 논문을 쓰고 있는 가운데 2000년도 전후로 번역해 놓고 출간하지 못했던 조선시대 강화학파 월암 이광려의 『독노자오칙』과 초원 이충익의 『초원담로』를 다시 살필 기회가 생겨 왕필의 『노자주』도 함께 다시 검토를 시작했다. 『독노자오칙』은 『도덕경』에 대한 짧은 논문 형식의 글인데, 그 치밀하고 간결한 논리는 『도덕경』 전체를 다른 어떤 『도덕경』 주석보다 잘 설명하고 있었다. 『독노자오칙』의 영향을 받은 『초원담로』는 더 말할 것도 없다.

경희대 연구교수로 있을 때 이미 강화학파의 『도덕경』 주석에 대해 논문으로 학계에 보고한 적이 있었지만 그때는 아직 강화학파의 깊은 논의를 원숙하게 이해하지 못했다. 『독노자오칙』과 『초원담로』는 조선조 학자들의 『도덕경』 연구 또는 주석 가운데에서 성리학은 물론 원시유학의 이념마저도 비판하는 것으로 그 논리의 간결함과 정교함이 『도덕경』 주석의 최고로 이름난 왕필의 『노자주』를 훨씬 능가하고 있었다. 왕필의 『노자주』는 『도덕경』을 이해하기 쉽고 간결하게 잘 설명하고 있음에도 불구하고 곳곳에 애매한 곳이 많다. 그런데 『독노자오칙』을 기초로 『초원담로』를 보면, 『도덕경』의 모든 구절들은 거의 막힘없이 노자의 시각으로 다가오니, 그 탁월한 설명에 감탄할 뿐이다.

이번에 개정판을 내는 데도 『독노자오칙』과 『초원담로』의 영향이 컸다. 그전에 모호하던 구절들을 강화학파의 『도덕경』 연구를 토대로 확실하고 분명하게 이해·번역할 수 있었기 때문이다. 사실『노자 도덕경과 왕필의 주』 초판을 낼 즈음에 옮긴이의 시각과 전혀 다른 중국학자들의 영향을 받은 국내 연구자들의 비판을 거세게 받았지만 그들의 시각이 잘 못되었음을 논문을 통해 학계에 논증했고, 그것을 요약하여 이 책 본문 전에 「24살의 천재 왕필이 바라본『노자』」에 간략히 소개했었다.

이 개정판에도 그 간략한 논증은 여전히 실려 있다. 여기서 필자가 분명히 말하고자 하는 내용은 왕필의『노자주』보다 훨씬 더 정교하고 간결하게『도덕경』을 설명한 것이 강화학파의 노자 연구라는 것이다.

왕필이나 이충익 모두 노자의 무위자연을 설명하는 것은 동일하고 그 내용도 동일하다. 다만 왕필은『도덕경』 2장·11장·40장의 유(有)와 무(無)를 축으로 하는 데 비해, 이광려의 영향을 강하게 받은 이충익은 1장의 유·무를 중심으로『도덕경』 전체를 설명한다. 곧 왕필은 1장의 "무명천지시지(無名天地之始), 유명만물지모(有名萬物之母)" 구절을 "이름 없음이 만물[天地]의 시작이고, 이름 있음이 만물의 어미이다"로 이해했는데, 이충익은 이와 달리 "무(無)는 천지의 시작에 대해 이름붙인 것이고, 유(有)는 만물의 어미에 대해 이름붙인 것이다"로 풀이하고는 이것을 기반으로 노자의 무위자연을 설명한다.

왕필의 설명은 이 책을 읽으면서 대부분 이해할 수 있을 것으로 본다. 그러나 이충익이나 이광려의 노자관은 아직 별로 소개되지 않아 일반인은 그 설명을 접하기가 쉽지 않다. 다만 이광려의『독노자오칙』은 인천대학교 인천학연구원의『인천학연구』 15호에 필자가 그 전문을 번역하고 분석해서 「이광려의『독노자오칙』 분석」이라는 논제로, 이충익의『초원담로』와 왕필의『노자주』에 대한 간략한 비교는 서강대학교 생명문화연구소의『생명연구』 21집에 「『초원담로』의 생명사상」이라는 논제로 실었다. 후자는 책의 뒤에 부록으로 덧붙였으니 참고하기 바란다. 거듭 말하지만 『도덕경』 주석의 최고로 평가되는 왕필의 『노자주』보다 훨씬 더 뛰어난 주석이 조선조 강화학파의 『도덕경』 주석, 곧 『초원담로』라는 것을 독자 여러분들께서 염두에 두시길 바란다.

그리고 『도덕경』을 오랫동안 고찰하면서 『성경』 「창세기」와 유사한 부분이 많아 그것에 대해 「『도덕경』의 시각으로 본 『성경』의 『창세기』 신화」라는 논제로 학계에 발표한 적이 있는데, 이번 개정판에 이 논문까지 부록으로 뒤에 덧붙였다.

옮긴이가 보기에 『성경』 「창세기」의 그룹〔지품천사〕·불칼은 『도덕경』의 지(知)·욕(欲)과 관계가 있는데, 이런 시각을 토대로 「창세기」를 분석하면 카인의 죄가 무엇인지 그리고 노아가 왜 훌륭한 사람인지 등등 많은 부분이 명쾌하게 해석된다.

『도덕경』이 동북아시아의 종교에 많은 영향을 미친 점을 고려할 때, 『성경』 「창세기」와의 유사점은 우연이 아닌 것 같아 일반 독자들께서도 참고하였으면 하는 마음으로 덧붙인 것이니, 정통 기독교의 교리에 어긋날지라도 이해하고 읽어주시길 부탁드린다.

이번 개정판 역시 홍익출판사에서 내기로 했다. 책이 출간되기까지 여러가지 도움을 주신 분들께 이 자리를 빌어 감사드린다.

2011년 9월 9일
인천 소래에서 김학목 씀

『노자 도덕경과 왕필의 주』 초판을 펴내며

옮긴이가 왕필의 『노자주』를 접한 것은 90년대 초였던 것 같다. 후배 이양희 선생이 노자로 석사논문을 쓰겠다고 해서 함께 강독한 것이 계기였다. 당시에 후배나 옮긴이는 모두 민족문화추진회에 부속된 국역연수원을 다니면서 한문 공부에 매달리고 있던 때로서 원문 강독에 대한 애착과 열성이 강했다. 정확하게 기억하는 것은 아니지만 옮긴이가 1992년도 봄에 이양희 후배의 석사논문을 위하여 함께 왕필의 『노자주』 강독을 시작했고, 이어 여름방학에 번역을 시작해 초고를 마쳐놓고 다음 학기 내내 둘은 서로 초역을 검토하며 의견을 교환했다. 다시 겨울방학에 이양희 후배는 물론 연수부 동기 이기찬 선생, 이미란 후배가 합세해서 강독을 한 번 더 했다. 지금 이기찬 선생은 민족문화추진회 국역실에서 일역을 담당하는 동량이고, 이미란 후배는 상임연구원을 마치고 실록 번역에 참가하고 있는 인재이다.

그 후 수정에 수정을 거듭하면서 왕필의 『노자주』를 출간하고자 했지만 처음 하는 일에 대한 미숙함과 박사학위에 대한 압박감 등으로 그 열매를 맺지 못했었다. 옮긴이가 왕필의 원고를 접어두고 박사학위에 전념하는 동안 연세대에서 『왕필 역철학 연구』로 학위를 받은 임채우 박사의 번역으로 예문서원에서 왕필의 『노자주』가 1997년도 6월에 출간되었다. 그런데 그 후에 고려대에서 학위를 받은 박원재 박사를 통하여 알게 되었지만 이미 왕필의 『노자주』는 우리문화연구소의 추만호 선생에 의해 『노자강의』(老子講義)로 번역·출간되어 있었다. 박원재 박사의 말로 볼 때, 『노자강의』는 시중에 유통시키기 위하여 출간되었다기보다 그 문하생들이나 아는 사람들이 참조하기 위하여 소량 출간된 것으로 보인다. 이렇게 볼 때, 옮긴이의 번역이 출간된다면 국내에는 왕필의 『노자주』에 대한 3권의 번역본이 있게 되는데, 『도덕경』 연구에 도움이 되었으면 한다.

옮긴이가 보기에 세 사람의 번역은 제각기 자신의 관점에서 왕필의 주를 통하여 노자를 해석한 것으로서 나름대로 모두 가치가 있다. 옮긴이는 두 선배의 앞선 번역을 통하여 간혹 잘못 이해되었던 부분에 대해 바로잡을 수도 있었지만, 찬성할 수 없는 부분도 있었다. 임채우 박사의 번역은 많은 부분 루우열 선생의 연구를 토대로 한 것이고, 추만호 선생과 옮긴이의 번역은 각자의 이해를 토대로 한 것이다. 이런 점에서 전자는 사실 중국학자들의 연구성과가 어느 정도 결집된 것으로 봐도 좋을 것이다. 물론 후자에게도 그런 점이 없다고 할 수는 없겠지만, 옮긴이의 번역은 나름대로 왕필주 전체를 가능한 정합적으로 해석하기 위한 노력의 결과물이다. 사실 이런 점에서 전자는 검증을 어느 정도 거친 안정된 번역이라고 할 수 있고, 후자는 주관이 깊이 개입되고 아직 검증을 거치지 못한 번역이라고 할 수 있다. 독자들이 나름대로 판단해서 이해하기를 바란다.

　왕필의 『노자주』는 위진시대의 작품으로 노자를 이해하기 위해서는 반드시 읽어야 할 필독서로 평가되는 귀중한 자료이다. 그럼에도 불구하고 옮긴이가 보기에 대부분의 중국학자들은 물론 그 세례를 받은 한국학자들까지 왕필의 『노자주』를 잘못 이해하고 있다. 매우 잘못된 이해 중의 하나로, 위진시대의 학자들 곧 하안이나 왕필, 곽상, 배위 등이 '저절로 그렇게 되는 것'으로서의 '자연'(自然)과 통치 '이데올로기'로서의 '명교'(名敎)를 결합시키기 위해 고심했다는 것이다. 곧 '명교는 자연에서 나왔다' 또는 '명교가 자연이다' 등과 같이 도가 사상의 핵심인 자연과 유가 사상의 핵심인 치국(治國)을 서로 연결시키기 위해 논쟁했다는 것이다. 이런 잘못된 이해의 중심에는 위진시대의 학자들이 대부분 공자를 성인으로 봤다는 오해가 개입되어 있고, 또한 왕필의 『노자주』에서 유(有)와 무(無)를 체(體)와 용(用)으로 파악하는 오해가 전제되어 있다. 임채우 박사도 왕필의 유무에 대한 기존의 시각에는 많은 문제가 있음을 이미 어느 정도 지적했다. 필자도 이런 잘못된 이해에 대해 논박했는데, 이에 대한 자세한 것은 한국철학회에서 간행하는 정기간행물 『철학』(哲學)지 62집(2000년 봄)에 실려 있는 「왕필의 사상에 대한 오해」나 63집(2000년 여름)에 실려 있는 「왕필의 『노자주』에서 유(有)·무(無)에 대한 고찰」을 참조하기 바란다.

　한 권의 주석에 대해 각기 다른 시각에서 세 가지로 번역했다는 것은 사실 그만큼 한 사람의 사상을 제대로 이해하기 어렵다는 것으로 볼 수 있다. 옮긴이의 번역도 많은 부분에서 잘못이 있을 것이기 때문에, 독자들의 비판이 한편으로 두려우면서 다른 한편으로 기다려진다. 아둔한 머리로 미처 이해하지 못했던 부분에 대해서 작게는 옮긴이의 발전을,

크게는 도가 철학과 우리 모두의 발전을 위하여 이메일(dangun2007@ hanmail.net)로 아낌없는 조언을 부탁드린다.

여기까지 성장하게끔 지도해 주신 성태용 지도교수님은 물론 건국대 철학과 교수님들 그리고 민족문화추진회 교수님들께 깊은 감사를 드린다. 마지막으로 사실상 같이 번역을 시작했던 후배 이양희 선생, 뒤에 다시 강독에 참여하면서 도움을 준 민족문화추진회 이기찬 선생과 후배 이미란 선생께 감사드린다.

2000년 11월 20일
상계동에서 김학목 씀

원문의 진한 별색으로 처리된 부분 : 노자 도덕경
원문의 보통으로 처리된 부분 : 왕필의 주
역자의 주

老子道德經上篇

韓亭張氏原本　晉　王弼　注

一章

道可道非常道。名可名非常名。無名天地之始。有名萬物之母。故常無欲以觀其妙。常有欲以觀其徼。此兩者同出而異名。同謂之元。元之又元。眾妙之門。

二章

天下皆知美之為美。斯惡已。皆知善之為善。斯不善已。故有無相生。難易相成。長短相較。高下相傾。音聲相和。前後

「화정장씨」 본

24살의 천재 왕필이 바라본『노자』

I. 왕필

왕필은 A.D 226년, 곧 위(魏)
의 문제(文帝) 황초(黃初) 7년에 역
학으로 이름난 명문가에서 태어났
다. 순열(荀悅)·유표(劉表)·마융(馬
融)·정현(鄭玄) 등은 동한말 역학
의 명인들이다. 왕필은 그들 중의
한 사람인 유표의 외증손이다. 또
한 유표의 학문은 왕창(王暢)으로
부터 나왔다. 그런데 왕창은 동한
말 산양(山陽) 고평(高平)에서 유표

24살의 천재 왕필

(劉表)·왕찬(王粲)·중장통(仲長統)이라는 세 명인 중에 한 사람인 왕찬의
조부로 왕필의 조상이다. 왕필은 왕찬의 사손(嗣孫)이고 왕창의 사현손
(嗣玄孫)이다. 왕필은 이런 명문가에서 태어남으로써 학문적인 자양을 충
분히 공급받았을 것으로 보인다. 그가 지금까지 세기적인 천재로 회자되
는 까닭에는 그의 비범함은 물론 그에게 모든 학문적 자양을 충분히 공
급할 수 있었던 가계의 역할이 무엇보다 컸을 것으로 보인다. 그러나 이
런 역사적인 천재가 249년 정시(正始) 10년에 꽃다운 나이로 요절한다.
곧 정시 10년에 사마의(司馬懿)가 정변을 일으키므로 당시 정권을 잡고
있던 조상(曹爽)과 하안(何晏) 등이 피살되고, 관직에 있던 왕필도 면직되

도가의 성인 노자

고 이어 가을에 병사한다.

왕필은 어려서부터 비범함을 드러
내 10살 정도부터 이미 노자를 좋아하
고 논변을 잘하였다고 한다. 일반적인
추측에 의하면, 왕필이 『노자주』를 지
은 것은 18세 때였고, 『주역주』를 지은
것도 22~24세 때라고 한다. 그 나이에
이런 주석을 남긴 것으로 볼 때, 왕필은
사실 믿기 어려울 정도로 뛰어난 천재

였던 것 같다. 당시 권세가이면서 뛰어난 사상가인 하안이 왕필의 재주
를 아껴 중용하고자 했다. 그런데 왕필이 처음 관직에 기용되어 조상에
게 독대를 요청해 뵙고는 도에 대한 이야기로만 몇 시간을 보내자, 조상
이 어이없어 했다는 기록이 있고, 놀기 좋아하고, 가볍고 물정을 몰랐다
고 하는 기록이 있는 것으로 봐서 그는 세상 사정에 어두운 재기 발랄한
청년이었던 것 같다.

이런 점은 당시 최고의 학자이면서 정치가인 하안의 견해를 반박하는
것에서도 나타난다. 곧 성인은 희로애락이 없다는 하안의 견해에 대해,
왕필은 "성인이 일반인보다 뛰어난 것은 신명이고 보통 사람들과 같은
것은 오정(伍情)이다. 신명이 뛰어나기 때문에 충화(沖和)를 체득해서 무
에 통할 수 있고, 오정이 같기 때문에 슬픔과 즐거움이 없을 수 없다. 그
렇다면 성인의 정은 사물에 응하지만 걸림이 없는 것이다. 그런데 이제
걸림이 없는 것을 가지고 바로 다시 사물에 응하지 않는다고 말하면 잘
못된 것이다"라고 정면으로 반박한다. 아마도 발랄한 재기를 주체할 수
없어 거리낌 없이 행동했던 것으로 보인다. 하안은 왕필의 천재성을 인

정해주고 중용하려고 했던 사람으로 당시 현학의 영수이면서 권세가였다. 하안이 왕필의 『노자주』를 보고 "이런 사람이야말로 함께 하늘과 사람의 상호관계에 대해 논할 수 있다"고 극찬하고, 자신의 주를 낮추어서 '도덕이론'(道德二論)으로 불렀다고 하는 것으로 봐서, 누구보다 왕필의 재주를 알아주고 아껴준 사람이 하안임을 알 수 있다.

그러나 왕필은 짧게 생을 마감한 세기적인 천재이지만 그의 사상은 오해 속에서 과대평가된 점이 많다. 오해 중에 가장 큰 것이 그의 『노자주』에 나타나는 유(有)·무(無)를 체(體)·용(用)으로 해석하는 것이다. 왕필의 『노자주』를 분석해 보면 그의 사상은 유와 무의 이원적 구조로 정교하게 짜여 있다. 그에게 『도덕경』의 유는 대상화됨으로써 의식에 드러난 모든 것이고, 무는 유를 드러나게 하는 상대적 이면이기 때문에 체용으로 해석해서는 안 된다. 곧 선(善)이 대상화됨으로써 의식에 드러나게 되면 그것을 드러나게 하는 그 상대적 이면인 악(惡)이 무가 된다는 말이다. 왕필은 유와 무의 이런 이원적 구조를 통하여 노자의 지상목표인 무위자연을 이룩하려고 했다.

사람들이 의식에 대상화됨으로써 드러난 유가 절대적인 것이 아니라 단지 무에 의해 상대적으로 성립된 것에 지나지 않는다는 것을 알 때, 더 이상 유를 체계적으로 절대화시킬 수 없게 된다. 간단하게 설명하면 우리의 지성에 의해 체계화된 어떤 주의나 주장도 모두 상대적인 것을 체계적으로 가공한 것에 지나지 않는다는 말이다. 다시 말해 유가에서 강조하는 인의(仁義)도 절대적인 가치가 있는 것이 아니라 단지 악한 것들 때문에 상대적으로 주목됨으로써 체계화된 것에 지나지 않는다는 것이다. 그렇다고 유가의 인의가 상대적인 가치마저도 없다는 말은 아니다. 누군가 상대적으로 대상화된 것을 마치 절대적인 것처럼 주장할 때, 사람들도 이것을 본받아 제각기 나름대로 무엇을 대상화시켜서 절대적인 가치가 있다고 주장하게 되므로, 세상의 혼란은 도리어 이것의 강조로 종식되는 것이 아니라 가중된다. 공자가 인(仁)을 외친 것에 대해 묵자가 겸애(兼愛)를 주장하는 등과 같은 제자백가의 논쟁은 바로 상대적으로 대상화된 것을 절대적인 것으로 보고 체계화시키는 데서 발생했다.

왕필의 유와 무는 이처럼 우리의 대상화 작용을 약화시키고 무화시키기 위한 것이다. 왕필이 보기에 상대적인 어떤 것을 절대적으로 체계화시키는 것은 대상화 작용의 한계를 반성하지 못한 것이다. 사실 이런 점에서 왕필의 천재성이 유감없이 드러났다고 볼 수 있다. 그는 『도덕경』을 아주 간단한 도식인 유와 무의 구조로 체계화시켜서 설명했다. 왕필의 이런 사고방식은 그의 『주역주』에도 적용될 수 있다고 본다. 하여간 대상화 작용이 무화될 때, 사람들은 의도적으로 하는 행위가 없어지게 되는데 이것이 무위이고 자연이다. 탁월한 재주를 가졌음에도 불구하고 안타깝게도 너무 일찍 세상을 떠난 세기적인 천재 왕필, 그의 사상은 많은 오해 속에서 찬탄을 받아왔다. 이제부터는 오해를 풀어버림으로써 그의 참된 모습을 보자.

Ⅱ. 왕필의 사상에 대한 오해

1. 왕필이 공자를 성인으로 보았다는 오해

위진현학으로 논문이나 저서를 낸 대부분의 국내 학자나 중국 학자들은 왕필을 포함해 대부분의 현학자들이 공자를 성인으로 보았다고 한다. 예를 들자면, 정인재 교수와 정병석 교수가 공동 번역한 『중국철학특강』

에서, 모종삼은 "그러나 당시의 명
사들이 아무리 도가를 널리 드높였
다고 해도 결코 공자의 지위를 말
살하지 않았다. 즉 성인의 지위는
그 당시 이미 확정되어서 아무도
부정하지 못했다. …… 왕필의 노
자에 대한 평가가 성인에 대한 평
가보다 훨씬 낫다는 것을 알 수 있
다. 『한서』(漢書) 『고금인표』(古今人
表)에서는 …… 성인은 제 일등급

유가의 성인 공자

의 사람이었는데, 노자는 네 번째 등급이었다"라고 하고 있다.

옮긴이가 왕필의 『노자주』를 살펴본 바에 의하면, 왕필에게는 그런 낌
새조차도 없다. 이것에 대한 결정적인 근거는, 비록 남북조시대의 유학
자 황간(皇侃)의 의소(義疏)에 부분적으로 잔존하지만, 왕필이 『논어』를
주석한 것에 있다. 곧 『논어석의』(論語釋疑) 「양화」의 "필힐이 공자를 부
르니 공자께서 가려고 하셨다. ……. '……, 내가 어찌 뒤웅박과 같아서 한 곳
에 매달린 채 먹기를 구하지 않을 수 있겠는가!'라고 말씀하셨다."〔佛肸
召, 子欲往. ……. ……, 吾豈匏瓜也哉, 焉能繫而不食〕라는 구절에 대한 왕필의
주를 보면 왕필이 공자를 어떻게 보았는지 분명히 알 수 있다.

공자는 기미가 발한 다음에 응하고 일이 드러나면 바로 알 수 있으니,
땅을 택해서 처신하고 교화에 의지해서 법도를 온전하게 하는 자이다.
그러므로 난인(亂人)의 나라에는 들어가지 않는다. 성인은 통하는 것
이 심원하고 사려가 미묘하며 변화에 신묘하게 응하니, 혼탁하고 어지

요임금

러운 것이 그 깨끗함을 더럽힐 수
없고 흉악한 것이 그 성품을 해칠
수 없다. 그래서 어려움을 피해 몸
을 숨기지 않으며 …. 진실로 뒤웅
박처럼 한 곳에 매달려서 먹기를
구하지 않을 수 없어 여기를 버리
고 저기로 가니, 그 차이가 어떻게
되겠는가?〔孔子機發後應, 事形乃
視, 擇地以處身, 資教以全度者也. 故
不入亂人之邦. 聖人通遠慮微, 應變神化, 濁亂不能汚其潔, 凶惡不能害其性,
所以避難不藏身, …. 苟不得繫而不食, 舍此適彼, 相去何若也.〕

　왕필에게 공자는 성인보다 저 아래에 있는 자이다. 공자는 기미가 발한
다음에나 응하고, 난인의 나라에는 들어가지 않는 사람이다. 그러나 성인
은 통하는 것이 심원하고 사려가 미묘하며 변화에 신묘하게 응하기 때문
에 아무도 해칠 수 없는 최상의 경지에 있는 사람이다. 현존하는『논어석
의』의 주를 살펴보면, '성인'이라는 말이 위의 인용문과 함께 모두 4번 나
오고, '공자'라는 말도 인용문과 함께 모두 6번이 나오지만, 왕필이 공자
를 성인으로 칭하는 경우는 없다. 이런 점으로 볼 때, 왕필을 비롯해 많은
현학자들이 공자를 성인으로 보았다는 주장은 별 설득력이 없다.
　이외에도 왕필을 비롯한 대부분의 현학자들에게 유학자적 성분이 강하
다는 오해가 있는데, 이 또한 근거 없는 것이다. 많은 학자들이 이런 주장
을 하는 이유를 살펴보면, 현학자들이 삼현경(三玄經) 곧『주역』·『노자』·
『장자』를 중시했으나 더불어 논어를 주해했다는 점, 왕필의『주역』해석이

의리역학의 선구를 이루었다는 점, 그리고 왕필이 『장자』를 주석하지 않았다는 점 등이다. 많은 학자들의 이런 입장은 왕필이 성인을 공자로 봤다는 기존의 입장과 무관하지 않다. 곧 왕필에게 공자는 성인이기 때문에 당연히 왕필의 논어 주석은 유가의 입장에서 행해졌다는 것이다.

이미 옮긴이는 왕필이 공자를 성인으로 보지 않았음을 분명히 밝혔기 때문에 어느 정도 오해를 풀었다고 본다. 사실 단순히 현학자들이 『논어』를 주석했다는 것을 근거로 그 주석자가 유가적 성분이 강하다고 볼 수는 없다. 어떤 시각으로 주석이 행해졌는지가 그 핵심이기 때문이다. 옮긴이가 검토해 본 바로는, 『논어석의』는 노장의 시각으로 주석되었다. 이는 이미 공자는 성인보다 아래 단계에 있다는 것을 밝힌 것에서도 어느 정도 설명되었다고 본다. 왕필은 요(堯)임금의 무위(無爲)를 노장(老莊)의 시각으로 수용해서 『논어』를 주석했던 것이다. 따라서 왕필에게 유학자적 성분이 강하다는 주장도 전혀 설득력이 없다. 왕필이 『장자』를 주석하지 않은 이유는 24살의 나이로 요절했기 때문에 『장자』를 주석할 시간적인 여유가 없었던 것으로 봐야 할 것이다.

2. 체용에 대한 오해

대부분의 중국이나 대만 학자들 그리고 한국 학자들까지 왕필의 유무를 체용과 관련해서 설명하는데, 이것은 오해이다. 물론 이 말은 왕필의 무가 경우에 따라서 본체가 될 수 없다는 의미는 아니다. 옮긴이가 부정하는 것은 송대 리학(理學)적인 관점의 체용관이다. 탕일개(湯一介)는 『곽상과 위진현학』에서 "왕필철학의 새로운 공헌은 바로 체용여일(體用如一) 본말불이(本末不二) 사상을 제시한 것이다. 다만 그의 체계가 능히 진정으로 모순 없이 이러한 점에 도달했는가 하는 점은 매우 문제가 된다. 왕필은 체용여일의 관점에서 '무'와 '유'의 관계를 설명하려 했으며, …… 38장의 주에서 '어미를 지켜 자식을 보존하고 본(本)을 높여 말(末)을 든다'는 것은 응당 왕필의 '체용여일' '본말불이'의 구체적인 설명이다"라고 했다. 그런데 인용문을 잘 살펴보면, 사실 탕일개 스스로도 왕필의 사상을 체용으로 모두 설명할 수 없음을 감지하고 있었던 것으로 보인다.

왕필에게 무는 세 가지 의미로 사용된다. 2장과 11장, 40상의 무는 '사물에 있어서 비어 있음'이다. 42장의 주에 나오는 무는 한편으로 '마음 비움'이고, 다른 한편으로는 마음 비움을 통해 도달한 '물아일체의 상태'이다. 흔히 40장의 "천하 만물은 있음[有]에서 나오고, 있음은 없음[無]에서 나온다"는 구절의 없음[無]을 본체로 보는데, 왕필의 주로 볼 때 이는 오해이다. 40장을 첫 구절부터 자세히 살펴보면, 왕필은 여기서 있음과 없음 곧 유무(有無)를 고하(高下)나 귀천(貴賤)과 동일선상에서 설명하고 있다. 유무가 고하나 귀천과 동일선상에 있는 것이라면 여기서의 무는 절대로 본체가 될 수 없다. 왕필은 『도덕경』의 무를 모두 사물에 있어서 비어 있음으로 보았다. 42장의 주에서는 본문의 도(道)를 물아일체의 상태로, 일(一)을 무 곧 마음 비움으로 보았는데, 여기서의 무는 사물에 있어서 비어 있음과 긴밀한 관계가 있다.

왕필에게 사물은 인식된 것 곧 대상화된 것이다. 어떤 것이 대상화됨으로써 드러날 때 그것이 바로 있음[有]으로써의 사물이고, 사물을 드러나게 하는 상대적 이면은 의식에 드러나지 않음으로써의 없음[無]이다. 곧 잘생긴 사람이 아름답게 보이는 것은 그보다 못생긴 사람이 많기 때문이다. 원기 왕성한 청년이 예쁜 처녀를 보고 그 마음이 예쁜 처녀에 대한 생각으로 꽉 차 있을 때, 이미 그의 의식 속에는 대부분의 다른 처녀들은 그보다 못생겼다는 생각이 전제되어 있다. 40장의 "있음은 없음에서 나온다"는 말은 바로 이것에 대한 설명이다. 곧 논리적인 순서로 볼 때, '마음을 가득 채움으로써 드러나는 것'[有, 美]은 그 상대적 이면[無, 惡]을 전제로 성립한다는 의미이다. 이것에 대해 왕필은 18장의 주에서 "매우 아름답다고 부르는 것은 아주 추한 것에서 생긴다"고 한다. 그런데 이런 관계를 시간적인 순서로 볼 때, 유와 무는 동시에 성립하는데, 그것에 대한 언급이 2장의 유무상생(有無相生)이다. 사실 40장의 무를 본체로 볼 경우 아름다운 이름에 대한 본체는 아주 추한 것이 될 것이다. 왕필의 무는 본체가 아니라 '대상화된 것'[有]에 대한 '상대적 이면'[無]이기 때문에, 귀함에서는 천함을, 높음에서는 낮음 등을 무(無)로 다양하게 설명할 수 있다.

왕필이 유무에 대해서 이런 설명을 하는 것은 의식에 대상화된 것만이 절대적인 것이 아님을 설명함으로써 사람들이 마음을 비우도록 하기 위함이다. 곧 의식에 대상화된 것은 무엇이든지 상대적으로 성립했음을 알림으로써 사람들이 대상화된 것만을 절대화시키지 않도록 하기 위함이다. 사람들은 흔히 어떤 것이 예쁘니까 예쁜 것으로 알고 있는데, 사실은 그보다 못난 것이 많기 때문이다. 어떤 것이 예쁘니까 예쁘다고 생각하는 것과 다른 것이 그보다 못생겨서 예쁘게 보인다고 생각하는 것에는 엄청난 차이가 있다. 곧 예쁜 것의 근거가 그 자신 속에 있다고 생각할 때, 예쁜 것 외의 다른 것은 존재 가치가 열등한 위치에 있게 된다. 그러나 어떤 것이 예쁜 것은 다른 것이 못생겼기 때문이라고 생각할 때, 못생긴 것은 예쁜 것을 존재하게 하는 직접적인 근거이기 때문에, 비록 못생겼다고 할지라도 그 존재 가치가 예쁜 것보다 열등하지 않다. 사람들이 사물에 대한 이런 관계를 알 때, 대상화된 것만을 한쪽으로 절대화시킬 수 없게 된다. 곧 예쁜 것만이 존재 가치가 있다고 주장할 수 없게 된다. 마음 비움은 여기서부터 시작된다.

이런 점에서 왕필의 사상을 귀무론(貴無論)으로 보아서는 안 된다. 왕필은 무를 귀하게 여겼던 것이 아니라, 단지 대상화된 것이 그 이면에 의하여 성립함을 알리고자 했던 것이다. 사물[有]은 그 상대적 이면을 기반으로 드러나는데, 사람들이 이런 점을 모르고 대상화된 것만이 전부인 줄 알고 체계적으로 가공함으로써 절대화시킨다. 유가에서 인의(仁義)를 강조하는 것은 상대적으로 대상화된 것을 체계적으로 가공함으로써 절대화시킨 것이다. 유가에서 이렇게 하는 것은 의식의 대상화 작용에 대해 반성하지 못했기 때문이다. 우리의 의식은 사물을 상대적으로밖에 파악하지 못한다. 그런데 상대적으로 대상화된 것을 절대적인 것으로 착각하고 체계적으로 가공할 때 생기는 잘못은 한편으로 유와 무로 구성된 사물의 존재 방식을 왜곡시키는 것이고, 다른 한편으로 사람들에게 대상화 작용을 믿고 더욱 강하게 사용하도록 조장하는 것이다. 왕필이 무에 대해 언급한 까닭은 유와 무로 구성된 사물의 존재 방식에서 사람들이 대상화됨으로써 드러나는 것만 보고 그 이면을 보지 못하기 때문이다. 곧 그는 유의 이면에 무가 있음을 외친 것이지 무를 강조한 것이 아니다. 『도덕경』 2장의 전반부와 11장의 내용 그리고 40장의 "유는 무에서 나온다"는 것이 이것에 대한 설명이므로, 왕필이 무를 귀하게 여겼다고 오해해서는 안 된다.

3. 자연과 명교에 관련된 오해

일반적으로 위진현학의 큰 흐름을 자연[도가]과 명교[유가]의 회통에 관한 논쟁으로 보는데, 여기에도 또한 많은 오해가 있다. 흔히 왕필과 하안은 '명교는 자연에 근본한다'[名教本于自然]는 주장을, 혜강(嵇康)과 완적(阮籍)은 '명교를 초월해서 자연에 맡겨둔다'[越名教而任自然]는 주장을, 곽상(郭象)과 향수(向秀)는 '명교가 바로 자연이다'[名教卽自然]는 주장을 했다고 한다. 옮긴이가 관련 논문을 검토한 바에 의하면, '명교'는 '통치체계를 뒷받침하는 강상의 윤리질서'를 의미한다. 그런데 앞에서 이미 왕필에 대해서 살펴

죽림칠현의 완적

보았지만, 그의 사상에서는 절대로 통치 이데올로기를 주장할 수 없다.

옮긴이가 위에서 언급된 모든 현학자의 사상을 검토한 것은 아니지만, 왕필이나 배위, 곽상을 통해서 볼 때, 위진시대 현학자들의 관심은 사물의 존재 방식 곧 천도(天道)를 파악하는 수단으로 우리의 대상화 작용을 긍정할 것인가 부정할 것인가에 있다. 배위의 숭유론(崇有論)은 왕필이 대상화 작용을 부정한 것에 대하여 유가의 입장에서 반격한 짧은 논문이고, 곽상의 독화론(獨化論)은 배위의 입장을 왕필의 연장선에서 다시 비판한 것이다. 자세한 것은 이 책의 뒤에 첨부된 졸고 「위진현학에서 지(知)와 무(無)에 대한 고찰」을 참고하기 바란다. 간략하게 소개하면 숭유론의 핵심은 우리의 대상화 작용이 사물을 부분적으로밖에 파악할 수 없지만, 그래도 부분적으로 파악된 것을 토대로 전체를 알 수 있다는 것이다. 이에 비해 독화론의 핵심은 왕필의 연장선에서 사물이 아득한 가운데 홀로 변화하고 있기 때문에 그 변화에 대해 알 수 없다는 것이다.

현학자들의 논쟁에서 자연과 명교의 회통에 관한 요소가 전혀 없는 것

은 아니다. 그러나 그들이 논쟁했던 핵심은 천도를 파악하는 수단으로 우리의 지성 곧 대상화 작용을 긍정할 것인가 부정할 것인가에 있다. 대상화 작용의 긍정과 부정에 따라 명교에 대한 태도도 달라진다. 곧 유가의 입장은 우리의 지성으로 천도를 파악해서 형식화시켜 놓은 것이 예제(禮制)라는 것이다. 도가의 입장은 우리의 지성으로는 전체를 파악할 수 없으니 도리어 지성의 작용을 약화시키고 결국 무화시킴으로써 천지의 운행에 그대로 참여해야 한다는 것이다.

Ⅲ. 왕필 사상에 대한 재검토의 필요성

왕필의 사상은 지금까지 많은 학자들에 의해 오해되어 왔다. 범인들의 머리로 도저히 그런 세기적인 천재의 생각을 헤아리기 어려워서 그랬다면, 지금까지의 오해는 필연적인 것이고 점차로 연구되면서 보완되어야 할 성질의 것이다. 그러나 옮긴이가 보기에 오해의 대부분은 기본 자료를 제대로 검토하지 않은 데에서 기인한 듯하다. 왕필이 공자를 성인으로 보았다는 오해는 왕필이 남긴 몇 쪽 안 되는 『논의석의』만 살펴봤어도 생기지 않았을 오해이다. 또한 왕필의 유무를 체용으로 보는 오해도 40장의 주를 조금만 주의해서 읽었어도 생기지 않았을 오해이다. 초창기 중국 사상을 정리한 학자들에게 이런 착오가 있는 것은 그래도 변명의 여지가 있다. 황무지 상태에서 많은 자료를 소화해야 하는 어려움으로 모든 자료를 세밀하게 검토할 여유가 없었을 것이기 때문이다. 그러나 이것을 토대로 연구를 진행하는 후대의 학자들은 좀 더 자료를 정밀하게 분석함으로 잘못된 곳을 손질하고 비워진 곳을 채웠어야 했을 것인데 안타깝다.

옮긴이는 주로 한국의 도가 사상과 위진현학에 관심이 있기 때문에 다른 부분에 대해서는 잘 모르지만, 위진현학사는 다시 정리되어야 한다고 본다. 부가적으로 몇 가지 더 언급하자면, 왕필의 사상에서 자연에 대한 이해가 잘못되었다는 것이다. 곧 왕필에게 자연은 무위자연할 때의 자연이라는 의미도 있지만, 그 외에 사물의 존재 방식이 유와 무로 구성된 것도 자연이라는 의미가 있다. 이에 대한 자세한 것은 도교문화연구 제13집 『도교와 자연』에 실려 있는 졸고 「왕필의 노자주에서 무와 자연에 대한 고찰」을 참고하기 바란다. 왕필의 자연을 제대로 이해하지 못하면 곽상의 사상을 이해할 수 없게 된다. 특히 곽상의 사상 중에서 소요(逍遙)나 무위자연에 대해 전혀 이해할 수 없게 된다. 이것에 대한 약간의 고찰은 졸고 「노자의 무위자연과 장자의 소요」를 참조하기 바란다. 이 논문은 『동양철학』 14집에 실려 있다. 그러면 이제부터는 직접 왕필의 『노자주』를 읽으면서 그의 생각을 살펴보자.

老子 道德經 上篇

제 1 장

道可道, 非常道, 名可名, 非常名.

무엇이라고 하든지 도를 도라고 할 수 있으면 '치우치지 않은 도'[常道]
가 아니고, 어떻게 하든지 이름을 이름이라고 할 수 있으면 '치우치지 않
은 이름'[常名]이 아니다.

可道之道, 可名之名, 指事造形, 非其常也. 故不可道, 不可名也.

무엇이라고 하든지 도라고 할 수 있는 도와 어떻게 하든지 이름이라고
할 수 있는 이름은 사물을 가리키는 것이고 형태로 드러난 것이어서 치
우치지 않은 것이 아니다. 그러므로 도라고 할 수 없고 이름이라고 할 수
없다.

無名, 天地之始, 有名, 萬物之母.

이름 없음이 만물[天地]의 시작이고, 이름 있음이 만물의 어미이다.

凡有皆始於無. 故未形無名之時, 則爲萬物之始. 及其有形有名之
時, 則長之育之亭之毒之, 爲其母也. 言道以無形無名始成, 萬物以
始以成, 而不知其所以, 玄之又玄也.

모든 '있음'[有]은 모두 '없음'[無]에서 비롯되었다. 그러므로 아직 드러

나지 않고 이름이 없는 때라면 만물의 시작이 된다. 드러나고 이름이 있게 된 때라면 생장시키고 발육시키며 형태를 갖추어 주고 그리고 이루어 주니, 만물의 어미가 된다. 도는 드러나지 않음과 이름 없음으로써 (만물을) 시작하고 완성했고, 만물은 그것으로 시작되고 그것으로 완성되었지만, (어느 누구도) 그 까닭을 알지 못하니 아득하고 또 아득하기 때문이라는 말이다.

故常無欲以觀其妙,

그러므로 항상 '어떤 것도 하고자 하는 것이 없음'〔無欲〕에서는 그것으로 '사물이 시작되는 미묘함'〔妙〕을 살펴서 헤아리고,

妙者, 微之極也. 萬物始於微而後成, 始於無而後生. 故常無欲空虛,¹ 可以觀其始物之妙.

미묘함은 '은미함의 궁극'〔微之極〕이다. 만물은 은미함에서 비롯한 이후에 이루어지고, 없음〔無〕에서 비롯한 이후에 나온다. 그러므로 항상 아무것도 하고자 하는 것이 없음과 공허함에서 사물〔物〕이 시작되는 미묘함을 살펴서 헤아려야 한다.

常有欲以觀其徼.

---

1. 『도장집주』(道藏集注)본과 『도장집의』(道藏集義)본에는 모두 '공허'(空虛) 다음에 '기회'(其懷) 두 글자가 더 있는데, 이 경우에 해석을 "그러므로 항상 아무것도 하고자 하는 것이 없음과 생각을 없앤 것에서 사물이 시작되는 미묘함을 살펴서 헤아려야 한다"〔故常無欲空虛其懷, 可以觀其始物之妙〕로 하면 의미상 다른 점은 없다.

항상 '무엇인가 하고자 하는 것이 있음'[有欲]에서는 그것으로 '사물이
되돌아가서 끝나게 되는 종결점'[徼]을 살펴서 헤아린다.

徼, 歸終也. 凡有之爲利, 必以無爲用. 欲之所本, 適道而後濟. 故
常有欲, 可以觀其終物之徼也.

종결점은 '되돌아가서 끝남'[歸終]이다. 모든 있음[有]이 이롭게 되는
것은 반드시 없음[無]으로 효용을 삼기 때문이다. 무엇인가 하고자 하는
것이 뿌리박고 있는 것은 도(道)를 만난 다음에 구제된다. 그러므로 항상
무엇인가 하고자 하는 것이 있음에서는 사물이 되돌아가서 끝나게 되는
종결점을 살펴서 헤아려야 한다.

此兩者同出而異名, 同謂之玄. 玄之又玄, 衆妙之門.

위의 두 가지는 나온 곳은 같은데 이름을 다르게 붙였으니, 그것을 함
께 아득함이라고 이른다. 그러니 아득하고 또 아득함은 온갖 미묘한 것
들이 나오는 문이다.

兩者, 始與母²也. 同³出者, 同出於玄也, 異名所施不可同也. 在首

---

2. 『도장』(道藏)본과 『영락대전』(永樂大典)본에는 '모'(母)자가 '무'(無)자로 되어
   있는데 잘못된 것이다. "이름이 다르다는 말은 펼쳐진 곳이 같을 수 없다는
   의미이다. 그래서 앞에 있으면 그것을 시작이라 하고, 뒤에 있으면 그것을 어
   미라고 한다"라는 왕필의 주로 볼 때, 두 가지는 이름 없음인 만물의 시작과
   이름 있음인 만물의 어미이다.
3. 『도장집주』본에는 '동'(同)자가 없는데 잘못된 것이다. 본문의 '동출'(同出)을
   설명하는 말이기 때문이다.

則謂之始, 在終則謂之母.[4] 玄者冥也, 默然無有也, 始母之所出也, 不可得而名. 故不可言同名曰玄. 而言謂之玄者, 取於不可得而謂之然也. 謂之然, 則不可以定乎一玄而已. 則[5]是[6]名則失之遠矣. 故曰玄之又玄也, 衆妙皆從同而出, 故曰衆妙之門也.

　두 가지는 시작[始]과 어미[母]이다. 나온 곳이 같다는 말은 아득함에서 함께 나왔다는 의미이고, 이름이 다르다는 말은 펼쳐진 곳이 같을 수 없다는 의미이다. 그래서 앞에 있으면 그것을 시작이라 하고, 뒤에 있으면 그것을 어미라고 한다. 아득함은 깜깜함이고, 아스라이 아무것도 (분별되는 것이) 없음이며, 그리고 시작과 어미가 나온 바이니, 무엇이라고 이름 붙일 수 없다. 그러므로 함께 이름 붙여 '아득함'이라고 말해서는 안 된다. 그런데 그것을 "함께 아득함이라고 이른다"라고 말한 것은 그것을 그렇게 (이름으로) 말해서는 안 된다는 점을 취했기 때문이다. 그것을 그런 의미로 말했다면 하나의 아득함에 고정시켜서는 안 된다. 이런 이름

---

4. 『도장』본과 『도장집주』본에는 '모'(母)자가 '무'(毋)자로 되어 있는데 잘못된 것이다. 각주 2의 설명에서 이미 확인된 바이다.

5. 『도장집의』본에는 '즉'(則)자가 '위'(謂)자로 되어 있는데, 이 경우에 해석을 "그것을 그런 의미로 말했다면 하나의 '아득함'[玄]에 고정시켜서는 안 된다. 이런 이름으로 말한다면 말하고자 하는 의도에서 완전히 벗어나기 때문이다"[謂之然則不可以定乎一玄而已. 謂是名. 則失之遠矣]로 하면 의미상 다른 점은 없다.

6. 『도장집주』본에는 '즉'(則)자 앞에 '약정호일현'(若定乎一玄) 다섯 자가 더 있고 '명'(名)자 앞에 '기'(其)자가 더 있는데, 이 경우에 해석을 "그것을 그런 의미로 말했다면 하나의 아득함에 고정시켜서는 안 된다. 만약 하나의 아득함에 고정된다면 그것은 이름이니, 그렇다면 말하고자 하는 의도에서 완전히 벗어나기 때문이다"[謂之然則不可以定乎一玄而已. 若定乎一玄, 則是其名, 則失之遠矣]로 하면 의미상 다른 점은 없다.

을 본보기로 할 경우 완전히 말하고자 하는 의도에서 멀어지고 만다. 그러므로 "아득하고 또 아득함"이라고 말하였다. 온갖 미묘한 것들은 모두 (아득함이라는) 동일한 것에서 나왔으므로 "온갖 미묘한 것들이 나오는 문이다"라고 말했다.

◆　　『도덕경』을 체계적으로 이해하기 위해서는 반드시 1장의 구절들을 한 구절 한 구절 세심하게 되새겨 보아야 한다. 그렇게 하지 않고 대충 넘어갈 경우 『도덕경』 속에 소용돌이치는 도의 세계를 피상적으로 이해하게 된다. 『도덕경』은 난해하지만 절대로 피상적인 글이 아니다. 비록 지루하고 어려운 느낌이 있을지라도 『도덕경』을 제대로 이해하기 위해서는 1장의 해설만큼은 꼭 유의해서 읽기 바란다. 그렇게 해야만 독자 여러분이 간단명료하게 표현된 『도덕경』의 매력에 사로잡히게 될 것이다.

해설

왕필은 한마디로 '무를 귀히 여기는 이론'〔貴無論〕을 주장한 사상가로 평가되는데, 그의 주를 자세하게 살펴보면 그가 무를 상대적인 무와 절대적인 무로 나누어서 주석하고 있음을 알 수 있다. 그에게 상대적인 무는 상대적인 도(道)로서 사물에 있어서 사물을 드러나게 하고 효용이 있게 하는 이면이다. 곧 그릇과 같은 사물에서 그릇을 그릇으로 드러나게 하고 효용이 있게 하는 공간이 상대적인 무이다. 『도덕경』 2장과 11장 그리고 40장의 본문에서 언급되는 내용이 바로 상대적인 무에 대한 설명이다. 절대적인 무는 절대적인 도로서 주객이 분리되지 않은 물아일체의 상태이다. 물아일체의 상태는 사물을 분별하는 지(知)와 무엇인가 하고

자 하는 욕(欲)을 제거할 때 체득할 수 있는 경지, 곧 마음을 완전히 비울 때 도달할 수 있는 경지이다. 물아일체의 상태에 도달할 때 도가의 지상 명제인 무위자연을 실현할 수 있다. 물아일체의 상태에서는 사람들이 천지의 흐름과 일체가 되기 때문이다. 『도덕경』에서 언급되는 무지(無知)나 무욕(無欲)은 바로 물아일체의 상태에서 천지의 흐름과 합일하기 위한 방법인데, 이것을 한마디로 '마음 비움'[無]이라고 한다. 왕필은 절대적인 무에 대해서 42장의 주에서 자세히 언급하고 있다.

『도덕경』의 첫 구절 "무엇이라고 하든지 도를 도라고 할 수 있으면 치우치지 않은 도가 아니다"라는 구절은 바로 물아일체의 상태가 언어로 표현될 수 있는 영역을 초월해서 존재한다는 설명이다. 물아일체의 상태는 주객의 분열을 떠나 천지의 흐름과 일체가 된 상태이기 때문에 알 수도 없고 무엇이라고 표현할 수도 없다. 단지 마음을 비움으로써 체득할 수 있을 뿐이다. 모든 존재는 천지의 흐름 속에서 단지 하나의 미미한 부분으로서 존재하고 있는데 인간도 예외는 아니다. 그런데 인간은 의식의 활동, 곧 지욕(知欲)으로 말미암아 천지의 흐름을 나름대로 파악하고 재단함으로써 표현하려고 한다. 제자백가들의 학설은 바로 이런 노력의 소산인데 노자는 "도가도 비상도"란 한마디 구절로 이것이 불가능함을 단적으로 표현했다. "어떻게 하든지 이름을 이름이라고 할 수 있으면 치우치지 않은 이름이 아니다"라는 구절을 볼 때 그 이유를 좀 더 자세히 알 수 있다.

모든 존재하는 것들은 '이름을 가짐'[有名]으로써 분명히 드러나는데, 이름으로 드러난 사물은 절대적인 것이 아니라 상대적인 것이다. 물아일체의 상태에서 막연히 존재하는 어떤 것이 이름을 가진 구체적인 사물로 드러나기 위해서는 의식 활동인 지욕에 의해서 대상화되어야 한다. 그런데 어떤 것이 사물로 대상화되기 위해서는 그것의 상대적인 이면이 있어야 한다. 왜냐하면 물아일체의 상태에서 어떤 것이 대상화된다는 것은 언제나 그것 아닌 이면과의 비교에 의해서 분별되는 것이기 때문이다. 예를 들어, 이 세상에 미인만 있다면 사람들은 미인이 미인임을 구분할 수 없다. 사람들이 미인을 구분할 수 있는 것은 그보다 못생긴 사람들이 있기 때문이다. 어떤 총각이 아름다운 처녀를 보고 연정으로 가득 차 있을 때, 총각의 마음에는 그녀가 다른 사람들보나 너 예쁘다는 비교가 이미 전제되어 있다. 따라서 그 처녀가 총각에게는 비록 절대적으로 아름답게 보일지라도 그보다 못생긴 다른 사람들 때문에 상대적으로 아름답게 드러난 것에 지나지 않는다.

"어떻게 하든지 이름을 이름이라고 할 수 있으면 치우치지 않은 이름이 아니다"는 바로 물아일체의 상태에서 어떤 것이 이름을 가진 사물로 대상화되면, 절대적인 것이 아니라 그 이면에 의해 상대적으로 분별된 것에 지나지 않는다는 말이다. 따라서 천지의 흐름과 합일된 물아일체의 상태 곧 주객미분의 상태도 인간의 의식 활동에 의해 대상화될 경우 두말할 필요도 없이 상대적인 것으로 하락하고 만다. 왕필은 인간의 의식 활동에 의해 대상화된 것을 유(有)로 보고 그것을 성립하게 하는 이면을 무(無)로 보았는데, 여러 가지 경우에서 유와 무의 관계는 가변적이다. 곧 사람들이 아름다운 것을 대상화시킬 때는 아름다운 것이 유가 되고 추한 것이 무가 되지만, 추한 것을 대상화시킬 때는 추한 것이 유가 되고 아름다운 것이 무가 된다. 다시 말해서 대상화되는 것이 유가 되고 그것을 성립하게 하는 이면이 무가 된다는 것이다. 여기서 아름다운 것이나 추한 것이 대상화됨으로써 사물[名]로 분명하게 드러날 경우 이름을 가진 구체적인 것이 되기 때문에 '이름 있음'[有名]이 되고, 유의 이면으로 대상화되지 않음으로써 막연히 존재할 때는 분명하게 드러나지 않기 때문에 '이름 없음'〔無名〕이 되는데, "이름 없음이 만물〔天地〕의 시작이고, 이름 있음이 만물의 어미이다" 구절과 함께 다시 살펴보자.

사람들은 흔히 무명 곧 이름 없음을 막연하게 도라고 생각하는데 틀린 말은 아니다. 다만 절대적인 도가 아닐 뿐이다. 『도덕경』에서 절대적인 도는 물아일체의 상태나 천지의 흐름일 뿐이다. 위에서 이미 왕필이 도나 무를 상대적인 것과 절대적인 것으로 나누어서 보고 있음을 언급했는데, 무명도 상대적인 도나 무에 지나지 않는다. 상대적인 무나 절대적인 무는 모두 대상화될 수 없기 때문에 사물로 구체화되지 않는다는 점에서는 동일하다. 그러나 상대적인 무는 주객이 분리되면서부터 유를 성립하게 하는 이면이라는 점에서 주객이 분리되지 않은 절대적인 무와는 다르다. 이런 차이점을 간과하지 말아야 한다. 왕필은 상대적인 무나 절대적인 무가 모두 대상화되지 않는다는 점에서 함께 도로 보면서도 또한 나누어서 보고 있다. 본문의 주에서 왕필은 "도는 무형과 무명으로써 만물을 시작하고 완성했다"고 분명하게 말하고 있기 때문이다. 이는 "위의 두 가지는 나온 곳은 같은데 이름을 다르게 붙였다" 구절의 주에서도 확인할 수 있는데, 그 부분을 설명할 때 함께 언급하겠다.

왕필이 "도는 무형과 무명으로써 만물을 시작하고 완성했다"라고 말하는 의미는 물아일체의 상태에서 막연히 존재하는 어떤 것이 구체적으로 이름을 가진 사물로 대상화될 때, '우리의 의식에서 분명히 드러나는 것도 아니면서 이름도 없는 것'〔無:無名〕에 의해서 사물〔有:有名〕은 드러난다는 것이다. 따라서 왕필에게 무명은 상대적인 무이고, 유명은 의식에 대상화됨으로써 구체적으로 드러나는 유이다. 무명이나 유명은 '사물을 분별하는 마음'〔知〕을 기준으로 말할 수 있는 것들인데, 이런 점은 '무엇인가 하고자 하는 마음'[欲]에서도 동일하게 적용된다. 사람들이 가끔 어떤 것에 몰입해서 그것만 하고자 할 때, 그 밖의 것은 의식에 들어오지 않는 경험을 누구나 한 번쯤은 해봤을 것이다. 재미있는 소설이나 만화에 빠져 있을 때, 누군가 자신을 부르는 소리를 듣지 못하는 경우가 있다. 곧 우리의 의식이 어떤 것에 몰입해 있을 때, 그 외의 것은 구체적으로 대상화되지 않는다는 말이다. 다시 말해서 '욕(欲)이 개입된 것'[有欲]만 구체화되어서 드러나고 '그 외의 것'[無欲]은 드러나지 않는다는 말이다. 이런 점에서 모든 사물은 지욕이 적극적으로 개입할 때 구체적으로 드러나는 것들이다. 본문 "고상무욕이관기묘 상유욕이관기요" 구절에서 이런 점이 언급되고 있다.

왕필이 본문 "그러므로 항상 어떤 것도 하고자 하는 것이 없음에서는 그것으로 사물이 시작되는 미묘함을 살펴서 헤아린다" 구절의 주석에서 '만물이 미(微)와 무(無)에서 비롯한 후에 완성되고 생겼다'고 하면서 '무욕과 공허에서 사물이 시작되는 묘함을 보라'라고 한 것은, 지욕이 개입된 구체적인 것은 '지욕이 개입되지 않은 이면 곧 무욕에 의해 상대적으로 대상화되었으니, 무욕에서 사물이 시작되는 묘함을 보라'는 것이다. 이는 "항상 무엇인가 하고자 하는 것이 있음에서는 그것으로 사물이 되돌아가서 끝나게 되는 종결점을 살펴서 헤아린다" 구절의 주에서도 동일하게 나타난다. 곧 '유가 이롭게 되는 것은 무로 효용을 삼기 때문이다. 욕이 뿌리박고 있는 것은 도를 만난 다음에 구제된다'라고 하면서 '유욕(有欲)에서 사물이 되돌아가서 끝나게 되는 종결점을 보라'라고 한 것은 '지욕이 개입된 사물'[有欲:有]은 '지욕이 개입되지 않은 것'[無欲:無]에 의해서 성립된 것에 지나지 않으니, 유욕[有]에서 '그 이면인 무욕'[無]을 봄으로써 유가 절대적인 것이 아니라 상대적인 것에 지나지 않음을 깨달으라는 것이다.

주에서 '유가 이롭게 되는 것은 무로 효용을 삼기 때문이다. 욕이 뿌리박고 있는 것은 도를 만난 다음에 구제된다'라는 구절을 자세히 음미해야 한다. 곧 여기서 '욕이 뿌리박고 있는 것'은 바로 '유'이고, '도'는 바로 '상대적인 무'이다. 사람들이 어떤 것을 지욕에 의해 사물〔有:有欲〕로 대상화시킬 경우, 그것〔有〕이 '지욕이 개입되지 않은 상대적인 이면'〔無:無欲〕에 의해서 성립되었다는 사실을 깨닫지 못하기 때문에 사물을 절대적인 것으로 보게 된다. 사물은 상대적인 것을 절대적인 것으로 착각한 것에 지나지 않는다. 절대적인 도(道)마저도 의식에 대상화되는 순간 상대적인 것으로 전락한다. 왕필은 "위의 두 가지는 나온 곳은 같은데 이름을 다르게 붙였다" 이하 구절의 주에서 이것에 대해 설명하고 있다.

본문의 현(玄)은 만물의 시작〔始〕과 어미〔母〕가 나온 것으로서 절대적인 도 곧 물아일체의 상태에 대한 형용이다. 그런데 여기서 시(始)와 모(母)는 무명과 유명으로서 무와 유이다. 물아일체의 상태인 현에서 유가 대상화되기 위해서는 동시에 무가 이면에 전제되어야 하니, 시와 모는 모두 현이 분별됨으로써 나누어진 것이다. 시간적인 순서로는 유가 분별되는 동시에 그 이면인 무가 성립한다. 그러나 논리적인 순서로 볼 때, 무명 곧 무는 유를 성립시키는 전제가 되니 무명은 유명에 앞서 존재하는 것이 된다. 이 때문에 왕필은 '펼쳐진 순서에 따라서 앞에 있으면 시작이라고 하고 뒤에 있으면 어미라고 한다'라고 했던 것이다. 사물이 주객미분의 상태로 있을 때 구체적으로 드러나지 않았다고 해서 존재하지 않는 것은 아니다. 단지 막연히 아득하게 대상화되지 않은 상태로 존재할 뿐이다. 『도덕경』의 현(玄)자는 바로 이런 상태에 대한 형용이다. 곧 존재물이 전혀 대상화되지 않은 것에 대한 형용이다. 그런데 현에 대한 이런 의미를 모르고 현을 대상화시킬 경우 하나의 구체적인 사물로 고정하는 것이 되기 때문에, 그렇게 해서는 안 됨을 노자가 "아득하고 또 아득함"으로 표현했다고 왕필은 주석하고 있는 것이다.

이 부분에서 또한 무명이 절대적인 도가 아님을 확인할 수 있다. 무명이 절대적인 도라면 무명의 상위 개념으로 현이 있게 되기 때문이다. 따라서 무명은 절대적인 도가 아니라 상대적인 무, 곧 상대적인 도에 지나지 않는다. 이미 언급했듯이 무명은 무로서 40장의 무이다. 왕필은 40장에서 유와 무를 고(高)나 하(下) 또는 귀(貴)와 천(賤)과 동일선상에서 언급하고 있는데, 그렇다면 40장의 무는 절대적인 무 곧 물아일체의 상태가 아니라 상대적인 무 곧 사물의 이면임을 알아야 한다. 40장에서 자세히 언급하겠다.

왕필에게 유는 물아일체의 상태가 인간의 의식 활동에 의해 구체적인 사물로 대상화된 것이다. 따라서 구체적인 사물은 언제나 의식[知欲]의 개입으로 드러나는 것이지 그 자체적으로 드러나는 것이 아니다. 그렇다고 왕필을 관념론자로 보아서는 안 된다. 왕필은 단지 막연히 있는 존재물들이 의식의 개입으로 분별됨으로써 구체화되는 것으로 보았을 뿐이다. 사물이 그 자체로 존재할 때는 구체적으로 이름을 가진 사물로 존재하는 것이 아니라 혼돈의 상태로 있는 것이다. 25장의 "뒤섞여 이루어진 것이 있다"[有物混成]는 것이 바로 이것에 대한 표현이다. 이렇게 뒤섞여 있는 혼돈의 상태가 인간의 의식 활동에 의해서 있음으로 구체화되기 위해서는 언제나 그 이면인 무를 전제로 해야 한다. 이는 사물의 필연적인 존재 방식인데 다음 2장에서 자세히 설명되고 있다. 장을 바꾸어서 살펴보자.

◆   부가적으로 1장의 문장 구조를 살펴볼 때, 본문은 치밀한 계획

에 따라서 구성되었음을 확인할 수 있다. 곧 "상무욕"(常無欲) 구절의 앞에 있는 '고'(故)자를 중심으로 앞뒤의 문장들이 의미상 서로 철저하게 연결되어 있음을 알 수 있다. 정리하면 다음과 같다.

❶ 道可道, 非常道.　　❷ 名可名, 非常名.

❸ 無名天地之始.　　❹ 有名萬物之母.

　故

③ 常無欲以觀其妙.　　④ 常有欲以觀其徼.

② 此兩者同出而異名.　　① 同謂之玄, 玄之又玄, 衆妙之門.

첫 구절 ❶"道可道, 非常道"는 마지막 구절①"同謂之玄, 玄之又玄, 衆妙之門"과, ❷"名可名, 非常名"은 ②"此兩者同出而異名"과, ❸"無名天地之始"는 ③"常無欲以觀其妙"와, 그리고 ❹"有名萬物之母"는 ④"常有欲以觀其徼"와 연결되어 있다.

먼저 절대적인 도 곧 물아일체의 상태는 대상화될 수 없음이 언급되고, 이어서 물아일체의 상태에서 만물이 분별되어 나오는 관계가 "명가명, 비상명"(名可名, 非常名)으로 간략하게 표현된다. 이어서 다시 물아일체의 상태가 무명과 유명으로 나누어짐을 "무명, 천지지시, 유명, 만물지모"(無名, 天地之始, 有名, 萬物之母)로 언급된다. 곧 어떤 것〔有〕이 이름으로 말하여질 경우 이미 없음〔無〕이 제외되었기 때문에 절대적인 것이 되지 못함을 무명과 유명으로 다시 설명했던 것이다. 그런데 이상은 '고'(故)자를 중심으로 다시 한 번 무명과 유명이 무욕과 유욕으로 부연·설명되면서 "차량자동출이이명"(此兩者同出而異名)으로 압축되고, 무명과 유명의 근원으로 "동위지현, 현지우현, 중묘지문"(同謂之玄, 玄之又玄, 衆妙

之門)이 언급된 것이다. 곧 '고'(故)자를 중심으로 앞에서 하나하나 설명된 것을 되밟아서 다시 '현'(玄), 곧 도(道)로 복귀하고 있다. 이로 볼 때, 1장은 치밀하게 구성된 문장임을 알 수 있다.[7]

부가적으로 1장에서 더 설명할 것은 상도(常道)나 상명(常名)의 상(常)자를 '치우치지 않음'으로 해석한 이유이다. 16장에서 "뿌리로 되돌아가는 것을 고요함[靜]이라고 하고 이것을 일러 명(命)을 회복한다고 한다. 명을 회복하는 것을 '치우치지 않음'[常]이라고 한다"[歸根曰靜, 是謂復命. 復命曰常]라고 하는 것으로 볼 때, 상(常)은 '마음이 비워져서 고요한 상태'[靜]와 직결된다. 왕필도 그 아래 구절의 주에서 "'상'(常)이란 편중되지 않고 드러나지 않으며, 밝거나 어두운 모습도 없고 따뜻하거나 쌀쌀한 흔적도 없다. 그러므로 '상(常)을 아는 것을 밝음이라고 한다'라고 했다"[常之爲物, 不偏不彰, 無皦[8]昧之狀, 溫涼之象. 故曰知常曰明也]라고 함으로써 동일하게 주석하고 있다.

55장에서도 아기가 아무리 울어도 목이 쉬지 않은 것에 대해 지극한 조화라고 하고는, 조화를 아는 것에 대해 상(常)이라고 하고, 상을 아는 것에 대해 밝음이라고 한다. 왕필은 "사물은 조화로 치우치지 않음을 삼는다. 그러므로 조화를 알면 상(常)을 터득한다. 밝지도 않고 어둡지도 않으며, 따뜻하지도 않고 서늘하지도 않으니, 이런 것이 상(常)이다. 형태가 없어서 볼 수 없으니 '(상(常)을 아는 것에 대해) 밝음[明]이라 한다'라고 했다"[物以和爲常. 故知和則得常也. 不皦不昧, 不溫不涼, 此常也. 無形不可得而見, 曰明也]라고 함으로써 16장의 주와 유사하게 설명하고 있다.

---

7. 『졸고「『도덕경』 1장에 대한 고찰』(『철학』 1999년 가을호) 참조.
8. 『도장』본에 '교'(皦)자가 '폐'(敝)자로 되어 있는데 잘못된 것이다.

16장의 주 "상(常)이란 편중되지 않고 드러나지 않으며, 밝거나 어두운 모습도 없고 따뜻하거나 쌀쌀한 흔적도 없다"라는 말과 55장의 주 "밝지도 않고 어둡지도 않으며, 따뜻하지도 않고 서늘하지도 않은 것"이라는 말에서 상(常)이 한쪽으로 치우치게 드러나지 않는 것임을 알 수 있다. 그래서 상(常)을 '치우치지 않음'으로 번역했던 것이다. 뒤에서도 곧 상(常)이 '항상'이나 '언제나' '늘' 등의 부사적 의미로 사용되지 않은 것은 거의 대부분 '치우치지 않음'으로 번역했으니, 당황스럽게 생각하지 않기를 바란다. 필자가 보기에 유(有)는 언제나 그 이면의 무(無)에 의해 드러나니, 곧 유가 그 이면의 무와 조화를 이루고 있으니, 이것이 바로 '상'(常) 곧 '치우치지 않음'이고, '치우치지 않음'을 아는 것이 바로 '밝음'[明]이다.

제 2 장

天下皆知美之爲美, 斯惡已, 皆知善之爲善, 斯不善已. 故有無相生, 難易相成, 長短相較, 高下相傾, 音聲相和, 前後相隨.

세상 사람들은 모두 아름다운 것이 아름다운 것이 된다고 알고 있는데, '아름다운 것이 아름다운 것이 됨'[斯:美之爲美]은 추한 것 때문일 뿐이고, 모두 선한 것이 선한 것이 된다고 알고 있는데, 선한 것이 선한 것이 됨은 선하지 않은 것 때문일 뿐이다. 그러므로 있음과 없음은 서로를 낳고, 어려움과 쉬움은 서로를 이루어 주며, 긺과 짧음은 서로가 비교하고, 높음과 낮음은 서로 차이가 생기며, 곡조〔音〕와 소리〔聲〕[9]는 서로 반응하고, 앞과 뒤는 서로가 따른다.

美者, 人心之所進樂[10]也. 惡者, 人心之所惡疾也. 美惡猶喜怒也, 善不善猶是非也. 喜怒同根, 是非同門. 故不可得而[11]偏[12]擧[13]也. 此六者皆陳自然,[14] 不可偏[15]擧之明數也.

아름다운 것이란 사람들의 마음〔人心〕이 따르고 즐거워하는 것이다. 추한 것이란 사람들의 마음이 미워하고 싫어하는 것이다. 아름다운 것과 추한 것은 기뻐하는 것과 노하는 것과 같고, 선한 것과 선하지 않은 것은

---

9. 음'(音)을 '가락'으로, '성'(聲)을 '음률'로 번역한 것은 『설문해자』(說文解字)의 "음(音)은 성(聲)이다. 그런데 마음에서 나와 밖으로 곡조가 있으면 그것을 음(音)이라고 한다. '궁·상·각·치·우'는 성(聲)이고, 여러 가지 악기의 소리가 음(音)이다"〔音, 聲. 生於心, 有節於外, 謂之音. 宮商角徵羽, 聲也. 絲竹金石匏土革木, 音也〕라는 구절을 참조했다.

10. 『고일총서』(古逸叢書)본에는 '진락'(進樂)이 '락진'(樂進)으로 되어 있는데, 이경우에 해석을 "아름다운 것이란 사람들의 마음이 기꺼이 나아가게 되는 것이다"〔美者人心之所樂進也〕로 하면 의미상 다른 점은 없다.

11. 『고일총서』본과 『도장』본 그리고 『도장집의』본에는 모두 '이'(而)자가 없는데, 해석상 문제는 없다. 『도장집주』본에는 '득이'(得而) 두 글자가 없는데, 역시 해석상 문제는 없다.

12. 『도장』본에는 '편'(偏)자가 '편'(徧)자로 되어 있는데 잘못된 것이다.

13. 『도장집의』본에는 '거'(擧)자가 '폐'(廢)자로 되어 있는데, 이 경우에 해석을 "그러므로 한쪽만을 폐해서는 안 된다"〔故不可得偏廢也〕로 하면 표현은 반대로 되었을지라도 의미상 다른 점은 없다.

14. 『도장집주』본에는 '자연'(自然) 다음에 '이'(而)자가 더 있는데, 해석상 문제는 없다.

15. 『도장』본에는 '편'(偏)자가 '편'(徧)자로 되어 있는데 잘못된 것이다.

옳은 것과 그른 것과 같다. 기뻐하는 것과 노하는 것은 근원이 같고, 옳은 것과 그른 것은 문호(門戶)가 같다. 그러므로 한쪽만을 거론해서는 안 된다. 본문의 여섯 가지〔有無·難易·長短·高下·音聲·前後〕는 모두 '저절로 그렇게 되는 것'〔自然〕들을 진술했으니, 한쪽만을 거론해서는 안 되는 '분명한 이치'〔明數〕[16]이다.

> 是以聖人處無爲之事,
>
> 이 때문에 성인은 '어느 것도 시행함이 없음'〔無爲〕이라는 일에 머물러 있고,

> 自然已足,[17] 爲則敗也.
>
> 저절로 그렇게 되어서 이미 충분하니, 무엇인가 시행하면 실패한다.

> 行不言之敎. 萬物作焉而不辭, 生而不有, 爲而不恃,
>
> 말없는 교화를 행한다. 만물이 어떤 것을 일으켜도 말하지 않고, 무엇인가 내놓아도 있다고 하지 않으며, 무엇을 시행해도 그것에 의지하지 않고,

---

16. 루우열(樓宇烈)은 『노자주역왕필주교석』(老子周易王弼注校釋)에서 '명수'(明數)를 '명수'(名數)로 교정했는데, 어느 정도 일리는 있으나 굳이 그렇게 교정하지 않아도 의미는 통한다.

17. 『영락대전』본에는 '족'(足)자가 '정'(定)자로 되어 있는데, 이 경우에 해석을 "저절로 그렇게 되어서 이미 안정되어 있으니, 무엇인가 시행하면 실패한다"〔自然已定, 爲則敗也〕로 하면 의미상 다른 점은 없다.

智慧自備, 爲則僞也.

지혜가 저절로 갖추어졌는데 무엇인가 시행하면 작위이다.

功成而弗居.

공을 이루어도 그것에 머물러 있지 않는다.

因物而用,¹⁸ 功自彼成. 故不居也.

사물로 말미암아 사용하여 공이 저들로부터 이루어졌으므로 머물러 있지 않는다.

夫唯弗居. 是以不去.

단지 머물러 있지 않을 뿐이다. 이 때문에 공이 떠나가지 않는다.

使功在己, 則功不可久也.

공을 자신에게 있게 하면 공이 오래갈 수 없다.

해설

물아일체의 상태에서는 존재하는 것들이 구체적인 사물[有名]로 드러나지 않지만, 의식의 활동에 의해서 구체적인 사물로 대상화될 때, 사물

---

18. 『도장집주』본에는 '용'(用)자가 '명'(明)자로 되어 있는데, 이 경우에 해석을 "사물로 말미암아 환히 비추니 공이 저들로부터 이루어졌다"[因物而明, 功自 彼成]로 하면 의미상 다른 점은 없다.

은 항상 그 이면[無]에 의해서 드러난다. 따라서 사물은 항상 그 이면을 전제로 성립하니 이것이 사물의 존재 방식이다. 곧 유(有)·난(難)·장(長)·고(高)·음(音)·전(前)은 항상 그것의 이면인 무(無)·이(易)·단(短)·하(下)·성(聲)·후(後)에 의해서 존재하니 이것이 '저절로 그렇게 됨'[自然] 곧 사물의 필연적인 존재 방식이다. 아름다운 것이나 선한 것도 그 자체적으로 성립되는 것이 아니라 추한 것이나 선하지 않은 것에 의해서 상대적으로 성립된 것에 지나지 않는다.

이 때문에 성인은 상대적인 것을 선으로 내세우지 않음으로써 어떤 것을 구체화시켜서 행하지 않을 뿐만 아니라 교화도 하지 않으니, 이것이 바로 '아무것도 시행하지 않는 다스림'[無爲之治]이고 '아무것도 말하지 않는 교화'[不言之敎]이다. 성인이 이렇게 하여 비록 만물이 무엇인가 내놓을지라도 말하지 않으며, 또한 사람들이 무엇인가 함이 있거나 공을 세울지라도 내세우거나 칭찬하지 않는다. 만약 성인이 무엇인가 시행하면 이런 행위가 또한 어떤 것을 상대적으로 대상화시키는 것이 되기 때문이다. 성인은 상대적인 것에 머물지 않음으로써 절대적인 경지를 벗어나지 않는 것이다.

그런데 2장의 왕필주에서 눈여겨보아야 할 점이 '저절로 그렇게 됨'[自然]에 관한 것이다. 흔히 노자의 사상을 한마디로 '무위자연'(無爲自然)이라고 하는데, 이곳 왕필주의 자연과는 다소 거리가 있다. 무위자연의 자연은 절대적인 상태에서의 도의 움직임을 형용한 것이고, 왕필주에서의 자연은 구체적인 사물이 그 상대적 이면에 의해서 성립함 곧 상대적인 도의 움직임을 형용한 것이기 때문이다. 다시 말해서 상대적인 도의 움직임을 절대적인 도의 움직임으로 볼 경우, 구체적인 사물의 관계에서 발생하는 모든 것 곧 잘못된 것까지도 절대적인 도의 움직임으로 인정하고 받아들여야 하는 모순이 생기기 때문이다.

　1장의 해설에서, 필자는 이미 왕필이 무를 상대적인 무 곧 상대적인 도와 절대적인 무 곧 절대적인 도로 나누고 있음을 지적했는데, 이런 점은 자연에서도 동일하게 적용된다. 다시 말해서 자연에서도 절대적인 자연과 상대적인 자연이 있다는 것이다. 절대적인 자연은 천지의 흐름 그 자체이고, 상대적인 자연은 분별의 세계에서 일어나는 사물의 존재 방식 곧 유가 무에 의해 성립한다는 것이다. 우리의 의식 활동이 존재하는 어떤 것을 '구체적인 사물'〔有·難·長·高·音·前〕로 대상화시킬 때, 구체적으로 대상화되는 것은 모두 언제나 그 이면〔無·易·短·下·聲·後〕에 의해서 성립한다. 이런 관계는 사물의 필연적인 존재 방식으로서 40장 "반자도지동"(反者道之動) 구절과 관계가 있다. 곧 물아일체의 상태에서 어떤 것이 사물〔有〕로 대상화되는 것은 상대적으로 그 이면〔無〕에 의해 성립하니, 이런 관계가 상대적인 도의 움직임이다. 왕필은 40장 "반자도지동"의 주에서 "높음은 낮음으로 기초를 삼고, 귀함은 천함으로 근본을 삼고, 있음은 없음으로 효용을 삼으니, 이것이 되돌아가게 하는 것이다"〔高以下爲基, 貴以賤爲本, 有以無爲用, 此其反也〕라고 분명하게 언급하고 있다. 이는 유가 전면에서 절대화되지 않도록 도의 움직임이 상대적으로 항상 이면에서 반작용을 가하는 것으로 해석할 수도 있다. 따라서 사람들은 의식 활동에 의해 상대적으로 대상화된 것을 절대화시켜서는 안 된다.

　도의 움직임을 체득한 성인은 언제나 아무것도 대상화시키지 않음으로써 천지의 흐름에 합일하고, 또한 사람들에게도 아무것도 대상화시키지 않게 함으로써 무위의 다스림을 이룩한다. 다음 3장의 내용은 무위의

다스림을 이룩하기 위한 구체적인 언급인데 장을 바꾸어서 살펴보자.[19]

◆　　부가적으로 2장의 첫 구절을 살펴볼 때, 첫 단락은 구체적인 세계에서 모든 것은 상대적으로 성립됨을 설명하고 있다. 아름다운 것이나 선한 것은 추한 것이나 선하지 않은 것에 의해서 성립하니, 이것에 대한 언급이 "세상 사람들은 모두 아름다운 것이 아름다운 것이 된다고 알고 있는데, '아름다운 것이 아름다운 것이 됨'〔斯:美之爲美〕은 추한 것 때문일 뿐이고, 모두 선한 것이 선한 것이 된다고 알고 있는데, 선한 것이 선한 것이 됨은 선하지 않은 것 때문일 뿐이다" 구절이다. 이 구절에서 주의해야 할 것은 '이것'〔斯〕인데, 이것은 "아름다운 것이 아름다운 것이 됨"이나 "선한 것이 선한 것이 됨"을 지시하는 말이다. 따라서 유·무와 같은 것들이 모두 동일한 관계에 있음을 "그러므로 있음과 없음은 서로를 낳고, 어려움과 쉬움은 서로를 이루어 주며, 긺과 짧음은 서로가 비교하고, 높음과 낮음은 서로 차이가 생기고, 곡조〔音〕와 소리〔聲〕는 서로 반응하고, 앞과 뒤는 서로가 따른다"라고 한 것이다. 여기서 이것〔斯〕을 앞 구절 전체 곧 '세상 사람들은 모두 아름다운 것이 아름다운 것이 된다고 알고 있는데'나 '세상 사람들은 모두 선한 것이 선한 것이 된다고 알고 있는데'로 보아서는 절대로 안 된다. 그러면 뒤의 '있음과 없음은 서로를 낳고' 이하 구절과 자연스럽게 연결되지 않기 때문이다. 곧 "천하가 모두 아름다운 것이 아름다운 줄 알지만 이것은 보기 흉한 것일 뿐이다"라고

_____

19. 자연에 관한 자세한 것은 '한국도교문화학회'의 학회지 13집 『도교와 자연』에 실려 있는 필자의 졸고 「왕필(王弼)의 노자주(老子注)에서 무(無)와 자연(自然)에 관한 고찰(考察)」을 참조하기 바란다.

할 경우 '있음에서는 없음이 없음에서는 있음이 나오게 된다'는 이하의
구절과 서로 의미가 통하지 않게 된다.

제 3 장

不尙賢, 使民不爭, 不貴難得之貨, 使民不爲盜. 不見可欲, 使民
心不亂.

현명함〔賢〕을 숭상하지 않음으로써 백성들이 다투지 않게 하고, 얻기
힘든 재화를 귀중하게 여기지 않음으로써 백성들이 도둑이 되지 않도록
한다. 욕심낼 만한 것을 보여주지 않음으로써 백성들의 마음이 어지럽게
되지 않도록 한다.

賢猶能也. 尙者, 嘉之名也, 貴者, 隆之稱[20]也. 唯能是任, 尙也[21]

---

20. 『석문』(釋文)에서 '칭'(稱)자에 대해 "어떤 본에서는 '호'(號)자로 되어 있고,
    어떤 본에서는 '명'(名)자로 되어 있다"〔一本作號, 一本作名〕라고 했는데, 의미
    상 다른 점은 없다.

21. 『도장집주』본에는 '야'(也)가 '지'(之)자로 되어 있는데, 뒤에서 "귀지갈위"(貴
    之曷爲)라고 한 것과 비교해 볼 때 문장 구성상 타당한 것으로 보인다. 그러
    나 의미상으로 어떤 본을 택해도 문제될 것은 없다.

曷爲, 唯^{22}用是施, 貴之何^{23}爲. 尙賢顯名, 榮過其任, 爲而常校^{24}能相射. 貴貨過用, 貪者競趣, 穿窬探^{25}篋, 沒命而盜. 故可欲不見, 則心無所亂也.

　현명함〔賢〕은 능력 있음〔能〕과 같다. 숭상하는 것〔尙〕이란 기리는 것〔嘉〕을 이름하고, 귀하게 여기는 것〔貴〕이란 높이는 것〔隆〕을 일컫는다. 능력이 있기에 일을 맡겼을 뿐인데 무엇 때문에 숭상하겠으며, 사용되기에 시행했을 뿐인데 무엇 때문에 귀하게 여기겠는가? 현명함을 숭상하고 명예를 드러내면, 영화가 맡은 것보다 지나치게 되고, 무엇인가를 이루려고 항상 능력을 따지면서 서로 다툰다.^{26} 재화를 귀중하게 여기고 효용 이상으로 취급하니, 탐욕스러운 자들이 다투어 모여들고, 남의 담을 넘나들며 '금고 속의 재화'〔篋〕를 훔치려고 목숨 바쳐 도둑질한다. 그러므로 (윗사람들이) 욕심낼 만한 것을 보여주지 않는다면, (백성들의) 마음이

---

22. 『도장집주』본에는 '유'(唯)자 앞에 '이'(而)자가 있는데, 문장 구성이나 의미상으로 모두 어떤 본을 택해도 문제될 것은 없다.

23. 『도장집주』본에는 '하'(何)가 '갈'(曷)자로 되어 있는데, '갈'(曷)자의 의미가 '하'(何)자의 의미이기 때문에 어떤 본을 택해도 문제될 것은 없다.

24. 『도장집주』본과 『도장집의』본에는 모두 '위이상교'(爲而常校) 네 자가 '하분이경효'(下奔而競効) 다섯 자로 되어 있는데, 이 경우에 해석과 구두를 "현명함을 숭상하고 명예를 드러내면 영화가 맡은 것보다 지나치게 되고, 능력이 없어 달아나는 것을 천시해서 경쟁하니 효능으로 서로 다툰다"〔尙賢顯名, 榮過其任, 下奔而競, 效能相射〕로 하면 의미상 다른 점은 없다.

25. 『도장집주』본에는 '탐'(探)자가 '도재'(睹齎)로 되어 있는데, 모두 문맥상 '훔친다'는 의미로 사용되었기 때문에 해석상 다른 점은 없다.

26. "무엇인가를 이루려고 항상 능력을 따지면서 서로 다툰다"〔爲而常校能相射〕라는 구절은 "무엇인가 이루려고 항상 계교하면서 능력을 서로 다툰다"〔爲而常校, 能相射〕로 구두와 해석을 할 수도 있다.

어지럽게 될 일이 없다.

  是以聖人之治, 虛其心, 實其腹,

  그러므로 성인의 다스림은 백성들의 마음을 비우게 하고 배를 채워 주며,

  心懷智而腹懷食, 虛有智而實無知也.

  마음에는 앎이 담겨 있고 배에는 음식이 담겨 있으니, 앎이 담겨 있는 것은 비우고 앎이 담겨 있지 않은 것은 채워 준다.

  弱其志, 强其骨,

  뜻을 약하게 하고 뼈대를 강하게 하며,

  骨無知以幹, 志生事以亂. 心虛則志弱也.[27]

  뼈대는 앎이 없어서 근간이 되지만, 뜻은 일을 만들어서 어지럽힌다. 마음을 비우면 뜻이 약해진다.

---

27. 루우열은 『노자주역왕필주교석』에서 '심허즉지약야'(心虛則志弱也) 여섯 자가 왕필의 주가 아니라고 했다. 그는 그 근거로 『도장』본이나 『도장집주』본, 『도장집의』본 그리고 기타 여러 자료를 제시하며, 또한 문맥상으로 여섯 자가 앞의 주와 연결되지 않은 점을 지적하고 있다. 필자는 루우열의 견해에 긍정하는 편이다. 그러나 단순히 뜻을 약하게 하는 방법으로써 마음을 비우면 뜻이 약해져 저절로 뼈대까지 강하게 되기 때문에 위처럼 주석했다고 할 때, 의미상 그렇게 어긋난다고 할 수만은 없을 것 같다.

常使民無知無欲,

늘 백성들이 알고자 하는 것과 하고자 하는 것이 없도록 하고,

守其眞²⁸也.

그들의 '참됨'[眞]을 지키게 한다.

使夫智者, 不敢爲也.

지혜로운 자들이 감히 어떤 것도 시행하지 못하도록 한다.

智²⁹者, 謂知爲也.³⁰

지혜로운 자들은 어떤 것을 시행할 줄 아는 것을 말한다.

---

28. 소박함'[樸]이 '참됨'[眞]이다. 왕필이 28장 "질박함이 분산되면 (가지각색의) 용기가 된다"[樸散則爲器] 구절의 주에서 "소박함은 참됨이다"[樸眞也]라고 하는 것으로 볼 때, 참됨에는 소박하다는 의미가 있다.

29. 『고일총서』본과 『도장』본 그리고 『도장집주』본에는 '지'(智)가 '지'(知)자로 되어 있다. 그런데 왕필에게 '지'(智)와 '지'(知) 두 글자는 구분 없이 사용되고 있다. 왕필은 위의 본문 "사부지자, 불감위야"(使夫智者, 不敢爲也) 구절에서 "지자, 위지위야"(智者, 謂知爲也)라고 주했고, 10장 "백성을 사랑하고 나라를 다스리면서 지혜를 사용하지 않을 수 있는가?"[愛民治國, 能無知乎] 구절에서 "술책에 맡겨서 성공을 구하고 술수를 사용하여서 숨은 것을 찾아내는 것이 지혜이다. 아득히 구분 없는 상태에서 살펴서 흠이 없는 것은 성스러움을 끊는 것[絶聖]과 같고, 나라를 다스리는 데 지혜를 사용하지 않는 것은 지혜를 버리는 것[棄智]과 같다. 지혜를 사용하지 않을 수 있는가? 그렇게 할 수 있다면 백성들은 회피하지 않고 나라는 다스려질 것이다"[任術以求成, 運數以求匿者, 智也. 玄覽無疵, 猶絶聖也. 治國無以智, 猶棄智也. 能無以智乎, 則民不辟而國治之也]라고 주했기 때문이다.

30. 『도장집주』본에는 '야'(也)자가 없는데, 해석상 다른 점은 없다.

爲無爲, 則無不治.

시행할 일이 없도록 하면 다스려지지 않는 것이 없다.

해설

무위의 다스림은 사회적으로 높이는 것이 없을 때 자연스럽게 시작된다. 일반적인 가치관으로 볼 때, 능력과 재화는 세상을 살아가는 데 필수적인 것으로 보인다. 그러나 절대적인 경지에서 볼 때, 상대적인 것에 지나지 않는다. 이미 살펴보았듯이 대상화된 모든 것은 상대적인 것에 지나지 않기 때문이다. 따라서 능력과 재화도 상대적으로 효용이 있을 뿐이다. 세상의 모든 것은 나름대로 효용이 있다. 그런데 특정한 어떤 능력을 사회적으로 높여 줄 때, 사람들은 자신의 선천적인 능력을 도외시하고 그 능력의 고양에 매달리는 경우가 많다. 이런 행위는 본성에 어긋나고 자연스럽지 못하기 때문에 많은 문제를 낳게 된다.

모든 것이 그 본성에 따라 제자리에서 효용을 발휘하기 위해서는 세상에서 높이는 것이 없어야 한다. 이렇게 하는 것이 후천적으로 작위하는 마음이 생기지 않도록 하는 것이다. 이렇게 하면, 사람들은 자신의 타고난 능력을 적당한 곳에서 저절로 발휘하고, 재화도 소용이 있는 곳에서 자연스럽게 사용된다. 따라서 혹시 무엇인가 시행하는 자가 있다면 아무것도 하지 못하도록 철저히 막아야 한다. 사람들이 그것을 본받아서 자신도 무엇인가 해야 한다는 마음이 생기기 때문이다. 이렇게 해서 할 일이 없도록 하면 사람들은 모두 자신의 선천적인 능력에 따라 적재적소에 있기 때문에 세상은 저절로 다스려지게 된다.

그런데 여기서 주의할 점은 이상과 같은 성인의 다스림도 유위의 다스림으로 보이지만 그렇게 보아서는 안 된다는 것이다. 곧 일견으로는 무위의 다스림을 이룩하기 위하여 성인이 유위의 다스림을 시행하는 것으로 볼 수 있는데, 그렇게 보아서는 안 된다는 것이다. 2장에서 "이 때문에 성인은 …, 말없는 교화를 행한다. 만물이 어떤 것을 일으켜도 말하지 않고, 무엇인가 내놓아도 있다고 하지 않으며, 무엇을 시행해도 그것에 의지하지 않고, 공을 이루어도 그것에 머물러 있지 않는다"라고 했듯이, 성인의 다스림이 유위로 나타날 수는 없기 때문이다. 이는 15장의 "누가 혼탁함 그것으로 안정시켜서 서서히 맑아지게 할 수 있겠는가? 누가 편안함 그것으로 오랫동안 움직이면서 서서히 새로운 무엇을 낳게 할 수 있겠는가?"라는 말과, 37장의 "교화된다고 일으키려고 한다면, 나는 '이름 없는 소박함'[無名之樸]으로 그것을 진압할 것이나, 이름 없는 소박함, 그것마저도 하고자 함을 없애겠다. 하고자 하지 않음으로써 그대로 놔두면, 천하가 저절로 안정될 것이다"라는 말에서도 확인된다.

비록 성인이 3장처럼 무위의 다스림을 이룩하는 방법을 설했지만, 그 방법을 구체적으로 시행하는 데는 도를 응용해서 절대로 드러나지 않도록 할 것이다. 2장의 내용은 사물의 존재 방식이 유와 무로 이루어졌음을 이야기했는데, 이는 무위를 시행하기 위한 토대이다. 사물의 존재 방식을 알아야만 그대로 다스릴 수 있기 때문이다. 4장의 내용은 구체적으로 무로써 유의 드러남을 없애는 것에 대한 언급이다. 곧 무가 유의 이면에서 보이지 않게 작용하듯이 무위의 다스림도 이런 방법을 이용해서 이룩해야 함을 설명하고 있는 것이다. 4장을 보면서 생각해 보자.

제 4 장

道沖而用之, 或不盈, 淵兮, 似萬物之宗. 挫其銳, 解其紛, 和其
光, 同其塵. 湛兮, 似或存, 吾不知誰之子. 象帝之先.

도는 비어 있으면서 작용하여 아무것도 채우지 않을 것 같고, 깊으면
서 고요하여 만물의 근본(宗)인 것 같다. 날카로움을 꺾고 분란을 풀어
주며, 빛남을 부드럽게 하고 티끌 같은 세속과 함께한다. 깊으면서 맑아
존재하는 것 같은데도 나는 그것이 누구의 자식인지 모른다. 그러니 조
물주(帝)보다 앞서 있는 듯하다.

夫[31]執一家之量者, 不能全家, 執一國之量者, 不能成國. 窮力擧
重, 不能爲用. 故人雖知萬物治也, 治而不以二儀之道[32] 則不能瞻

---

31. 『도장집주』본에는 '부'(夫)자가 없는데, 해석상 다른 점은 없다.
32. 루우열이 『노자주역왕필주교석』에서 『도덕경』 25장의 "사람은 땅을 본받고,
    땅은 하늘을 본받으며, 하늘은 도를 본받고, 그리고 도는 저절로 그렇게 됨
    을 본받는다"(人法地 地法天 天法道 道法自然) 구절을 근거로 '이의지도'(二儀
    之道)를 '천지지도'(天地之道)라고 한 것에 대해, 임채우는 『왕필의 노자』에서
    『주역』 「계사상」(繫辭上)의 "태극생양의"(太極生兩儀)와 왕필 주역주의 내용
    을 근거로 이 구절의 해석은 순수하게 『도덕경』으로 해석해야 될 것이 아니
    라 『주역』(周易)으로 해석해야 된다고 한다. 필자는 루우열이나 임채우의 입
    장이 제각기 어느 정도 일리가 있다고 생각하지만 양자 모두에게 전적으로
    찬성할 수는 없다. 필자가 보기에 왕필의 노자주는 물아일체의 상태가 분별
    에 의해 상대적인 유와 무로 나누어짐을 중심으로 전개되기 때문이다. 왕필
    에게 현상 세계에서 모든 사물(有)은 상대적인 무를 기반으로 성립된다. 굳
    이 근거를 대자면 『도덕경』 1장 "항상 '어떤 것도 하고자 하는 것이 없음'(無

也. 地雖形魄, 不法於天, 則不能全其寧. 天雖精象, 不法[33]於道, 則不能保其精. 沖而用之, 用乃不能窮, 滿以造[34]實, 實來則溢. 故沖而用之, 又復不盈, 其爲無窮, 亦已極[35]矣. 形雖大, 不能累其體, 事雖殷,[36] 不能充其量. 萬物舍[37]此, 而求[38]主, 主其安在乎. 不亦淵兮, 似萬物之宗乎. 銳挫而無損, 紛解而不勞, 和光而不汙其體, 同塵而不渝其眞, 不亦湛兮,[39] 似或存乎. 地守其形, 德不能過

欲〕에서는 그것으로 '사물이 시작되는 미묘함'〔妙〕을 살펴서 헤아리고, 항상 '무엇인가 하고자 하는 것이 있음'〔有欲〕에서는 그것으로 '사물이 되돌아가서 끝나게 되는 종결점'〔徼〕을 살펴서 헤아린다'〔常無欲以觀其妙, 常有欲以觀其徼〕 구절을 들 수 있는데, 왕필도 40장 "되돌아가게 하는 것이 도의 움직임이다"〔反者道之動〕 구절의 주에서 "(도의) 움직임에서 모두 그 없는 바를 안다면 사물에 통한다"〔動皆知其所無, 則物通矣〕라고 하기 때문이다. 따라서 필자는 '이의'(二儀)를 상대적인 '유'(有)와 '무'(無)로 보아야 그 의미가 드러난다고 본다.

33. 『도장집주』본에는 '법'(法)자가 '능'(能)자로 되어 있는데, 바로 앞 구절 "땅이 비록 큰 덩어리로 뭉쳐 있지만 하늘을 본받지 않는다면 땅의 안락함을 온전하게 할 수 없다"〔地雖形魄, 不法於天, 則不能全其寧〕라는 구절로 볼 때 잘못된 것이다.

34. 『도장집주』본에는 '조'(造)자가 '추'(追)자로 되어 있는데, '조'(造)자를 '채우다'로 '추'(追)자를 '구하다'는 의미로 볼 경우 해석상 다른 점은 없다.

35. 『도장집주』본에는 '극'(極)자가 '억'(抑)자로 되어 있는데 잘못된 것이다.

36. 『도장집주』본에는 '은'(殷)자가 '번'(繁)자로 되어 있는데, 두 글자 모두 '많다'는 의미로 보면 해석상 다른 점은 없다.

37. 『도장집주』본에는 '사'(舍)자가 '사'(捨)자로 되어 있는데, 두 글자 모두 '버리다'는 의미로 보면 해석상 다른 점은 없다.

38. 『도장집주』본과 『도장집의』본 및 『영락대전』본에는 모두 '구'(求)자 뒤에 '기'(其)자가 있는데, 해석상 다른 점은 없다.

39. 『도장집주』본에는 '불역담혜'(不亦湛兮)가 '기연호'(其然乎)로 되어 있고 그

其載, 天㥦[40]其象, 德不能過其覆. 天地莫能及之, 不亦似帝之先乎. 帝, 天帝也.

한 집안만 지킬 역량을 가진 자는 집안을 온전하게 할 수 없고, 한 나라만 유지할 수 있는 역량을 가진 자는 나라를 이룰 수 없다. 온 힘을 다해 무거운 것을 들면 (마음대로) 사용할 수 없기 때문이다. 그러므로 사람이 비록 만물의 다스림을 맡아서 다스릴지라도 다스림에 유와 무의 도를 사용하지 않는다면 여유가 있을 수 없다. 땅이 비록 큰 덩어리로 뭉쳐 있지만 하늘을 본받지 않는다면 땅의 안락함을 온전하게 할 수 없다. 하늘이 비록 정미한 상(象)이지만 도를 본받지 않는다면 그 정미함[精]을 보전할 수 없다. 비어 있으면서 작용하니 작용이 이에 무궁하고, 가득 차 있으면서 내용물을 채우려 하니 내용물이 오면 넘친다. 그러므로 비우면서 작용하고 또 다시 채우지 않으니 그 무궁함이 이미 지극하다. 드러나는 것이 비록 클지라도 자신의 몸을 얽어맬 수 없고, 일이 비록 많을지라도 자신의 용량[量]을 채울 수 없다. 만물이 이것을 버리고 근본[主]을 찾는다면 근본이 그 어디에 있겠는가? 또한 깊으면서 고요하여 만물의 근본인 것 같지 않은가! 날카로움을 꺾어도 상처를 입지 않고 분란을 풀어 주면서도 힘들어하지 않으며, 빛남을 부드럽게 하여도 몸을 더럽히지 않

앞의 '진'(眞)자도 '명'(冥)자로 되어 있는데, 이 경우에 해석을 "예리함을 꺾어 놓으면서도 상처를 입지 않고, 분란을 풀어 주면서도 힘들어하지 않으며, 빛나는 덕망을 없애 버리면서도 오명을 쓰지 않고, 더러움과 함께하면서도 아득함을 지키니, 그래! 존재하는 것이겠지!"〔銳挫而無損, 紛解而不勞, 和光而不汙其體, 同塵而不渝其冥, 其然乎, 似或存乎〕로 하면 의미상 다른 점은 없다.
40. 『도장집주』본에는 '겸'(慊)자가 '협'(嗛)자로 되어 있는데, 두 글자 모두 '만족하다'는 의미로 보면 해석상 다른 점은 없다.

고 티끌 같은 세속과 함께하면서도 참됨을 지키니, 또한 깊으면서 맑아 존재하는 것 같지 않은가! 땅이 그 형체를 유지하고 있지만 그 기능은 떠받치는 역할을 초과할 수 없고, 하늘이 그 상(象)에 흡족해 하지만 그 기능은 덮어 주는 역할을 초과할 수 없다. 하늘과 땅 가운데 어느 것도 도에 미칠 수 없으니 또한 조물주〔天帝〕보다 앞서 있는 것 같지 않은가? 본문의 조물주〔帝〕는 하느님〔天帝〕이다.

해설

4장의 도는 상대적인 무이다. 유는 의식 활동〔知欲〕이 개입되기 때문에 사물로 구체화된다. 그러나 상대적인 무는 의식 활동이 개입되지 않음으로써 드러나지 않는 비어 있음이다. 상대적인 무는 언제나 이면에서 사물이 사물로 드러나게 하지만 자신을 드러내지는 않으니, 깊고 고요하지만 만물〔有〕의 근본이다. 그러면서 무는 또한 만물이 날카롭게 대립하면 화해를 시키고 분란이 생기면 풀어 주며, 빛남을 부드럽게 하면서도 오명을 쓰지 않고 티끌 같은 세속과 함께하면서도 자신의 참됨을 지키니, 존재의 이면에서 드러나지 않게 존재하는 것이다. 드러나지 않기 때문에 누구의 자식인지 모르니 조물주보다 앞서 있는 듯하다.

3장 다음에 이런 내용을 언급한 것은 무위를 이룩하기 위해서 보이지 않는 무의 작용을 본받으라는 것이다. 첨예하게 대립하는 것을 화해시키면서도 상처를 입지 않고, 빛남을 부드럽게 하면서도 오명을 쓰지 않는 것은 무의 작용을 본받을 때 가능하니, 무위는 무의 작용을 본받아서 행하는 다스림이다. 무는 자신을 채우지 않으며 비워 놓고 작용하는 것이다. 다음 5장은 천지가 마음을 비움으로써 전혀 만물에 개입하지 않는 것을 성인이 본받아서 인간사에 적용함을 언급한 것이다.

◆   본문의 "오부지수지자"(吾不知誰之子) 구절에 유의하기 바란다. 4장의 도가 절대적인 도라면 '수지자'(誰之子)라고 표현하지 않았을 것이다. 여기서의 도를 물아일체의 상태에서 나온 상대적인 무로 본다면, 본문의 표현은 아주 자연스럽다. 물아일체의 상태나 상대적인 무는 모두 대상화되지 않는다는 점에서 드러나는 것이 아니다. 그러나 물아일체의 상태가 상대적으로 유와 무로 나누어진 것이기 때문에 물아일체의 상태가 상대적인 무의 모체가 된다.

제 5 장

天地不仁, 以萬物爲芻狗.[41]
하늘과 땅은 어질지 않아서 만물을 하찮은 꼴이나 개처럼 여긴다.

天地任自然, 無爲無造, 萬物自相治. 故不仁也. 仁者必造立施

---

41. '추구'(芻狗)는 옛날 중국에서 제사에 사용하던 짚으로 만든 개로서, 제사가 끝나면 버리는 것이다. 이런 의미에서, 소용이 있을 때는 이용하고 소용이 없을 때는 버리는 하찮은 물건을 비유한 것이다. 그런데 왕필은 글자마다 의미를 두어서 '꼴과 개'로 주석했다.

化,⁴² 有恩有爲.⁴³ 造立施化, 則物失其眞,⁴⁴ 有恩有爲, 則物不具⁴⁵
存. 物不具存, 則不足以備載⁴⁶矣.

하늘과 땅은 '저절로 그렇게 됨'〔自然〕에 맡겨 두어서 시행함도 없고 조
작함도 없으니 만물끼리 스스로 서로 다스린다. 그러므로 (하늘과 땅은)
어질지 않다. 어진 자는 반드시 무엇인가 만들어서 세우고 베풀어서 교
화시키니 은혜가 있고 시행함이 있다. 무엇인가 만들어서 세우고 베풀어
서 교화시킬 경우 사물은 그 참됨을 잃고, 은혜가 있고 시행함이 있을 경
우 사물은 다 함께 존재하지 못한다. 사물이 다 함께 존재하지 못할 경우
(어진 자가) 모든 것을 다 감당하기에는 부족하다.

(天)地⁴⁷不爲獸生芻, 而獸食芻, 不爲人生狗, 而人食狗.⁴⁸ 無爲
於⁴⁹萬物, 而萬物各適其所用, 則莫不贍矣. 若慧由己樹,⁵⁰ 未足

---

42. 『도장집주』본에는 '시화'(施化) 두 글자가 '무시'(無施)로 되어 있는데 잘못된
    것이다.

43. 『도장집의』본에는 '은'(恩)자가 '사'(思)자로 되어 있는데 잘못된 것이다.

44. '진'(眞)자는 3장의 각주 28에서 언급했듯이 '소박함'이라는 의미이다.

45. 『고일총서』본에는 '구'(具)자가 '열'(列)자로 되어 있는데 잘못된 것이다.

46. 『도장집주』본에는 '재'(載)자가 '재'(哉)자로 되어 있는데, 이 경우에 해석을
    "사물이 다 함께 존재하지 못할 경우, 두루 다 하기에 부족하다"〔物不具存, 則
    不足以備哉矣〕로 하면 의미상 다른 점은 없다.

47. 『도장집주』본에는 '지'(地)자 앞에 '천'(天)자가 있다.

48. 『도장집주』본에는 '이인식구'(而人食狗) 네 글자가 없는데, 문맥이 순조롭지
    못하다.

49. 『도장집주』본에는 '어'(於)자가 '연'(然)자로 되어 있는데 잘못된 것이다.

50. 『도장집주』본에는 '수'(樹)자가 '유'(猶)자로 되어 있는데, 이 경우에 해석 및

任也.

(하늘과) 땅이 짐승들을 위하여 꼴을 기르지 않지만 짐승들은 꼴을 먹고, 사람들을 위하여 개를 만들어 놓은 것은 아니지만 사람들은 개를 잡아먹는다. (하늘과) 땅이 만물을 위하여 아무것도 시행함은 없지만, 만물은 제각기 소용되는 곳에 나아가 어느 것 하나 넉넉하지 않음이 없다. 만약 지혜[慧]가 자신에게서 말미암아서 내세워지는 경우라면 (만물을) 맡기기에 충분하지 못하다.[51]

聖人不仁, 以百姓爲芻狗.
성인은 어질지 않아서 백성을 하찮은 꼴이나 개처럼 여긴다.

聖人與天地合其德, 以百姓比芻狗也.
성인은 천지와 그 덕을 같이하기 때문에 백성을 하찮은 꼴이나 개에 견주었다.

天地之間, 其猶橐籥乎. 虛而不屈, 動而愈出.
천지의 사이는 아마 풀무나 피리와 같겠지! 비어 있는데도 다하지 않고 움직일수록 더욱더 내놓는구나.

구두를 "만약 지혜[慧]가 자신에게서 말미암는다면 여전히 아직 (만물을) 맡기기에 충분하지 못하다"[若慧由己, 猶未足任也]라고 하면 의미상 차이점은 없다.

51. 이상의 왕필주는 『도장집주』본에서 '하왈'(河曰) 곧 '하상공'(河上公) 주로 되어 있는데, 『도장집주』본의 '하왈'(河曰)을 '필왈'(弼曰)로 수정해야 된다.

橐, 排橐也. 籥, 樂籥也. 橐籥之中空洞, 無情無爲. 故虛而不得
窮屈, 動而不可竭盡也. 天地之中蕩然, 任自然. 故不可得而窮, 猶
若橐籥也.

풀무[橐]는 바람을 밀어 넣는 자루이고, 피리[籥]는 악기이다. 풀무와
피리의 속은 비어 있어 아무 느낌도 없고 하는 일도 없다. 그러므로 비어
있는데도 다하지 않고 움직이는데도 고갈되지 않는다. 천지의 속은 비어
있어 저절로 그렇게 됨에 맡겨 둔다. 그러므로 다함이 없으니 마치 풀무
나 피리와 같다.

多言數窮, 不如守中.

말이 많으면 궁하게 될 수이니,[52] (풀무나 피리처럼) 빈 속을 지키고 있
는 것만 못하다.

愈爲之, 則愈失之矣. 物樹其惡, 事錯其言, 不濟[53]不言, 不理, 必
窮之數也. 橐籥而守數中, 則無窮盡. 棄己任物, 則莫不理. 若橐籥
有意於爲聲也, 則不足以共[54]吹者之求也.

---

52. 『문연각(文淵閣)에서 출간한 '사고전서'(四庫全書)의 『하상공주』(河上公注)에
　　"'수'(數)자는 왕필주에서 거성이니, 이치를 의미하는 말이다"[數, 王弼注, 去
　　聲, 謂理數也]라고 되어 있다.
53. 『도장집주』본에는 '제'(濟)자가 '제'(齊)로 되어 있는데, '제'(濟)자를 '멈추다'
　　라는 의미로 '제'(齊)자는 '삼가다'는 의미로 보면 해석상 차이점은 없다.
54. 『도장집주』본과 『도장집의』본에는 모두 '공'(共)자가 '공'(供)자로 되어 있는
　　데, '공'(共)자를 '함께하다'로 '공'(供)자를 '이바지하다'로 보면 해석상 차이
　　점은 없다.

무엇인가 하면 할수록 더욱 잘못된다. 사물(物)에 악을 심어 놓고 일에 말을 덧붙여 놓은 것은 구제하지 않고 말하지 않으면 다스려지지 않으니 반드시 궁하게 될 수이다. 풀무나 피리는 빈 속을 법으로 지키고 있으니, 무궁무진하게 된다. 자신을 버리고 사물에 맡겨 두면 어느 것도 다스려지지 않는 것이 없다. 만약 풀무나 피리가 의도적으로 소리를 내려고 한다면 풀무질하는 자나 연주자의 요구대로 될 수가 없다.

해설

천지는 모든 것을 '저절로 그렇게 됨'(自然)에 맡기고 어느 것 하나 돌보지 않으니, 만물은 천지가 어질지 않은 것으로 생각한다. 도를 체득한 성인도 백성들에게 천지처럼 하니, 사람들은 성인이 어질지 않은 것으로 여긴다. 그런데도 천지나 성인이 영원할 수 있으니, 풀무나 피리처럼 속을 비워 두고 있기 때문이다. 속을 비워 두고 있으면 무궁무진해진다. 세상 사람들은 속을 비우지 못함으로 잘못되니, 풀무나 피리처럼 속을 비워 두고 가만히 있어야 된다. 다음 6장도 비어 있음의 신묘한 작용에 관한 설명이다.

제 6 장

谷神不死, 是謂玄牝, 玄牝之門, 是謂天地根, 綿綿若存, 用之不勤.

골짜기의 신묘함이 사라지지 않는 것을 아득한 암컷[玄牝]이라고 하고, 아득한 암컷이라는 문을 바로 천지의 근본이라고 하니, 있는 듯 없는 듯 존재하는 것 같은데도 작용함에는 지침이 없다.

谷神谷中央無谷也, 無形無影, 無逆無違, 處卑不動, 守靜不衰. 谷以之[55]成, 而不見其形, 此至物也. 處卑而不可得名, 故謂天地之根, 綿綿若存, 用之不勤. 門, 玄牝之所由也. 本其所由與極同體, 故謂之天地之根也. 欲言存邪, 則不見其形, 欲言亡邪, 萬物以之生. 故綿綿若存也. 無物不成, 用而不勞也, 故曰用而[56]不勤也.

'골짜기의 신묘함'[谷神]은 골짜기 중앙에 '골짜기 흔적이 없는 곳'[無谷]이어서 형체[形]도 없고 그림자도 없으며 맞이함도 없고 보냄도 없으며, 아래에 있으면서 움직이지 않고 고요함을 유지하면서도 쇠퇴하지 않는다. 골짜기가 이것으로 이루어져서 자신의 모습을 드러내지 않으니, 이는 지극한 존재[至物]이다. 아래에 자리 잡고 있지만 무엇이라고 명명할 수 없으므로 천지의 근본이라고 하니 있는 듯 없는 듯 존재하는 것 같은데도 작용함에는 지침이 없다. 문은 아득한 암컷[玄牝]이 말미암는 바이다. 그런데 본시 그것이 말미암는 바는 궁극[極]과 몸뚱이[體]를 함께하므로 그것을 천지의 근본이라고 이른다. (천지의 근본이) 존재한다고 말하려고 하면 그 모습을 알 수 없고, 존재하지 않는다고 말하려고 하면 만물이 그것 때문에 생겨나므로 있는 듯 없는 듯 존재한다. 무엇이든지 완

55. 『도장집주』본에는 '지'(之)자가 없는데, 해석상 차이점은 없다.
56. 『도장집의』본에는 '이'(而)자가 '지'(之)자로 되어 있는데, 해석상 차이점은 없다.

성하지 않음이 없이 작용하면서도 힘겨워하지 않으므로 "작용함에는 지침이 없다"라고 했다.

해설

골짜기의 신묘한 기능은 골짜기 중앙에 아무 형상도 없는 것에 있다. 무엇이 들어오거나 나가거나 아무 반응도 보이지 않고, 전혀 움직이지 않으면서 고요하게 있으니 지극한 존재하고 할 수 있다. 이런 곡신의 작용은 마치 존재물들이 사물로 구체화될 때, 이면에서 사물이 사물로 드러나게 하는 무의 작용과 같으므로 천지의 근본이라고 할 수 있다. 곧 1장 "무명, 천지지시"의 무명처럼 구체적으로 드러나는 것이 아니라는 말이다. 구체적으로 그 모습을 말하기 어렵다는 점에서 존재한다고 말하기도 어렵고, 만물이 그것으로부터 생겨난다는 점에서 존재하지 않는다고 말하기도 어렵다. 이렇게 현빈과 같은 무는 유의 이면에서 없는 듯 있는 듯 존재하면서, 그 작용을 멈추는 일이 없다. 다음 7장은 천지가 자신을 비움으로써 모든 것을 이루니, 성인도 이것을 본받아서 모든 것을 이루는 것에 대한 설명이다.

제 7 장

天長地久. 天地所以能長且久者, 以其不自生.

하늘과 땅은 장구하다. 하늘과 땅이 장구할 수 있는 까닭은 스스로 아무것도 생성하지 않기 때문이다.

自生則與物爭, 不自生則物歸也.
(천지) 자신이 무엇인가를 내놓으면 사물과 다투게 되고, (천지) 자신이 아무것도 내놓지 않는다면 사물이 귀의한다.

故能長生. 是以聖人後其身, 而身先, 外其身而身存, 非以其無私邪. 故能成其私.
그러므로 장생할 수 있다. 이 때문에 성인은 자기 자신을 뒤로 물리는데도 자신이 남보다 앞서게 되며, 자기 자신을 도외시하는데도 자신이 보존되니, 사사로움이 없기 때문이 아니겠는가? 그러므로 자신의 사사로움을 이룰 수 있다.

無私者, 無爲於身也. 身先身存, 故曰能成其私也.
'사사로움이 없다'(無私)는 것은 자신의 입장에서 아무것도 하는 일이 없음이다. 자신이 남보다 앞서게 되고 자신이 보존되므로 "자신의 사사로움을 이룰 수 있다"라고 했다.

해설
천지가 장구할 수 있는 것은 자신의 마음을 비움으로써 모든 것을 사물에 맡겨 두기 때문이다. 성인도 천지의 마음을 본받아서 모든 것을 사람들에게 맡겨 둠으로써 자신의 모든 목적을 이룬다. 다음 8장은 마음 비움에 대한 비유를 물로써 구체화시킨 것이다.

제 8 장

上善若水. 水善利萬物, 而不爭, 處衆人之所惡.

최상의 선〔上善〕은 물의 작용과 같다. 물은 만물을 이롭게 하면서도 다투지 않고, 뭇사람들이 싫어하는 곳에 머물러 있다.

人惡卑也.

사람들은 비천한 것을 싫어한다.

故幾於道.

그러므로 (물은) 도에 가깝다.

道無水有, 故曰幾也.

도는 '형체가 없는 것'〔無〕이고, 물은 '형체가 있는 것'〔有〕이므로 본문에서 "가깝다"라고 했다.

居善地, 心善淵, 與善仁, 言善信, 正善治, 事善能, 動善時, 夫唯不爭. 故無尤.

(사람은) 머무는 곳으로는 땅을 최상으로 여기고, 마음가짐으로는 연못

처럼 깊고 잔잔함을 최상으로 여기며, 함께하는 것으로는 어짊을 최상으로 여기고, 말에서는 신용을 최상으로 여기며, 바르게 함에서는 다스려짐을 최상으로 여기고, 일에서는 능수능란한 것을 최상으로 여기며, 그리고 움직임에서는 시기적절한 것을 최상으로 여기지만, 다투지 않을 뿐이다. 그러므로 허물이 없다.

言人[57]皆應於此道也.
사람은 모두 이런 도에 순응한다는 말이다.

│ 해설
사람들은 고귀한 것을 추구함에 비해 물은 사람들과 달리 낮은 곳으로 흘러가니, 비어 있는 도에 가깝다. 사람들이 도에 가까운 물을 본받기 위해서는 위의 본문처럼 행동해야 하지만, 모든 비결은 단지 다투지 않는 데 있을 뿐이다. 그렇게 할 때, 모든 허물이 사라진다. 그런데 사람들은 마음을 비우지 못하므로 허물이 있게 되니, 다음 9장은 이것에 대한 설명이다.

---

57. 『도장집주』본과 『도장집의』본에는 '인'(人)자가 '수'(水)자로 되어 있다. 이 경우에 해석을 "물은 모두 이런 도에 순응한다는 말이다"〔言水皆應於此道也〕로 수정해야 하는데, 이를 따를 때 위 본문의 주어를 물로 해서 "(물은) 머무는 곳으로는 땅을 최상으로 여기고 …, … (물은) 움직임에서는 시기적절한 것을 최상으로 여기면서, 오직 다투지 않을 뿐이다. 그러므로 (물은) 허물이 없다"로 번역해야 한다.

제 9 장

持而盈之, 不如其已.

움켜잡고 채우는 것은 그만두는 것만 못하다.

持, 謂不失德也. 旣不失其德, 又盈之, 勢必傾危. 故不如其已者, 謂乃更不如無德無功者也.

'움켜잡는다'[持]는 말은 (38장의) "덕을 잃지 않으려고 한다"라는 의미이다. 자신의 덕을 잃지 않으려고 하면서 또 채우려 한다면, 형세상 반드시 기울어져서 위태롭다. 그러므로 "그만두는 것만 못하다"는 것이란 이에 다시 덕도 없고 공도 없는 것만 못하다는 말이다.

揣而梲之, 不可長保.

단련해서 날카롭게 하면 오래 보존할 수 없다.

旣揣末令尖, 又銳之令利, 勢必摧衄, 故不可長保也.

날을 단련해서 뾰족하게 한 다음에 또 날을 세워 날카롭게 한다면, 형세상 반드시 꺾일 것이므로 오래 보존할 수 없다.

金玉滿堂, 莫之能守.

금과 옥이 집에 가득하면 그 누구도 지킬 수 없다.

不若其已.

놔두는 것만 못하다.

富貴而驕, 自遺其咎.
부귀한데 교만하면 스스로 허물을 남길 것이다.

不可長保也.
오래 보존할 수 없다.

功遂身退, 天之道.
일이 완수되었으면 당사자[身]는 물러나는 것이 하늘의 도이다.

四時更運, 功成則移.
사시사철이 바뀌면서 운행되니, 일이 이루어지면 떠난다.

해설

유가 항상 무에 의해 성립하는 것이 사물의 필연적인 존재 방식인데, 이는 인간의 행위에도 동일하게 적용된다. 곧 부귀나 재화를 차지한 사람들이 이것을 유지하려고 하면 할수록, 상대적으로 이것을 얻지 못한 사람들은 더욱더 빼앗으려고 하기 때문에, 위험에 처하고 심지어 목숨까지 잃게 될 수 있다. 위험에 처하거나 목숨을 잃을 바엔 차라리 부귀나 재화를 포기하는 것이 낫다.

부귀한 지위에 있으면서 그것을 유지할 수 있는 방법은 부귀가 자신의 것이 아니라고 생각하고 겸손하게 행동하는 것이다. 그런데 대부분의 사람들은 부귀해지면 겸손하게 행동하지 못하고 도리어 교만해지니, 허물을 남기게 된다. 사시의 운행에서 알 수 있듯이 하늘의 도는 자신의 일을 마치면 물러간다. 그러니 사람도 모든 일에서 할 일을 마쳤으면, 일을 이룬 것으로 만족하고 물러나야 한다.

제 10 장

載營魄抱一, 能無離乎.

혼백을 싣고 하나를 껴안아 분리되지 않도록 할 수 있는가?

載, 猶處也. 營魄, 人之常居處也. 一, 人之眞[58]也. 言人能處常居之宅, 抱一淸神, 能常無離乎, 則萬物自賓也.

'싣다'〔載〕는 말은 '머물러 있다'〔處〕는 의미와 같다. 혼백(營魄)은 사람이 늘 일정하게 가지고 있는 것이다. 하나〔一〕는 사람들의 참됨이다. 사람이 늘 일정하게 가지고 있는 집에 머물러 있으면서 하나를 껴안고 신명을 맑게 해서 항상 분리되지 않도록 할 수 있다면 만물은 스스로 손님이 될 것이라는 말이다.

---

58. '참됨'〔眞〕은 '소박함'〔樸〕이다. 왕필이 28장 "질박함이 분산되면 (가지각색의) 용기가 된다"〔樸散則爲器〕 구절의 주에서 "소박함은 참됨이다"〔樸, 眞也〕라고 했기 때문이다.

專氣致柔, 能嬰兒乎.

기(氣)를 오로지하고 부드러움을 이루어서 아기처럼 할 수 있는가?

專, 任也. 致, 極也. 言任自然之氣, 致至柔之和, 能若嬰兒之無所欲乎, 則物全而性得矣.

'오로지하다'(專)는 글자는 '맡겨 두다'(任)는 의미이고, '이루다'(致)는 글자는 '극진하게 하다'는 의미이다. 저절로 그러한 기(氣)에 맡겨 두고 지극히 부드러운 조화를 극진하게 해서, 마치 하고자 하는 것이 없는 아기처럼 할 수 있다면 사물이 온전해지고 본성이 제대로 된다는 말이다.

滌除玄覽, 能無疵乎.

씻어 버리고 아득히 구분 없는 상태에서 살펴서 흠이 없게 할 수 있는가?

玄, 物之極也. 言能滌除邪飾, 至於極覽, 能不以物介其明, 疵之[59] 其神乎, 則終與玄同也.

아득히 구분 없는 상태(玄)는 사물의 지극한 상태이다. 잘못 꾸며진 것을 씻어 버리고 지극한 통찰의 경지에 이르러서 사물(物) 때문에 자신의 밝은 지혜(明)를 가리거나 자신의 신령한 성품(神)에 흠을 내지 않을 수 있다면 마침내 아득함(玄)과 같게 된다는 말이다.

---

59. 『도장집주』본에는 '지'(之)자가 없다. 해석상 차이점은 없지만 "능불이물개기명"(能不以物介其明)이라는 앞 구절로 볼 때, '지'(之)자가 없는 것이 자연스럽다.

愛民治國, 能無知乎.

백성을 사랑하고 나라를 다스리면서 지혜를 사용하지 않을 수 있는가?

任術以求成, 運數以求匿者, 智也. 玄覽無疵, 猶絶聖也. 治國無
以智, 猶棄智也. 能無以智乎, 則民不辟而國治之[60]也.

술책에 맡겨서 성공을 구하고 술수를 사용하여서 숨은 것을 찾아내는
것이 지혜이다. 아득히 구분 없는 상태에서 살펴서 흠이 없는 것은 (19장
의) ‘성스러움을 끊는 것’[絶聖]과 같고, 나라를 다스리는 데 지혜를 사용
하지 않는 것은 (19장의) ‘지혜로움을 버리는 것’[棄智]과 같다. 지혜를 사
용하지 않을 수 있는가? 그렇게 할 수 있다면 백성들은 회피하지 않고 나
라는 다스려질 것이다.

天門開闔, 能無[61]雌乎.

하늘의 문[天門]이 열리거나 닫히거나 암컷처럼 할 수 있는가?

天門, 謂[62]天下之所從出也. 開闔治亂之際也, 或開或闔, 經通於

---

60. 『도장집주』본에는 ‘지’(之)자가 없는데 해석상 차이점은 없다.

61. 『고일총서』본과 『도장』본 『도장집주』본 및 『백서을본』(帛書乙本)에는 모두
‘무’(無)자가 ‘위’(爲)자로 되어 있고, 왕필도 ‘위’(爲)자로 주석했기 때문에 본
문의 해석은 ‘위’(爲)로 했다.

62. 『고일총서』본에는 ‘위’(謂)자가 없는데, 이 경우 해석을 “하늘의 문은 천하가
그곳으로부터 나오는 곳이다”[天門天下之所從出也]로 하면 의미상 차이점은
없다.

天下, 故曰天門開闔也. 雌應而不倡,[63] 因而不爲. 言天門開闔, 能爲雌乎, 則物自賓, 而處自安矣.

하늘의 문은 천하가 그곳에서 나오는 곳이라는 말이다. 열리거나 닫힌다는 것은 다스려지거나 혼란한 즈음이니, 열리기도 하고 닫히기도 하면서 천하에 두루 통하므로 "하늘의 문이 열리거나 닫히거나"라고 한 것이다. 암컷은 응하기는 하지만 주도하지 않으며 따라가기는 하지만 아무것도 시행하지 않는다. 하늘의 문이 열리거나 닫히거나 암컷처럼 할 수 있다면 사물들은 스스로 손님이 되고, 처신하기가 저절로 편안해진다는 말이다.

明白四達, 能無爲乎.
명백하게 사방으로 통하여 아무것도 시행하지 않을 수 있는가?

言至明四達, 無迷無惑, 能無以爲[64]乎, 則物化矣. 所謂道常無爲,

---

63. 『도장집주』본과 『도장집의』본에는 '창'(倡)자가 '창'(唱)자로 되어 있는데 통용된다. 『도장』본에는 '창'(昌)자로 되어 있는데, '드러내다'라는 의미로 보면 의미상 차이점은 없다.

64. '무이위'(無以爲)는 38장의 본문 "상덕무위이무이위, …, 상인위지이무이위"(上德無爲而無以爲, …, 上仁爲之而無以爲) 구절에 나오는 말로 왕필은 주에서 "무이위자, 무소편위"(無以爲者, 無所偏爲)라고 했는데 그 의미가 분명하지 않다. 필자의 생각이지만 '무이위'(無以爲)의 '무'(無)자는 '염두에 둠이 없다'는 의미로 봐야 별 문제가 없을 것 같다. 곧 38장의 본문에서는 바로 앞의 "상덕무위"(上德無爲)의 '무위'(無爲)나 "상인위지"(上仁爲之)의 '위지'(爲之)를 받아서, "최상의 덕을 터득한 자는 아무것도 시행하는 것이 없지만 그것을 염두에 두지 않고 하고, …, 최상의 인을 터득한 자는 무엇인가 시행하지만 그것을 염두에 두지 않고 한다"로 해석할 수 있다. 자세한 것은 38장에서

侯王若能守, 則萬物自化.

지극히 밝아 사방으로 통하고 미혹되는 일이 없어서 아무것도 염두에
두지 않고 시행할 수 있다면 만물이 감화된다는 말이다. 이른바 (37장에
서) "도는 항상 아무것도 시행함이 없지만 … 후왕이 그것을 지킬 수 있
다면, 만물이 저절로 교화될 것이다"라는 것이다.

生之
(위와 같이 해서) 낳아 주고

不塞其原也.
만물의 근원을 막지 않는다.

畜之.
길러 준다.

不禁其性也.
만물의 본성을 막지 않는다.

生而不有, 爲而不恃, 長而不宰, 是謂玄德.
그런데 무엇인가 내놓고도 있다고 하지 않고, 무엇을 시행해 놓고도
그것에 의지하지 않으며, 장성하게 해놓고도 주관하지 않으니, 이것이

직접 언급하겠다.

'아득한 덕'〔玄德〕이다.

不塞其原, 則物自生, 何功之有. 不禁其性, 則物自濟, 何爲之恃.[65] 物自長足, 不吾宰成, 有德無主, 非玄而何.[66] 凡言玄德, 皆有德而不[67]知其主, 出乎幽冥.

근원을 막지 않으면 사물이 저절로 내놓으니 무슨 공(功)이 있겠는가? 본성을 막지 않으면 사물이 저절로 구제되니 무엇을 해놓았다고 의지하겠는가? 사물은 저절로 장성하고 만족하니 내가 주관해서 이룬 것이 아니고, 덕(德)은 있으나 주관하는 이〔主〕가 없으니 아득함이 아니고 무엇이겠는가? 일반적으로 '아득한 덕'은 모두 덕은 있지만 그 주관하는 이를 알 수 없음이니, '아무것도 구분할 수 없는 어두컴컴함'〔幽冥〕에서 나왔다는 말이다.

| 해설
10장의 첫 구절 곧 "혼백을 싣고 하나를 껴안아 분리되지 않도록 할 수 있는가?"에서 하나는 42장 왕필주의 하나〔一〕와 관계가 있는 것으로서 중요한 의미가 있다. 왕필이 여기 10장에서 하나를 '사람의 참됨'〔人之眞〕으로 주하고, 28장에서 박(樸)을 진(眞)으로 주한 것을 볼 때, 하나는

---

65. 『도장집주』본에는 '시'(恃)자 '정'(情)자로 되어 있는데 잘못된 것이다.

66. 『고일총서』본과 『도장』 및 『도장집주』본에는 '이하'(而何)가 모두 '여하'(如何)로 되어 있는데, '이'(而)자와 '여'(如)자는 서로 통용되기 때문에 문제될 것이 없다.

67. 『도장집주』본에는 '부'(不)자가 '우'(又)자로 되어 있는데 잘못된 것이다.

바로 의식 활동으로서의 혼백과 분리되지 않은 소박하고 참된 본성을 가리키는 것으로서 물아일체의 상태를 말한다. 의식 활동으로서의 혼백은 물아일체의 상태를 벗어나서 사물을 분별하는 것이지만 그것의 '참된 모습'〔眞〕은 소박한 것으로서 사물과 분별되지 않는 '물아일체의 상태'〔一〕이다. 따라서 사람들이 본성 곧 물아일체의 상태에서 벗어나지 않을 때, 자연스러운 기에 모든 것을 맡기고 부드러움을 지극하게 해서 어린아이처럼 될 수 있고, 또 분별에 의해 어지럽게 된 것을 제거하고 아득한 경지에서 살펴서 흠이 없게 할 수 있으며, 또 백성을 사랑하고 나라를 다스리는 데 분별지를 없앨 수 있고, 또 천하가 어떻게 되든지 간여하지 않을 수 있으며, 또 모든 것에 통달해서 무위할 수 있다. 이것이 바로 아무것도 분별하지 않은 것으로서의 '아득한 덕'이다.

제 11 장

三十輻共一轂, 當其無, 有車之用.

서른 개의 바큇살이 하나의 바퀴통으로 모여 있는데, '바퀴통의 구멍'〔無〕이 있기 때문에 (수레가) 수레로서의 효용을 가지게 된다.

轂所以能統三十輻者, 無也. 以其無能受物之故, 故能以實統衆也.

바퀴통이 서른 개의 바큇살을 총괄할 수 있는 것은 바퀴통의 구멍 때

문이다. 그 구멍이 사물들을 받아들일 수 있는 까닭이기 때문에 실제로
여럿을 총괄할 수 있다.

埏埴以爲器, 當其無, 有器之用. 鑿戶牖以爲室, 當其無, 有室之
用. 故有之以爲利, 無之以爲用.

진흙을 빚어서 그릇을 만드는데, 그릇 속의 공간이 있기 때문에 (그릇
이) 그릇으로서의 효용을 가지게 된다. 창과 문을 뚫어서 방을 만드는데,
방 안의 공간이 있기 때문에 (방이) 방으로서의 효용을 가지게 된다. 그러
므로 '공간을 차지한 것'[有] 그것으로 '이로움'[利]을 삼고, '공간'[無] 그
것으로 '효용'[用]을 삼는다.

木埴壁所以成三者, 而皆以無爲用也. 言無者有之所以爲利, 皆賴
無以爲用也.

나무·진흙·벽으로 (수레·그릇·방이라는) 세 가지를 완성하는 것은 모
두 공간으로 효용을 삼기 때문이다. 공간이란 '그것을 차지한 것'[有]들이
이롭게 되도록 하는 것이니, 모두 공간에 의지해서 그것으로 효용을 삼
기 때문이라는 말이다.

| 해설
1장의 해설에서 이미 언급했지만, 11장에서의 유(有)는 의식 활동이
개입됨으로써 사물로 명확히 드러난 것에 대한 비유이고, 무(無)는 의식
활동이 개입되지 않음으로써 사물로 드러나지 않은 것에 대한 비유이다.
물아일체의 상태에서는 모든 것이 유물혼성(有物混成) 곧 혼돈의 상태로

있지만, 의식 활동이 개입되면서 구체적인 사물 곧 이름을 가진 사물로 분별된다. 그런데 사물이 언제나 그 이면[無]에 의해 드러나고 효용이 있게 되는 것은 사물의 필연적 존재 방식이다. 11장은 바로 사물이 무(無)에 의해 드러나고 효용이 있음을 단순한 비유를 통해 알려주고 있는 것인데, 40장의 주에서 "(도의) 움직임에서 모두 그 없는 바를 안다면 사물에 통한다"는 의미이며, 또한 "천하의 사물은 모두 있음으로 낳음을 삼고, 있음이 시작하는 바는 없음으로 근본을 삼으니, 있음을 온전히 하고자 한다면 반드시 없음으로 되돌아가야 한다"라는 의미이다.

제 12 장

伍色令人目盲, 伍音令人耳聾, 伍味令人口爽, 馳騁畋獵令人心發狂.

'여러 가지 아름다운 색깔'[伍色]은 사람의 눈을 멀게 하고, '여러 가지 아름다운 소리'[伍音]는 사람의 귀를 어둡게 하며, '여러 가지 맛있는 음식'[伍味]은 사람의 입맛을 해치고, 말달리고 사냥하는 것은 사람의 마음을 미치게 한다.

爽, 差失也. 失口之用, 故謂之爽. 夫耳目口心,[68] 皆順其性也. 不

---

68. 『도장집주』본에는 '구심'(口心)이 '심구'(心口)로 되어 있다.

以順性命, 反以傷自然, 故曰盲聾[69]爽狂也.

'해치다'〔爽〕는 글자는 '잘못되어서 정상적인 기능을 잃다'는 의미이다. 미각의 정상적인 기능을 잃게 되므로 해친다고 했다. 귀·눈·입·마음은 모두 그 본성을 따른다. 그런데 '성명'(性命)을 따르지 않고 도리어 저절로 그렇게 됨을 해쳤기 때문에, '멀게 한다'·'어둡게 한다'·'해친다'·'미치게 한다'라고 말했다.

難得之貨, 令人行妨.
얻기 어려운 재물은 사람들이 가는 길에 걸림돌이 된다.

難得之貨, 塞人正路, 令人行妨也.
얻기 어려운 재물은 사람의 바른 길을 막으므로, 사람들이 가는 길에 걸림돌이 된다.

是以聖人爲腹, 不爲目. 故去彼取此.
이 때문에 성인은 '배부름과 같은 실속'〔腹〕을 차리고 '눈치레 같은 겉모양'〔目〕을 차리지 않는다. 그러므로 저것을 버리고 이것을 취한다.

爲腹者, 以物養己. 爲目者, 以物[70]役己. 故聖人不爲目也.

---

69. 『고일총서』본에는 '맹롱'(盲聾)이 '농맹'(聾盲)으로 되어 있다.
70. 『도장집주』본에는 '물'(物)자가 '목'(目)자로 되어 있는데, 이 경우에 해석을 "눈치레 같은 겉모양을 차리는 자는 눈치레를 위하여 자신을 사역한다"〔爲目者, 以目役己〕로 하면 의미상 차이점은 없다.

배부름과 같은 실속을 차리는 자는 사물로 자신을 기른다. 눈치레 같은 겉모양을 차리는 자는 사물의 노예가 된다. 그러므로 성인은 눈치레 같은 겉모양을 차리지 않는다.

| 해설
| 11 상에서 유가 무에 의해 드러나고 효용이 있게 됨을 언급한 것은 의식의 활동에 의해 대상화된 것만을 추구함으로써 잘못되지 않도록 하기 위해서이다. 이어서 12장에서도 대상화된 것만을 추구할 때 본성에 어긋나서 잘못됨을 언급했으니, 그렇게 하지 않도록 재차 강조한 것이다.

제 13 장

寵辱若驚, 貴大患若身. 何謂寵辱若驚. 寵爲下, 得之若驚, 失之若驚. 是謂寵辱若驚.

총애를 얻거나 모멸을 당했을 때 놀란 듯이 하고, 큰 걱정거리를 자신처럼 귀하게 여겨라. 총애를 얻거나 모멸을 당했을 때 놀란 듯이 하라는 말은 무슨 의미인가? 총애를 얻는다는 것은 남의 신하[下]가 된다는 것이니, 총애를 얻어도 놀란 듯이 하고 잃어도 놀란 듯이 한다. 이것이 총애를 얻거나 모멸을 당했을 때 놀란 듯이 하라는 의미이다.

寵必有辱, 榮必有患, 驚[71]辱等, 榮患同也. 爲下, 得寵辱榮患若
驚, 則不足以亂天下也.

총애를 얻을 때가 있으면 반드시 모멸을 당할 때가 있고, 영화로운 때
가 있으면 반드시 환난을 당할 때가 있으니, 놀람과 모멸은 같고 영화와
환난은 동등하다. 신하가 되어 총애를 얻거나 모멸을 당할 때 또는 영화
롭거나 환난이 있을 때, 놀란 듯이 한다면 세상을 혼란스럽게 하지 않을
것이다.

何謂貴大患若身.

큰 걱정거리를 자신처럼 귀하게 여기라는 말은 무슨 의미인가?

大患, 榮寵之屬也. 生之厚, 必入死之地, 故謂之大患也. 人迷之
於榮寵, 返之於身. 故曰大患若身也.

큰 걱정거리는 영화나 총애 따위이다. 삶을 풍족하게 할 때 반드시 '죽
음의 문턱'〔死之地〕으로 들어가기 때문에 큰 걱정거리라고 했다. 사람이
영화나 총애를 얻기 위하여 정신없이 헤맬지라도 자신에게로 되돌아온
다. 그러므로 "큰 걱정거리를 자신처럼 귀하게 여기라"고 했다.

吾所以有大患者, 爲吾有身.

---

71. 『노자주역왕필주교석』에서 루우열은 도홍경(陶鴻慶)의 설에 의거해서 '경'
　　(驚)자를 '총'(寵)자로 교정했는데 의미가 잘 통한다. 이 경우에는 해석을 "영
　　화로운 때가 있으면 반드시 환난을 당할 때가 있으니, 총애와 모멸은 같으며
　　영화와 환난은 동등하다"〔榮必有患, 寵辱等, 榮患同也〕로 하면 된다.

나에게 큰 걱정거리가 있는 것은 내가 자신을 의식하기 때문이다.

由有其身也.
자신을 의식하기 때문이다.

及吾無身,
내가 자신을 의식함이 없게 된다면,

歸之自然也.
저절로 그렇게 됨으로 돌아간다.

吾有何患. 故貴以身爲天下. 若可寄天下.
나에게 무슨 걱정거리가 있겠는가! 그러므로 자신을 천하로 여기는 것[72]이 귀하다. 이처럼 되어야 천하를 맡길 수 있다.

無以易其身. 故曰貴也. 如此乃可以託天下也.
(내 자신을 의식하지 않아) 그 자신을 바꿀 필요가 없다. 그러므로 "귀하다"라고 했다. 이처럼 되어야 천하를 맡길 수 있다.

愛以身爲天下. 若可託天下.

---

72. 자신을 천하로 여긴다는 말은 분별을 없앰으로써 물아일체의 상태로 들어감을 의미한다. 바로 위에서 "내가 자신을 의식함이 없게 된다면"이라고 한 것이 그 근거이다.

자신을 천하로 여기는 것이 소중하다. 이처럼 되어야 천하를 맡길 수 있다.

無[73]物可以損其身, 故曰愛也. 如[74]此乃可以寄天下也. 不以寵辱榮患損易其身, 然後乃可以天下付[75]之也.

그 자신을 손상시킬 수 있는 어떤 것도 없기 때문에 "소중하다"라고 했다. 이처럼 되어야 천하를 맡길 수 있다. 총애와 모멸, 영화와 환난 때문에 자신을 손상시키거나 바꾸지 않은 다음에 천하를 맡길 수 있다.

해설

13장도 11장과 12장에 이어서 사물의 존재 방식이 유와 무로 이루어졌음을 강조한 것이다. 다만 11장에서는 구체적인 사물과 관련하여, 12장에서는 인간의 감각이나 정신과 관련하여 사물의 존재 방식을 언급했던 것과는 달리, 13장에서는 부귀와 관련하여 언급했다. 사물의 존재 방식도 근본적으로 물아일체의 상태에서 어떤 것이 의식의 활동에 의해 분별됨으로써 나오는 것이다. 따라서 천하를 이어받을 수 있는 큰 덕은 자신을 잊음으로써 물아일체의 상태에서 저절로 그렇게 됨과 합치하는 데

---

73. 『도장집주』에는 '이'(以)자 앞에 '물'(物)자가 있는데 의미상 다른 점은 없다.
74. 『도장집주』본에는 '여'(如)자가 없는데, 이 경우에 해석을 "이래야 천하를 맡길 수 있다"(此乃可以託天下也)로 하면 의미상 차이점은 없다.
75. 『도장집주』본에는 '부'(付)자가 '전'(傳)자로 되어 있는데, 이 경우에 '전'(傳)자의 의미를 '전해 주다'로 보면 해석상 차이는 없다.

있다. 곧 주객이 분리되지 않음으로써 천하와 자신을 구분하지 않는 경지에 큰 덕이 있다는 말이다.

제 14 장

視之不見, 名曰夷, 聽之不聞, 名曰希, 搏之不得, 名曰微. 此三者, 不可致詰, 故混而爲一.

보아도 보이지 않는 것을 '평이한 것'[夷]이라고 이름 붙이며, 들어도 들리지 않는 것을 '희미한 것'[希]이라 이름 붙이며, 잡으려고 해도 느껴지지 않는 것을 '미미한 것'[微]이라고 이름 붙인다. 이 세 가지는 더 이상 어떻게 따져 볼 수 없으므로 뒤섞어서 하나[一]로 여긴다.

無狀無象, 無聲無響. 故能無所不通, 無所不往. 不得而[76]知, 更以我耳目體, 不知爲名, 故不可致詰, 混而爲一也.

모양[狀]도 없고 형상[象]도 없으며, 소리[聲]도 없고 울림[響]도 없다. 그러므로 통하지 않는 곳이 없으며, 가지 못하는 곳도 없다. 알 수가 없고, 다시 나의 청각·시각·촉각을 가지고도 무엇이라고 이름 붙여야 될지 모르기 때문에 더 이상 어떻게 따져 볼 수 없으니, 뒤섞어서 하나

---

76. 『도장집주』본에는 '이'(而)자가 없는데 해석상 차이점은 없다.

로 여긴다.

其上不皦, 其下不昧, 繩繩不可名, 復歸於無物. 是謂無狀之狀, 無物之象,

그것은 위로 분명하지도 않고 아래로 모호하지도 않으며 끊어짐이 없는 것을 무엇이라고 이름 붙일 수 없어 사물 없음으로 되돌린다. 이것을 '모양 없는 모양'〔無狀之狀〕이라 하고, '사물 없는 형상'〔無物之象〕이라고 하며,

欲言無邪, 而物由以成, 欲言有邪, 不見其形. 故曰無狀之狀, 無物之象.

없다고 말하려 해도 사물이 (이것으로) 말미암아서 완성되고, 있다고 말하려 해도 그 형체를 알 수 없다. 그러므로 "모양 없는 모양이고, 사물 없는 형상이다"라고 했다.

是謂惚恍.

이것을 '황홀한 것'〔惚恍〕이라고 한다.

不可得而定也.

(무엇이라고) 확정〔定〕할 수 없다.

迎之, 不見其首, 隨之, 不見其後. 執古之道, 以御今之有.

그것을 맞이해도 그 머리를 볼 수 없고, 그것을 뒤따라가도 그 꼬리를 볼 수 없다. 옛날의 도를 가지고서 오늘날의 있음을 다스리면,

有有其事.

있음이라는 말은 일이 있다는 의미이다.

能知古始. 是謂道紀.

'태초의 시작'〔古始〕을 알 수 있다. 이것을 '도의 단서'라고 한다.

無形無名者, 萬物之宗也. 雖今古不同, 時移俗易, 故[77]莫不由乎此, 以成其治者也. 故可執古之道, 以御今之有. 上古雖遠, 其道存焉, 故雖在今, 可以知古始也.

어떤 형체도 없고 어떤 이름도 없는 것이 만물의 근원〔宗〕이다. 비록 옛날과 현재가 다르고 시대가 변하고 풍속이 바뀌었지만 본래 이것에서 말미암지 않고 다스림을 이룰 수 있는 자는 없다. 그러므로 옛날의 도를 가지고서 오늘날의 일을 다스린다. 태고 시대가 비록 시간상으로 멀리 떨어져 있을지라도 그 도가 보존되어 있으므로, 비록 현재에 있을지라도 태초의 시작을 알 수 있다.

해설

14장의 모든 말은 상대적인 무, 곧 상대적인 도에 대한 설명이다. 사실 상대적인 무는 2장과 11장 및 40장에서의 무라고 할 수 있지만 이는 유의 이면을 설명하기 위한 비유임을 알아야 한다. 단순히 그릇을 유(有)로

---

77. '고'(故)자는 '본래' 또는 '예로부터'라는 의미로 보아야 문맥을 해치지 않는다.

그릇이 그릇으로 드러나게 하고 효용이 있게 하는 공간을 무(無)로 명명했을 때, 유가 무에 의해 드러나는 것은 틀림없다. 그러나 '유가 무에 의해 드러난다'고 했을 때, 이미 여기서의 무는 무가 아님을 알아야 한다. '유가 무에 의해 드러난다'는 것이 이미 의식 활동에 의해 구별되는 순간, 여기서의 무도 유로 대상화되었기 때문이다. 곧 의식에 구체화되는 것이 유이고, 이면에서 드러나지 않으면서 유를 성립하게 하는 것이 무이기 때문이다. 따라서 2장이나 11장에서의 무는 언제나 의식에 구체적으로 드러나지 않는 것을 지시하기 위한 비유로 사용된 것임을 알아야 한다.

시각·청각·촉각에 무엇이 구분되기 위해서는 시각·청각·촉각에 제각기 드러나는 것의 그 이면이 있어야 되지만, 그 이면을 무엇이라고 규정할 수 없다. 상대적인 무는 그 위로 절대적인 무 곧 물아일체의 상태가 있고, 그 아래로 사물이 있다. 따라서 본문에서 "그것은 위로 분명하지도 않고 아래로 모호하지도 않으며 끊어짐이 없는 것을 무엇이라고 이름 붙일 수 없어 사물 없음으로 되돌린다. 이것을 모양 없는 모양이라 하고, 사물 없는 형상이라고 하며, 이것을 황홀한 것이라고 한다"라고 할 수 있는 것이다. 상대적인 무는 황홀한 상태로 대상화되지 않는 것이기 때문에 앞으로 보아도 알 수 있는 것이 아니고 뒤로 보아도 알 수 있는 것이 아니다. 그러나 상대적인 무는 언제나 분별의 세계를 존재하게 하는 것이기 때문에 이 것을 가지고 모든 유를 다스릴 수 있다. 또한 이것을 가지고 태초의 시작 곧 절대적인 도를 알 수 있으니, 이것을 '도의 단서'라고 한 것이다.

제 15 장

古之善爲士者, 微妙玄通, 深不可識. 夫唯不可識, 故强爲之容,
豫焉若冬涉川,

옛날의 훌륭한 학자[士]는 미묘하고 아득하게 통달하여서[78] 깊이를 알
수 없었다. 오직 깊이를 알 수 없었기 때문에, 할 수 없이 그를 다음처럼
형용한다. 망설이는 것이 마치 겨울에 개울을 건너려는 것처럼 하고,

冬之涉川豫然, 若[79]欲度, 若不欲度, 其情不可得見之貌也.
겨울에 개울을 건널 때 망설이는 것이 건널 듯 말 듯하여 그 실정을 알
수 없는 모습이다.

猶兮若畏四隣,
주저하는 것이 사방을 두려워하는 것처럼 하며,

四隣合攻, 中央之主, 猶然不知所趣向者[80]也. 上德之人, 其端兆

---

78. 이 부분은 "미묘함에 아득히 통달하여서"로 해석할 수도 있다.
79. 『도장』본에는 '약'(若)자가 '자'(者)자로 되어 있는데, 이 경우에 해석을 "겨울
    에 개울을 건널 때 망설이는 것이 건너지 않을 듯이 건너가려고 하여"[冬之
    涉川豫然者, 欲度若不欲度]로 하면 의미상 차이점은 없다.
80. 『도장집주』본에는 '자'(者)가 없는데, 해석상 차이점은 없다.

不可覩, 德⁸¹趣不可見, 亦猶此也.

　사방의 인접국이 연합하여 중앙의 주국(主國)을 공격하니, (주국은) 망설이면서 어떻게 해야 할지를 모른다. 최상의 덕을 지닌 사람은 누구도 그의 낌새[端兆]를 알아챌 수 없고, 품성이 추구하는 것을 꿰뚫어볼 수 없는 것이 마치 이와 같다.

　儼兮其若容, 渙兮若氷之將釋, 敦兮其若樸, 曠兮其若谷, 混兮其若濁.

　모든 것을 받아들일 것처럼 공손하고, 눈 녹는 것처럼 풀어지고, 통나무처럼 투박하고, 골짜기처럼 덩그렇고, 흐린 물처럼 혼탁하다.

　凡此諸若, 皆言其容象不可得而形名也.

　본문의 모든 '~처럼'[若]은 모두 그 모습을 무엇이라고 드러낼 수도 없고 무엇이라고 부를 수도 없다는 말이다.

　孰能濁以靜之徐淸, 孰能安以久動之徐生.

　누가 혼탁함 그것으로 안정시켜서 서서히 맑아지게 할 수 있겠는가? 누가 편안함 그것으로 오랫동안 움직이면서 서서히 새로운 무엇을 낳게 할 수 있겠는가?

---

81. 『노자주역왕필주교석』에서 루우열은 도홍경(陶鴻慶)의 설에 의거하여 '덕'(德)자를 '의'(意)로 보았는데, 이 경우에 '의취'(意趣)를 '내심'(內心)으로 해석하면 된다.

夫晦以理物, 則得明, 濁以靜物, 則得清, 安以動物, 則得生, 此自
然之道也. 孰能者, 言其難也. 徐者詳愼也.

어두움으로 사물[物]을 다스리면 밝게 될 것이고, 혼탁함으로 사물을
안정시키면 맑게 될 것이고, 편안함으로 사물을 움직이면 삶을 얻을 것
이니, 이것이 저절로 그렇게 되는 방법이다. 본문에서 '누가 ~할 수 있겠
는가?'[孰能]라는 말은 그렇게 하는 것이 어렵다는 뜻이고, '서서히'[徐]
라는 말은 꼼꼼하고 신중하게 한다는 말이다.

保此道者, 不欲盈.
이 도를 보전하는 자는 채우려고 하지 않는다.

盈必溢也.[82]
채우면 반드시 넘친다.

夫唯不盈, 故能蔽, 不新成.
단지 채우지 않기 때문에 감쌀 수 있고 아무것도 새롭게 만들지 않는다.

蔽, 覆蓋也.[83]
'감싸다'[蔽]는 말은 덮어 준다는 의미다.

---

82. 『도장집주』본에는 이 구절의 주석이 없다.
83. 『도장집주』본에는 이 구절의 주석이 없다.

14장이 상대적인 무에 대한 설명이라면, 15장은 상대적인 무를 체득한 사람에 대한 설명이다. 상대적인 도를 무엇이라고 형용할 수 없듯이, 상대적인 도를 체득한 사람의 행동도 무엇이라고 표현할 수 없다. 곧 유가 무에 의해서 성립되었음을 체득한 사람은 그 행동에 단적으로 드러내는 것이 없다. 그런데도 상대적인 도를 체득한 사는 혼탁한 세상에서는 혼탁한 것을 사용해서 세상이 바로 되도록 하니, 그것은 무를 체득함으로써 마음을 비울 수 있기 때문이다.

제 16 장

致虛極, 守靜篤.

비어 있음을 이루는 것이 궁극이고 고요함을 지키는 것이 독실함이다.

言致虛, 物之極篤, 守靜, 物之眞正也.

비어 있음을 이루는 것이 사물의 궁극과 독실함이고, 고요함을 지키는 것이 사물의 참과 바름이라는 말이다.

萬物並作,

만물이 다 함께 홍기할 때에,

動作生長

(만물이) 움직이고, 흥기하며, 낳고, 그리고 성장한다.

吾以觀復.

나는 비어 있음과 고요함으로 만물이 되돌아가는 것을 살펴 헤아린다.

以虛靜觀其反復. 凡有起於虛, 動起於靜. 故萬物雖並動作, 卒復歸於虛靜, 是物之極篤也.

'비어 있음과 고요함'〔虛靜〕으로 만물이 되돌아가는 것을 살펴 헤아린다. '존재하는 것들'〔有〕은 모두 비어 있음에서 생기고, 움직임은 모두 고요함에서 일어난다. 그러므로 만물이 다 함께 움직일지라도 끝내는 비어 있음과 고요함으로 되돌아가니, 바로 사물의 궁극과 독실함이다.

夫物芸芸, 各復歸其根.

사물들이 무성하지만 제각기 원래의 뿌리로 되돌아간다.

各返其所始也.

각각 자신이 시작된 곳으로 되돌아간다.

歸根曰靜, 是謂復命. 復命曰常,

뿌리로 되돌아가는 것을 고요함〔靜〕이라고 하고 이것을 일러 명(命)을 회복한다고 한다. 명을 회복하는 것을 '치우치지 않음'〔常〕이라고 하고,

歸根則靜. 故曰靜. 靜則復命. 故曰復命也. 復命則得性命之常.

故曰常也.

뿌리로 되돌아가니 고요하다. 그러므로 고요함이라고 했다. 고요하니 명을 회복한다. 그러므로 "명을 회복한다"라고 했다. 명을 회복하면 성명 (性命)의 치우치지 않음을 얻는다. 그러므로 치우치지 않음이라고 했다.

知常曰明, 不知常, 妄作凶.

치우치지 않음을 아는 것을 '밝음'이라고 한다. 치우치지 않음을 알지 못하면 함부로 움직여서 흉하게 된다.

常之爲物, 不偏不彰, 無皦[84]昧之狀, 溫涼之象. 故曰知常曰明也. 唯此復乃能包通萬物, 無所不容. 失此以往, 則邪入乎分, 則物離 其[85]分. 故曰不知常, 則妄作凶也.

치우치지 않음이란 편중되지 않고 드러나지 않으며, 밝거나 어두운 모습도 없고 따뜻하거나 쌀쌀한 흔적도 없다. 그러므로 "치우치지 않음을 아는 것을 밝음이라고 한다"라고 했다. 이것을 회복해야만 만물을 포용하고 통달할 수 있어서 용납하지 않는 것이 없다. 이것을 상실하고 나아가면 잘못되어 분별에 빠지니, 사물이 분별에 얽매인다. 그러므로 "치우치지 않음을 알지 못하면 함부로 움직여서 흉하게 된다"라고 말했다.

知常容,

---

84. 『도장』본에 '교'(皦)자가 '폐'(敝)자로 되어 있는데 잘못된 것이다.
85. 『도장』본과 『도장집주』본에는 모두 '기'(其)자가 없는데 해석상 차이점은 없다. 그리고 '기'(其)자 앞의 '이'(離)자는 '만나다'는 의미로 사용되었다.

치우치지 않음을 알면 포용하고,

無所包通也.
포용하고 통달하지 않는 것이 없다.

容乃公,
포용하면 이에 공평해지며,

無所不包通, 則乃至於蕩然公平也.
포용하고 통달하지 않는 것이 없게 되니, 이에 더없이 넓은 공평함에 이른다.

公乃王,
공평하면 이에 왕이 되고,

蕩然公平, 則乃至於無所不周普也.
더없이 공평함에 이르게 되니, 이에 두루 미치지 않는 곳이 없게 된다.

王乃天,
왕이 되면 이에 하늘처럼 되며,

無所不周普, 則乃至於同乎天也.
두루 미치지 않는 곳이 없게 되니, 그제야 하늘과 함께함에 이른다.

天乃道,

하늘처럼 되면 이에 도를 체득하게 되고,

與天合德, 體道大通, 則乃至於極虛無也.

하늘과 덕을 합치하게 되고 도를 체득하여 크게 통달하게 되니, 이에 '비어 있음'〔虛無〕을 극진하게 함에 이른다.

道乃久,

도를 체득하면 이에 영원하니,

窮極虛無, 得道[86]之常, 則乃至於[87]不[88]窮極[89]也.

'비어 있음'을 극진하게 하고 도의 치우치지 않음을 터득하게 되니 이에 끝없음에 이른다.

沒身不殆.

죽을 때까지 위태롭지 않다.

---

86. 『도장집주』본과 『영락대전』본에는 모두 '물'(物)자로 되어 있는데 의미상 차이점은 없다.

87. 『도장집주』본에는 '어'(於)자가 '우'(于)자로 되어 있다.

88. 『도장집주』본에는 '불'(不)자가 없는데 잘못된 것이다.

89. 『고일총서』본과 『도장』본에는 모두 '불궁극'(不窮極)이 '불유궁'(不有窮)으로 되어 있는데 해석상 차이점은 없다.

無之爲物, 水火不能害, 金石不能殘. 用之於心, 則虎兕⁹⁰無所投
其齒⁹¹角, 兵戈無所用其鋒刃, 何危殆之有乎.

없음이란 물과 불이 해칠 수 없고, 쇠나 돌이 부수어 버릴 수 없다. 그
것을 마음에 사용하면 호랑이나 외뿔소가 이빨로 물어뜯고 뿔로 받을 곳
이 없으며, 창이나 칼이 창끝으로 찌르고 칼날로 벨 곳이 없으니 무슨 위
태로움이 있겠는가?

제 17 장

太上, 下知有之.
'최상의 통치자'[太上]는 아랫사람들이 그가 있다는 것만 알 뿐이다.

太上, 謂大人也. 大人在上, 故曰太上. 大人在上, 居無爲之事, 行
不言之敎, 萬物作焉, 不爲始, 故下知有之而已. 言從上也.⁹²

---

90. 『도장집주』본에는 '호시'(虎兕)가 '시호'(兕虎)로 되어 있는데 해석상 차이점
은 없다.

91. 『도장집주』본과 『영락대전』(永樂大典)본에는 '치'(齒)자가 '조'(爪)자로 되어
있는데, 이 경우에 해석을 "호랑이나 외뿔소가 발톱으로 할퀴고 뿔로 받을
곳이 없으며"[虎兕無所投其爪角]로 하면 의미상 차이점은 없다.

92. 『도장』본과 『도장집주』본에는 모두 '언종상야'(言從上也)를 아래의 본문 '신
부족언유불신언'(信不足焉有不信焉) 구절의 주 첫머리에 두었는데, 의미가 순

최상의 통치자는 '대인'(大人)을 말한다. 대인이 윗자리에 있기 때문에 '최상의 통치자'라고 말하였다. 대인은 윗자리에서 '아무것도 하지 않음' 으로 일을 처리하고, 말없는 교화를 시행하여 만물이 그 때문에 흥기해도 무엇을 시작한 것이 아니므로, 아랫사람들은 그가 있다는 것만 알 뿐이다. 위를 따른다는 말이다.

其次, 親而譽之.
그 다음 단계의 통치자는 (아랫사람들이) 가깝게 여기고 기린다.

不能以無爲居事, 不言爲敎, 立善行施,[93] 使下得親而譽之也.
아무것도 시행하지 않음으로 일을 처리하지 못하고 말없음으로 교화할 수 없기 때문에, 선을 내세우고 무엇인가 베풂을 행해서 아랫사람들이 가깝게 여기고 기리도록 한다.

其次, 畏之.
그 다음 단계의 통치자는 (아랫사람들이) 두렵게 여긴다.

不復能[94]以恩仁令物, 而賴威權也.

조롭게 잘 통한다.

93. 『도장집주』본에는 '행시'(行施)가 '시화'(施化)로 되어 있는데, 이 경우에 해석을 "선을 내세우고 교화를 시행해서"[立善施化]로 하면 의미상 차이점은 없다.
94. 『고일총서』본과 『도장』 그리고 『도장집주』(道藏集注)에는 '부능'(復能)이 '능복'(能復)으로 되어 있는데, 의미상 차이점은 없다.

더더욱 은혜와 어짊으로 사물을 부릴 수 없어서 권위에 의지한다.

其次, 侮之.
그 다음 단계의 통치자는 (아랫사람들이) 모멸한다.

不能法以正齊民, 而以智治國, 下知避之, 其令不從. 故曰侮之也.
바름으로 백성들을 가지런히 하는 것을 모범으로 할 수 없어 지혜로 나라를 다스리니, 아랫사람들이 그것을 피할 줄 알아 그 명령을 좇지 않는다. 그러므로 "모멸한다"라고 했다.

信不足焉, 有不信焉.
신의가 부족하니 여기에서 불신이 생긴다.

(言從上也.)[95] 夫御體失性, 則疾病生, 輔物失眞, 則疵釁作, 信不足焉, 則有不信, 此自然之道也. 已處不足, 非智之所齊[96]也.
(윗사람을 따른다는 말이다.) 몸을 관리하는 데 본성을 잃어버리면 질병이 생기고, 상대를 도와주는 데 참됨을 잃어버리면 잘못이 생기며, 신의가 부족하면 불신이 생기니, 이것은 저절로 그렇게 되는 이치(道)이다. (신의가) 부족하게 된 다음에는 지혜로 가지런하게 할 수 있는 것이 아니다.

---

95. 『도장』본과 『도장집주』본에 따르면, 본문 '태상하지유지'(太上下知有之) 구절 끝에 있는 주 '언종상야'(言從上也)는 이 부분에 있어야 된다.
96. 『도장』본과 『도장집주』본에는 '제'(齊)자가 '제'(濟)자로 되어 있는데, 이 경우에 '제'(濟)자를 '구제하다'는 의미로 보면 의미상 차이점은 없다.

悠兮其貴言, 功成事遂, 百姓皆謂我自然.

느긋하게 아무 말도 하지 않고 있으니, 공과 일이 완수되어도 백성들은 모두 '내가 저절로 그렇게 되었다'고 한다.

自然, 其端兆不可得而見也, 意趣不可得而覩也. 無物可以易其言, 言必有應. 故曰悠[97]兮其貴言. 居無爲之事, 行不言之敎, 不以形立物. 故功成事遂, 而百姓不知其所以然也.

저절로 그렇게 됨은 낌새를 챌 수 없고 의향을 알아차릴 수 없다. 어느 것도 그 말을 바꾸지 못하고 말에는 반드시 감응함이 있으므로 "느긋하게 아무 말도 하지 않고 있다"고 했다. 아무것도 하지 않음으로 일을 처리하고 아무 말도 하지 않음으로 교화를 시행하며, 드러내는 것으로 어떤 것도 내세우지 않는다. 그러므로 공과 사업이 완수되어도 백성들은 그것이 그렇게 된 까닭을 알지 못한다.

제 18 장

大道廢, 有仁義,

'위대한 도'[大道]가 없어지자 어짊과 의로움이 있게 되었고,

---

97. 『도장집주』본에는 본문과 주 모두 '유'(悠)자가 '유'(猶)자로 되어 있는데, 이 경우에 '유혜'(猶兮)를 '망설이면서'로 보면 전체적인 의미상 큰 차이점은 없다.

失無爲之事, 更以施慧⁹⁸立善道進物也.

아무것도 시행하지 않음으로 일을 처리하지 못하자, 대신 지혜를 펴고 선함을 내세움으로써 사람들이 나아가도록 인도했다.

慧智出, 有大僞,

지혜가 나오자 커다란 속임수가 있게 되었고,

行術用明, 以察姦僞, 趣覩形見, 物知避之. 故慧智⁹⁹出, 則大僞生也.

술수를 행하고 명석함을 사용해서 간사하고 거짓된 행동을 살피면, 의도가 보이고 외형이 나타나서 사람들이 피할 줄을 안다. 그러므로 지혜가 나오면 커다란 속임수가 생긴다.

六親不和, 有孝慈, 國家昏亂, 有忠臣.

육친(六親)이 화합하지 못하자 효성스러운 자식과 자애로운 부모가 나왔고, 국가가 혼란스러워지자 충신이 나왔다.

甚美之名, 生於大惡, 所謂美惡同門.¹⁰⁰ 六親父子兄弟夫婦也. 若六親自化, 國家自治, 則孝慈忠臣, 不知其所在矣. 魚相忘於江湖之

98.『도장』본에는 '시혜'(施慧)가 '어혜'(扲慧)로 되어 있는데 잘못된 것이다.

99.『도장집주』본에는 본문이나 주에서 모두 '혜지'(慧智)가 '지혜'(智惠)로 되어 있다.

100.『도장집주』본에는 '동문'(同門)이 '내문'(內門)으로 되어 있는데 잘못된 것이다.

道, 則相濡之德生也.[101]

　　매우 아름답다고 부르는 것은 '아주 추한 것'(大惡)에서 생기니, 이른바
아름다움과 추함은 문을 같이한다는 것이다. 육친은 아버지·자식·형·동
생·남편·아내를 말한다. 만약 육친이 저절로 화합하고 국가가 저절로 다
스려지면, 효성스러운 자식·자애로운 부모·충신이 어디에 있는지 알 수
없다. 물고기가 물이 넘치는 강과 호수에서 서로를 잊게 되는 방법이라
면, 물이 말라 가는 곳에서 물거품으로 서로를 겨우 적셔 주는 덕이 생겨
나겠는가?

| 해설

　인의도 분별지에 의해 대상화됨으로써 체계화된 것이다. 왕필이 『장
자』『대종사』의 구절을 인용한 것은 공연한 것이 아니다. 인의를 사용하
여 세상을 구하려고 하는 것은 인위적으로 만들어진 가치를 강조하는 것
이기 때문에 도리어 세상을 혼란스럽게 만드는 것일 뿐이다. 세상을 구
할 수 있는 도는 마음을 비우는 데 있다. 다음 19장은 마음 비움에 대한
구체적인 언급이다. 성스러움과 지혜, 인의 등 세상에서 아름답고 가치

101.『장자』(莊子) 「대종사」(大宗師)나 「천운」(天運)에 나오는 내용으로서, 유명한
　　구절이기 때문에 흔히 이런 식으로 축약해서 표현한다. 원문은 다음과 같
　　다. "샘이 말라서 물고기들이 물이 조금 괴여 있는 곳에 모여 겉으로 드러나
　　게 되자, 서로 물기를 내뱉어서 물거품으로 서로를 적셔 준다. 그런데 이것
　　은 물이 충분한 강과 호수에서 누가 옆에 있는지조차 모르는 것만 못하다."
　　〔「大宗師」, "泉涸, 魚相與處於陸, 相呴以濕, 相濡以沫, 不如相忘於江湖", 『天運』,
　　"泉涸, 魚相與處於陸, 相呴以濕, 相濡以沫, 不若相忘於江湖."〕

있다고 여기는 것을 비롯하여 모든 것을 비울 때 도에 합일할 수 있다.

제 19 장

絶聖棄智, 民利百倍, 絶仁棄義, 民復孝慈, 絶巧棄利, 盜賊無有.
此三者以爲文, 不足, 故令有所屬, 見素抱樸, 少私寡欲.

　성스러움을 끊고 지혜로움을 버리면 백성들의 이익이 백배로 되고, 어
짊을 끊고 의로움을 버리면 백성들이 효성과 자애를 회복하며, 교묘함을
끊고 이로움을 버리면 도적이 없어진다. 그런데 이 세 가지를 표현[文]으
로 삼기에는 충분하지 못하므로 (아래와 같이) 따를 것이 있도록 한다. 소
박함을 알고 유지하며, 사사로움을 줄이고 무엇인가 하고자 하는 마음을
적게 하도록 하라.

　聖智才之善也, 仁義人[102]之善也, 巧利用之善也. 而直云[103]絶, 文
甚不足, 不令之[104]有所屬, 無以見其指. 故曰此三者以爲文而未足,
故令人有所屬, 屬之於素樸寡欲.

102.『노자주역왕필주교석』에서 루우열은 역순정(易順鼎)과 우혜(宇惠)의 설에
　　의거해서 '인'(人)자를 '행'(行)자로 교석했다.
103.『도장집주』본에는 '운'(云)자가 한 자 더 있는데 의미상 차이점은 없다.
104.『도장집주』본에는 '지'(之)자가 없는데 의미상 차이점은 없다.

성스러움과 지혜로움은 재능의 뛰어난 것이고, 어짊과 의로움은 사람의 훌륭한 행실이며, 교묘함과 이로움은 일하는 데 좋은 것이다. 그런데 곧바로 끊으라고만 말하면 표현[文]이 매우 부족하니, 따를 것이 있도록 하지 않고는 그 취지[指]를 드러낼 방법이 없다. 그러므로 "이 세 가지를 표현으로 삼기에는 충분하지 못하므로 (아래와 같이) 따를 것이 있도록 하니, 소박함을 알고 유지하며, 사사로움을 줄이고 무엇인가 하고자 하는 마음을 적게 하도록 하라"라고 했다.

제 20 장

絶學無憂. 唯之與阿, 相去幾何, 善[105]之與惡, 相去若何. 人之所畏, 不可不畏.

배움을 끊으면 근심이 없다. 공손히 대답하는 것과 대충 대답하는 것의 차이는 얼마나 되겠으며, 아름다운 것과 추한 것의 차이는 얼마나 되겠는가? 남들이 두려워하는 것을 두려워하지 않아서는 안 된다.

下篇[106]爲學者日益, 爲道者日損. 然則學求益所能, 而進其智者

---

105. '선'(善)자는 『노자백서』(老子帛書) 갑을본(甲乙本)이나 왕필주에서 모두 '미'(美)자로 되어 있다.

106. 『도장집주』본에는 '하편'(下篇) 다음에 '운'(云)자가 있는데 타당한 것으로 보

也. 若將無欲而足, 何求於益, 不知而中, 何求於進. 夫燕雀有匹, 鳩
鴿有仇, 寒鄉之民, 必知旃裘. 自然已足, 益之則憂. 故續鳧之足,
何異截鶴之脛,[107] 畏譽而進, 何異畏刑. 唯阿[108]美惡相居何若. 故人
之所畏, 吾亦畏焉, 未敢恃之以爲用也.

하편 48장에서 "배움을 시행하니 날로 보태고, 도를 시행하니 날로 덜
어낸다"고 하였다. 그렇다면 배운다는 것은 능력을 크게 하고, 그 지혜를
나아지게 하는 것이다. 그러나 만약 무엇인가 하고자 하는 마음을 없애
서 만족하게 된다면 무엇 때문에 크게 하려고 하겠으며, 모르는 가운데
합당하게 된다면 무엇 때문에 나아지게 하려고 하겠는가? 저 참새와 제
비는 짝이 있고 비둘기도 짝이 있다. 추운 지방의 사람들은 반드시 털옷
을 입을 줄 안다. 저절로 그렇게 됨이 이미 충분한데 더 보태면 우환이 된
다. 그러므로 물오리의 발을 (짧다고) 이어 붙이는 것이 학의 다리를 (길
다고) 잘라 내는 것과 무엇이 다르겠으며, 명예를 경외하여 출세하는 것

인다.

107. 『장자』(莊子)「병무」(駢拇)에 나오는 구절이다. 원문은 다음과 같다. "길다고
여유 있는 것이 아니고 짧다고 부족한 것이 아니다. 이 때문에 오리의 다리
가 짧을지라도 길게 이어 주면 걱정거리가 되고, 학의 다리가 길지라도 짧
게 잘라 버리면 슬퍼한다. 그러므로 천성적으로 긴 것을 잘라 내지 않고 천
성적으로 짧은 것을 길게 이어 주지 않으면 근심을 버릴 필요도 없다."[長者
不爲有餘, 短者不爲不足. 是故鳧脛雖短, 續之則憂, 鶴脛雖長, 斷之則悲. 故性長非
所斷, 性短非所續, 無所去憂也.]

108. 『노자주역왕필주교석』에서 루우열은 '아'(阿) 곧 건성으로 대답하는 것을 유
사배(劉師培)와 역순정(易順鼎)의 설에 의거하여 '가'(訶) 곧 '큰 소리로 화를
내는 것'[大言而怒]으로 봤는데 타당성이 있다고 본다. 『노자백서』(老子帛書)
갑본(甲本)에는 '가'(訶)자로 을본(乙本)에는 '가'(呵)자로 되어 있는데, 루우
열에 의하면 '가'(呵)자는 '가'(訶)자의 속문(俗文)이다.

이 형벌을 두려워하는 것과 무엇이 다르겠는가? 공손히 대답하는 것과 대충 대답하는 것, 그리고 아름다운 것과 추한 것의 차이가 얼마나 되겠는가? 그러므로 남들이 두려워하는 것은 나도 두려워하는 것이니, 감히 자신을 믿고서 쓸모 있다고 여기지 않는다.

荒兮其未央哉.
망망함이 다함이 없구나!

歎與俗相返¹⁰⁹之遠也.

歎與俗相返[109]之遠也.
세속과 너무 상반됨을 탄식했다.

衆人熙熙, 如[110]享太牢, 如春登臺.
마치 대성찬[太牢]을 벌여 놓고 향연을 열 때처럼 봄날에 누대에 올라갔을 때처럼, 뭇사람들은 즐거워한다.

衆人迷於美進, 惑於榮利, 欲進心競. 故熙熙如享太牢, 如春登臺也.
뭇사람들은 칭찬[美]과 출세[進]에 눈이 멀어 헤매고 영화와 이익에 정신을 빼앗겨서 욕심을 펼치고 마음속으로 경쟁한다. 그러므로 마치 대성찬을 벌여 놓고 향연을 열 때처럼 봄날에 누대에 올라갔을 때처럼 즐거

109.『노자주역왕필주교석』에서 루우열은 우혜(宇惠)의 설에 의거하여 '반'(返)자를 '반'(反)자로 교석했는데, 이 경우에도 해석은 동일하다.
110.『도장』본과 『도장집주』본에는 '여'(如)자가 '약'(若)자로 되어 있는데 통용된다.

위한다.

我獨泊兮其未兆, 如嬰兒之未孩.

나는 홀로 담박하게 아무런 조짐도 드러내지 않고 있으니, 웃을 줄도
모르는 갓난아이 같다.

言我廓然無形之可名, 無兆之可擧, 如嬰兒之[111]未能孩也.

나는 모든 것을 비워 이름 붙일 형태도 없고 내보일 만한 조짐도 없으
니, "웃을 줄도 모르는 갓난아이 같다"고 말한다.

儽儽兮若無所歸.

고달픈 것이 돌아갈 곳이 없는 듯하다.

若無所宅.

머물 곳이 없는 듯하다.

衆人皆有餘, 而我獨若遺.

뭇사람들은 모두 넉넉한데 나만 홀로 무엇인가 잃어버린 듯하다.

衆人無不有懷有志, 盈溢胸心. 故曰皆有餘也. 我獨廓然無爲無欲,
若遺失之也.

111.『도장』본에는 '지'(之)자가 없는데 해석상 차이점은 없다.

뭇사람들은 생각과 뜻을 품어 마음에 가득 넘치지 않는 이가 없다. 그러므로 "모두 넉넉하다"고 했다. 그런데 나만 홀로 멍하게 하는 일도 없고 하고자 하는 것도 없으니, 무엇을 잃어버린 듯하다.

我愚人之心也哉.
내 마음은 어리석은 사람의 마음이로구나!

絕愚之人, 心無所別析, 意無所好欲,[112] 猶然其情不可覩, 我頹然若此也.
상대가 없을 정도로 어리석은 사람은 마음속으로 따져 보고 나누어 보는 일이 없고 속으로 좋아하고 욕심내는 경우가 없으니, 느긋한 그 심정을 아무도 알 수 없다. 내가 쓸쓸하게 있는 것이 이와 같다.

沌沌兮,
혼돈스럽구나!

無所別析, 不可爲明.[113]
따져 보고 나누어 보는 바가 없어서 무엇이라고 분명하게 할 수 없다.

---

112. 『고일총서』본에는 '호욕'(好欲)이 '미오'(美惡)로 되어 있는데, 이 경우에 해석을 "속으로 아름답게 여기고 추하게 여기는 경우가 없으니"〔意無所好欲〕로 하면 의미상 차이점은 없다.

113. 『고일총서』본과 『도장』본 및 『도장집주』본에는 '명'(明)자가 '명'(名)자로 되어 있는데, 이 경우에 해석을 "무엇이라고 이름 붙일 수 없다"로 하면 의미상 차이점은 없다.

俗人昭昭,

속인들은 초롱초롱한데

耀其光也.

그들의 빛남을 드러낸다.

我獨昏昏, 俗人察察,

나만 어수룩하고, 세속 사람들은 똑똑한데

分別別析也.

(세속 사람들은) 분별하고 따져 보며 나누어 본다.

我獨悶悶. 澹兮其若海,

나만 흐리멍덩하다. 고요함이 마치 바다 같으면서도,

情不可覩.

심정[情]을 알 수 없다.

飂兮若無止.

세찬 바람이 몰아치듯이 머물 곳이 없는 것 같구나!

無所繫縶.[114]

매인 곳이 없다.

衆人皆有以,

뭇사람들은 모두 쓸모가 있는데

以, 用也. 皆欲有所施用也.

'쓸모'(以)는 소용이라는 의미이다. 모두들 소용이 있기를 바란다.

而我獨頑似鄙.

나 홀로 우둔하고 촌스럽다.

無所欲爲, 悶悶昏昏, 若無所識. 故曰頑且鄙也.

무엇을 하고자 하는 것이 없이 어수룩하고 흐리멍덩해서 아는 것이 없는 것 같다. 그러므로 "우둔하고 또 촌스럽다"라고 했다.

我獨異於人, 而貴食母.

나만 홀로 남들과 다르게 식모를 귀하게 여긴다.

食母, 生之本也. 人者皆棄生民之本, 貴末飾[115]之華. 故曰我獨欲

114.『도장집주』본에는 '계집'(繫縶)이 '계계'(繫繫)로 되어 있는데 의미상 차이는 없다.

115.『도장집주』본에는 '말식'(末飾)이 '미식'(未飾)으로 되어 있는데 잘못된 것으

異於人.

식모(食母)는 삶의 근본이란 의미이다. 다른 사람들은 모두 백성들을 살리는 근본을 버리고 말단에서 장식된 화려함을 귀하게 여긴다. 그러므로 "나만 홀로 남들과 다르게 되고자 한다"라고 했다.

제 21 장

孔德之容, 惟道是從.

골짜기 같은 덕을 받아들여야만 도를 따를 수 있다.

孔, 空也. 惟以¹¹⁶空爲德, 然後乃能動作從道也.

'골짜기 같음'(孔)이라는 말은 '비어 있음'(空)이라는 의미이다. 오직 비어 있음을 덕으로 삼은 뒤에야 모든 행동에서 도를 따를 수 있다.

道之爲物, 惟恍惟惚.

도라는 것은 황홀하고 황홀할 뿐이다.

로 보인다.

116.『도장』본과『도장집주』본에는 모두 '유'(惟)자가 '유'(唯)자로 되어 있는데 통용된다.

恍惚, 無形不繫之歎也.[117]

　황홀하고 황홀하다는 말은 형체가 없고 매어 있지 않은 것에 대한 찬탄이다.

　惚兮恍兮, 其中有象, 恍兮惚兮, 其中有物.

　황홀하고 황홀하니 그 속에 형상이 있고, 황홀하고 황홀하니 그 속에 사물이 있다.

　以無形始物, 不繫成物, 萬物以始以成, 而不知其所以然. 故曰恍兮惚兮, 惚兮恍兮, 其中有象也.

　형체도 없는 상태에서 사물을 시작하고 매어 있지 않은 상태에서 사물을 완성하니, 만물이 그것을 본받아 시작되고 완성되지만 그렇게 되는 까닭을 모른다. 그러므로 "황홀하고 황홀하니 그 속에 형상이 있다"라고 했다.

　窈兮冥兮, 其中有精.

　까마득하고 어슴푸레하니, 그 가운데 정수가 있다.

　窈冥, 深遠之歎. 深遠, 不可得而見, 然而萬物由之, 其可得見以定其眞. 故曰窈兮冥兮, 其中有精也.

　"까마득하고 어슴푸레하다"는 말은 심원한 것에 대한 찬탄이다. 심원한 것은 알 수 없지만 만물이 그것으로 말미암으니, 그 참됨을 드러내서

117.『도장집주』본에는 이 부분의 주석이 없다.

규정할 수 있을 것 같다. 그러므로 "까마득하고 어슴푸레하니, 그 가운데 정수가 있다"라고 했다.

其精甚眞, 其中有信.
그 정수는 아주 참되니, 그 가운데 믿음이 있다.

信, 信驗也. 物反窈冥, 則眞[118]精之極得, 萬物之性定. 故曰其精甚眞, 其中有信也.
믿음은 진실한 증험을 말한다. 사물이 까마득하고 어슴푸레함으로 되돌아간다면 참된 정수의 지극함을 얻어 만물의 본성을 안정시킨다. 그러므로 "그 정수는 아주 참되니, 그 가운데 믿음이 있다"라고 했다.

自古及今, 其名不去,
예로부터 지금까지 그 이름이 없어지지 않았으니,

至眞[119]之極, 不可得名, 無名則是其名也. 自古及今, 無不由此而

---

118. 3장의 각주 28에서 설명했듯이 본문이나 주석에서 '진'(眞)자의 의미를 소박함(樸)으로 보면 그 의미가 잘 살아난다. 곧 본문을 "그 정수는 아주 소박하니 그 가운데 믿음이 있다"로 하고, 주석을 "사물이 까마득하고 어슴푸레함으로 되돌아간다면 극도로 소박한 정수를 얻어 만물의 본성을 안정시킨다. 그러므로 '그 정수는 아주 소박하니 그 가운데 진실한 증험이 있다'라고 했다"로 하면, 물아일체의 상태를 궁극의 도로 보는 왕필의 사상과 잘 부합된다.

119. 여기서도 '진'(眞)자를 소박함(樸)으로 보면 '지진지극'(至眞之極)은 '지극히 소박한 극치'로 번역된다.

成. 故曰自古及今,[120] 其名不去也.

　지극히 참된 극치는 이름 붙일 수 없으니 '이름 없음'[無名]이 바로 그 이름이다. 예로부터 지금까지 이것으로 말미암아 완성되지 않은 것이 없다. 그러므로 "예로부터 지금까지 그 이름이 없어지지 않았다"라고 말했다.

　以閱衆甫.
　그것으로 '모든 시작'[衆甫]을 살핀다.

　衆甫, 物之始也, 以無名說[121]萬物始也.
　모든 시작은 사물의 시초이니, 이름 없음[無名]으로 만물의 시초를 설한다.

　吾何以知衆甫之狀哉. 以此.
　나는 무엇으로 만물의 처음 상태를 알았겠는가? 이것으로 알았다.

　此, 上之所云也. 言吾何以知萬物之始[122]於無哉. 以此知之也.

120.『도장집주』본에는 '자고급금'(自古及今)이 '자금급고'(自今及古)로 되어 있다.『노자백서』(老子帛書) 갑을본(甲乙本)에는 경문이 '자금급고'(自今及古)로 되어 있다.

121.『노자주역왕필주교석』에서 루우열은 우혜(宇惠)의 설에 의거하여 '설'(說)자를 '열'(閱)자로 봤는데, 군이 그렇게 보지 않아도 의미는 잘 통한다.

122.『도장집주』본에는 '시'(始)자 다음에 '개시'(皆始) 두 자가 더 있는데, 이 경우에 해석을 "나는 무엇으로 만물의 시작이 모두 없음에서 시작되었다는 것을

이것은 위에서 말한 내용이니, "나는 무엇으로 만물이 없음(無)에서 시작되었다는 것을 알았겠는가?"라고 묻고는 "이것으로 알았다"라고 답했다는 말이다.

제 22 장

曲則全,

굽히면 온전해지고,

不自見其明,[123] 則全也.

스스로 그 밝음을 드러내지 않으면 온전해진다.

枉則直,

구부리면 곧아지며,

알았겠는가?"(吾何以知萬物之始, 皆始於無哉)로 하면 의미상 차이점은 없다.

123. 이하의 주로 볼 때, '기명'(其明)은 '즉'(則)자 뒤로 가야 하는데, 이 경우에 해석은 "스스로 드러내지 않으면 그 밝음이 온전해진다"(不自見, 則其明全也)로 하면 된다. 『도장집주』본에는 '명'(明)자가 '명'(名)자로 되어 있는데 잘못된 것이다.

不自是, 則其是彰也.
스스로 옳다고 여기지 않으면, 그 옳음이 드러난다.

窪則盈,
우묵하면 채워지고,

不自伐, 則其功有也.
스스로 자랑하지 않으면 그 공을 소유한다.

敝則新,
낡으면 새로워지며,

不自矜, 則其德長也.
스스로 자만하지 않으면 그 덕이 오래간다.

少則得, 多則惑,
적게 되면 (근본을) 얻고, 많게 되면 미혹되니,

自然之道, 亦猶樹也. 轉多轉遠其根, 轉少轉得其本. 多則遠其
眞,[124] 故曰惑, 少則得其本, 故曰得也.

---

124. 여기서의 '진'(眞)자도 '소박함'[樸]의 의미로 보면 뜻이 잘 통한다. 곧 의식
활동이 많아지면 많아질수록 인위적으로 되기 때문에 소박함에서 멀어진다
는 의미이다.

저절로 그렇게 되는 도는 또한 나무와 같으니, (가지가) 많게 될수록 뿌리에서 멀어지고 적게 될수록 뿌리에 가까워진다. 많게 되면 그 참됨에서 멀어지므로 "미혹된다"라고 했고, 적게 되면 그 근본을 얻으므로 "얻는다"라고 하였다.

是以聖人抱一, 爲天下式.
바로 성인이 하나〔一〕를 품고 있으므로 천하의 본보기가 되는 것이다.

一, 少之極也. 式, 猶則之也.
하나는 '적음의 극치'〔少之極〕라는 의미이고, '본보기'〔式〕란 글자는 모범으로 여긴다는 의미이다.

不自見, 故明, 不自是, 故彰, 不自伐, 故有功, 不自矜, 故長. 夫唯不爭, 故天下莫能與之爭. 古之所謂曲則全者, 豈虛言哉. 誠全而歸之.
스스로 드러내지 않으므로 밝고, 스스로 옳다고 여기지 않으므로 드러나고, 스스로 자랑하지 않으므로 공을 소유하고, 스스로 자만하지 않으므로 오래간다. 오직 다투지 않기 때문에 천하에서 누구도 그와 다툴 수 없다. 옛날의 이른바 굽히면 온전해진다는 것이 어찌 빈말이겠는가? 진실로 온전해져서 복귀하게 된다.

해설

마음 비움에 대한 설명이다. "저절로 그렇게 되는 도는 또한 나무와 같으니, 가지가 많게 될수록 뿌리에서 멀어지고 적게 될수록 뿌리에 가까워진다"에서 '저절로 그렇게 되는 도'[自然之道]도 분별지와 관계된 것으로서 2장의 주에 나오는 자연과 같은 의미로 사용되었다.

제 23 장

希言自然.
말이 적은 것이 '저절로 그렇게 됨'[自然]이다.

聽之不聞, 名曰希. 下章言道之出言, 淡兮其無味也, 視之不足見, 聽之不足聞. 然則無味, 不足聽之言, 乃是自然之至言也.
들어도 들리지 않는 것을 '희미한 것'[希]이라고 이름 붙인다. 35장에서 "말로 표현된 도는 밍밍하게 아무 맛이 없어 보아도 눈에 띄게 들어오지 않고 들어도 귀에 솔깃하게 들리지 않는다"라고 하였다. 그렇다면 "아무 맛도 없어 … 귀에 솔깃하게 들리지 않는다"는 표현이야말로[125] 바로 '저절로 그렇게 됨'에 대한 지극한 설명이다.

---

125. '무미, 부족청지언'(無味, 不足聽之言)은 바로 앞 구절 곧 "담혜기무미야, 시지부족견, 청지부족문"(淡兮其無味也, 視之不足見, 聽之不足聞)을 축약한 것이다.

故飄風不終朝, 驟雨不終日. 孰爲此者. 天地. 天地尚不能久, 而況於人乎.

그러므로 거센 바람은 아침 내내 불지 않고, 소나기는 하루 종일 퍼붓지 않는다. 누가 이렇게 하는가? 하늘과 땅이다. 하늘과 땅마저도 오래할 수 없는데 더욱이 사람에게서야 말해 무엇하겠는가?

言暴疾美興不長也.

사납고 빠르며 아름답고 일어나는 것은 오래 지속되지 못한다는 말이다.

故從事於道者, 道者同於道,

그러므로 도에 종사하는 것이니, '도를 터득한 자'[道者]는 도(道)와 하나가 되고,

從事, 謂擧動從事於道者也. 道以無形無爲成濟萬物. 故從事於道者, 以無爲爲君, 不言爲敎, 綿綿若存, 而物得其眞,[126] 與道同體. 故曰同於道.

종사한다는 것은 모든 행동이 도에 종사한다는 말이다. 도는 무형(無形)과 무위(無爲)로써 만물을 완성하고 구제한다. 그러므로 도에 종사하는 사람은 '하는 일이 없음'으로 으뜸을 삼고, 말하지 않음으로 교화를 행하면서 있는 듯 없는 듯 있는데, 만물이 그 참됨을 얻어 도와 한 몸이 된다. 그러므로 "도와 하나가 된다"라고 했다.

---

126. 여기서의 '진'(眞)자도 소박함의 의미로 보면 의미가 잘 통한다.

德者同於德,

'덕을 얻은 자'〔德者〕는 덕(德)과 하나가 되고,

得, 少也. 少則得. 故曰得[127]也. 行得則與得同體. 故曰同於得也.

얻는다는 말은 적게 한다는 의미이다. 적게 하면 얻으므로 "얻는다"고 하였다. 얻는 것을 행하면 얻는 것과 한 몸이 된다. 그러므로 "얻음〔得〕과 하나가 된다"고 하였다.

失者同於失.

'잃는 자'〔失者〕는 잃음과 하나가 된다.

失, 累多也. 累多則失. 故曰失也. 行失則[128]與失同體. 故曰同於失也.

잃는다는 말은 쌓아서 많게 한다는 뜻이다. 쌓아서 많게 하면 잃는다. 그러므로 "잃는다"라고 하였다. 잃음을 행하면 잃음과 한 몸이 된다. 그러므로 "잃음과 하나가 된다"라고 하였다.

同於道者, 道亦樂得之, 同於德者, 德亦樂得之, 同於失者, 失亦樂得之.

도와 함께하는 자는 도 또한 즐겨 그를 따르고, 덕과 함께하는 자는

127.『도장집주』본에는 '득'(得)자가 '덕'(德)자로 되어 있는데, 이 경우에 해석을 "적게 하면 얻으므로 덕이라고 했다"로 하면 된다.

128.『도장집주』본에는 '즉'(則)자 다음에 '실'(失)자가 더 있는데 잘못된 것이다.

덕 또한 즐겨 그를 따르고, 잃음과 함께하는 자는 잃음 또한 즐겨 그를
따른다.

> 言隨行其所, 故同而應之.
> 그 있는 것을 따라서 행하므로 똑같이 응한다는 말이다.

> 信不足焉, 有不信焉.
> 신의가 부족하니 여기에서 불신이 생긴다.

> 忠信不足於下焉, 有不信焉.[129]
> (윗사람이) 아랫사람들에게 참된 마음과 신의가 부족하니 이에 불신이
> 생긴다.

제 24 장

> 企者不立,
> 발돋움하여 서는 자는 제대로 서 있지 못하고,

129.『노자주역왕필주교석』에서 루우열은 이곳의 경문과 주석은 모두 17장의 것
   인데 잘못되어 여기에 있게 되었다고 하면서, 『노자백서』(老子帛書) 갑을본
   (甲乙本)에 모두 여기의 경문이 없는 것이 그 증거라고 한다.

物尙進則失安. 故曰企者不立.

사람들[物]이 앞으로 나아가기를 숭상한다면 편안함을 상실한다. 그러
므로 "발돋움하여 서는 자는 제대로 서 있지 못한다"라고 하였다.

跨者不行, 自見者不明, 自是者不彰, 自伐者無功, 自矜者不長,
其在道也, 曰餘食贅行.

너무 크게 내딛는 자는 나아가지 못하고, 스스로 드러내는 자는 밝게
되지 못하며, 스스로 옳다고 여기는 자는 드러나지 못하고, 스스로 자랑
하는 자는 공이 없게 되며, 스스로 자만하는 자는 오래가지 못한다. 이런
것이 도의 입장에서는 '음식 찌꺼기'[餘食]나 '쓸데없는 행동'[贅行]이고,

其唯於道而論之, 若郤至[130]之行, 盛饌之餘也, 本雖美更可藏也.
本雖有功而自伐之, 故更爲肬贅者也.

도의 관점에서 말하면 춘추시대 진나라 대부 극지(郤至)의 행동과 같

---

130. 극지(郤至)는 춘추시대(春秋時代) 진(晉)의 대부(大夫)이다. 『좌전』(左傳) 성공
(成公) 16년에 다음과 같은 기사가 실려 있다. "진후(晉候)가 극지(郤至)를 사
신으로 보내어 초(楚)에서 획득한 전리품을 주(周)에 바치게 했다. 그런데 극
지가 단양공(單襄公)과 말하면서 여러 번 자신의 공을 자랑했다. 단양공(單襄
公)이 모든 대부(大夫)들에게 '극지는 아마 죽게 될 것이오. 일곱 장군의 아
래 자리에 있으면서 상관들의 공을 가렸으니, 원망이 모여 있는 곳이고 어지
러움의 근본이오. 원망을 많이 해서 계급이 어지러워졌는데 어떻게 벼슬자
리를 유지하겠소?' 『하서』(夏書)에 '원망을 어찌 드러내겠는가? 속마음을 드
러내지 말고 사소한 것도 신중하게 하라'라고 했는데, '이제 드러냈으니 어
떻게 되겠소?'라고 하였다."〔晉候使郤至獻楚捷于周. 與單襄公語, 驟稱其伐. 單
子語諸大夫曰, 溫季其亡乎. 位於七人之下, 而求掩其上, 怨之所聚, 亂之本也. 多怨
而階亂, 何以在位. 夏書曰, 怨豈在明, 不見是圖, 將愼其細也. 今而明之, 其可乎.〕

고 풍성하게 차린 음식의 찌꺼기와 같아 본래는 아름답더라도 다시 더러워질 수 있다. 본래 공이 있으나 스스로 그 공을 자랑하므로 다시 군더더기가 된다.

物或惡之, 故有道者不處.
사람들이 싫어하는 것이기도 하므로 도를 터득한 자는 그렇게 하지 않는다.

제 25 장

有物混成, 先天地生.
뒤섞여 이루어진 것이 있는데, 천지가 나온 것보다 앞서 있다.

混然不可得而知, 而萬物由之以成. 故曰混成也. 不知其誰之子, 故先天地生.
뒤섞여 있어서 알 수 없으나 만물이 그것으로 말미암아서 이루어졌으므로 '뒤섞여 이루어진 것'〔混成〕이라고 하였다. 그것이 누구의 자식인지 모르므로 천지가 나온 것보다 앞서 있다.

寂兮寥兮, 獨立不改,
적막하고 쓸쓸하게 홀로 있어도 바꾸지 않고,

寂寥, 無形體也. 無物之匹, 故曰獨立也. 返化終始, 不失其常, 故
曰不改也.

적막하고 쓸쓸하다는 것은 아무런 형체가 없다는 것이다. 어느 것도
짝이 될 수 없으므로 홀로 있다고 하였다. 되돌아와서 변화하고 끝에서
시작하면서도 그 '치우치지 않음'〔常〕을 잃지 않으므로, 바꾸지 않는다고
하였다.

周行而不殆, 可以爲天下母.
두루 운행하면서도 위태롭지 않아 천하의 어미가 될 수 있다.

周行無所不至而免殆,[131] 能生全大形也. 故可以爲天下[132]母也.
두루 운행하여 도달하지 않는 곳이 없으면서도 위태로움을 면하니 큰
형체를 낳고 온전히 할 수 있다. 그러므로 천하의 어미가 될 수 있다.

吾不知其名,
나는 그것의 이름을 알지 못하여,

名以定形, 混成無形, 不可得而定. 故曰不知其名也.
이름을 붙여서 형체를 규정하는데, 뒤섞여 이루어지고 어떤 형체도 없
어 무엇이라고 정할 수가 없다. 그러므로 "그것의 이름을 모른다"고 했다.

---

131. 『도장집주』본에는 '태'(殆)자가 '시'(始)자로 되어 있는데 잘못된 것이다.
132. 『도장집주』본에는 '하'(下)자가 '지'(地)자로 되어 있는데 의미상 차이점은
    없다

字之曰道,

그것에 도(道)라고 별명[字]을 붙이고,

夫名以定形, 字以稱可. 言道取於無物而不由也, 是混成之中, 可言之稱最大也.

이름을 붙여서 형체를 규정하고, 별명을 붙여서 겨우 말할 수 있는 정도[可]를 일컫는다. 도는 어떤 사물도 말미암지 않음이 없다는 것에서 취했으니, 바로 뒤섞여 이루어진 것 가운데 말할 수 있는 칭호로는 가장 크다는 말이다.

强爲之名曰大.

억지로 '크다'[大]고 이름 붙였다.

吾所以字之曰道者, 取其可言之稱最大也. 責其字定之所由, 則繫於大, 大有繫, 則必有分, 有分, 則失其極矣. 故曰强爲之[133]名曰大.

내가 별명을 붙여 도라고 한 것은 말할 수 있는 칭호로는 가장 큰 것을 취한 것이다. 도라는 별명이 정해진 유래를 따져 보니 큼에 속해 있다. 큼이 무엇에 소속되어 있으면 반드시 구분이 있고, 구분이 있으면 그 지극함을 상실한다. 그러므로 "억지로 이름을 붙인다면 크다고 한다"라고 하였다.

---

133. 『도장』본에는 '위지'(爲之)가 '지위'(之爲)로 되어 있는데, 이 경우에 해석을 "억지로 이름을 삼아서 큼이라고 한다"[强之爲名曰大]로 하면 의미상 차이점은 없다.

大曰逝,

크다는 것[大]은 떠난다는 것[逝]을 말하고,

逝, 行也. 不守一大體而已, 周行無所不至. 故曰逝也.

떠난다는 말은 간다는 말이다. 하나의 커다란 몸뚱이를 지키지 않을 따름이니, 두루 운행함이 도달하지 않는 곳이 없다. 그러므로 "떠난다" 고 하였다.

逝曰遠, 遠曰反.

떠난다는 것은 '멀어진다'는 것[遠]을 말하며, 멀어진다는 것은 '되돌 아온다는 것'[反]을 말한다.

遠, 極也, 周無所不窮極, 不偏於一逝,[134] 故曰遠也. 不隨於所適, 其體[135]獨立, 故曰反[136]也.

멀어진다는 말은 극한까지 간다는 말이다. 두루 다하지 않음이 없고 한 방향으로만 가는 것에 치우치지도 않으므로 '멀어진다'[遠]라고 했다. 가는 대로 따라가지 않고 그 몸뚱이는 독립(獨立)해 있다. 그러므로 '돌아 온다'[反]라고 하였다.

---

134. 『도장집주』본에는 '서'(逝)자가 '소'(所)자로 되어 있는데, 이 경우에 해석을 "한 곳에 치우치지 않으므로"[不偏於一所]로 하면 의미상 차이점은 없다.
135. 『도장집주』본에는 '체'(體)자가 '지'(志)자로 되어 있는데, 이 경우에 해석을 "가는 대로 따라가지 않고 그 의지는 독립해 있다"[不隨於所適, 其志獨立]로 하면 의미상 차이점은 없다.
136. 『도장집주』본에는 '반'(反)자가 '반'(返)자로 되어 있는데, 의미상 차이점은 없다.

故道大, 天大, 地大. 王亦大.

그러므로 도가 크고 하늘이 크며 땅이 크다. 그런데 왕도 크다.

天地之性人爲貴. 而王是人之主也, 雖不職大, 亦復爲大, 與三匹. 故曰亦大也.

천지의 본성상 사람이 귀하다. 그런데 왕은 바로 사람들의 주인이기 때문에 비록 직분이 크지는 않았을지라도 다시 큰 것이 되니, 도와 하늘 그리고 땅과 짝이 된다. 그러므로 "왕도 크다"고 했다.

域中有四大,

그러니 우주에는 '네 개의 큰 것'〔四大〕이 있는데,

四大, 道天地王也. 凡物有稱有名, 則非其極也. 言道則有所由. 有所由, 然後謂之爲道, 然則是道稱中之大也, 不若無稱[137]之大也. 無稱不可得而名曰域也. 道天地王, 皆在乎無稱之內, 故曰域中有四大者也.

네 개의 큰 것은 도, 하늘, 땅, 그리고 왕이다. 모든 사물에는 일컬음〔稱〕과 이름〔名〕이 있으니 그 궁극이 아니다. 도라고 말하면 말미암은 바가 있다. 말미암은 바가 있어 그런 뒤에 그것을 도라고 일컬었으니, 그렇다면 도는 일컫는 가운데의 큰 것이어서 일컬을 수도 없는 큰 것만은 못

---

137. 『도장집주』본에는 '칭'〔稱〕자가 '자'〔自〕자로 되어 있는데, 이 경우에 해석을 "말미암음이 없는 큼만은 못하다"〔不若無自之大也〕로 하면 의미상 차이점은 없다.

하다. 일컬을 수 없음은 이름을 붙일 수 없어서 우주[域]라고 했다. 도, 하늘, 땅, 그리고 왕은 모두 일컬을 수 없는 가운데 있으므로, "우주에는 네 개의 큰 것이 있다"라고 하였다.

而王居其一焉.
왕이 그것들 가운데에서 하나를 차지하고 있다.

處人主之大也.
사람들의 주인이라는 큰 것을 차지하고 있다.

人法地, 地法天, 天法道, 道法自然.
사람은 땅을 본받고, 땅은 하늘을 본받으며, 하늘은 도를 본받고, 그리고 도는 저절로 그렇게 됨을 본받는다.

法謂法則也. 人不違地, 乃得全安, 法地也. 地不違天, 乃得全載, 法天也. 天不違道, 乃得全覆, 法道也. 道不違自然, 乃[138]得其性. 法自然者, 在方而法方, 在圓而法圓, 於自然無所違也. 自然者, 無稱之言, 窮極之辭也.[139] 用智不及無知, 而形魄不及精象, 精象不及無形,

---

138. 『도장집주』본에는 '내'(乃)자 앞에 '방'(方)자가 더 있는데, 이 경우에 해석을 "도는 저절로 그렇게 됨을 어기지 않으면 바야흐로 이에 그 본성을 얻는다" 〔道不違自然, 方乃得其性〕로 하면 의미상 차이점은 없다.

139. 『고일총서』본에는 '야'(也)자가 없다.

有儀不及¹⁴⁰無儀. 故轉¹⁴¹相法也. 道順¹⁴²自然, 天故資焉. 天法於道, 地故則焉. 地法於天, 人故象焉. 所以爲主, 其一之¹⁴³者主也.

본받는다는 말은 법칙으로 한다는 의미이다. 사람은 땅을 어기지 않아야 온전히 편안할 수 있으니 땅을 본받는다. 땅은 하늘을 어기지 않아야 온전히 떠받칠 수 있으니 하늘을 본받는다. 하늘은 도를 어기지 않아야 온전히 덮을 수 있으니 도를 본받는다. 도는 저절로 그렇게 됨을 어기지 않아야 그 본성을 얻는다. 저절로 그렇게 됨을 본받는다는 것은 모가 난 것에서는 모난 것을 본받고 둥근 것에서 둥근 것을 본받음이니 저절로 그렇게 됨에 어긋남이 없는 것이다. 저절로 그렇게 됨이란 '일컬을 수 없는 말'〔無稱之言〕이고, 궁극의 표현이다. 지혜를 사용하는 것은 지혜가 없는 것에 미치지 못하고, 큰 덩어리로 이루어진 것은 정미한 상에 미치지 못하며, 정미한 상은 형체도 없는 것에 미치지 못하고, 본받음이 있는 것은 본받음이 없는 것에 미치지 못한다. 그러므로 옮겨 가면서 (사람은 땅을, 땅은 … 저절로 그렇게 됨을) 서로 본받는다. 도가 저절로 그렇게 됨을 따르니 하늘이 그 때문에 도에 의지한다. 하늘이 도를 본받으니 땅이 그 때문에 하

---

140. 『도장집주』본에는 '불급'(不及)이 '불여'(不如)로 되어 있는데, 이 경우에 해석을 "본받음이 있는 것은 본받음이 없는 것만 못하다"〔有儀不如無儀〕로 하면 의미상 차이점은 없다.

141. 『도장집주』본에는 '전'(轉)자가 '도'(道)자로 되어 있는데, 이 경우에 해석을 "그러므로 도는 서로 본받는다"〔故道相法也〕로 하면 의미상 차이점은 없다.

142. 『도장집주』본에는 '순'(順)자가 '법'(法)자로 되어 있는데, '순'(順)자를 '따르다'로 '법'(法)자를 '본받다'로 보면 의미상 차이점은 없다.

143. 『도장집주』본에는 '지'(之)자가 없는데, 이 경우에 해석을 "주체〔主〕가 되는 까닭은 그 하나가 주체이기 때문이다"〔所以爲主, 其一者主也〕로 하면 의미상 차이점은 없다.

늘을 본받는다. 땅이 하늘을 본받으니 사람이 그 때문에 땅을 본받는다. 그런데 주체가 되는 것은 도와 하나로 되게 하는 것이 주체이다.

제 26 장

重爲輕根, 靜爲躁君.

무거운 것은 가벼운 것의 뿌리가 되고, 고요한 것은 조급한 것의 주재 자가 된다.

凡物輕不能載重, 小不能鎭大. 不行者使行, 不動者制動. 是以重 必爲輕根, 靜必爲躁君也.

사물이 가벼우면 무거운 것을 싣지 못하고, 작으면 큰 것을 누르지 못한다. 가지 않는 것이 가는 것을 부리고, 움직이지 않는 것이 움직이는 것을 제어한다. 이 때문에 무거운 것은 반드시 가벼운 것의 뿌리가 되고, 고요한 것은 반드시 조급한 것의 주재자가 된다.

是以聖人終日行, 不離輜重,

이 때문에 성인은 종일 길을 가도 짐을 실은 수레〔輜重〕를 떠나지 않으며,

以重爲本, 故¹⁴⁴不離.

무거운 것을 근본으로 여기므로 떠나지 않는다.

雖有榮觀, 燕處超然.

화려한 경관이 있더라도 한가로이 있으면서 초연하다.

不以經心¹⁴⁵也.

마음을 두지 않는다.

奈何萬乘之主, 而以身輕¹⁴⁶天下. 輕則失本, 躁則失君.

무엇 때문에 만승을 가진 천자의 지위에 있으면서 자신을 천하보다 가

---

144. 『도장집주』본에는 '고'(故)자가 없는데, 이 경우에 해석을 "무거운 것을 근본
   으로 여기니, 떠나지 않는다"〔以重爲本, 不離〕로 하면 의미상 차이점은 없다.
145. 『도장집주』본에는 '심'(心)자 다음에 '지'(之)자가 더 있는데 의미는 동일하다.
146. 『노자백서』(老子帛書) 갑을본(甲乙本)에 모두 '천하'(天下) 앞에 '어'(於)자가
   있음을 근거로 하고, 그리고 13장의 본문 "나에게 무슨 걱정거리가 있겠는
   가! 그러므로 자신을 천하로 여기는 것이 귀하다. 이처럼 되어야 천하를 맡길
   수 있다"〔吾有何患. 故貴以身爲天下, 若可寄天下〕라는 내용을 참조로 해서 이
   상과 같이 해석했다. 본문 "내하만승지주, 이이신경천하. 경즉실본, 조즉실
   군"(奈何萬乘之主, 而以身輕天下. 輕則失本, 躁則失君) 구절을 글자 그대로 해
   석하면, "무엇 때문에 만승을 가진 천자의 지위에 있으면서 자신 때문에 천
   하를 가볍게 여기겠는가? 가볍게 여긴다면 근본을 잃게 되고 조급하게 굴면
   주재함을 잃게 된다"로 되는데, 전체적인 문맥을 자세히 음미해 보면 자연스
   럽지 못하다. "자신 때문에 천하를 가볍게 여기겠는가?"라는 말을 전체적인
   문맥 속에서 "무거운 것은 가벼운 것의 뿌리가 되고, 고요한 것은 조급한 것
   의 주재자가 된다"〔重爲輕根, 靜爲躁君〕라는 구절과 음미해 보라. 곧 무겁고
   고요한 임금 자신이 가볍고 조급한 백성들의 주인이 되어야 한다는 말이다.

볍게 여기겠는가? 가볍게 여긴다면 근본을 잃게 되고, 조급하게 굴면 주재함을 잃게 된다.

輕不鎭[147]重也. 失本爲喪身也, 失君爲[148]失君位也.
가벼운 것은 무거운 것을 누르지 못한다. 근본을 잃는 것은 자신[身]을 잃는 것이고, 주재함을 잃는 것은 임금의 지위를 잃는 것이다.

제 27 장

善行, 無轍迹,
길을 제대로 가면 흔적이 없고,

順自然而行, 不造不始. 故物得至, 而無轍迹也.
저절로 그렇게 됨을 따라서 길을 가고 무엇인가 만들지 않고 시작하지 않으므로, 사물이 지극함을 얻어서 흔적이 없다.

147.『도장집주』본에는 '진'(鎭)자가 '진'(眞)자로 되어 있는데, 이 경우에 해석을 "가벼운 것은 무거운 것을 참되게 하지 못한다"로 하면 된다.
148.『도장집주』본과 『영락대전』본에 모두 '위'(爲)자가 '위'(謂)자로 되어 있는데, 이 경우에도 의미상 차이점은 없다.

善言, 無瑕讁,

말을 훌륭하게 하면 흠이 없으며,

順物之性, 不別不析,[149] 故無瑕[150]讁可得其門也.

사물의 본성을 따르고 구별하고 분석하지 않으므로, 흠잡고 꾸짖을 틈이 없다.

善數, 不用籌策,

셈에 능수능란하면 계산도구[籌策]를 쓰지 않고,

因物之數,[151] 不假形也.

사물의 셈을 따르고 드러나는 것에 의지[假]하지 않는다.

善閉, 無關楗而不可開, 善結, 無繩約而不可解.

제대로 닫아 놓으면 빗장으로 잠그지 않아도 열 수 없으며, 제대로 묶어 놓으면 노끈으로 묶어 놓지 않아도 풀 수 없다.

149.『도장집주』본에는 '불석'(不析)이 '부절'(不折)로 되어 있는데 잘못된 것이다.

150.『도장집주』본에는 '하'(瑕)자가 '취'(取)자로 되어 있는데, 이 경우에 해석을 "꾸짖을 틈을 취할 수 없다"로 할 수 있다.

151.『도장집주』본에는 '인물지수'(因物之數)가 '인시호수'(因是乎數)로 되어 있는데, 이 경우에 해석을 "셈을 이것(계산도구를 사용하지 않는 것)으로 말미암으니"로 하면 된다.

因物自然, 不設不施. 故不用關楗繩約, 而不可開解也. 此伍者,
皆言不造不施, 因物之性, 不以形制物也.

사물의 저절로 그렇게 됨으로 말미암고 설치하고 시행하지 않는다. 그
러므로 빗장이나 노끈을 사용하지 않지만 열거나 풀 수 없다. 위의 다섯
가지는 모두 무엇을 만들지도 않고 베풀지도 않으며 사물의 본성을 따른
다는 말이니 드러나는 것으로 사물을 제어하지 않는다는 것이다.

是以聖人常善救人, 故無棄人.

이것은 성인이 사람을 언제나 잘 구제하기 때문에 사람을 버리는 일이
없다는 것이다.

聖人不立形名, 以檢於物, 不造進向, 以殊棄不肖, 輔萬物之自然,
而不爲始. 故曰無棄人也. 不尙賢能, 則民不爭, 不貴難得之貨, 則民
不爲盜, 不見可欲, 則民心不亂, 常使民心, 無欲無惑, 則無棄人矣.[152]

성인은 형명(形名)[153]을 내세워 사물을 단속하지 않고, 나아갈 것과 향
할 것을 만들어서 못난이를 죽이거나 버리지 않으며, 만물의 저절로 그
렇게 됨을 도와줄 뿐 새롭게 일을 시작하지 않는다. 그러므로 "사람을 버
리는 일이 없다는 것이다"라고 했다. 현명함과 능력을 숭상하지 않으니
백성들이 다투지 않고, 얻기 어려운 재화를 귀중하게 여기지 않으니 백

---

152. 『도장집주』본에는 '의'(矣)자가 '심'(心)자로 되어 있는데, 이 경우에 해석을
    "사람의 마음을 버리는 일이 없다"[無棄人心]로 하면 의미상 차이점은 없다.
153. 신하의 '의론'[名]과 '실제의 성적'[形]과의 일치 불일치를 비교·대조하여 상
    벌을 주는 일을 말한다.

성들이 도적이 되지 않고, 욕심날 만한 것을 보여주지 않으니 백성들의 마음이 혼란되지 않는다. 늘 백성들의 마음이 욕심 없도록 하고 헷갈리지 않도록 한다면 사람을 버릴 일이 없다.

常善救物, 故無棄物, 是謂襲明. 故善人者, 不善人之師,
사물을 언제나 잘 구제하므로 사물을 버리는 일이 없다. 이것을 일러 '대도(大道)를 계승해서 밝히는 것'[襲明]이라고 한다. 그러므로 (성인은) 선한 사람을 그렇지 못한 자가 스승으로 삼게 하고,

擧善以師不善. 故謂之師矣.
선을 들어서 선하지 못한 것의 스승으로 삼는다. 그러므로 스승이라고 했다.

不善人者, 善人之資,
선하지 못한 자를 선한 사람이 취하게 하면서도,

資, 取也. 善人以善齊不善, 以善棄不善也.[154] 故不善人善人之所取也.
취한다는 말은 거두어들인다는 의미이다. 선한 사람은 선으로 선하지 못한 것을 구제하기도 하고 선으로 선하지 못한 것을 버리기도 한다. 그러므로 선하지 못한 자는 선한 사람이 거두어들이는 바이다.

154.『고일총서』본에는 '야'(也)자가 없다.

不貴其師, 不愛其資, 雖智大迷.

그 스승을 존귀하게 보지 않고 그 취할 대상을 사랑하지 않으니, 지혜로운 자일지라도 크게 헷갈린다.

雖有其智, 自任其智, 不因物, 於其道必失. 故曰雖智大迷.

지혜로울지라도 자신의 지혜만 믿고 사물을 따르지 않는다면, 그 방법에서 틀림없이 잘못된다. 그러므로 "지혜로운 자일지라도 크게 헷갈린다"라고 하였다.

是謂要妙.

이것이 중요하고 오묘한 것이다.

| 해설

위에서 주의해서 그 의미를 되새겨야 할 구절이 있으니, "그러므로 (성인은) 선한 사람을 그렇지 못한 자가 스승으로 삼게 하고, 선하지 못한 자를 선한 사람이 취하게 하면서도 그 스승을 존귀하게 보지 않고 그 취할 대상을 사랑하지 않으니, 지혜로운 자일지라도 크게 헷갈린다. 이것이 '중요하고 오묘한 것'이다"〔故善人者, 不善人之師, 不善人者, 善人之資, 不貴其師, 不愛其資, 雖智大迷. 是謂要妙〕이다. 이 구절의 핵심은 마음 비움에 있다. 곧 성인은 단지 마음을 비우고 무위함으로써 사물에 감화를 주는데, 성인의 이런 행위는 대상화될 수 없는 것이다. 성인의 행위를 대상화시키는 순간 마음 비움과는 멀어지기 때문이다. 지혜로운 자들이 헷갈리는 이유가 바로 여기에 있으니, 이것이 바로 핵심이다.

제 28 장

知其雄, 守其雌, 爲天下谿. 爲天下谿, 常德不離, 復歸於嬰兒.

수컷(의 특성)을 알면서도 암컷(의 특성)을 보존하니 천하의 골짜기가 된다. 천하의 골짜기가 되니 치우치지 않은 덕이 떠나지 않아서 어린 아이의 상태로 되돌아간다.

雄先之屬, 雌後之屬也. 知爲天下之先也,[155] 必後也. 是以聖人後其身, 而身先也. 谿不求物, 而物自歸之. 嬰兒不用智, 合自然之智.

수컷은 솔선하는 것들이고, 암컷은 뒤따르는 것들이다. 천하에서 앞서는 방법을 알기 때문에 반드시 뒤에 선다. 이 때문에 성인은 자신을 앞세우지 않지만 자신이 앞서게 된다. 골짜기는 사물들에게 요구하지 않아도 사물들이 스스로 그것에게로 귀의한다. 어린 아이는 지혜를 사용하지 않아도 저절로 그렇게 되는 지혜에 합치한다.

知其白, 守其黑, 爲天下式.

옳은 것을 알면서도 그른 것을 보존하니 천하의 법이 된다.

式, 模則也.

---

155. 『도장집주』본에는 '야'(也)자가 '자'(者)자로 되어 있는데, 이 경우에 해석을 "천하에서 앞설 줄 아는 자는 반드시 앞서지 않는다"(知爲天下之先者, 必後也)로 하면 된다.

법(式)이란 글자는 본보기가 되는 모범이다.

爲天下式, 常德不忒,
천하의 본보기가 되니 치우치지 않은 덕에 어긋나지 않아서,

忒, 差也.
어긋나다는 말은 틀리다는 의미이다.

復歸於無極,
'끝이 없음'(無極)으로 복귀한다.

不可窮也.
다할 수 없다.

知其榮, 守其辱, 爲天下谷. 爲天下谷, 常德乃足, 復歸於樸.
그 영화를 알면서도 욕된 처지를 지키니, 천하의 골짜기가 된다. 천하
의 골짜기가 되니 치우치지 않은 덕이 이에 넉넉해져 질박함(樸)으로 복
귀한다.

此三者, 言常反終後, 乃德全其所處也. 下章云,[156] 反者道之動也,
功不可取, 常處其母也.

156.『도장집주』본에는 '운'(云)자가 없는데, 이 경우에 해석을 "아래 장의 되돌아
가는 것이 도의 움직임이니"로 하면 의미상 차이점은 없다.

위의 세 가지는 항상 되돌아가서 끝까지 뒤에 처해야 덕이 자신의 처지를 온전히 한다는 말이다. 40장에서 "되돌아가게 하는 것[反者]이 도의 움직임이다"라고 하였으니, 공을 취해서는 안 되고, 항상 그 어미에 머물러 있어야 한다.

樸散, 則爲器, 聖人用之, 則爲官長.
질박함이 분산되면, (가지각색의) 용기가 되니, 성인이 이 때문에 사람들을 위하여 장관을 세운다.

樸, 眞也. 眞散, 則百行出, 殊類生, 若器也. 聖人因其分散, 故爲之立長官, 以善爲師, 不善爲資, 移風易俗, 復使[157]歸於一也.
질박함은 참됨이다. 참됨이 흩어지니, 온갖 행위가 나오고 갖은 것들이 나와서 (가지각색의) 용기와 같아진다. 성인은 참됨이 분산되는 것을 따르므로 사람들을 위해 장관을 세워서 선으로 사표를 삼고 선하지 못한 것으로 취할 바를 삼으며 풍속을 변화시키지만 다시 그것들이 하나로 되돌아가게 한다.

故大制不割.
그러므로 '위대한 다스림'[大制]은 분할하지 않는다.

大制者, 以天下之心爲心, 故無割也.

---

157. 『도장집주』본에는 '사'(使)자가 없는데, 이 경우에 해석을 "풍속을 변화시켜서 하나로 돌아가게 한다"로 하면 의미상 차이점은 없다.

위대한 다스림은 천하의 마음을 자신의 마음으로 삼기 때문에 분할함이 없다.

해설

물아일체의 상태에서 어떤 것[有]이 대상화되는 순간, 비록 대상화되지는 않았을지라도 그 이면에 무가 동시에 성립된다. 본문에서 수컷[有]과 암컷[無] 옳음[有]과 그름[無] 등은 모두 유와 무의 관계를 설명하기 위한 비유이다. 유에서 무를 볼 수 있으면, 어떤 사물이든지 있는 그대로 용납할 수 있어 사물을 분할하지 않고 다스릴 수 있다.

제 29 장

將欲取天下而爲之,[158] 吾見其不得已. 天下神器,

천하를 다스리고자 무엇인가 시행하지만, 나는 그것이 어쩔 수 없다는 것을 안다. 천하는 신비스런 물건이라서,

158.『도장집주』본에는 본문 '이위지'(而爲之)가 '이위지자'(而爲之者)로 되어 있고, 그 아래 "시행한다[爲]는 것은 조작하여 다스리는 것이다"[爲造爲也]라는 왕필의 주가 있다.

神, 無形無方也, 器, 合成也. 無形以合. 故謂之神器也.

신비스러움은 형체도 일정함도 없고, 물건은 여러 가지가 합해서 완성된다. 그런데 (천하는) 형체 없이 합해졌으므로 신비스런 물건이라고 했다.

不可爲也. 爲者敗之, 執者失之.

시행해서는 안 된다. 시행하는 사람은 그르치게 되고, (사물의 왕래를) 붙잡아 놓는 사람은 놓치게 된다.

萬物以自然爲性. 故可因而不可爲也, 可通而不可執也. 物有常性, 而造爲之, 故必敗也, 物有往來, 而執之, 故必失矣.

만물은 저절로 그렇게 됨을 본성으로 삼는다. 그러므로 본성을 따라야 되고 무엇인가 시행해서는 안 되며, 본성을 통하게 해야 되고 붙잡아서는 안 된다. 사물에는 '치우치지 않은 본성'〔常性〕이 있는데 조작해서 시행하므로 반드시 그르치게 되고, 사물에는 왕래함이 있는데 그것을 붙잡아 놓으므로 반드시 놓치게 된다.

故物或行或隨, 或歔或吹, 或强或羸, 或挫或隳. 是以聖人去甚去奢去泰.

그러므로 사물은 때로는 나아가기도 하고 뒤따르기도 하며, 때로는 입을 벌려 숨을 내쉬면서 입김으로 따뜻하게 하기도 하고 급히 내쉬어 식히기도 하며, 때로는 강하기도 하고 핼쑥하기도 하며, 때로는 부러지기도 하고 깨지기도 한다. 이 때문에 성인은 극심한 것을 없애고 사치한 것을 없애고 지나친 것을 없앤다.

凡此諸或, 言物事逆順反覆, 不施爲執割也. 聖人達自然之至, 暢萬物之情, 故因而不爲, 順而不施, 除其所以惑. 故心不亂, 而物性自得之也.

위에서 말한 모든 '때로는 ~하기도 하다'(或)는 것은 사물이 거스르고 순종함을 반복하니, 시행하거나 다스리거나 막거나 분할하지 않는다는 말이다. 성인은 저절로 그렇게 되는 지극함에 통달하여, 만물의 실정을 펴주므로 따르기만 하고 아무것도 시행하지 않으며 거슬리지 않기만 하고 베풀지 않으며, 미혹하게 되는 원인을 제거하였으므로 마음이 혼란스럽게 되지 않고 사물의 본성(物性)이 저절로 터득된다.

| 해설

물아일체의 상태에서 어떤 것이 분별지에 의해 대상화되기 위해서는 항상 그 이면에 무가 상대적으로 있어야 한다. 곧 분별지는 그 특성상 사물을 온전하게 드러내는 것이 아니라 항상 대상화되는 부분만 드러내기 때문에 분별지에 의해 대상화된 것을 전체로 알고 시행하려고 해서는 안 된다. 그래서 성인은 사물을 다스리기 위해 시행하지 않고 너무 한쪽으로 극심하게 치우치게 되는 것만 제거할 뿐이다. 사물이 극심하게 치우치게 되는 것은 분별 작용을 강하게 함으로써 그것을 행위로 나타냈기 때문이니, 이런 것은 마음 비움에 어긋난다.

제 30 장

以道佐人主者, 不以兵强天下,

도를 가지고 임금을 보좌하는 사람은 무력을 가지고 천하에서 강자 노릇 하지 않으니,

以道佐人主, 尙不可以兵强於天下, 況人主躬於道者乎.

도를 가지고 임금을 보좌해도 오히려 무력을 가지고 천하에서 강자 노릇 하지 않는데, 더구나 임금으로서 몸소 도를 행할 경우에 있어서야 말해 무엇하겠는가!

其事好還.

그 일은 되돌리기를 좋아한다.

爲始[159]者, 務欲立功生事, 而有道者, 務欲還反無爲. 故云其事好還也.

무엇인가 새로운 것을 시행하는 사람은 힘들여 공을 세우고 일을 만들려고 하지만, 도를 지닌 사람은 아무것도 시행함이 없음으로 되돌아가고자 힘쓴다.[160] 그러므로 "그 일은 되돌리기를 좋아한다"라고 했다.

---

159. 『도장집주』본에는 '시'(始)자가 '치'(治)자로 되어 있는데, 이 경우에 해석을 "시행하고 다스리는 자"나 "다스림을 시행하는 자"〔爲治者〕로 하면 된다.
160. 이 구절은 "도를 지닌 사람은 열심히 되돌려서 시행함이 없게 하고자 한다"

師之所處, 荊棘生焉, 大軍之後, 必有凶年,

군대가 주둔한 곳에는 잡초가 자라나고 대군이 지나간 뒤에는 반드시 흉년이 드니,

言師凶害之物也, 無有所濟, 必有所傷. 賊害人民, 殘荒田畝. 故曰荊棘生焉.[161]

군대는 남을 해치는 기구여서 구제하는 것 없이 반드시 해치는 것이 있다는 말이다. 백성들을 해치고 논밭을 황폐하게 하므로 "잡초가 자란다"고 했다.

善有果而已, 不敢以取强.

훌륭하게 이루기만 할 뿐 감히 강자가 되려고 하지 않는다.

果, 猶濟也. 言善用師者, 趣以濟難而已矣, 不以兵力取强於天下也.[162]

이룬다는 말은 구제하다는 말과 같다. 군대를 잘 부리는 사람은 가서 어려움을 구제할 뿐이지, 군대의 힘을 사용해서 천하에서 강자가 되려고 하지 않는다는 말이다.

果而勿矜, 果而勿伐, 果而勿驕.

로 해석할 수도 있다.

161. 『도장』본과 『도장집주』본에는 모두 '언'(焉)자가 '야'(也)자로 되어 있다.

162. 『도장』본과 『도장집주』본에는 모두 '야'(也)자가 '의'(矣)자로 되어 있다.

이룰지라도 자만하지 말고, 이룰지라도 자랑하지 말며, 이룰지라도 교만하지 말라.

吾不以師道爲尙, 不得已而用, 何矜驕之有也.
나는 군대 부리는 방법을 숭상하지 않고 부득이해서 사용하는 것이니, 어떻게 자만하고 교만하게 굴겠는가?

果而不得已, 果而勿强,
이룰지라도 어쩔 수 없었으니, 이룰지라도 강자 노릇 하지는 말라.

言用兵雖趣功果濟難, 然時故不得已, 當復用者, 但當以除暴亂, 不遂用果以爲强也.
무력의 사용이 비록 공을 목적으로 어려움을 구제하는 데 있을지라도 그때의 사정상 어쩔 수 없었으니, 다시 사용해야 할 경우에는 단지 그것으로 포악과 혼란만 제거하고 마침내 구제한 것을 이용하여 강자 노릇해서는 안 된다는 말이다.

物壯則老, 是謂不道. 不道早已.
사물이 굳세어지면 노쇠하는 것, 이것을 '도답지 않은 것'〔不道〕이라고 한다. 도답지 않아서 일찍 끝난다.

壯, 武力暴興,[163] 喻以兵强於天下者也. 飄風不終朝, 驟雨不終日.
故暴興必不道早已也.[164]

　군세어진다는 것은 무력으로 갑자기 흥한다는 의미이니, 무력으로 천
하에서 강자 노릇 한다는 비유이다. 거센 바람은 아침 내내 불지 않고, 소
나기는 하루 종일 퍼붓지 않는다.[165] 그러므로 갑자기 흥한 것은 반드시
도답지 않아서 일찍 끝난다.

| 해설

　항상 유는 무에 의해 성립함을 염두에 두고 있어야 한다. 따라서 유를
강하게 대상화시킴으로써 체계화시키면, 이면에서 무도 그만큼 날카롭
게 유에 맞서 대립하게 된다. 곧 유가가 인의를 주장하면, 묵가가 당연히
이에 맞서서 겸애를 주장하는 것이다. 유가가 자신들의 시각으로 본성의
일부분인 인의를 체계화시킬 경우, 다른 학파들도 본성의 일부를 다른
시각에서 체계화시킬 수 있기 때문이다. 그래서 무엇이든지 강하게 흥기
하는 것은 오래갈 수 없는 것이다.

163.『도장』본과『도장집주』본에는 모두 '흥'(興)자 다음에 '야'(也)자가 있다.
164.『도장집주』본에는 이 구절의 주가 모두 '방왈'(雱曰) 아래에 있다.
165. 23장의 본문에 나오는 말이다.

제 31 장

夫佳兵者, 不祥之器, 物或惡之, 故有道者不處. 君子居則貴左,
用兵則貴右. 兵者, 不祥之器, 非君子之器. 不得已而用之, 恬淡爲
上, 勝而不美. 而美之者, 是樂殺人. 夫樂殺人者, 則不可得志於天
下矣. 吉事尙左, 凶事尙右. 偏將軍居左, 上將軍居右, 言以喪禮處
之. 殺人之衆, 以哀悲泣之, 戰勝, 以喪禮處之.

훌륭한 군대는 상서롭지 못한 기구이고, 세상 사람들 중에는 그것을
싫어하는 사람도 있으므로 도를 지닌 사람은 자처하지 않는다. 군자는
평소에는 왼쪽을 귀하게 여기고 군대를 부릴 때는 오른쪽을 귀하게 여긴
다. 군대란 상서롭지 못한 기구이니 군자의 기구가 아니다. (군자는) 부득
이해서 그것을 사용하지만 깨끗한 마음을 최상으로 여기고 승리해도 불
미스럽게 여긴다. 그런데 승리를 훌륭하게 여기는 사람은 바로 사람 죽
이기를 즐기는 사람이다. 사람 죽이기를 즐기는 사람이라면 천하에서 자
신의 뜻을 이루지 못할 것이다. 길한 일에는 왼쪽을 숭상하고, 흉한 일에
는 오른쪽을 숭상한다. 그러니 (전쟁에서) 편장군이 왼쪽에 자리 잡고 상
장군이 오른쪽에 자리 잡는 것은 상례(喪禮)로 전쟁에 대처함을 말한다.
죽인 사람이 많으면 슬픈 심정으로 읍을 하고, 전쟁에 이기더라도 상례
로 처리한다.[166]

166.『도장집주』본에는 "아마도 이 장은 노자가 지은 것이 아닌 것 같다"[疑此章
非老子之作也]라는 왕필의 주가 있다.『노자백서』(老子帛書) 갑을본(甲乙本)
에는 모두 본문이 있는 것으로 볼 때, 왕필이 오해한 듯하다

제 32 장

道常無名. 樸雖小, 天下莫能臣也. 侯王若能守之, 萬物將自賓.

도는 항상 이름이 없다. 질박함은 비록 보잘것없지만, 천하에서 아무도 그것을 신하로 삼을 수 없다. 왕후가 만약 그것을 보존할 수 있으면, 만물이 저절로 복종할 것이다.

道無形不繫, 常不可名,[167] 以無名爲常. 故曰道常無名也. 樸之爲物, 以無爲心也, 亦無名. 故將得道, 莫若守樸. 夫智者, 可以能臣也, 勇者, 可以武使[168]也, 巧者, 可以使役也, 力者, 可以重任也. 樸之爲物, 憒然不偏, 近於無有. 故曰莫能臣也. 抱樸無爲,[169] 不以物累其眞, 不以欲害其神, 則物自賓, 而道自得也.[170]

도는 드러남[形]이 없고 어느 곳에도 속하지 않아 항상 무엇이라고 이름 붙일 수 없고, '이름 없음'[無名]으로 '치우치지 않음'[常]을 시행한다. 그러므로 "도는 항상 이름이 없다"라고 하였다. 질박함[樸]은 없음[無]으

---

167. 『도장취선집』(道藏取善集)에는 "도무형불계, 상불가명"(道無形不繫, 常不可名) 구절이 "도무형불가명"(道無形不可名)으로 되어 있는데, 이 경우에 해석을 "도는 드러남이 없어서 무엇이라고 이름 붙일 수 없고"로 하면 된다.

168. 『도장집주』본에는 '무사'(武使)가 '무군'(武君)으로 되어 있는데, 이 경우에 해석을 "무용을 주재하게 할 수 있고"로 하면 된다.

169. 『도장』본에는 '무위'(無爲)가 '위무'(爲無)로 되어 있는데, 이 경우에 해석을 "질박함을 가슴에 품고 아무것도 없음을 시행하여"로 하면 된다.

170. 『도장집주』본에는 '야'(也)자가 '의'(矣)자로 되어 있는데, 해석상 차이는 없다.

로 마음을 삼아 또한 이름이 없다. 그러므로 도를 터득하려면 질박함을 보존하는 것만 한 것이 없다. 지혜로운 사람에게서는 능력을 신하 삼을 수 있고, 용맹한 사람에게서는 무용을 부릴 수 있으며, 솜씨 좋은 기술자에게서는 일을 시킬 수 있고, 힘센 사람에게서는 무거운 것을 지게 할 수 있다. 질박함은 애매모호하게 어디에도 치우치지 않아서 아무것도 없는 것에 가깝다. 그러므로 "아무도 신하로 삼을 수 없다"라고 하였다. 질박함을 가슴에 품고 아무것도 시행함이 없어서 사물 때문에 그 참됨에 누를 끼치지 않고, 무엇인가 하고자 함 때문에 신묘함에 해를 끼치지 않는다면, 사물이 저절로 복종하게 되고 도가 저절로 터득될 것이다.

天地相合, 以降甘露, 民莫之令而自均.
천지가 서로 결합하면 그 때문에 단 이슬이 내리고, 백성들은 아무도 명령하지 않아도 저절로 반듯해진다.

言天地相合, 則甘露不求而自降, 我守其眞性無爲, 則民不令而自均也.
천지가 서로 결합하면 단 이슬을 구하지 않아도 저절로 내리고, 내가 참된 성품을 보존하고 아무것도 시행함이 없다면 백성들은 명령하지 않아도 저절로 반듯해진다는 말이다.

始制有名. 名亦旣有, 夫亦將知止. 知止, 可以不殆.
처음으로 제정할 때에 이름을 둔다. 이름까지 이미 두었다면 그칠 줄 알아야 될 것이다. 그칠 줄 안다면 위태롭지 않을 것이다.

始制, 謂樸散始爲官長之時也. 始制, 官長不可不立名分以定尊卑, 故始制有名也. 過此以往, 將爭錐刀之末, 故曰名亦旣有, 夫將知止也. 遂任名以號物, 則失治之母也. 故知止所以不殆也.

처음으로 제정한다는 것은 질박함이 분산되어 처음으로 장관을 세울 때라는 말이다. 처음으로 제정한다면 장관이 명분을 세워서 귀천을 정하지 않아서는 안 되므로 처음으로 제정한 때에 이름을 둔다. 여기서 다음 단계부터는 송곳 끝이나 칼날같이 작은 일에도 다툴 것이므로 "이름까지 이미 두었다면 그칠 줄 알아야 될 것이다"라고 하였다. 그런데 마침내 이름을 믿고서 그것으로 사물을 부르니 다스림의 모체를 상실한다. 그러므로 그칠 줄 아는 것이 위태롭게 되지 않는 까닭이다.

譬道之在天下, 猶川谷之於江海.

비유하자면 도가 천하에 있는 것은 개천과 골짜기의 물이 강과 바다로 흘러들어가는 것과 같다.

川谷之求江與海,[171] 非江海召之. 不召不求, 而自歸者, 世行道於天下者, 不令而自均, 不求而自得. 故曰猶川谷之與江海也.

개천과 골짜기의 물이 강과 바다로 흘러들어가는 것은 강과 바다가 끌

---

171. 『고일총서』본과 『도장』본에는 "천곡지구강여해"(川谷之求江與海) 구절이 "천곡지이구강여해"(川谷之以求江與海)로 되어 있는데, 이 경우에 해석을 "개천과 골짜기의 물이 흘러가서 강과 바다로 들어가지만"으로 하면 된다. 『도장집주』본에는 "천곡지불구강여해"(川谷之不求江與海)로 되어 있는데, 이 경우에는 해석을 "개천과 골짜기의 물이 강과 바다에 구하지 않았고"로 하면 된다.

어들인 것이 아니다. 끌어들이지 않고 오라고 하지 않았는데도 스스로 귀의하는 것이니, 세상에서 천하에 도를 행할 경우 명령하지 않아도 저절로 고르게 되고 구하지 않아도 저절로 얻게 된다. 그러므로 "개천과 골짜기의 물이 강과 바다로 흘러들어가는 것과 같다"라고 하였다.

해설

"처음으로 제정할 때에 이름을 둔다. 이름까지 이미 두었다면 그칠 줄 알아야 될 것이다. 그칠 줄 안다면 위태롭지 않을 것이다"[始制有名. 名亦旣有, 夫亦將知止. 知止, 可以不殆]라는 구절은 물아일체의 상태에서 어떤 것을 대상화시킬 때, 사물에 이름을 붙이는 것 이상으로 분별지를 사용하지 말라는 것이다. 사물에 이름을 붙이는 것은 도에서 벗어난 것이 아니지만 그 이상은 도에서 벗어난 것이기 때문이다. 물아일체의 상태에서 유는 무에 의해 상대적으로 성립하지만 그래도 도의 일부분이다. 그런데 대상화된 것을 다듬어서 체계화시킬 경우 이것은 완전히 분별지에 의해서 인위적으로 만들어진 허위이다.

제 33 장

知人者智, 自知者明.
남을 아는 자는 지혜롭지만, 자기 자신을 아는 자는 밝다.

知人者, 智而已矣,[172] 未若自知者, 超智之上也.

남을 아는 자는 지혜로울 뿐이어서 자신을 아는 자가 최상의 지혜를 넘어선 것만 못하다.

勝人者有力, 自勝者强.

남을 이기는 자는 힘이 있지만, 자기 자신을 이기는 자는 강하다.

勝人者, 有力而已矣, 未若自勝者, 無物以損其力. 用其智於人, 未若用其智於己也, 用其力於人, 未若用其力於己也. 明用於己, 則物無避焉, 力用於己, 則物無改焉.

남을 이기는 자는 힘이 있는 것일 뿐이어서 자신을 이기는 자만 못하니, 그 무엇으로도 그 힘을 감소시킬 수 없기 때문이다. 지혜를 남에게 사용하는 것은 그 지혜를 자신에게 사용하는 것보다 못하며, 힘을 남에게 사용하는 것은 그 힘을 자신에게 사용하는 것보다 못하다. 밝음을 자신에게 사용한다면 사물들이 회피할 일이 없고, 힘을 자신에게 사용한다면 사물들이 고칠 일이 없다.

知足[173]者富.

---

172. 『도장집주』본에는 "지이이의"(智而已矣) 구절이 "자지이이의"(自智而已矣)로 되어 있는데, 이 경우에 해석을 "지혜를 사용할 뿐이어서"로 하면 된다. 곧 '자'(自)자의 의미를 '좇을 자'나 '인할 자' 또는 '쓸 자'로 하면 된다.
173. 『도장집주』본에는 '족'(足)자 다음에 '자'(者)자가 있는데, 이 경우에 해석을 "만족함을 아는 자는"으로 하면 된다.

만족함을 아는 자는 여유가 있고,

知足自不失, 故富也.
만족함을 알아 저절로 잃지 않으므로 여유가 있다.

强行者有志.
힘써 행하는 자는 뜻을 얻는다.[174]

勤能行之, 其志必獲, 故曰强行者, 有志矣.
부지런히 행할 수 있어 그 뜻을 반드시 성취한다. 그러므로 "힘써 행하는 자는 뜻을 얻는다"라고 하였다.

不失其所者久.
자신이 있을 곳을 잃지 않는 자는 장구하고,

以明自察, 量力而行, 不失其所, 必獲久長矣.
밝음을 사용해서 스스로 살피고 힘을 헤아려서 움직이며 자신이 있을 곳을 잃지 않아 반드시 장구함을 얻는다.

死而不亡者壽.
죽더라도 (도가) 없어지지 않는 자는 천수를 누린다.

---

174. 아래의 주로 볼 때, 왕필이 41장의 "상사문도, 근이행지"(上士聞道, 勤而行之) 구절을 염두에 둔 것으로 보인다

雖死而以爲生之道不亡, 乃得全其壽.[175] 身沒而道猶存, 況身存而
道不卒[176]乎.

비록 죽더라도 그것을 삶의 도가 없어지지 않는 것으로 여겨야 천수를
완전하게 누릴 수 있다. 몸은 죽을지라도 도는 여전히 남아 있을 것인데,
하물며 몸이 보존되고 도가 사라지지 않음에야 말해 무엇하겠는가!

제 34 장

大道氾兮, 其可左右.

커다란 도가 콸콸 넘쳐 좌우로 어디든지 갈 수 있다.

言道氾濫無所不適, 可左右上下, 周旋而用, 則無所不至也.

도가 범람하며 가지 않는 곳이 없어 좌우로 위아래로 어디든지 갈 수
있고, 두루 돌며 사용되어 이르지 않는 곳이 없다는 말이다.

---

175. 루우열은 『노자주역왕필주교석』에서 "수사이이위생지, 도불망내득전기수"
    (雖死而以爲生之, 道不亡乃得全其壽)로 구두했는데, 이 경우에 해석을 "비록
    죽더라도 그것을 사는 것으로 여기면 도가 없어지지 않아서 이에 천수를 완
    전하게 누릴 수 있다"로 하면 된다.
176. 『도장집주』본에는 '졸'(卒)자가 '존'(存)자로 되어 있는데, 이 경우에 "황신
    존, 이도부존호"(況身存, 而道不存乎) 구절 전체의 해석을 "하물며 몸이 보존
    되는데 도가 보존되지 않겠는가!"로 하면 된다.

萬物恃之而生而不辭, 功成不名有, 衣養萬物而不爲主, 常無欲, 可名於小.

만물이 도에 의지해서 생겨나도 말하지 않고, 공이 이루어져도 소유하겠다고 이름을 내세우지 않으며, 만물을 입혀 주고 길러 주지만 주인 노릇 하지 않고, 늘 아무것도 하고자 하는 것이 없으니, 하찮은 것이라고 이름 붙여야 한다.

萬物皆由道而生, 旣生而不知其所由.[177] 故天下常無欲之時, 萬物各得其所, 若道無施[178]於物. 故名於小矣.

만물은 모두 도로 말미암아서 생겨나지만, 생겨난 다음에는 자신이 무엇으로 말미암았는지 모른다. 그러므로 천하가 늘 아무것도 하고자 하는 것이 없을 때에 만물이 제각기 제자리에 있게 되니, 마치 도가 사물에 베푼 것이 없는 듯하다. 그러므로 하찮은 것이라고 이름 붙인다.

萬物歸焉, 而不爲主, 可名爲大.

만물이 도로 귀의해도 주인 노릇 하지 않으니 위대한 것이라고 이름 붙여야 한다.

---

177. 『고일총서』본에는 "부지기소유"(不知其所由)가 "부지소유"(不知所由)로 되어 있는데, 의미나 해석에는 동일하다. 『도장』본에는 "부지유소"(不知由所)로 되어 있는데, 잘못된 것이다.

178. 『도장집주』본에는 '시'(施)자가 없는데, 이 경우에 해석을 "도가 사물에 없는 듯하다"로 하면 된다.

萬物皆歸之以生, 而力使不知其所由, 此不爲小. 故復可名於大矣.[179]

만물이 모두 도에 귀의해서 생겨나는데도 힘써 만물 자신이 어디에서 말미암았는지 알지 못하게 하니, 이렇게 한 것은 하찮게 여길 수 없다. 그러므로 다시 위대한 것이라고 이름 붙여야 한다.

以其終不自爲大, 故能成其大.

도는 끝내 스스로 큰일을 하지 않기 때문에 큰일을 이룰 수 있다.

爲大於其細, 圖難於其易.

사소한 것에서 큰일을 행하고, 쉬운 것에서 어려운 일을 계획한다.

해설

세상이 어지럽게 되는 것은 모두 상대적인 유를 가지고 절대적인 것인 줄 알고 다듬어서 더욱 체계화시키기 때문이다. 모든 혼란이 여기서부터 발생하니 아예 처음부터 마음을 비움으로써 대상화시키는 것이 없도록 해야 한다. 마음 비움은 사실 아무것도 하는 것이 없으니, 아주 하찮은 것이다. 그렇지만 혼란을 사라지게 하고 사물이 자신의 본성에 따라 살아가도록 하니, 이보다 위대한 것은 없다.

179.『도장집주』본에는 이 부분의 주석이 없다.

제 35 장

執大象, 天下往.

'위대한 상'[大象]을 지킨다면 천하가 제 갈 길을 간다.

大象, 天象之母也, 不寒不溫不涼. 故能包統萬物, 無所犯傷. 主
若執之, 則天下往矣.

위대한 상은 천상(天象)이라는 어미[母]이니, 차갑지도 따뜻하지도 시
원하지도 않다. 그러므로 만물을 능히 포용하고 총괄하지만 범하고 해치
는 일이 없다. 군주가 만약 그것을 지킨다면 천하가 제 갈 길을 간다.

往而不害, 安平太.

(천하가) 제 갈 길을 가지만 방해하지 않으니, 편안하고 평화롭고 태평
하다.

無形無識, 不偏[180]不彰, 故萬物得往, 而不害妨也.

형체도 표시도 없으며 치우치지도 드러나지도 않기 때문에, 만물이 제
갈 길을 가는데도 방해되지 않는다.

樂與餌, 過客止. 道之出口, 淡乎其無味. 視之不足見, 聽之不足

---

180. 『도장』본에는 '편'(偏)자가 '편'(徧)자로 되어 있는데 '편'(偏)으로 봐야 한다.

聞, 用之不足既.

음악과 음식은 나그네를 머무르게 한다. 말로 표현된 도는 밍밍하게 아무 맛이 없어 보아도 눈에 띄게 들어오지 않고 들어도 귀에 솔깃하게 들리지 않는데, 아무리 사용해도 고갈되지 않는다.

言道之深大. 人聞道之言, 乃更不如樂與餌, 應時感悅人心也. 樂與餌, 則能令過客止, 而道之出言, 淡然無味. 視之不足見, 則不足以悅其目, 聽之不足聞, 則不足以瘂其耳. 無所中然, 乃用之不可窮極也.

도는 깊고 크다는 말이다. 사람이 말로 표현된 도를 들어 보아도, 음악과 음식이 때에 맞추어 사람의 마음을 감동시키고 기쁘게 하는 것만 못하다. 음악과 음식이라면 나그네를 머무르게 할 수 있지만, 말로 표현된 도는 밍밍해서 아무런 맛이 없다. 보아도 볼 만하지 않다면 눈요기하기에 충분치 못하고, 들어도 들을 만하지 않다면 귀를 솔깃하게 하기에 충분치 못하다. 딱 들어맞는 것이 없어 이에 아무리 사용해도 다할 수 없다.

제 36 장

將欲歙之, 必固張之, 將欲弱之, 必固强之, 將欲廢之, 必固興之, 將欲奪之, 必固與之. 是謂微明.

거두어 들이고자 한다면 반드시 먼저 베풀어 주어야 하고, 약하게 하고자 한다면 반드시 먼저 강하게 해주어야 하며, 망하게 하고자 한다면 반드시 먼저 북돋워 주어야 하고, 빼앗고자 한다면 반드시 먼저 주어야 한다. 이것이 '보이지 않는 밝음'[微明]이다.

將欲除强梁, 去暴亂, 當以此四者, 因物之性, 令其自戮. 不假刑爲大, 以除將[181]物也.[182] 故曰微明也. 足其張, 令之足, 而又求其張, 則衆[183]所歛也. 與其張之不足, 而改其求, 張者愈益, 而己反危.

강포함과 혼란스러움을 제거하고자 하면, 본문의 네 가지 방법을 사용해야 하니, 사물의 본성을 따라서 저절로 죽게 함이다. 형벌을 빌리지 않는 것이 위대하니, 그것들로 사물을 제거하고 없앤다. 그러므로 '보이지 않는 밝음'[微明]이라고 했다. 베풀기를 충분하게 해서 만족하게 했는데 또 베풀기를 요구한다면 대중들은 거두어 들일 대상이다. 부족하게 베푼 것을 주었는데도 요구하는 것을 변경하니, 베푸는 것이 더욱 많아져서 자신들이 도리어 위태로워진다.

柔弱勝剛强. 魚不可脫於淵, 國之利器, 不可以示人.

부드럽고 약한 것이 굳세고 강한 것을 이긴다. 물고기는 연못을 벗어나

---

181. 루우열은 『노자주역왕필주교석』에서 '장'(將)자는 '장'(戕)자와 통한다고 했으며, 『중문대사전』(中文大辭典)도 동일하게 밝히고 있다.

182. 『도장집주』본에는 "불가형위대, 이제장물야"(不假刑爲大, 以除將物也) 구절이 없다. 『한문대계』(漢文大系)본에는 "불가형위대이제장물야"(不假刑爲大以除將物也)로 구두가 되어 있는데, 이 경우에 해석을 "형벌을 빌려 사물을 제거하는 것을 위대하게 여기지 않는다"로 하면 된다.

183. 『도장집주』본에는 '중'(衆)자가 '상'(象)자로 되어 있는데 잘못된 것이다.

서는 안 되고, 나라의 이로운 기구는 사람들에게 보이게 해서는 안 된다.

利器, 利國之器也,[184] 唯因物之性, 不假刑以理物. 器不可覩, 而
物各得其所,[185] 則國之利器也. 示人者, 任刑也, 刑以利國, 則失矣.
魚脫於淵, 則必見失矣. 利國器, 而立刑以示人, 亦必失也.[186]

이로운 기구는 나라를 이롭게 하는 기구이니, 사물의 본성을 따르기
만 하고 형벌을 빌려서 사물을 다스리지 않는다. 기구는 볼 수 없지만 사
물들이 제각기 제자리에 있게 하는 것이라면 나라를 이롭게 하는 기구이
다. 사람들에게 보이게 하는 것은 형벌에 의지하는 것이니, 형벌로써 나
라를 이롭게 한다면 잘못될 것이다. 물고기가 연못을 벗어난다면 반드시
낭패를 당한다. 나라를 이롭게 하는 기구인데 형벌을 수립해서 사람들에
게 보이게 하면 또한 반드시 잘못된다.

제 37 장

道常無爲,

---

184. 『도장집주』본에는 '야'(也)자가 '이'(以)자로 되어 있는데 잘못된 것이다.
185. 『영락대전』본에는 '소'(所)자가 '성'(性)자로 되어 있는데, 이 경우에 해석을
    "사물들이 제각기 본성을 얻게 하는 것이라면"으로 하면 된다.
186. 『도장집주』본에는 '야'(也)자가 '의'(矣)자로 되어 있는데 의미상 차이점은 없다.

도는 항상 아무것도 시행함이 없지만,

順自然也.
저절로 그렇게 됨을 따른다.

而無不爲.
시행하지 않는 것이 없다.

萬物無不由爲以治以成之[187]也.
만물은 도로 말미암아 시행하는 것으로 다스리고 완성하지 않는 것이
없다.

　侯王若能守之, 萬物將自化. 化而欲作, 吾將鎭之以無名之樸,
　후왕이 그것을 지킬 수 있다면, 만물이 저절로 교화될 것이다. 교화된
다고 일으키려고 한다면, 나는 '이름 없는 소박함'〔無名之樸〕으로 그것을
진압할 것이나,

　化而欲作, 作欲成也, 吾將鎭之無名之樸,[188] 不爲主也.
　"교화된다고 일으키려고 한다"라는 구절은 완성시키겠다고 일으킨다
는 의미이고, "나는 이름 없는 소박함으로 그것을 진압할 것이다"라는

---

187. 『고일총서』본에는 '지'(之)자가 없는데 의미상 차이점은 없다.
188. 왕필이 본문의 "오장진지이무명지박" 구절을 설명하기 위하여 인용하면서
　　'오장진지'와 '무명지박' 사이의 '이'(以)자를 생략했는데 문제될 것이 없다.

구절은 근본으로 여기지 않는다는 의미이다.

無名之樸, 夫亦將無欲.
이름 없는 소박함, 그것마저도 하고자 함을 없애겠다.

無欲競也.
내세우려고 함이 없다.

不欲以靜, 天下將自定.
하고자 하지 않음으로써 그대로 놔두면, 천하가 저절로 안정될 것이다.

| 해설

위에서 "교화된다고 일으키려고 한다면, 나는 '이름 없는 소박함'〔無名之樸〕으로 그것을 진압할 것이나, 이름 없는 소박함, 그것마저도 하고자 함을 없애겠다"〔化而欲作, 吾將鎭之以無名之樸, 無名之樸, 夫亦將無欲〕라는 구절은 마음 비움을 대상시켜서는 절대로 안 된다는 것에 대해 재삼 강조한 것으로 봐야 한다.

성인이 도로 사람들을 감화시키면 사람들은 성인의 도를 세상에 가장 가치 있는 것으로 여겨 시행해서 완성시키려고 한다. 그런데 성인의 도는 다른 것이 아니라 마음을 비우는 것이기 때문에, 절대로 드러나게 해서는 안 된다. 마음 비움이 유가의 마음 비움과는 다르게 노자에게는 주로 대상화 작용을 없애는 것이다.

老子 道德經 下篇

제 38 장

上德不德, 是以有德. 下德不失德, 是以無德. 上德無爲而無以爲.
下德爲之而有以爲. 上仁爲之而無以爲. 上義爲之而有以爲. 上禮爲
之而莫之應, 則攘臂而扔之.

최상의 덕은 덕을 덕으로 여기지 않으니, 이 때문에 덕이 있다. 하급의
덕은 덕을 잃지 않으려고 하니, 이 때문에 덕이 없다. 최상의 덕은 아무
것도 시행함이 없는데, 그것을 염두에 두지 않고 한다. 하급의 덕은 덕을
시행하는데 그것을 염두에 두고 한다. 최상의 어짊은 어짊을 시행하는데
그것을 염두에 두지 않고 한다. 최상의 의로움은 의로움을 시행하는데,
그것을 염두에 두고 한다. 최상의 예는 예를 행하는데, 아무도 응하지 않
으면 소매를 걷어붙이고 사람들에게 강요한다.

故失道而後德, 失德而後仁, 失仁而後義, 失義而後禮. 夫禮者,
忠信之薄, 而亂之首. 前識者, 道之華, 而愚之始. 是以大丈夫處其
厚, 不居其薄, 處其實, 不居其華. 故去彼取此.

그러므로 도를 상실한 이후에 덕이 있게 되는 것이고, 덕을 상실한 이
후에 어짊이 있게 되는 것이며, 어짊을 상실한 이후에 의로움이 있게 되
는 것이고, 의로움을 상실한 이후에 예가 있게 되는 것이다. 예란 참된 마
음과 신의가 갈 데까지 간 것이며 혼란의 시작이다. 먼저 아는 것이 도의
화려함이지만 어리석음의 시작이다. 이 때문에 대장부는 두터운 것에 거
주하고 야박한 것에 거주하지 않고, 열매에 거처하고 꽃봉오리에 거처하
지 않는다. 그러므로 저것을 버리고 이것을 취한다.

德者, 得也, 常得而無喪, 利而無害. 故以德爲名焉. 何以得德. 由
乎道也. 何以盡德. 以無爲用. 以無爲用, 則莫不載也. 故物無焉, 則
無物不經, 有焉, 則不足以免其生. 是以天地雖廣, 以無爲心, 聖王
雖大, 以虛爲主. 故曰以復而視, 則天地之心見, 至日[189]而思之, 則
先王之至[190]覩也. 故滅其私, 而無其身, 則四海莫不瞻, 遠近莫不
至. 殊其己而有其[191]心, 則一體不能自全, 肌骨不能相容.

덕(德)이란 얻음[得]이니, 항상 얻기만 하고 잃는 것이 없고, 이롭기만
하고 해롭게 되는 것이 없다. 그러므로 덕으로 이름 붙였다. 어떻게 덕을
얻는가? 도로 말미암아 얻는다. 어떻게 덕을 극진히 하는가? '비어 있음'
[無]을 작용으로 삼는다. 비어 있음을 작용으로 삼으면 감당해 내지[載]
못하는 것이 없다. 그러므로 사물이 '비어 있으면'[無] 어느 것도 다스려
지지 않음이 없고, '그렇지 못하면'[有] 삶을 부지하기도 어렵다. 이 때문
에 천지가 넓다고 할지라도 '비어 있음'[無]으로 마음을 삼고, 성왕(聖王)
이 위대할지라도 비어 있음[虛]으로 근본[主]을 삼는다. 그러므로 복(復)
괘를 가지고 살펴보면 천지의 마음을 알 것이며, 동지[至日]를 가지고 생
각해 보면 선왕(先王)의 지극함을 알 것이다. 그러므로 사사로움을 멸하

---

189. 지일(至日)은 동지(冬至)와 하지(夏至)를 가리키는데, 『주역』 복괘(復卦)와 관
    련시킬 경우 동지를 의미한다.
190. 『도장집주』(道藏集注)본에는 '지'(至)자가 '주'(主)자로 되어 있는데, 이 경우
    에 해석을 "(동지를 가지고 생각해 보면) 선왕의 근본으로 함을 (알 것이다)"로
    하면 된다. 파다야태랑(波多野太郎)은 천지지심(天地之心)에 따라 '지'(至)를
    '지'(志)로 볼 수도 있다고 했는데, 이 경우에 해석을 '선왕의 뜻'으로 하면
    된다.
191. 『도장집주』본에는 '기'(其)자가 없는데, 의미상 차이점은 없다.

고 자신을 비우면, 온 천하가 우러러보지 않음이 없고, 멀거나 가깝거나 이르지 않음이 없다. 자신을 특별하게 여기고 그 마음을 비우지 못하면, 몸뚱이 하나도 온전히 보전할 수 없으니, 살가죽과 뼈가 서로 받아들이지 못한다.

是以上德之人, 唯道是用, 不德其德, 無執無用. 故能有德, 無不爲. 不求而得, 不爲而成. 故雖有德, 而無德名也. 下德求而得之, 爲而成之, 則立善以治物. 故德名有焉. 求而得之, 必有失焉, 爲而成之, 必有敗焉. 善名生, 則有不善應焉, 故下德爲之, 而有[192]以爲也.

이 때문에 최상의 덕을 가진 자는 오직 도만을 사용할 뿐 자신의 덕을 덕으로 여기지 않으니 덕에 집착함도 없고 덕을 사용함도 없다. 그러므로 능히 덕을 소유해서 시행하지 못하는 일이 없다. 구하지 않아도 얻고 아무것도 시행하지 않아도 이룬다. 그러므로 덕이 있을지라도 덕에 대해 이름 붙임이 없다. 하급의 덕을 가진 자는 구하여서 얻고 덕을 시행해서 이루니, 선을 내세워서 사물을 다스리는 것이다. 그러므로 덕에 대해 이름 붙임이 있다. 구하여서 얻으면 반드시 잃는 것이 있고, 무엇인가 시행해서 이루면 반드시 잘못됨이 있다. 선하다는 이름이 나오면 선하지 않음이 그것에 대응하니, 하급의 덕을 소유한 자는 덕을 시행하는데, 그것

---

192. 유이위(有以爲)는 무이위(無以爲)와 대비되는 말인데, 여기서 유(有)자와 무(無)자를 '마음을 비우지 못함'과 '마음을 비움'이라는 뜻으로 보면, 즉 '지욕(知欲)을 없애지 못함'과 '지욕을 없앰'이라는 뜻으로 보면 의미 파악이 쉬워진다. 서계 박세당은 『신주도덕경』(新註道德經)에서 "무이위는 무심(無心)이고, 유이위는 유심(有心)이다"[無以爲, 無心也, 有以爲, 有心也]라고 주석하고 있다.

을 염두에 두고 하기 때문이다.

　無以爲者, 無所偏爲也.[193] 凡不能無爲而爲之者, 皆下德也, 仁義
禮節是也. 將明德之上下, 輒擧下德以對上德, 至於無以爲, 極下德.
下[194]之量上仁是也. 足[195]及於無以爲, 而猶爲之焉. 爲之而無以爲,
故有爲爲之患矣. 本在無爲, 母在無名. 棄本捨母, 而適其子, 功雖
大焉, 必有不濟, 名雖美焉, 僞亦必生. 不能不爲而成, 不興而治, 則
乃爲之. 故有宏普博施仁愛之者, 而愛之無所偏私. 故上仁爲之而無
以爲也.

---

193. '무소편위'(無所偏爲)의 '편'(偏)자는 『고일총서』(古逸叢書)본·도장·(道藏)본·
　　『도장집주』본에는 '편'(偏)자로 되어 있다. 이 경우에 해석을 "치우쳐서 시행하
　　는 바는 없다"로 하면 된다. 곧 "상덕무위이무이위"(上德無爲而無以爲)일
　　경우에는 "최상의 덕은 아무것도 시행함이 없으면서도, 그것에 치우쳐서 행하
　　는 바는 없다"로, "상인위지이무이위"(上仁爲之而無以爲)일 경우에는 "최
　　상의 어짊은 어짊을 시행하면서도, 어짊을 시행함에 치우쳐서 행하는 바는
　　없다"로 하면 된다. 이 경우에 본문의 해석은 "최상의 덕은 아무것도 시행함
　　이 없으면서도, 그것에 치우쳐서 행하는 바는 없다. 하급의 덕은 덕을 행하
　　면서도 그것에 치우쳐서 행하는 바가 있다. 최상의 어짊은 어짊을 시행하면
　　서도 그것에 치우쳐서 행하는 바는 없다. 최상의 의로움은 의로움을 시행하
　　면서도 그것에 치우쳐서 행하는 바가 있다"로 하면 된다. 주에서도 동일하
　　게 수정하면 된다.
194. 『도장집주』본에는 '하'(下)자가 없는데, 이 경우에 해석을 "하급의 덕에서 국
　　량을 극진하게 했으니 최상의 어짊이 이것이다"(極下德之量, 上仁是也)로 하
　　면 된다.
195. 『도장집주』본에는 '족'(足)자가 '시'(是)자로 되어 있는데, 이 경우에 해석을
　　"이는 '염두에 두지 않고 행함'(無以爲)에 도달했음에도 여전히 어짊을 행한
　　다"(是及於無以爲, 而猶爲之焉)로 하면 된다.

'염두에 두지 않고 한다'〔無以爲〕는 말은 '어떤 것도 염두에 두고 행함이 없음'〔無所偏爲〕을 의미한다. 시행함이 없을 수 없어서 하는 것은 모두 하급의 덕으로, 어짊·의로움·예절이 그러한 것들이다. 덕의 상하를 밝히기 위하여 갑자기 하급의 덕〔下德〕을 들어서 최상의 덕에 대비시켰으니, '염두에 두지 않고 행함'〔無以爲〕에 도달하면 하급의 덕을 극진하게 한다. 하급의 국량으로는 최상의 어짊이 이것이다. (최상의 어짊은) '염두에 두지 않고 행함'〔無以爲〕에 충분히 노닐했음에도 여전히 어짊을 시행한다. 어짊을 시행하는데 그것을 염두에 두지 않고 시행하므로 어짊을 시행하고 시행하는 걸림돌〔患〕이 있다. 근본은 시행함이 없음〔無爲〕에 있고, 어미는 이름 없음〔無名〕에 있다. 그런데 근본과 어미를 버리고 자식에게 가면 공(功)이 비록 클지라도 반드시 이루지 못함〔不濟〕이 있고, 이름이 아름다울지라도 반드시 거짓이 있다. 시행하지 않고는 이룰 수 없고 흥기시키지 않고는 다스릴 수 없어서, 이에 시행하게 되는 것이다. 그러므로 넓게 두루 하고 널리 베풀어서 어짊으로 사랑하는 것이 있다. 그런데 사랑을 할지라도 치우치게 사적으로 함이 없다. 그러므로 최상의 어짊은 어짊을 행하는데 그것을 염두에 두지 않고 한다.

愛不能兼, 則有抑[196]抗正眞,[197] 而義理之者. 忿枉祐直, 助彼

---

196. 『도장집주』본에는 '억'(抑)자가 '절'(折)로 되어 있는데, 이 경우에 해석을 "저항하는 것을 꺾어 버리고"로 하면 된다.
197. 『도장집주』본에는 '진'(眞)자가 '직'(直)자로 되어 있는데, 이 경우에 해석을 "곧은 것을 정직하게 보면서"로 하면 된다.

攻[198]此, 物事而有以心爲矣. 故上義爲之, 而有以爲也.[199]

　사랑을 두루 할 수 없으니 저항하는 것을 억누르고 진실한 것을 바르게 보면서 의로움으로 다스리는 것이 있다. 굽은 것에 분노하고 진실함을 도우며 저것은 돕고 이것은 공격하니, 일마다 염두에 두고 시행함이 있는 것이다. 그러므로 최상의 의로움[上義]은 의로움을 시행하는데 그것을 염두에 두고 한다.

直不能篤,[200] 則有游飾修文禮敬之者. 尙好修敬, 校責往來, 則不對之間, 忿怒生焉. 故上德爲之而莫之應, 則攘臂而扔[201]之.

　곧음[直]을 독실하게 할 수 없으면 화려하게 꾸미고[游飾] 닦고 문식해서 예로 공경함[禮敬]이 있다. 아름다움[好]을 숭상하고 공경[敬]을 닦아서 서로 계산하고 따지게 되면, 마주하지 않을 때에도 분노가 생긴다. 그러므로 최상의 예[德][202]는 예를 시행하는데 아무도 응하지 않으면 소매

198.『도장집주』본에는 '공'(攻)자가 '공'(功)자로 되어 있는데, 이 경우에 해석을 "저것을 돕고 이것을 공으로 여기니"로 하면 된다.

199. "물사이유이심위의. 고상의위지, 이유이위야"(物事而有以心爲矣. 故上義爲之, 而有以爲也)라는 구절을 가지고 '무이위'(無以爲)에 대해 재고해 볼 때, '유이심위'(有以心爲)가 '유이위'(有以爲)와 연결됨을 알 수 있다. 이런 관계를 유추하면 '무이위'(無以爲)는 '무이심위'(無以心爲)와 연결된다고 볼 수 있는데, 각주 192에서 역자가 말한 것과 거의 어긋남이 없다.

200.『도장집주』본에는 '독'(篤)자가 '신'(信)자로 되어 있는데, 이 경우에 해석을 "곧음이 진실하지 못하면"으로 하면 된다.

201.『도장집주』본에는 '잉'(扔)자가 '잉'(仍)자로 되어 있는데, '거듭하다'는 뜻으로 보면 의미상 차이는 없다.

202.『고일총서』본과 『도장』본 그리고 『도장집주』본에 '덕'(德)자가 '예'(禮)자로

를 걷어붙이고 사람들에게 강요한다.

　大大之極也，其唯道乎，自此已往，豈足尊哉．故雖盛[203]業大富，
而[204]有萬物，猶各得[205]其德，雖[206]貴以無爲用，不能捨無以爲體也．
不能捨無以爲體，則[207]失其爲大，所謂失道而後德也．

　큼〔大〕의 극한은 도일 뿐이니, 도에서 벗어난 것을 어찌 높이겠는가?
그러므로 비록 공업을 성대하게 하고 부유함을 크게 해서 만물을 소유할
지라도 여전히 제각기 자신의 덕을 얻은 것이고, 비록 없음〔無〕으로 작용
을 삼는 것을 귀중하게 여겼을지라도 없음까지 버리는 것으로 형체〔體〕
를 이룰 수는 없었다. 없음까지 버리는 것으로 형체를 이루지 못하면 그

되어 있는데 옳다.

203.『고일총서』와 『도장』본 그리고 『도장집주』본에는 '성'(盛)자 앞에 '덕'(德)자
　　가 더 있는데, 이 경우에 해석을 "그러므로 비록 덕과 공업을 성대하게 하고
　　부유해서 만물을 소유할지라도"〔故雖德盛業大, 富而有萬物〕로 하면 된다.

204.『도장집주』본에는 '이'(而)자가 없는데, 이 경우에 해석을 "그러므로 비록 덕
　　과 공업을 성대하게 하고 부유함이 만물을 소유할지라도"〔故雖德盛業大, 富
　　有萬物〕로 하면 된다.

205.『도장집주』본에는 '득'(得)자가 '유'(有)자로 되어 있는데, 이 경우에 해석을
　　"소유했다"로 하면 된다.

206.『도장』본과 『도장집주』본에는 '수'(雖)자 앞에 "이미능자주야. 고천불능위
　　재, 지불능위복, 인불능위섬. 만물"(而未能自周也. 故天不能爲載, 地不能爲覆,
　　人不能爲贍. 萬物)의 24글자가 더 첨가되어 있다. 이 경우에 해석은 "(… 여전
　　히 제각기 자신의 덕을 얻는 것이니,) 스스로 두루 할 수 없다. 그러므로 하늘은
　　땅처럼 떠받칠 수 없고, 땅은 하늘처럼 만물을 덮어 줄 수 없으며, 사람은 넉
　　넉할 수 없다. 만물이 (비록 귀중하지만 없음을 작용으로 삼으니)"로 하면 된다.

207.『도장집주』본에는 '즉'(則)자가 '야'(也)자로 되어 있는데, 이 경우 '야'자는
　　앞 구절로 붙여 읽어야 한다. 의미상 차이점은 없다.

것의 위대함을 상실하게 되니, 이것이 이른바 도를 상실한 이후에 덕이 있게 된다는 것이다.

以無爲用, 德[208]其母. 故能己不勞焉, 而物無不理. 下此已往, 失用之母. 不能無爲, 而貴博施, 不能博施, 而貴正直, 不能正直, 而貴飾敬, 所謂失德而後仁, 失仁而後義, 失義而後禮也.

없음[無]으로 작용을 삼으니, 그 모체를 덕으로 삼는다. 그러므로 능히 자신이 수고롭지 않아도 사물이 다스려지지 않는 것이 없다. 이후로는 작용의 모체를 상실했다. 시행함이 없을 수 없어서 널리 베풂[博施]을 귀하게 여기고, 널리 베풀 수 없어서 정직함을 귀하게 여기며, 정직할 수 없어서 꾸미며 공경하는 것을 귀중하게 여기니, 이것이 이른바 덕을 상실한 후에 어짊[仁]이 있게 된다는 것이고, 어짊을 상실한 후에 의로움이 있게 된다는 것이며, 의로움을 상실한 후에 예가 있게 된다는 것이다.

夫禮也所始, 首於忠信不篤, 通簡不陽,[209] 責備於表, 機微爭制. 夫仁義發於內, 爲之猶僞. 況務外飾而可久乎. 故禮者忠信之薄, 而亂之首也.

예(禮)가 시작되는 것은 참된 마음[忠]과 신의[信]가 독실하지 못하고 단순하게 통함[通簡]이 드러나지[陽] 못함에서 시작되니, 표면에서 갖추

208.『도장집주』본에는 '덕'(德)자 앞에 '즉'(則)자가 더 있는데, 의미상 차이점은 없다.
209.『도장집주』본에는 '양'(陽)자가 '창'(暢)자로 되어 있는데, 의미상 차이점은 없다.

기를 따져 사소한 일[機微]에도 다투고 제재한다. 어짊과 의로움은 내면에서 발생했는데도 그것을 시행할 경우 오히려 허위가 된다. 하물며 바깥에서 꾸미기를 힘쓰는데 오래갈 수 있겠는가? 그러므로 예란 참된 마음과 신의가 갈 데까지 간 것[薄]이고 혼란의 시작이다.

前識者, 前人而識也. 卽下德之倫也, 竭其聰明, 以爲前識, 役其智力, 以營庶事. 雖德[210]其情, 姦巧彌密, 雖豊其譽, 愈喪篤實. 勞而事昏, 務而治薉, 雖竭聖智, 而民愈害. 舍己任物, 則無爲而泰, 守夫素樸, 則不順典制. 聽彼所獲, 棄此所守, 識道之華, 而愚之首.

먼저 아는 것은 남보다 먼저 아는 것이다. 곧 하급의 덕을 소유한 무리[倫]들이 그 총명을 다해서 미리 알고, 그 지력을 써서 여러 가지 일을 도모하는 것이다. 비록 그 실정을 얻을지라도 간교함이 더욱 치밀하여지고, 비록 자신의 명예를 빛나게 할지라도 독실함을 더욱 상실한다. 수고로운데도 일이 제대로 되지 않고[昏] 열심히 하는데도 다스림이 황폐하게 되니, 비록 '성스러움과 지혜'[聖智]를 다할지라도 백성들을 더 해롭게 한다. 자신을 버리고 사물에 맡겨 놓으면 시행함이 없는데도 편안하고, 소박함을 지키면 '전장과 제도'[典制]를 따를 필요가 없다. 저들이 얻는 것을 따르고 우리가 지켜야 할 것을 버리면, 도를 아는 화려함이지만 어리석게 되는 시작이다.

故苟得其爲功之母, 則萬物作焉, 而不辭也, 萬物存焉而不勞也.

---

210. 『도장집주』본에는 '덕'(德)자가 '득'(得)자로 되어 있는데, 이 경우에 해석을 "비록 그 실정을 얻었을지라도"로 하면 된다.

用不以形, 御不以名, 故名[211]仁義可顯, 禮敬可彰也. 夫載之以大道, 鎭之以無名, 則物無所尙, 志無所營. 各任其貞, 事用其誠, 則仁德厚焉, 行義正焉, 禮敬清焉.

그러므로 진실로 공(功)이 되는 모체[母]를 얻으면, 만물이 이로부터 일어날지라도 말하지 않고, 만사가 보존될지라도 수고롭지 않다. 사용하는 것을 드러내지 않고 통제하는 것에 이름 붙이지 않으므로, 어짊과 의로움이 드러나고 '예로 공경함'[禮敬]이 나타난다고 명명한다. 대도(大道)로 감당하고[載] 이름 없음[無名]으로 어루만지면, 사물은 숭상할 것이 없고 뜻은 경영할 것이 없다. 제각기 그 바름에 맡겨 놓고 일에 진실함을 사용한다면, '어진 덕'[仁德]은 두터워지고 '의로움을 행하는 것'은 바르게 되며 '예로 공경하는 것'은 깨끗해진다.

棄其所載, 舍其所生, 用其成形, 役其聰明, 仁則[212]誠焉, 義其[213]競焉, 禮其爭焉. 故仁德之厚, 非用仁之所能也, 行義之正, 非用義之所成也, 禮敬之淸, 非用禮之所濟也. 載之以道, 統之以母, 故顯之而無所尙, 彰之而無所競. 用夫無名, 故名以篤焉, 用夫無形, 故

---

211. 『고일총서』본과 『도장』본 그리고 『도장집주』본에는 '명'(名)자가 없는데, 이 경우에 해석을 "어짊[仁]과 의로움[義]이 명백하게 되고 '예로 공경함'[禮敬]이 분명하게 된다"로 하면 된다.

212. 『도장집주』본에는 '즉'(則)자 다음에 '실'(失)자가 있는데, 이 경우에 해석을 "어짊은 진실함을 잃고"[仁則失誠焉]로 하면 된다.

213. 『고일총서』본에는 '기'(其)자가 '즉'(則)자로 되어 있는데, 이 경우에 해석을 "총명을 부린다면, 어짊은 믿음이 있게 하고 의로움은 겨루니 예는 아마도 다투게 될 것이다"[役其聰明, 仁則誠焉, 義則競焉, 禮其爭焉]로 하면 된다.

形以成焉. 守母以存其子, 崇本以舉其末, 則形名俱有, 而邪不生, 大美配天, 而華不作. 故母不可遠, 本不可失. 仁義母之所生, 非可以爲母, 形器匠之所成, 非可以爲匠也. 捨其母, 而用其子, 棄其本, 而適其末, 名則有所分, 形則有所止. 雖極其大, 必有不周, 雖盛其美, 必有患憂,[214] 功在爲之, 豈足處也.

자신이 실린 곳[所載:無]을 버리고 나온 곳[所生:無]을 놔두고서 완성되어 드러난 것[成形:有]을 사용하고 총명을 부리니, 어짊이라면 미덥게 하고, 의로움은 경쟁하며, 예는 다툴 것이다. 그러므로 '어진 덕'[仁德]의 두터움은 어짊을 사용하여 할 수 있는 것이 아니고, 의로움을 행하는 바름은 의로움을 사용하여 완성하는 것이 아니며, 예로 공경하는 깨끗함은 예를 사용하여 제대로 하는 것이 아니다. 도를 가지고 감당[載]하고 모체를 가지고 통솔하므로, 드러내어도 숭상할 것이 없고 나타내어도 다툴 일이 없다. 이름 없음을 사용하기 때문에 이름을 붙여서 독실하게 되고, 형체 없음을 사용하기 때문에 나타나서 이루어진다. 어미를 지켜서 그 자식을 보존하고 근본을 숭상해서 그 말단을 일으킨다면, 드러냄과 이름이 모두 갖추어져도 잘못이 생겨나지 않으며, 큰 아름다움이 하늘과 짝하여도 화려함이 일어나지 않는다. 그러므로 모체는 멀리해서는 안 되고 근본은 상실해서는 안 된다. 어짊과 의로움은 모체에서 나온 것이니 모체가 될 수 없고, 드러난 그릇[形器]은 장인이 만든 것이니 장인이 될 수 없다. 모체를 버리고 그 자식을 사용하고 근본을 버리고 말단으로 가면, 이름에는 나누어짐이 있고 형체에는 그침이 있다. 비록 그 큼을 끝까지

214.『고일총서』본에는 '환우'(患憂)가 '우환'(憂患)으로 되어 있는데 의미상 차이점은 없다.

다할지라도 반드시 두루 하지 못함이 있고, 비록 그 아름다움을 성대하게 할지라도 반드시 근심할 일이 생긴다. 공이 무엇인가 시행하는 데 있다면, 어떻게 자처하기에 충분하겠는가?

해설

본문에서 마음을 비운 정도에 따라서 덕의 등급이 매겨졌음을 알아야 한다. 최상의 덕은 마음을 완전히 비운 사람이고, 하급의 덕은 그렇지 못한 사람으로서 최상의 어짊[上仁]·최상의 의로움[上義]·최상의 예[上禮]가 이것들이다. 그런데 왕필의 주로 볼 때, 최상의 어짊은 공자를, 최상의 의로움은 맹자를, 최상의 예는 순자를 지칭한 것으로 보인다. 『논어』를 보면 공자가 비록 어짊을 주장하기는 했지만 체계화시키는 정도까지는 가지 않았다. 그러나 맹자는 의로움을 체계화시켜서 주장함을, 순자는 예를 더 철저하게 체계화시켜서 주장함을 볼 수 있다. 곧 공자는 본성에서 드러난 것에 단지 이름을 붙여서 주장하는 정도를 벗어나지 않았지만, 맹자나 순자는 그 이상으로 체계화시켰으니 완전히 본성에서 멀어진 허위를 주장하는 꼴이 되고 만 것이다.

본문의 '무이위'(無以爲)에 대해 간략히 설명하면 '염두에 두고 시행함이 없는 것'이다. 곧 '무이위'의 '무'(無)자를 '무지무욕'(無知無欲)의 '무'(無)자로 보면 되는데, 이론화 또는 체계화시킴이 없는 것으로 보면 된다. "상덕무위이무이위, …, 상인위지이무이위, 상의위지이유이위"(上德無爲而無以爲, …, 上仁爲之而無以爲, 上義爲之而有以爲) 구절로 살펴볼 때, 최상의 덕은 마음을 완전히 비웠기 때문에 아무것도 시행함이 없는데 그것을 이론화시켜서 시행하는 것마저도 없다. …, 최상의 어짊은 어짊을 시행하는데 그것을 이론화시켜서 시행하지는 않는다. 최상의 의로움은 의로움을 시행하는데 그것을 이론화시켜서 시행한다. 공자 맹자 그리고 순자를 염두에 두고 위의 문장을 살펴보면 쉽게 이해된다.

제 39 장

昔之得一者.

옛날에 하나를 얻은 것들.

昔, 始也. 一, 數之始, 而物之極也, 各是一物之生, 所以爲主也. 物皆各[215]得此一以成, 旣成而舍[216]以居成. 居成則失其母, 故皆裂發歇竭滅[217]蹶也.

옛날은 시초라는 의미이다. 하나는 수의 시작이고 사물의 궁극으로 각기 어떤 사물이 나옴에 근본이 되는 것이다. 사물은 모두 제각기 이 하나를 얻어서 완성되는데, 완성되고 나면 그것을 버리고 완성에 안주[居]한

---

215. 『도장집주』본에는 '개'(皆)자가 없는데, 이 경우에 해석을 "사물은 제각기 이 하나를 얻어서 완성되는데"로 하면 된다.
216. 『도장집주』본에는 '사'(舍)자 다음에 '일'(一)자가 있는데 문맥상 차이점은 전혀 없다.
217. 『도장집주』본에는 '멸'(滅)자가 없다.

다. 완성에 안주하면 어미를 상실하므로 모두 갈라지고 무너지며 사라지고 말라붙으며 없어지고 뒤엎어진다.

天得一以清, 地得一以寧, 神得一以靈, 谷得一以盈, 萬物得一以生, 侯王得一以爲天下貞, 其致之,

하늘은 하나를 얻어서 맑고, 땅은 하나를 얻어서 편안하며, 정신〔神〕은 하나를 얻어서 신령스럽고, 계곡은 하나를 얻어서 채우며, 만물은 하나를 얻어서 낳고, 후왕은 하나를 얻어서 천하의 곧음〔貞〕이 되니, 하나로 그 모든 것을 이루었다.

各以其一, 致此清寧靈盈生貞.[218]

제각기 하나를 가지고 여기서의 맑음·편안함·신령스러움·채움·낳음·곧음을 이루었다.

天無以清, 將恐裂,

하늘이 그것으로 맑게 하지 않으면 찢어질까 염려되고,

用一以致清耳, 非用清以清也. 守一則清不失, 用清則恐裂也. 故爲功之母, 不可舍也. 是以皆無用其功, 恐喪其本也.

하나로써 맑음을 이룰 뿐이지, 맑음을 사용해서 맑게 되는 것이 아니다. 하나를 지키고 있으면 맑음을 상실하지 않고, 맑음을 사용하면 찢어

---

218. 『도장집주』본에는 '정'(貞)자가 '영'(靈)자 다음에 있다.

질까 염려된다. 그러므로 공이 되는 모체는 버려서는 안 된다. 이 때문에 모두 그 공을 사용하지 않는 것이니, 그 근본을 상실할까 염려되기 때문이다.

地無以寧, 將恐發, 神無以靈, 將恐歇, 谷無以盈, 將恐竭, 萬物無以生, 將恐滅, 侯王無以貴高, 將恐蹶. 故貴以賤爲本, 高以下爲基. 是以後王自謂孤 · 寡 · 不穀, 此非以賤爲本邪. 非乎. 故致數輿[219]無輿, 不欲珠珠如玉, 珞珞如石.

땅이 그것으로 편안하지 않으면 갈라질까 염려되며, 정신이 그것으로 신령하지 않으면 소진될까 염려되고, 계곡이 그것으로 채우지 않으면 고갈될까 염려되며, 만물이 그것으로 낳지 않으면 소멸될까 염려되고, 후왕이 그것으로 고귀하지 않으면 넘어질까 염려된다. 그러므로 귀한 것은 천한 것을 근본으로 하고, 높은 것은 낮은 것을 기초로 한다. 이 때문에 후왕이 스스로 '고아가 된 자'[孤], '덕이 적은 자'[寡], '선하지 않은 자' [不穀]라고 했으니, 이것은 천한 것으로 근본을 삼은 것이 아닌가? 그렇지 않다는 말인가? 그러므로 자주 존경받는 명예[輿]를 이룰지라도 명예로 여김이 없으니, 옥처럼 적게 되려고 하지 않고, 돌처럼 많게 되려고 하지 않는다.

淸不能爲淸, 盈不能爲盈, 皆有其母, 以存其形. 故淸不足貴, 盈

---

219. 루우열(樓宇烈)은 『노자주역왕필주교석』(老子周易王弼注校釋)에서 '여'(輿)는 '예'(譽)를 가차한 것이라고 하고, 『중문대사전』(中文大辭典)에서는 "경례하는 수레"[敬禮之輿也]라고 하고 있다.

不足多. 貴在其母, 而母無貴形, 貴乃以賤爲本, 高乃以下爲基. 故
致數輿乃無輿也. 玉石珠珠珞珞,²²⁰ 體盡於形. 故不欲也.

맑은 것은 맑게 할 수 없고, 채워진 것은 채울 수 없으니, 모두 그 모체
를 소유함으로써 그 형체를 보존하는 것이다. 그러므로 맑은 것은 귀하
다고 하기에 부족하고, 채워진 것은 많다고 하기에 부족하다. 귀한 이유
가 모체에 있으나 모체에는 귀한 형체가 없으니, 귀한 것은 이에 천한 것
을 근본으로 하고, 높은 것은 이에 낮은 것을 기초로 한다. 그러므로 자주
존경받는 명예를 이룰지라도 이에 명예로 여김이 없다. 옥과 돌은 적게
되려고 하고 많게 되려고 하니, 형체를 드러냄에 극진한 것이다. 그러므
로 그렇게 되고자 하지 않는다.

| 해설
여기서의 일(一)은 무(無)로 보고 하늘과 땅 등은 유(有)로 보면 된다.
본문의 말은 사물이 모두 무를 기반으로 이루어졌으니 항상 유 곧 사물

---

220. 『도장집주』본에는 '낙락'(珞珞)이 '낙락'(落落)으로 되어 있다. 『중문대사전』
   에서는 본문의 '녹록'(珠珠)에 대해 다음처럼 풀이하였다. "작은 돌이 많은
   것을 비유하였다. 일설에는 돌이 단단한 모양이라고 한다. 하상공주(河上公
   注)에는 본시 낙락(落落)으로 되어 있다. …. 하상공주에서는 '녹록(珠緣)은
   적음을 비유하였고 낙락(落落)은 많음을 비유하였'라고 했으며, 마서륜(馬
   敍倫)의 『노자핵힐』(老子覈詰)에서는 "'낙'(珞)자는 '낙'(落)자로 해야 한다.
   낙락(落落)은 돌이 단단한 모양이다. 『안자』(晏子)에 '견고하구나! 돌의 단단
   함이'[堅哉石乎落落]라는 말이 있다'라고 했다."[珞珞如石. 喩小石之多也. 一說
   石堅貌. 河上公注本作落落. …. (河上公注)珠珠喩少, 落落喩多. (馬敍倫老子覈詰)
   珞應作落. 落落石堅貌. (晏子春秋內篇問下第四)堅哉石乎落落.]

에서 무를 보아야 한다는 말이다. 유가 상대적으로 무에 의해 성립함을 깨닫지 못하고 유만 절대화시키면 위험하게 되는 것은 당연하다.

제 40 장

反者, 道之動.
되돌아가게 하는 것이 도의 움직임이다.

高以下爲基, 貴以賤爲本, 有以無爲用, 此其反也. 動皆知[221]其所無, 則物通矣. 故曰反者, 道之動.
높음은 낮음으로 기초를 삼고, 귀함은 천함으로 근본을 삼고, 있음은 없음으로 효용을 삼으니, 이것이 되돌아가게 하는 것이다. (도의) 움직임에서 모두 그 없는 바를 안다면 사물에 통한다. 그러므로 "되돌아가게 하는 것이 도의 움직임이다"라고 했다.

弱者, 道之用.
유약한 것이 도의 작용이다.

221.『도장집주』본에는 '지'(知)자가 '지'(之)자로 되어 있는데, 이 경우에 해석을 "움직임이 모두 그 없는 바로 진행된다면 사물에 통한다"[動皆之其所無, 則物通矣]로 하면 된다.

柔弱同通, 不可窮極.

유약은 (언제 어디서든) 균일하게 통하니, 다할 수 없다.

天下萬物生於有, 有生於無.

천하 만물은 있음〔有〕에서 나오고, 있음은 없음〔無〕에서 나온다.

天下之物, 皆以有爲生, 有之所始, 以無爲本, 將欲全有, 必反於無也.

천하의 사물은 모두 있음으로 낳음을 삼고, 있음이 시작하는 바는 없음으로 근본을 삼으니, 있음을 온전히 하고자 한다면 반드시 없음으로 되돌아가야 한다.

| 해설

"있음은 없음에서 나온다"〔有生於無〕에서 무가 '사물에 있어서 비어 있음'임을 알아야 한다. 많은 사람들이 여기서의 무를 도로 오해했는데 왕필주로 볼 때, 여기서의 무는 절대 도가 아니다. 필자의 말이 이해되지 않는 독자는 왕필의 주를 처음부터 차분히 읽어 보도록 하라. "되돌아가게 하는 것이 도의 움직임이다"〔反者, 道之動〕 구절의 주에서 왕필은 "높음은 낮음으로 기초를 삼고, 귀함은 천함으로 근본을 삼고, 있음은 없음으로 효용을 삼으니, 이것이 되돌아가게 하는 것이다. (도의) 움직임에서 모두 그 없는 바를 안다면 사물에 통한다"라고 했는데, 여기서 "있음은 없음으로 효용을 삼으니, 이것이 되돌아가게 하는 것이다"라는 말은 "있음은 없음에서 나온다"〔有生於無〕 구절의 주 "있음이 시작하는 바는 없음으로

근본을 삼으니, 있음을 온전히 하고자 한다면 반드시 없음으로 되돌아가야 한다"라는 말과 직결되고 있기 때문이다. 또한 여기서 중요한 구절은 "(도의) 움직임에서 모두 그 없는 바를 안다면 사물에 통한다"라는 말인데, 이 구절의 의미는 유가 무에 의해 드러나고 효용이 있게 됨을 보라는 것이다.

제 41 장

上士聞道, 勤而行之.
최상의 선비(土)가 도에 대해 들으면 부지런히 행한다.

有志也.
뜻을 두었기 때문이다.

中士聞道, 若存若亡. 下士聞道, 大笑之. 不笑不足以爲道. 故建言有之,
중간 수준의 선비가 도에 대해 들으면 보존하는 것 같기도 하고 잃어버리는 것 같기도 하다. 수준이 낮은 선비가 도에 대해 들으면 크게 비웃는다. 그러니 비웃음을 당할 정도가 아니라면 도라고 할 수 없다. 그러므로 '전하는 말'(建言)에 다음과 같은 말이 있다.

建猶²²²立也.
('전하는 말'(建言)에) '전하는'(建)은 '확립된'(立)이라는 의미와 같다.

明道若昧,
밝은 도는 어두운 듯하고,

光而不耀.
빛나지만 번쩍거리지 않는다.

進道若退,
나아가는 도는 물러나는 듯하며,

後其身而身先, 外其身而身存.
자신을 뒤에 두는데도 자신이 남보다 앞서게 되며, 자기 자신을 도외시하는데도 자신이 보존된다.

夷道若纇,
평탄한 도는 우묵한 듯하고,

纇, 㘤也. 大夷之道, 因物之性, 不執平以²²³割物, 其平不見, 乃

222.『도장집주』본에는 '유'(猶)자가 '유'(由)자로 되어 있는데 같은 글자로 보면
    된다.
223.『도장집주』본에는 '평'(平)자가 '호'(乎)자로 되어 있는데 잘못된 것이다.

更反若纇坲也.

　우묵하다는 말은 깊은 굴곡이 있다는 의미이다. 아주 평탄한 길은 사물의 성질을 따라 평탄함을 유지해서 사물을 분할하지 않으니, 그 평탄함은 드러나지 않고 더더욱 도리어 깊은 굴곡이 있는 듯하다.

　上德若谷,
　'최상의 덕'〔上德〕은 골짜기와 같으며,

　不德其德, 無所懷也.
　자신의 덕을 덕이라고 여기지 않아 마음에 품고 있는 것이 없다.

　大白若辱,
　아주 결백함은 욕된 듯하고,

　知其白, 守其黑, 大白然後乃得.
　결백함〔白〕을 알면서 그름〔黑〕을 지키니, 아주 결백한 뒤에야 할 수 있다.

　廣德若不足,
　광대한 덕은 부족한 듯하며,

　廣德不盈, 廓然無形, 不可滿也.
　광대한 덕은 채우지 않아 휑하게 형체가 없으니 채울 수 없다.

　建德若偸,

굳건한 덕은 구차한 듯하고,

偸, 匹也. 建德者, 因物自然, 不立不施, 故若偸匹也.
구차하다는 말은 천하다는 의미이다. 굳건한 덕이란 사물의 저절로 그러함을 따라 내세우지도 않고 시행하지도 않으므로 구차하고 천한 듯하다.

質眞若渝,
'질박하고 참됨'〔質眞〕은 '이랬다저랬다'〔渝〕 하는 듯하며,

質眞者, 不矜其眞, 故渝.
질박하고 참됨은 자신의 참됨을 자랑하지 않으므로 이랬다저랬다 하는 듯하다.

大方無隅,
'큰 모'〔大方〕는 모서리가 없고,

方而不割, 故無隅也.
모가 나 있지만 분할하지 않으므로 모서리가 없다.

大器晩成,
'큰 그릇'〔大器〕은 늦게 완성되며,

大器成天下, 不持全別, 故必晚成也.[224]

큰 그릇이 천하를 완성함에 완전한 분별을 고집하지 않으므로 반드시
늦게 완성된다.

大音希聲,

'큰 곡조'[大音]는 들리지 않고,

聽之不聞, 名曰希, 不可得聞之音也. 有聲則有分, 有分則不宮而
商矣. 分則不能統衆. 故有聲者, 非大音也.

들어도 들리지 않는 것을 희미한 것이라고 이름 붙였으니, 들을 수 없
는 곡조[音]이다. 소리[聲]가 있으면 나뉨이 있고, 나뉨이 있으면 궁(宮)
아니면 상(商)이다. 나뉨이 있으면 여럿을 총괄할 수 없다. 그러므로 소
리가 있는 것은 큰 곡조[大音]가 아니다.

大象無形.

'큰 형상'[大象]은 형체가 없다.

有形則有分. 有分者, 不溫則炎, 不炎則寒. 故象而形者, 非大象.

드러나는 것이 있으면 나뉨이 있다. 나뉨이 있는 것은 따뜻하지 않으

---

224. 32장의 "처음으로 제정할 때에 이름을 둔다. 이름까지 이미 두었다면 그칠
줄 알아야 될 것이다. 그칠 줄 안다면 위태롭지 않을 것이다"[始制有名. 名亦
既有, 夫亦將知止. 知止, 可以不殆]라는 구절을 염두에 둔다면 이해하기 쉬울
것이다.

면 뜨겁고, 뜨겁지 않으면 차다. 그러므로 형상이 있는 것은 큰 형상이 아니다.

道隱無名, 夫唯道, 善貸且成.

도는 숨어 있어서 이름이 없지만, 오직 도만이 잘 빌려 주고 또 잘 완성한다.

凡此諸善, 皆是道之所成也. 在象則爲大象, 而大象無形, 在音則爲大音, 而大音希聲. 物以之成, 而不見其成[225]形. 故隱而無名也. 貸之非唯供其乏而已, 一貸之, 則足以永終其德. 故曰善貸也. 成之不如[226]機匠之裁, 無物而不濟其形. 故曰善成.

일반적으로 이런 훌륭한 것들[善]은 모두 도가 이루어 놓은 바이니, 형상에서는 대상(大象)이 되지만 대상은 드러남이 없고, 곡조에서는 큰 곡조[大音]가 되지만 큰 곡조는 소리가 없다. 사물이 그것으로써 완성되지만 그것의 완성된 형태를 알지 못한다. 그러므로 숨어 있어서 이름이 없다. 빌려 주는 것은 결핍된 것을 공급해 주는 것일 뿐만 아니라, 한 번 빌려 주면 충분히 제각기 덕을 영원히 끝마치도록 한다. 그러므로 "잘 빌려 준다"고 했다. 완성하는 것은 장인[機匠]이 재단한 것과 같지 않지만, 사

---

225. 『도장집주』본에는 '성'(成)자가 없는데, 이 경우에 해석을 "드러나는 까닭을 알지 못한다"로 하면 된다.
226. 『도장』본과 『도장집주』본에는 '불여'(不如) 두 글자가 '불가'(不加)로 되어 있는데, 이 경우에 해석을 "완성함에 장인의 재단을 가하지 않지만"으로 하면 된다.

물마다 그 형체를 이루어 주지 않음이 없다. 그러므로 "잘 완성한다"고
했다.

제 42 장

道生一, 一生二, 二生三, 三生萬物. 萬物負陰而抱陽, 沖氣以爲
和. 人之所惡, 唯孤, 寡, 不穀, 而王公以爲稱. 故物或損之而益, 或
益之而損.

도에서 하나가 나오고, 하나에서 둘이 나오고, 둘에서 셋이 나오고, 셋
에서 만물이 나온다. 만물은 음(陰)을 등에 지고 양(陽)을 가슴에 안고 있
으면서 '비어 있는 기'〔沖氣〕로 조화를 이룬다. 사람들이 싫어하는 것은
오직 '고아가 되는 것'〔孤〕, '덕이 적은 것'〔寡〕, '선하지 않은 것'〔不穀〕인데
왕공(王公)은 그것을 칭호로 삼는다. 그러므로 사물은 덜어 내면 보태지
고, 보태면 덜어진다.

萬物萬形, 其歸一也. 何由致一. 由於無也. 由²²⁷無乃一, 一可謂
無. 已謂之一, 豈得無言乎. 有言有一, 非二如何. 有一有二, 遂²²⁸

227.『도장집주』본에는 '유'(由)자가 '인'(因)자로 되어 있는데 의미상 차이점은
    없다.
228.『도장집주』본에는 '수'(遂)자가 '자'(子)자로 되어 있는데, 이 경우에 해석을

生乎三.²²⁹ 從無之有, 數盡乎斯, 過此以往, 非道之流.

　만물은 가지각색으로 드러나지만 그 귀착점은 '하나'〔一〕이다. 무엇으로 말미암아 하나에 이르게 되는가? '없음'〔無〕으로 말미암아서이다. 없음으로 말미암아야 하나가 되니, 하나를 없음이라고 말할 수 있다. 그런데 그것〔無〕을 하나라고 말해 버리고 나면, 어찌 말이 없을 수 있겠는가? 말이 있고 하나가 있으니, 둘이 아니고 무엇인가? 하나가 있고 둘이 있으니 마침내 셋이 생겨난다. 없음〔無〕에서 있음〔有〕으로 감에 셈은 여기에서 다하니 이후부터는 도의 갈래가 아니다.

　故萬物之生, 吾知其主, 雖有萬²³⁰形, 沖氣一焉. 百姓有心, 異國殊風, 而得一者, 王侯主焉. 以一爲主, 一何可舍,²³¹ 愈²³²多愈遠,

---

　"하나가 있고 둘이 있으니, 새끼 치는 것이 셋을 낳는다"〔有一有二, 子生乎三〕로 하면 된다.

229.『장자』(莊子)「제물론」(齊物論)에 "천지는 나와 함께 나왔고, 만물은 나와 하나〔一〕이다. 이미 하나이니 또 말이 있을 수 있는가? 이미 그것을 하나라고 말했으니 또 말을 없앨 수 있는가? 하나와 말이 둘이 되고 둘과 하나가 셋이 된다. 이후로는 셈을 잘하는 자일지라도 셀 수 없는데 하물며 범인들은 말해 무엇하겠는가!"〔天地與我幷生, 而萬物與我爲一. 旣已爲一矣, 且得有言乎. 旣已謂之一矣, 且得無言乎. 一與言爲二, 二與一爲三. 自此以往, 巧歷不能得, 而況其凡乎〕라는 구절이 있는데, 왕필은 이 부분을 원용해서 도에서 만물이 나오는 과정을 해석했다.

230.『도장집주』본에는 '만'(萬)자가 '주'(主)자로 되어 있는데, 이 경우에 해석을 "…, 비록 드러남을 주로 함이 있을지라도 비어 있는 기는 하나이다"〔…, 雖有主形, 沖氣一焉〕로 하면 된다.

231.『도장집주』본에는 '사'(舍)자가 '금'(今)자로 되어 있는데 잘못된 것이다.

232.『도장집주』본에는 '유'(愈)자가 '선'(先)자로 되어 있는데 잘못된 것이다.

損則近之, 損之至盡, 乃得其極. 旣謂之一, 猶乃至三, 況本不一, 而
道可近乎. 損之而益, 豈虛言也.

　그러므로 만물이 생겨남에 나는 그 으뜸[主]을 알고 있으니, 비록 가지각
색으로 드러날지라도 '비어 있는 기'[沖氣]는 하나이다. 백성은 저마다 자
신의 생각을 지니고 있으며 나라마다 풍속을 달리하지만, 하나를 터득한
자가 왕후로서 주인이다. 하나로 으뜸을 삼으니 하나를 어찌 버릴 수 있겠
는가? 많을수록 더욱 멀어지고 덜어 내면 가까워지니, 덜어서 다 없애는 경
지에 이르러야 그 궁극을 얻는다. 이미 그것을 하나라고 말했는데도 오히
려 바로 셋에 이르게 되었다. 그런데 하물며 근본을 하나로 하지 않은데 도
에 가까워지겠는가? 덜어 내면 보태진다는 것이 어찌 빈말이겠는가?[233]

---

233. 22장의 "적게 되면 (근본을) 얻고, 많게 되면 미혹되니, 바로 성인이 하나
〔一〕를 품고 있음으로 천하의 본보기가 되는 것이다"〔少則得, 多則惑, 是以聖
人抱一, 爲天下式〕라는 구절에 대해, 왕필은 저절로 그렇게 되는 도는 또한
나무와 같으니, (가지가) 많게 될수록 뿌리에서 멀어지고 적게 될수록 뿌리
에 가까워진다. 많게 되면 그 참됨에서 멀어지므로 '미혹된다'라고 했고, 적
게 되면 그 근본을 얻으므로 '얻는다'라고 하였다. 하나는 적음의 극치〔少之
極〕라는 의미이고, 본보기〔式〕란 글자는 모범으로 여긴다는 의미이다"〔自然
之道, 亦猶樹也. 轉多轉遠其根, 轉少轉得其本. 多則遠其眞, 故曰惑, 少則得其本,
故曰得也. 一少之極也. 式猶則之也〕라고 설명하였고, 48장의 "배움을 시행하
니 날로 보태고, 도를 시행하니 날로 덜어 낸다. 덜어 내고 또 덜어 내서 아
무것도 시행함이 없음에 도달하니, 아무것도 시행함이 없지만 하지 못함
이 없다"〔爲學日益, 爲道日損. 損之又損, 以至於無爲, 無爲而無不爲〕라는 구절
에 대해, 왕필은 "힘써서 능한 것에 나아가고 익힐 것을 더하고자 한다. 힘
써 비어 있음으로 돌아가고자 한다. 무엇인가 시행함이 있으면 잘못됨이 있
다. 그러므로 아무것도 시행함이 없어야 하지 못함이 없다"〔務欲進其所能, 益
其所習. 務無欲反虛無也. 有爲則有所失, 故無爲乃無所不爲也〕라고 주했으니, 참
조하길 바란다.

人之所敎, 我亦敎之.

남이 가르치는 것은 나도 가르친다.

我之非强使人從之也, 用夫自然, 擧其至理, 順之必吉, 違之必凶.
故人相敎違之²³⁴自取其凶也, 亦如我之敎人勿違之也.

내가 억지로 사람들이 따르도록 하지 않는 것은 저절로 그렇게 됨을 사용하고 지극한 이치를 들고 있음이니, 순종하면 반드시 길하고 거스르면 반드시 흉하다. 그러므로 사람들이 '거스르면 스스로 흉하게 만든다'라고 서로 가르치니, 또한 내가 남에게 '거스르지 말라'라고 가르치는 것과 같다.

强梁者, 不得其死, 吾將以爲敎父.

강포[强梁]한 자는 제 명에 죽지 못하니, 나는 그들을 가르침의 아버지 [敎父]로 삼을 것이다.

强梁則必不得其死. 人相敎爲强梁則必如我之敎人, 不當爲强梁也. 擧其强梁不得其死以敎邪,²³⁵ 若²³⁶云順吾敎之必吉也. 故得其

---

234. 『도장집주』본에는 '지'(之)자 다음에 '필'(必)자가 있는데, 이 경우에 해석을 "그러므로 사람들이 '거스르면 반드시 스스로 흉하게 만든다'라고 서로 가르치니"[故人相敎, 違之必自取其凶也]로 하면 된다.

235. 『도장집주』본에는 '야'(邪)자가 '즉'(卽)자로 되어 있는데, 이 경우에 해석을 "'강포한 자는 제명에 죽지 못한다'라는 말을 들어서 가르치니, 곧 '내 가르침을 따르는 것이 반드시 길하다'라고 말하는 것과 같다"[擧其强梁不得其死以敎, 卽若云順吾敎之必吉也]로 하면 된다.

236. 『도장집주』본에는 '약'(若)자가 '길'(吉)자로 되어 있는데 잘못된 것이다.

違教之徒, 適可以爲教父也.

　강포하면 반드시 제명에 죽지 못한다. 사람들이 '강포를 시행하면 반드시 내가 남에게 가르치는 것처럼 된다'라고 서로 가르치니 강포를 시행해서는 안 된다. "강포한 자는 제명에 죽지 못한다"라는 말을 들어서 가르치니, '내 가르침을 따르는 것이 반드시 길하다'라고 말하는 것과 같다. 그러므로 가르침을 어기는 자들을 가지고 바로 가르침의 아버지로 삼을 수 있다.

　해설

　42장의 "도에서 하나가 나오고, 하나에서 둘이 나오고, 둘에서 셋이 나오고, 셋에서 만물이 나온다"[道生一, 一生二, 二生三, 三生萬物] 구절은 아주 중요하기 때문에 이 부분에 대한 왕필의 주를 자세히 살펴보면서 무위(無爲)에 대해서도 간략히 알아보자. 왕필이 하나[一:無]에 대해 말할 수 없다고 하는 것은 '지욕'(知欲)의 개입과 관계가 있다. 마음 비움[無]은 지욕(知欲)을 제거한 상태임에도 불구하고 그것을 말할 경우 도리어 지욕을 개입시켜야만 하기 때문이다. 곧 도와 하나가 되는 마음 비움[一:無]에 대해 설명할 경우 그것을 설명하는 말과 말의 지시 내용이 있게 되는데, '말'[言]과 '그것의 지시 내용'[一]은 근본적으로 마음 비움에 대해 설명하고자 하는 욕[欲]과 그것을 분별하는 지(知)에 의해서 나온 것이기 때문이다. 다시 말해서 지욕이 제거된 상태는 대상화될 수 없는 것이기 때문이다. 여기에서 왕필이 없음을 이론적으로 설명하지 않고 체득의 경지로 설명하고 있음을 알아야 된다.

　왕필주를 가지고 본문 "도에서 하나가 나오고, …, 셋에서 만물이 나온다"〔道生一, …, 三生萬物〕구절을 설명할 경우, 본문의 도(道)는 왕필의 주에서 '물아일체의 상태'〔一〕이고, 본문의 하나〔一〕는 왕필의 주에서 '도와 하나가 되는 마음 비움'〔無〕이다. '마음 비움'〔無〕의 궁극은 '물아일체의 상태'〔一〕로서 도이지만, 도에 도달하는 수단으로서의 마음 비움〔無〕과 '마음을 비움으로써 도와 합일된 상태'〔一〕는 구분해야 한다. 그리고 본문의 둘〔二〕은 마음 비움〔無:一〕에 대해 언급하는 '말'과 '말의 지시 내용'〔無:一〕이다. 그런데 여기서 말의 지시 내용은 이미 분별지에 의해 대상화된 것이기 때문에 지욕이 제거된 마음 비움, 곧 대상화될 수 없는 마음 비움이 아님을 알아야 된다. 이런 점을 염두에 둘 경우, 본문의 셋〔三〕은 쉽게 설명된다. 곧 본문의 셋은 말과 말의 지시 내용 그리고 여전히 대상화될 수 없는 마음 비움이다.

이상을 정리해 보자. 도는 사람이 마음을 비움으로써 물아일체의 상태에서 만물과 하나가 됨이니, 왕필의 주에서 "만물은 가지각색으로 드러나지만 그 귀착점은 '하나'〔一〕이다. 무엇으로 말미암아 하나에 이르게 되는가? '없음'〔無〕으로 말미암아서이다"〔萬物萬形, 其歸一也. 何由致一. 由於無也〕로 표현된다. 그런데 물아일체의 상태에 도달하기 위해서는, 없음을 수단으로 사용해야 곧 마음을 비워야 가능하기 때문에, 바로 왕필의 주에서 "없음으로 말미암아야 하나가 되니, 하나를 없음이라고 말할 수 있다"〔由無乃一, 一可謂無〕로 표현된다. 따라서 『도덕경』 본문에서 "도에서 하나가 나온다"〔道生一〕에서 '하나'〔一〕는 물아일체의 상태에 도달하기 위한 '마음 비움' 곧 없음〔無〕이다. 그런데 또 마음 비움을 대상화시켜서 언급할 경우, 말과 말의 지시 내용 곧 둘〔二〕이 있게 되니, 왕필의 주에서 "그런데 그것〔無〕을 하나라고 말해 버리고 나면, 어찌 말이 없을 수 있겠는가? 말이 있고 하나가 있으니, 둘이 아니고 무엇인가?"〔已謂之一, 豈

得無言乎. 有言有一, 非二如何]로 표현되고, 이는 『도덕경』 본문에서 "하나에서 둘이 나온다"[一生二]는 것이다. 그러나 도는 여전히 대상화되지 않은 상태로 남아 있기 때문에 앞의 둘에 이것을 더하면 셋[三]이 되니, 왕필주에서 "하나가 있고 둘이 있으니 마침내 셋이 생겨난다"[有一有二, 遂生乎三]로 표현되고, 이는 『도덕경』 본문에서 "둘에서 셋이 나온다"[二生三]는 것이다.

다음은 셋[三]에서 만물이 나오는 과정인데, 왕필이 "없음[無]에서 있음[有]으로 감에 셈은 여기에서 다하니 이후부터는 도의 갈래가 아니다"[從無之有, 數盡乎斯, 過此以往, 非道之流]라고 하는 것으로 보아서, 만물은 지욕에 의해 인위적으로 조작된 것들이라고 볼 수도 있지만 꼭 그렇게만 볼 수 있는 것은 아니다. 왜냐하면 노자나 왕필 모두 도가 이름[名]으로 분산되는 단계까지는 32장에서 인정하기 때문이다. 그렇다면 왕필은 42장의 주에서 마음 비움이 대상화되는 과정을 가지고 물아일체의 상태가 사물로 대상화되는 과정을 대신했다고 볼 수도 있다. 그 과정을 다음처럼 추측해 볼 수 있다. 물아일체의 상태에서 지욕 때문에 어떤 것을 대상화시켜서 말할 경우, 대상화된 있음과 말이 있게 된다. 그런데 있음은 대상화되지 않고 남아 있는 없음에 의해서 상대적으로 성립되기 때문에 없음이 논리적으로 있음에 앞선다고 할 수 있다. 그러니 도에서 먼저 없음이 나오고, 다음에 없음에서 있음과 말이 나왔다고 할 수 있는데, 여기에서 벌써 없음·있음·말이라는 세 가지가 성립된다. 만물은 바로 대상화된 있음에 말로 이름을 붙인 것이라고 할 수 있다. 이럴 경우 40장의 "천하만물은 있음에서 나오고, 있음은 없음에서 나온다"[天下萬物生於有, 有生於無] 구절도 42장의 "도에서 하나가 나오고, …, 셋에서 만물이 나온다"[道生一, …, 三生萬物]의 구절 속에 포함된다고 볼 수 있다.

물아일체의 상태는 분별의 영역을 초월해서 존재하지만 없는 것은 아니다. 곧 "뒤섞여 이루어진 것이 있는데, 천지가 나온 것보다 앞서 있다"〔有物混成, 先天地生〕는 것이다. 물아일체의 상태에서 하는 행위가 '무위'이다. 왕필이 38장의 주에서 "어짊과 의로움은 내면에서 발생했는데도 그것을 시행할 경우 오히려 허위가 된다. 하물며 바깥에서 꾸미기를 힘쓰는데 오래갈 수 있겠는가?"〔夫仁義發於內, 爲之猶僞. 況務外飾而可久乎〕라고 비판하는 것은 바로 본성으로서의 어짊과 의로움이 지욕에 의해 조작됨으로써 변질되는 것을 의미한다. 곧 사람들이 어짊과 의로움을 당위의 법칙으로 삼고자 할 경우, 그 순간부터 어짊과 의로움을 구분하는 '지'(知)와 그것을 행하고자 하는 '욕'(欲)의 개입으로 조작된다. "시행함이 없을 수 없어서 하는 것은 모두 하급의 덕으로, 어짊·의로움·예절이 그러한 것들이다"〔凡不能無爲而爲之者, 皆下德也, 仁義禮節是也〕라는 38장의 왕필주에서 이런 점을 확인할 수 있다.

더 자세한 것은 1998년『도교학연구』(道敎學硏究) 제15집에 실려 있는 졸고「『도덕경』(道德經)에서 도(道)의 체득(體得)에 관한 고찰」을 참조하기 바란다.

제 43 장

天下之至柔, 馳騁天下之至堅,
세상에서 지극히 부드러운 것이 지극히 딱딱한 것을 파고 들어가고,

氣無所不入, 水無所不出於²³⁷經.

기(氣)는 들어가지 않는 곳이 없으며, 물[水]은 경계를 넘어가지 않는 것이 없다.

無有入無間. 吾是以知無爲之有益.

아무것도 없음이 틈이 없는 사이로 들어간다. 나는 이 때문에 '아무것도 시행함이 없음'[無爲]이 유익하다는 것을 안다.

虛無柔弱, 無所不通, 無有不可窮, 至柔不可折. 以此推之, 故知無爲之有益也.

비어 있고 유약한 것은 통하지 않는 곳이 없고, '아무것도 없는 것'[無有]은 다할 수 없고, 지극히 부드러운 것은 꺾을 수 없다. 이것을 가지고 미루어 보기 때문에 아무것도 시행함이 없음이 유익하다는 것을 안다.

不言之敎, 無爲之益, 天下希及之.

말하지 않으면서 교화시키고, 아무것도 시행함이 없으면서 유익하게 하는 경지, 세상에 이러한 경지에 이른 자는 거의 없다.

237.『도장집주』본에는 '출어'(出於) 두 글자가 없는데, 이 경우에 해석을 "물은 통과하지 않는 바가 없다"로 하면 된다.

제 44 장

名與身孰親.

이름과 자신 중에 어느 것이 더 중요[親]한가?

尙名好高, 其身必疏.

이름을 숭상하고 높은 지위[高]를 좋아하면 자신에게 반드시 소홀해
진다.

身與貨孰多.

자신과 재물 중에 어느 것이 더 대단[多]한가?

貪貨無厭, 其身必少.

재물을 탐함에 끝이 없으면 자신을 반드시 하찮게 여기게 된다.

得與亡孰病.

얻는 것과 잃는 것 중에 어느 것이 병이 되는가?

得多利, 而亡其身, 何者爲病也.

많은 이로움을 얻고 제 자신을 잃게 되면 어느 것이 병이 되는가?

是故甚愛必大費, 多藏必厚亡.

이 때문에 너무 아끼면 반드시 크게 허비되고, 지나치게 쌓아 놓으면

반드시 크게 잃는다.

甚愛不與物通, 多藏不與物散. 求之者多, 攻之者衆, 爲物所病.
故大費厚亡也.

너무 아끼면 남들과 소통할 수 없고 지나치게 쌓아 놓으면 남들과 골
고루 나누어 쓰지 못한다. 찾는 자가 많아지고 공박하는 자가 많아지면
남들에게 괴로움을 당할 것이다. 그러므로 크게 허비되고 크게 잃는다.

知足不辱, 知止不殆, 可以長久.

만족할 줄 알면 치욕을 당하지 않고, 멈출 줄 알면 위태로움을 당하지
않아서 영원할 수 있다.

제 45 장

大成若缺, 其用不弊,

크게 이루어진 것은 모자라는 것 같은데 그 쓰임은 피폐하지 않고,

隨物而成, 不爲一象, 故若缺也.[238]

---

238. 『도장집주』본에는 이 구절의 주가 "배우고 행해서 크게 이루니 항상 흠이
    있는 것 같다. 겸손하면 유익함을 받아들이므로 쓰임이 통하지 않는 때가

사물에 따라서 이루고 한결같은 모양으로 하지 않으므로 모자라는 것 같다.

大盈若沖, 其用不窮.
'꽉 찬 것'[大盈]은 빈 것 같지만 그 쓰임은 끝이 없다.

大盈充足, 隨物而與, 無所愛矜, 故若沖也.
꽉 차서 충족된 것은 사물에 따라서 주지만 아끼거나 자랑하는 것이 없으므로 빈 듯하다.

大直若屈,
'쭉 곧은 것'[大直]은 굽은 듯하고,

隨物而直, 直不在一, 故若屈也.
사물에 따라서 곧아 곧음이 일률적이지 않으므로 굽은 듯하다.

大巧若拙,
'아주 노련한 솜씨'[大巧]는 서툰 듯하며,

大巧因自然以成器, 不造爲異端, 故若拙也.
아주 노련한 솜씨는 저절로 그러함에 따라서 기구를 만들고 '기이한

없다'[學行大成, 常如玷缺. 謙則受益, 故其材用無困弊之時]로 되어 있는데, 여러 본과 다른 것으로 보아서 다른 사람의 주가 잘못 들어온 듯하다.

것'[異端]을 만들지 않으므로 서툰 듯하다.

大辯若訥.

'아주 노련한 말솜씨'[大辯]는 어눌한 듯하다.

大辯因物而言, 己無所造, 故若訥也.

아주 노련한 말솜씨는 남의 입장에서 말하고, 자기가 지어내는 것이 없으므로 어눌한 듯하다.

躁勝寒, 靜勝熱, 淸靜爲天下正.

조급함이 그친 다음에 차가움을 이기고, 고요히 있음으로써 뜨거움을 이기니,[239] 맑음과 고요함이 천하의 바름이 된다.

---

239. "조승한, 정승열"(躁勝寒, 靜勝熱) 구절을 단순하게 해석하면, "조급함이 차
가움을 이기고 고요함이 뜨거움이 이긴다"로 해야 한다. 그러나 이어지는
"맑음과 고요함이 천하의 바름이 된다"[淸靜爲天下正] 구절과 자연스럽게
연결되기 위해서는 왕필처럼 해석해야 된다고 본다. 곧 이 구절의 전체적
인 맥락에서 볼 때, "고요함이 뜨거움이 이긴다"[靜勝熱] 구절은 "맑음과 고
요함이 천하의 바름이 된다"는 구절과 '고요함'[靜]에 의해 자연스럽게 연결
됨에 비해 "조급함이 차가움을 이긴다"[躁勝寒]는 구절은 그렇지 못하다. 이
때문에 왕필은 "조급함이 그친 뒤에 차가움을 이기고, 고요히 아무것도 시
행하지 않음으로써 뜨거움을 이긴다. 이것으로 추론하면 맑음과 고요함[淸
靜]이 천하의 바름이 된다"[躁罷然後勝寒, 靜無爲以勝熱. 以此推之, 則淸靜爲天
下正也]라고 주석함으로써, '조급함이 그침'[躁罷]을 '청정'(淸靜)의 '청'(淸)
곧 '마음의 맑음'으로, '고요히 아무것도 시행하지 않음'[靜無爲]을 '청정'
(淸靜)의 '정'(靜) 곧 마음의 고요함으로 연결시켰던 것이다. 42장에서 왕필
은 도에서 만물이 나오는 과정을 물아일체의 상태가 사물로 구분되는 것으
로 주석하면서 도를 체득하기 위해서는 마음을 비워야 된다고 했는데, 여기

躁罷然後勝寒, 靜無爲以勝熱. 以此推之, 則淸靜爲天下正也. 靜
則全物之眞, 躁則犯物之性, 故惟淸靜, 乃得如上諸大也.

조급함이 그친 뒤에 차가움을 이기고, 고요히 아무것도 시행하지 않음
으로써 뜨거움을 이긴다. 이것으로 추론하면 맑음과 고요함[淸靜]이 천
하의 바름이 된다. 고요하면 사물의 참됨을 온전히 하고, 조급하면 사물
의 성품을 해치므로 맑음과 고요함만이 위에서 말한 것과 같은 모든 큼
[大]을 얻을 수 있다.

제 46 장

天下有道, 卻走馬以糞,

세상에 도가 있으면 잘 달리는 말을 몰아다가 거름 주는 데 부리고,

서 '청정'(淸靜)은 바로 마음이 비워져 맑고 고요한 상태를 의미하고, '차가
움'[寒]이나 '뜨거움'[熱]은 마음이 비워지지 않은 상태를 의미한다. 쉽게 설
명하자면 사람이 서운한 것이 있거나 마음을 사로잡는 것이 있을 때 차갑게
되거나 뜨겁게 되는데, 모두 마음에 집착하는 것이 있음으로 마음이 맑고
고요함을 벗어난 것이다. 마음이 맑고 고요하게 되면 물아일체의 상태로 되
돌아가서 자연의 본성을 온전히 할 수 있다. 이 때문에 왕필은 "고요하면 사
물의 참됨을 온전히 하고, 조급하면 사물의 성품을 해치므로 맑음과 고요함
만이 위에서 말한 것과 같은 모든 큼[大]을 얻을 수 있다"라고 주석했던 것
이다.

天下有道, 知足知止, 無求於外, 各修其內而已. 故卻走馬以治田糞也.

세상에 도가 있으면 만족할 줄 알고 그칠 줄 알아서, 밖에서 구하지 않고 제각기 내면을 닦을 뿐이다. 그러므로 잘 달리는 말을 몰아서 밭 갈고 거름 주는 데 부린다.

天下無道, 戎馬生於郊.

세상에 도가 없으면 군마가 성 밖에서 새끼를 낳는다.

貪欲無厭, 不修其內, 各求於外, 故戎馬生於郊也.

탐욕이 끝이 없어서 자신의 내면을 닦지 않고 제각기 외부에서 구하므로 군마가 성 밖에서 새끼를 낳는다.

禍莫大於不知足, 咎莫大於欲得. 故知足之足常足矣.

화(禍)는 만족할 줄 모르는 것보다 더 큰 것이 없고, 허물은 얻기를 욕심내는 것보다 더 큰 것이 없다. 그러므로 만족할 줄 아는 만족이 치우치지 않은 만족이다.

제 47 장

不出戶, 知天下, 不闚牖, 見天道.

집밖으로 나가지 않아도 천하를 알고, 창밖으로 내다보지 않아도 천도
를 본다.

事有宗而物有主, 途雖殊而同歸²⁴⁰也, 慮雖百而其致一也.²⁴¹ 道
有大常, 理有大致. 執古之道, 可以御今, 雖處於今, 可以知古始. 故
不出戶闚牖, 而可知也.

사물(事物)에는 종주(宗主)가 있어 길이 비록 다를지라도 돌아갈 곳이
같고, 생각이 비록 가지각색일지라도 그 이룩할 것은 하나이다. 도에는
전혀 치우치지 않음[大常]이 있고, 이치에는 크게 나아감[大致]이 있다.
옛날의 도를 가지고 있으면 지금의 것들을 제어할 수 있으니, 비록 지금
에 살고 있지만 태초의 시작을 알 수 있다. 그러므로 집밖으로 나가지 않
고 창밖으로 내다보지 않아도 알 수 있다.

---

240. 『도장집주』본에는 '동귀'(同歸)가 '기귀동'(其歸同)으로 되어 있는데, 이 경우
에 해석을 "길이 비록 다르지만 그 돌아갈 곳이 같고, 생각이 비록 가지각색
이나 그 이룩할 것은 하나이다"[途雖殊而其歸同也, 慮雖百而其致一也]로 하면
된다.

241. 『주역』(周易)「계사하」(繫辭下)에 "공자께서 '천하의 사람들은 무엇을 생각
하고 무엇을 근심하는가? 천하의 사람들은 돌아갈 곳이 같은데 길을 달리하
고 이룩할 것이 하나인데 생각을 가지각색으로 한다. 천하의 사람들은 무엇
을 생각하고 무엇을 근심하는가?'라고 했다"[子曰, 天下何思何慮. 天下同歸而
殊塗, 一致而百慮. 天下何思何慮]라는 구절이 있는데, 한강백(韓康伯)은 "적게
하면 얻고 많게 하면 미혹된다. 길은 비록 다르지만 그 돌아갈 곳은 같고 생
각은 비록 가지각색이지만 이룩할 것은 둘이 아니다. 그러니 만약 그 요체
를 참되게 하고 널리 구하지 않으면, 일이관지하여 생각하지 않아도 극진해
진다"[夫少則得, 多則惑. 途雖殊, 其歸則同, 慮雖百, 其致不二. 苟誠其要, 不在博
求, 一以貫之, 不慮而盡矣]고 설명했다.

其出彌遠, 其知彌少,

멀리 나갈수록 그 지식은 더욱 협소해진다.

無在於一, 求之於衆也. 道視之不可見, 聽之不可聞, 搏之不可得. 如²⁴²其知之, 不須出戶. 若其不知, 出愈遠愈迷也.

없음[無]은 하나[一]에 있는데, 많은 것[衆]에서 구한다. 도는 보아도 볼 수 없고, 늘어노 들을 수 없고, 잡으려 해도 잡을 수 없다. 만약 이것을 안 다면 굳이 문을 나서지 않을 것이다. 만약 그것을 모른다면 나서겠지만 멀리 가면 갈수록 더욱더 혼미해질 것이다.

是以聖人不行而知, 不見而名,

이 때문에 성인은 돌아다니지 않아도 알고, 보지 않아도 지칭하고,

得物之致, 故雖不行, 而慮可知也. 識物之宗, 故雖不見, 而是非 之理, 可得而名也.

사물의 나아감[致]을 알기 때문에 비록 돌아다니지 않더라도 (사람들 의) 생각을 알 수 있다. 사물의 종주를 알기 때문에 비록 보지 않아도 시 비의 이치를 지칭할 수 있다.

不爲而成.

아무것도 시행하지 않아도 이룩한다.

242.『도장집주』본에는 '여'(如)자가 '거'(去)자로 되어 있는데, 뒤의 '약'(若)자와 대구로 보면 잘못된 것이다.

明物之性, 因之而已. 故雖不爲, 而使之成矣.

사물의 성질에 밝아 그것을 따를 뿐이다. 그러므로 비록 아무것도 시행하지 않을지라도 그것들이 이루어지게 한다.

제 48 장

爲學日益,

배움을 시행하니 날로 보태고,

務欲進其所能, 益其所習.

힘써서 능한 것에 나아가고 익힐 것을 더하고자 한다.

爲道日損.

도를 시행하니 날로 덜어 낸다.

務欲反虛無也.

힘써 비어 있음으로 돌아가고자 한다.

損之又損, 以至於無爲, 無爲而無不爲.

덜어 내고 또 덜어 내서 아무것도 시행함이 없음에 도달하니, 아무것도 시행함이 없지만 하지 못함이 없다.

有爲則有所失. 故無爲乃無所不爲也.

무엇인가 시행함이 있으면 잘못됨이 있다. 그러므로 아무것도 시행함
이 없어야 하지 못함이 없다.

取天下, 常以無事.

천하를 취할지라도 항상 하는 일이 없는 것으로 한다.

動常因也.

움직임은 항상 기인해서 한다.

及其有事,

하는 일이 있으면,

自己造也.

자신이 조작하는 것이다.

不足以取天下.

천하를 취하기에 부족하다.

失統本也.

총괄하는 근본(統本)을 상실한다.

"배움을 시행하니 날로 보태고, 도를 시행하니 날로 덜어 낸다"〔爲學日
益, 爲道日損〕는 구절은 바로 도가가 다른 학파와 다름을 잘 묘사한 곳이
다. 분별력을 기르는 학문은 지식을 쌓는 것이다. 그러나 마음을 비우는
것은 분별되는 것뿐만 아니라 지욕을 없애는 것이기 때문에 모든 것을
마음에서 털어 버리는 것이다.

제 49 장

聖人無常心, 以百姓心爲心.
성인은 치우치지 않은 마음마저도 없어 백성의 마음으로 자신의 마음
을 삼는다.

動常因也.
움직임은 항상 기인해서 한다.

善者吾善之, 不善者吾亦善之,
선한 것을 내가 선하게 여기고 불선한 것도 내가 선하게 여기니,

各因其用, 則善不失也.
각각 그들의 쓰임〔用〕에 따라서 한다면, 선을 상실하지 않는다.

德善.

덕이 선해진다.

無棄人也.

사람을 버리는 일은 없다.

信者吾信之, 不信者吾亦信之, 德信. 聖人在天下歙歙, 爲天下渾其心.[243]

믿음직한 것을 내가 믿고 믿음직하지 못한 것도 내가 믿으니, 덕이 믿음직스러워진다. 성인은 천하에서 편파적으로 집착하는 것 없이 천하를 위하여 그 마음을 분명하게 하지 않는다.

各用聰明.[244]

각자에게 총명을 쓴다.

聖人皆孩之.

성인은 그들을 모두 아이들처럼 만든다.

243. 『고일총서』본과 『도장』본 그리고 『백서노자갑을본』(帛書老子甲乙本) 등에는 위의 경문에 이어서 "그러니 백성들이 모두 이목을 집중한다"〔百姓皆注其耳目〕라는 구절이 있다.

244. 『도장집주』본에는 이 구절의 주가 위에서 생략된 경문 "백성개주기이목"(百姓皆注其耳目) 구절 아래에 있다.

皆使和而無欲, 如嬰兒也. 夫天地設位, 聖人成能, 人謀鬼謀, 百姓與能者. 能者與之, 資者取之. 能大則大, 資貴則貴. 物有其宗, 事有其主, 如此則可冕旒充目, 而不懼於欺, 黈纊²⁴⁵塞耳, 而無戚於慢. 又何爲勞一身之聰明, 以察百姓之情哉.

(성인은 백성들을) 아이들처럼 모두 화합하게 하고 욕심이 없게 한다. 『주역』「계사하」에서 "천지가 자리를 베풂에 성인이 능함〔能〕을 이루어 사람에게 도모하고 귀신에게 도모하니 백성들이 능한 것에 참여한다"²⁴⁶ 라고 했다. 능한 것에 참여하여 재화가 되는 것을 취한다. 능함이 크면 위대하고 재화가 희귀하면 귀중하다. 그러나 사물에는 그 종주(宗主)가 있으니, 이와 같이 하면 면류관의 술이 눈을 가릴지라도 눈속임을 당할까 염려하지 않아도 되고, 누런 솜방울〔黈纊〕이 귀를 가릴지라도 기만당할까 걱정하지 않아도 된다. 그런데 또 무엇 때문에 이 한 몸의 총명을 수고

---

245. 면류관의 양쪽으로 귀에 닿을 정도로 늘려 달아 맨 누런 솜방울을 주광(黈纊)이라고 한다.
246. 『주역』(周易) 「계사하」(繫辭下)에 "천지설위 성인성능 인모귀모 백성예능"(天地設位, 聖人成能, 人謀鬼謀, 百姓與能)이라는 구절이 있다. 한강백은 "성인이 천지의 바름을 타고 있음에 만물이 각기 자신의 능함을 이룬다. '사람에게 도모함'〔人謀〕은 대중에게 문의해서 득실을 정함을 비유한 것이다. '귀신에게 도모함'〔鬼謀〕은 '점'〔卜筮〕에 의탁해서 길흉을 밝힘을 비유한 것이다. 골몰히 생각하지 않아도 득실이 저절로 밝아지고 수고롭게 탐구하지 않아도 길흉이 저절로 드러나니, 만물의 실정대로 분류하고 유심(幽深)의 연고에 통달했다. 그러므로 백성들이 능함에 참여하며 기꺼이 추대하고 싫어하지 않는다"〔聖人乘天地之正, 萬物各成其能. 人謀, 況議於衆, 以定失得也. 鬼謀, 況寄卜筮, 以考吉凶也. 不役思慮, 而失得自明, 不勞探討, 而吉凶自著, 類萬物之情, 通幽深之故. 故百姓與能, 樂推而不厭也〕라고 설명했다. 『도장집주』본에는 "백성예능자"(百姓與能者)의 '자'(者)자가 없다.

롭게 하면서 백성들의 실정을 감시하겠는가?

夫以明察物, 物亦競以其明應之. 以不信察物, 物亦競以其²⁴⁷不
信應之. 夫天下之心不必同, 其所應不敢異, 則莫肯用其情矣, 甚矣,
害之大也, 莫大於用其明矣, 夫在智則人與之訟, 在力則人與之爭.
智不出於人, 而立乎訟地, 則窮矣. 力不出於人, 而立乎爭地, 則危
矣. 未有能使人無用其智力乎己者也, 如此則己以一敵人, 而人以千
萬敵己也. 若乃多其法網, 煩其刑罰, 塞其徑路, 攻其幽宅, 則萬物
失其自然, 百姓失喪其手足, 鳥亂於上, 魚亂於下.

밝음[明]으로 남[物]들을 감시하면 남들도 경쟁하듯이 그들의 밝음으
로 대응한다. 불신감[不信]을 가지고 남들을 감시하면 남들도 다투듯이
불신감을 가지고 대응한다. 세상 사람들의 마음이 꼭 같은 것은 아닌데
그들에게 대응하는 것이 감히 다르지 않다면, 어느 누구도 기꺼이 진정
[情]을 보이려고 하지 않을 것이다. 심하게 아주 해가 되는 것은 자신의
밝음을 사용하는 것보다 큰 것이 없으니, 지혜에서는 사람들이 그와 송
사를 벌이고, 힘에서는 사람들이 그와 (힘을) 다툰다. 지혜가 남을 능가
하지 못하면서 송사하는 입장이라면 궁색하게 되고, 힘이 남을 능가하지
못하면서 다투는 지경이라면 위태롭게 된다. 남이 지혜와 힘을 자신에게
사용하지 못하도록 할 수 있는 것이 없는데,²⁴⁸ 이와 같이 하면 자신은

247. 『도장』본과 『도장집주』본에는 '기'(其)자가 없다.
248. 『도장집주』본에는 "남이 지혜와 힘을 자신에게 사용하지 못하도록 할 수 있
    는 것이 없는데"[未有能使人無用其智力乎己者也] 구절이 "남이 지혜를 사용
    하지 못하도록 할 수는 없고, 남이 자신에게 지혜와 힘을 사용하지 못하도

자기 한 사람이 다른 사람들을 대적하는 것이지만, 다른 사람들은 수많은 사람들이 그를 대적하는 것이다. 만약 이에 법망을 많이 만들고 형벌의 조항을 세세하게 만들어서 작은 틈[徑路]까지 막고 은밀한 부분[幽宅]까지 들추어서 괴롭힌다면[攻], 만물은 저절로 그렇게 됨[自然]을 잃어서 백성들은 어떻게 행동해야 될 줄을 모르며, 날짐승은 하늘에서 물고기는 물속에서 혼란을 일으킨다.

是以聖人之於天下歙歙焉, 心無所主也, 爲天下渾心焉, 意無所適莫也.[249] 無所察焉, 百姓何避, 無所求焉, 百姓何應. 無避無應, 則莫不用其情矣. 人無爲舍其所能, 而爲其所不[250]能, 舍其所長, 而爲其所[251]短. 如此則言者言其所知, 行者行其所能, 百姓各皆注其耳目

록 할 수는 없는데"[未有能使人無用智者, 未有能使人無用其智力於己者也]로 되어 있다. 뒤의 구절에서 지(智)자가 없는 것으로 보면 곧 "남이 자신에게 힘을 사용하지 못하도록 할 수는 없는데"로 보면, 아무 문제가 없다. 『회남자전언』(淮南子詮言)에 "지혜에서는 사람들이 그와 송사를 벌이고, 힘에서는 사람들이 그와 (힘을) 다툰다. 사람들의 지혜가 없도록 하는 경우는 없지만, 사람들이 자신에게 지혜를 사용하지 못하도록 하는 경우는 있다. 사람들의 힘이 없도록 하는 경우는 없지만, 사람들이 자신에게 힘을 사용하지 못하도록 하는 경우는 있다"[在智則人與之訟, 在力則人與之爭. 未有使人無智者, 有使人不能用其智於己者也. 未有使人無力者, 有使人不能施其力於己者也]라는 말이 있다.

249. 『논어』(論語) 「이인」(里仁)에 "공자께서 말씀하셨다. 군자는 천하의 일에 고집하여 주장하는 것도 없으며 그렇게 하지 않는다는 것도 없어서 의를 따를 뿐이다"[子曰, 君子之於天下也, 無適也, 無莫也, 義之與比]라는 말이 있다.

250. 『도장집주』본에 '부'(不)자가 '부'(否)자로 되어 있다.

251. 『고일총서』본에는 '소'(所)자가 없다.

焉, 吾皆孩之而已.

　이 때문에 성인은 천하에서 편파적으로 집착하는 것이 없고 마음에 주로 하는 바가 없이 천하를 위하여 마음을 분명하게 하지 않으니, 뜻에는 고집하여 주장함도 없고 그렇게 하지 않음도 없다. 감시하는 일이 없는데 백성들이 무엇 때문에 회피하겠으며, 요구하는 것이 없는데 백성들이 무엇 때문에 대응하겠는가? 회피하고 대응하는 일이 없다면 어느 누구도 진정을 사용하지 않는 일이 없을 것이다. 사람들이 자신의 능한 것을 버리고 능하지 못한 것을 행하고, 자신의 장점을 버리고 단점을 행하는 일은 없다. 이와 같이 될 경우 말하는 자는 자신이 아는 점을 이야기하고, 행하는 자는 자신의 능한 것을 행하며, 백성들은 제각기 모두 귀 기울여 듣고 눈여겨볼 것이니, 내가 그들을 모두 아이들처럼 만들었을 뿐이다.

제 50 장

出生入死,
태어나서 죽는데,

出生地, 入死地.
생의 영역으로 나와 죽음의 영역[死地]으로 들어간다.

生之徒十有三, 死之徒十有三. 人之生動之死地, 亦十有三, 夫何故. 以其生生之厚. 蓋聞善攝生者, 陸行不遇兕虎, 入軍不被甲兵.
兕無所投其角, 虎無所措其爪, 兵無所容其刃, 夫何故. 以其無死地.

제대로 사는 무리가 열에 셋 정도 있고, 죽을 짓만 하는 무리가 열에
셋 정도 있다. 그런데 사람이 살아가면서 갑자기 죽을 곳으로 들어가는
무리도 열에 셋 정도 있으니, 무엇 때문인가? 너무 잘 살려고 하기[生生之
厚] 때문이다. "섭생을 잘하는 자는 육로로 길을 갈지라도 들소나 호랑이
를 만나지 않고, 전쟁터에 나갈지라도 무기에 상처를 입지 않는다"고 들
었다. 들소가 뿔로 받을 곳이 없고, 호랑이가 발톱으로 할퀼 곳이 없고,
무기가 칼날로 찌를 곳이 없으니, 무엇 때문인가? 죽게 될 일을 하지 않
기 때문이다.

十有三, 猶云十分有三分. 取其生道, 全生之極, 十分有三耳, 取
其死之道, 全死之極, 亦十分有三耳.[252] 而民生生之厚, 更之無生
之地焉. 善攝生者, 無以生爲生, 故無死地也. 器之害者, 莫甚乎戈
兵,[253] 獸之害者, 莫甚乎兕虎, 而令兵戈無所容其鋒刃, 虎兕無所措
其爪角, 斯誠不以欲累其身者也, 何死地之有乎.

열에 셋은 '10분의 3'이라고 말하는 것과 같다. 사는 방법을 택하여 삶
을 끝까지 온전히 하는 자들이 10분의 3이고, 죽는 방법을 취하여 죽을
때까지 그렇게 사는 자들도 10분의 3이다. 그런데 백성들은 너무 잘 살
려고 하다가 도리어 살 수 없는 곳으로 들어간다. 섭생을 잘하는 자는 너

---

252. 『도장』본과 『도장집주』본에는 "역십분유삼이"(亦十分有三耳)가 모두 "십분
역유삼이"(十分亦有三耳)로 되어 있다.
253. 『고일총서』본에는 '과병'(戈兵)이 '병과'(兵戈)로 되어 있다.

무 잘 살려고 하지 않기 때문에 죽을 곳이 없다. 도구 중에서 가장 위험한 것은 무기이고, 짐승 중에서 가장 사나운 것은 들소와 호랑이인데, 무기가 칼날을 댈 곳이 없게 하고, 들소와 호랑이가 뿔로 받고 발톱으로 할퀼 곳이 없게 하니, 이것은 진실로 욕심으로 자신을 옭아매지(累) 않았기 때문이다. 그러니 어디에 죽을 곳이 있겠는가?

夫蚖蟺以淵爲淺, 而鑿穴其中, 鷹鸇以山爲卑, 而增巢其上. 矰繳不能及, 網罟不能到, 可謂處於無死地矣. 然而卒以甘餌, 乃入於無生之地, 豈非[254]生生之厚乎. 故物苟不以求離其本, 不以欲渝其眞, 雖入軍而不害, 陸行而不可犯也. 赤子之可則而貴信矣.

도룡뇽과 지렁이는 연못이 얕다고 여겨서 바닥에 구멍을 뚫고 들어가고, 송골매와 새매는 산이 낮다고 여겨서 산꼭대기에 둥지를 틀고 산다. 화살이 미치지 못하고 그물이 닿지 못하니, 안전한 곳[無死地]에 산다고 할 만하다. 그러나 마침내 맛있는 미끼 때문에 죽을 곳으로 들어가니, 어찌 너무 잘 살려고 했기 때문이 아니겠는가? 그러므로 만물이 진실로 구하는 것 때문에 근본을 떠나지 않고 욕심 때문에 원래의 참됨을 더럽히지 않는다면, 비록 전쟁터에 나가더라도 위해를 입지 않고 육로로 길을 갈지라도 침범을 당하지 않는다. 갓난아이를 본받고 귀히 여겨야 한다는 것은 진실이다.

---

254. 『도장집주』본에는 '비'(非)자가 '불'(弗)자로 되어 있다.

제 51 장

道生之, 德畜之, 物形之, 勢成之.

도는 낳고 덕은 기르고, 사물(物)은 형태를 만들어 주고, 추세(勢)는 완성시킨다.

物生而後畜, 畜而後形, 形而後成. 何由而生. 道也. 何得而畜. 德也. 何由而形. 物也. 何使而成. 勢也. 唯因也, 故能無物而不形, 唯勢也, 故能無物而不成. 凡物之所以生, 功之所以成, 皆有所由. 有所由焉[255], 則莫不由乎道也. 故推而極之, 亦至[256]道也. 隨其所因, 故各有稱[257]焉.

사물이 생겨난 이후에 기르고, 기른 이후에 형태를 만들어 주며, 형태를 갖추게 한 후에 완성시킨다. 무엇으로 말미암아 나오는가? 도이다. 무엇을 얻어서 길러지는가? 덕이다. 무엇으로 말미암아 형태가 만들어지는가? 사물이다. 무엇이 시켜서 완성시키는가? 추세이다. 그런데 단지 말미암을 뿐이므로 어떤 사물도 형태를 갖추지 않을 수 없으며, 단지 추세에 따르기만 할 뿐이므로 어떤 사물도 완성되지 않을 수 없다. 모든 사

---

255. 『도장집주』본에는 "유소유언"(有所由焉) 네 글자가 없는데, 이 경우에 해석을 "그렇다면 어느 것도 도를 말미암지 않는 것이 없다"로 하면 된다.

256. 『도장집주』본에는 '지'(至)자가 '지'(志)자로 되어 있는데, 이 경우에 해석을 "그러므로 끝까지 미루어 나가면 도를 목표로 하게 된다"로 하면 된다.

257. 『도장집주』본에는 '칭'(稱)자가 '도'(道)자로 되어 있는데, 이 경우에 해석을 "말미암는 것을 따르므로 제각기 길이 있다"로 하면 된다.

물이 나오고 일이 완성되는 까닭은 모두 말미암는 것이 있기 때문이다. 말미암는 것이 있다면 어느 것도 도로 말미암지 않는 것이 없다. 그러므로 끝까지 미루어 나가면 역시 도에 이른다. 말미암는 것을 따르므로 제각기 칭하는 것이 있다.

是以萬物莫不尊道而貴德.

이 때문에 만물 중에서 도를 존중하고 덕을 귀하게 여기지 않는 것이 없다.

道者, 物之所由也, 德者, 物之所得也. 由之乃得, 故曰[258]不得不失, 尊之則害不得不貴也.[259]

도란 사물이 말미암는 것이고, 덕이란 사물이 얻는 것이다. (도로) 말미암아야 (덕을) 얻으므로, "잃지 않을 수 없다"라고 한다. 존중한다면 어

---

258. 『도장집주』본에는 '왈'(曰)자가 없는데, 이 경우에 해석을 "(도를) 말미암아야 (덕을) 얻는다. 그러므로 (덕을) 잃지 않을 수 없으니, (도를) 존중한다면 어찌[害] (덕을) 귀하게 여기지 않을 수 있겠는가?"[由之乃得. 故不得不失, 尊之則害不得不貴也]로 하면 된다. 문맥상 '왈'(曰)자가 없는 것이 옳다.

259. 루우열은 『노자주역왕필주교석』(老子周易王弼注校釋)에서 도홍경(陶鴻慶)의 설에 의거하여 "(도로) 말미암아야 (덕을) 얻으므로, '잃지 않을 수 없다'고 한다. 존중한다면 어찌 귀하게 여기지 않을 수 있겠는가?"[由之乃得, 故曰不得不失, 尊之則害不得不貴也] 구절을 "(도에서) 말미암아 (덕을) 얻게 되므로 (도는) 존중하지 않을 수 없고, (덕을) 잃는다면 해가 되므로 (덕은) 귀하게 여기지 않을 수 없다"[由之乃得, 故不得不尊, 失之則害, 故不得不貴也]로 교정해서 보았다.

찌 귀하게 여기지 않을 수 있겠는가?[260]

道之尊, 德之貴, 夫莫之命而常自然.
도를 존중하고 덕을 귀하게 여겨지는 것은 명령하지 않아도 항상 저절로 그렇게 되는 것이다.

命, 並作爵
"명령하다"는 말은 또한 "벼슬 주다"로도 되어 있다.[261]

---

260. 20장의 왕필주에 "식모(食母)는 삶의 근본이란 의미이다. 다른 사람들은 모두 백성들을 살리는 근본을 버리고 말단에서 장식된 화려함을 귀하게 여긴다. 그러므로 '나만 홀로 남들과 다르게 되고자 한다'라고 했다"〔食母, 生之本也. 人者皆棄生民之本, 貴末飾之華. 故曰我獨欲異於人〕라는 말이 있고, 39장의 주에 "사물은 모두 제각기 이 하나를 얻어서 완성되는데, 완성되고 나면 그 것을 버리고 완성에 안주〔居〕한다. 완성에 안주하면 어미를 상실하므로 모두 갈라지고 무너지며 사라지고 말라붙으며 없어지고 뒤엎어진다"〔物皆各得此一以成, 旣成而舍以居成. 居成則失其母, 故皆裂發歇竭滅蹶也〕라는 말과 "맑은 것은 맑게 할 수 없고, 채워진 것은 채울 수 없으니, 모두 그 모체를 소유함으로써 그 형체를 보존하는 것이다. 그러므로 맑은 것은 귀하다고 하기에 부족하고, 채워진 것은 많다고 하기에 부족하다. 귀한 이유가 모체에 있으나 모체에는 귀한 형체가 없으니, 귀한 것은 이에 천한 것을 근본으로 하고, 높은 것은 이에 낮은 것을 기초로 한다"〔淸不能爲淸, 盈不能爲盈, 皆有其母, 以存其形. 故淸不足貴, 盈不足多. 貴在其母, 而母無貴形, 貴乃以賤爲本, 高乃以下爲基〕라는 말이 있는데, 연관해서 생각해 보면 이 구절의 의미를 알 수 있다.

261. 『도장집주』본에서 "명황(明皇)본과 왕필본에서는 '명령하다'는 말은 또한 '벼슬 주다'로도 되어 있다"〔明皇王弼二本, 命並作爵〕라고 한 것으로 보면, 왕필의 주가 아니라 판본 정리 때 끼어든 구절로 보인다.

故道生之, 德畜之, 長之育之, 亭之毒之, 養之覆之.

그러므로 도는 낳고 덕은 길러서 생장시키고 발육시키며 모양이 만들어지게 하고 살찌게 하며 배양되게 하고 북돋워지게 한다.

謂成其實,[262] 各得其庇蔭, 不傷其體矣.

그 내용[實]을 완성하여 제각기 그 감싸 주는 것을 얻으니 그 몸을 해치지 않는다는 말이다.

生而不有, 爲而不恃,

무엇인가 내놓아도 있다고 하지 않으며, 무엇을 시행해도 그것에 의지하지 않고,

爲而不有.

무엇인가를 시행했지만 있다고 하지 않는다.

長而不宰, 是謂玄德.

장성하게 했지만 주관하지 않으니, 이것이 아득한 덕이다.

---

262. 루우열은 『노자주역왕필주교석』에서 역순정(易順鼎)과 우혜(宇惠)의 설에 의거하여 "정위품기형, 독"(亭謂品其形, 毒)이라는 여섯 글자가 빠진 것으로 보았고, 또 "위성기실"(謂成其實)의 '실'(實)자는 '질'(質)자의 오자로 보았는데, 이 경우에 해석을 "모양이 만들어지게 한다는 말은 그 형체가 구분됨을 말하고, 살찌게 한다는 말은 그 형질을 이루어 줌을 말하니"(亭謂品其形, 毒謂成其實)로 하면 된다. 『도장집주』본에는 '실'(實)자가 '질'(質)자로 되어 있다.

有德而不知其主也. 出乎幽冥, 是以²⁶³謂之玄德也.

덕은 있지만 그 주체를 모른다. 어두움〔幽冥〕에서 나왔기 때문에 그것을 아득한 덕이라고 한다.

제 52 장

天下有始, 以爲天下母.

천하에 시작이 있다면 그것이 천하의 어미가 된다.

(善始之, 則善養畜之矣. 故天下有始, 則可以爲天下母矣.)

(잘 시작하면 잘 양육한다. 그러므로 천하에 시작이 있다면 그것이 천하의 어미가 될 수 있다.)²⁶⁴

旣得其母, 以知其子, 旣知其子, 復守其母, 沒身不殆.

그 어미를 얻고 나서 그 자식을 알고, 그 자식을 알고 나서 다시 그 어미를 보존한다면 종신토록 위험하지 않다.

---

263. 『도장집주』본에는 '시이'(是以)가 '고'(故)자로 되어 있는데, 이 경우에 해석을 "어두움에서 나왔으므로 그것을 아득한 덕이라고 한다"〔出乎幽冥, 故謂之玄德也〕로 하면 차이점은 없다.

264. 『고일총서』본과 『도장』본 그리고 『도장집주』본에 이 주석이 있어 보충했다.

母, 本也, 子, 末也. 得本以知末, 不舍本以逐末也.

어미는 근본이고 자식은 말단이다. 근본을 얻음으로써 말단을 알 수 있으니, 근본을 버리고 말단을 좇아서는 안 된다.

塞其兌, 閉其門,

출구[兌]를 막고 문을 닫으니,

兌事欲之所由生, 門事欲之所由從也.

출구는 무엇인가 하고자 하는 의욕[事欲]이 나오는 곳이고, 문은 무엇인가 하고자 하는 의욕이 따라가는 곳이다.

終身不勤.

끝내 수고롭지 않다.

無事永逸, 故終身不勤也.

일없이 영원히 편하므로 끝내 수고롭지 않다.

開其兌, 濟其事, 終身不救.

그 출구를 열어 놓고 그 일을 해결하려고 하니, 끝내 제대로 하지 못한다.

不閉其原, 而濟其事, 故雖終身不救.

그 근원을 단속하지 않고 그 일을 해결하려고 하므로, 끝내 제대로 하지 못한다.

見小曰明, 守柔曰强.

작은 것을 보는 것에 대해 밝다고 하고, 유약한 것을 보존하는 것에 대
해 강하다고 한다.

爲治之功, 不在大, 見大不明, 見小乃明, 守强不强, 守柔乃强也.

다스림을 시행하는 공은 큰 것에 있지 않으니, 큰 것을 보면 밝지 않고
작은 것을 봐야 밝으며, 강함을 유지하면 강하지 않고 유약함을 유지해
야 강하다.

用其光,

그 빛을 사용해서,

顯道以去民迷.[265]

도를 드러냄으로써 백성들의 미혹을 제거한다.

復歸其明,

그런데 그들의 밝음을 복귀시키지만,

不明察也.

분명하게 살피지 않으니,

---

265. 『도장집주』본에는 '미'(迷)자가 없는데, 이 경우에 해석을 "도를 드러냄으로
써 백성들을 거두어 들인다"로 하면 된다.

無遺身殃. 是爲習常, [266]

자신에게 재앙을 남기는 일이 없다. 이것이 익숙하여 치우치지 않음〔習常〕을 시행하는 것이다.

道之常也.

도의 치우치지 않음이다.

해설

본문에서 어미와 자식은 무와 유를 언급하는 말이다. 곧 "그 어미를 얻고 나서 그 자식을 알고, 그 자식을 알고 나서 다시 그 어미를 보존한다면 종신토록 위험하지 않다"〔旣得其母, 以知其子, 旣知其子, 復守其母, 沒身不殆〕는 구절은 바로 40장 "되돌아가게 하는 것이 도의 움직임이다"〔反者, 道之動〕 구절의 왕필주에서 "높음은 낮음으로 기초를 삼고, 귀함은 천함으로 근본을 삼고, 있음은 없음으로 효용을 삼으니, 이것이 되돌아가게 하는 것이다. (도의) 움직임에서 모두 그 없는 바를 안다면 사물에 통한다"〔高以下爲基, 貴以賤爲本, 有以無爲用, 此其反也. 動皆知其所無, 則物通矣〕

---

266. 『중문대사전』에서는 습상(習常)의 의미를 '예전부터 내려오는 관례대로 따르는 것'〔仍舊慣也〕과 '능한 것을 말미암아서 부리는 것'〔因能而使之也〕이라고 했는데, 왕필(王弼)이 '도지상'(道之常)이라고 풀이한 것과 다르다. 『도장집주』본과 『노자백서』(老子帛書)본에도 습상(襲常)으로 되어 있는 것으로 볼 때, 본문의 습상(習常)은 습상(襲常)으로 보는 것이 타당할 것 같다. 『중문대사전』에서는 본문을 습상(襲常)으로 보고 "도의 핵심을 얻은 것이다"〔謂得道之眞諦也〕라고 풀이하고 있다.

라는 말과 직결됨을 알아야 한다.

제 53 장

使我介然有知, 行於大道, 唯施是畏.

가령 내가 확고하게 아는 것이 있어서 위대한 도를 행하게 될지라도,
오직 시행하는 것만은 두렵다.

言若使我可介然有知, 行於大道, 唯施爲之[267]是畏.

가령 내가 확고하게 아는 것이 있어서 대도를 천하에 행하게 될지라도
시행하는 것만은 두렵다는 말이다.

大道甚夷, 而民好徑,

큰 길이 아주 평탄한데 백성들은 샛길을 좋아한다.

言大道蕩然正平, 而民猶尙舍之而不由, 好從邪徑. 況復施爲以塞
大道之中乎. 故曰大道甚夷, 而民好徑,

큰 길이 넓고 평평하게 쭉 곧은데도 백성들은 오히려 그것을 버려두고

---

267. 『도장집주』본에는 '지'(之)자가 없는데, 이 경우에 해석을 "시행만은 두렵
다"로 하면 된다.

다니지 않으며 굽은 길로 다니기를 좋아한다. 그런데 하물며 다시 시행하고 다스려서 위대한 도의 가운데를 막고 있음에야 말해 무엇하랴! 그래서 "큰 길이 아주 평탄한데 백성들은 샛길을 좋아한다"라고 했다.

朝甚除,
조정이 아주 깨끗하게 정비되어 있으니,

朝, 宮室也. 除潔好也.
조정은 궁전 안에 있는 방이다. 정비되어 있다는 말은 깨끗하고 아름답다는 의미이다.

田甚蕪, 倉甚虛.
전야는 말할 수 없을 정도로 황폐하게 되고 창고는 텅텅 비게 된다.

朝甚除, 則田甚蕪, 倉甚虛.[268] 設一而重害生也.
조정이 아주 깨끗하게 정비되어 있으니, 전야는 말할 수 없을 정도로 황폐하게 되고 창고는 텅텅 비게 된다. 하나를 설치했는데 갖가지 해악이 생겨난다.

服文綵, 帶利劍, 厭飮食, 財貨有餘, 是謂盜夸, 非道也哉.
화려한 의복을 걸치고, 날카로운 칼을 차며, 음식을 물리도록 먹고, 그

---

268. 『도장집주』본에는 '허'(虛)자 다음에 '의'(矣)가 더 있다.

리고 재화를 넘치도록 소유하는 것, 이것을 일러 도둑질한 것으로 사치한다는 것이니, 도가 아니로구나!

凡物不以其道得之, 則皆邪也, 邪則盜也. 夸[269]而不以其道得之,[270] 竊位也. 故擧非道, 以明非道, 則皆盜夸也.

모든 물건을 그 도로 얻지 않으면 모두 바르지 못한 것이고, 바르지 못한 것이라면 모두 훔친 것이다. 사치스럽게 꾸몄지만 그 도로 얻지 않았으니, 직위를 훔친 것이다. 그러므로 도가 아닌 것을 거론해서 도가 아니면 모두 도둑질한 것으로 호화롭게 사는 것임을 밝혔다.

해설

도를 시행하기가 두렵다고 하는 까닭은 '마음 비움'이 도인데 이것을 행할 경우 사람들이 도리어 마음을 비우려고 애쓰게 되기 때문이다. 곧 마음 비움은 그 무엇에도 집착함이 없는 것인데, 이것을 시행하면 도리어 사람들이 마음을 비우려고 애쓰게 되면서 마음 비움에 집착하여 비우지 못하게 되기 때문이다. 마음을 비우려는 마음마저도 없어야 마음이 비워진다는 말이다.

269.『도장집주』본에는 '과'(夸)자가 모두 '과'(誇)자로 되어 있는데 모두 같은 의미의 글자이다.

270.『도장집주』본에는 "도둑질한 것으로 호화롭게 사는 것이다. 고귀한데 정당한 방법으로 얻은 것이 아니라면"〔盜夸也. 貴而不以其道得之〕이라는 구절이 더 있다.

제 54 장

善建者, 不拔,
잘 세운 것은 뽑히지 않고,

固其根, 而後營其末, 故不拔也.
그 근본을 견고하게 한 후에 말단을 경영하므로 뽑히지 않는다.

善抱者, 不脫,
잘 껴안은 것은 이탈되지 않으니,

不貪於多, 齊其所能, 故不脫也.
많은 것을 탐하지 않고 할 수 있을 만큼 하기 때문에 이탈되지 않는다.

子孫以祭祀不輟.
자손이 이것으로 제사를 지낸다면 끊어짐이 없다.

子孫傳此道, 以祭祀, 則不輟也.
자손이 이 방법[道]을 전함으로써 제사를 지낸다면 끊어짐이 없다.

修之於身, 其德乃眞, 修之於家, 其德乃餘,
그것을 자신에게 닦으면 그 덕은 진실해지고, 그것을 집안[家]에서 닦
으면 그 덕은 여유 있게 되며,

以身及人也. 修之身則眞, 修之家則有餘, 修之不廢, 所施轉大.[271]

자신으로부터 남에게 미친다는 것이다. 자신에게 닦으면 진실해지고 집안에 닦으면 여유 있게 되니, 닦음을 그만두지 않으면 펼치는 것이 더욱 커진다.

修之於鄕, 其德乃長, 修之於國, 其德乃豊, 修之於天下, 其德乃普. 故以身觀身, 以家觀家, 以鄕觀鄕, 以國觀國,

그것을 마을에서 닦으면 그 덕은 장대해지고, 그것을 나라에서 닦으면 그 덕은 풍부해지며, 그것을 천하에서 닦으면 그 덕은 넓어진다. 그러므로 자신의 입장에서 자신을 살피고, 집안사람들의 입장에서 집안을 살피고, 마을사람들의 입장에서 마을을 살피고, 나라사람들의 입장에서 나라를 살피고,

彼皆然也.

저것들이 모두 그렇다.

以天下觀天下.

천하 사람들의 입장에서 천하를 살핀다.

以天下百姓心, 觀天下之道也. 天下之道, 逆順吉凶, 亦皆如人之道也.

---

271. 『도장집주』본에는 '전대'(轉大)가 '박대'(博大)로 되어 있는데, 이 경우에 해석을 "닦음을 그만두지 않으면 펼치는 것이 넓고 커진다"로 하면 된다.

천하 백성들의 마음으로 천하의 도를 살핀다. 천하의 도가 거꾸로 되고 바르게 되며 길해지고 흉해지는 것 역시 모두 사람의 도와 같다.

吾何以知天下然哉. 以此.

내가 어떻게 천하가 그렇다는 사실을 알았겠는가? 이것 때문이다.

此, 上之所云也. 言吾何以得知天下乎, 察己以知之, 不求於外也, 所謂不出戶, 以知天下者也.[272]

이것은 위에서 말한 내용이다. 내가 천하가 그렇다는 것을 어떻게 알 수 있었는가 하면 자신을 살펴서 알고 밖에서 구하지 않기 때문이라는 말이니, 이른바 집밖으로 나가지 않아도 천하를 안다는 것이다.

제 55 장

含德之厚, 比於赤子, 蜂蠆虺蛇不螫, 猛獸不據, 攫鳥不搏.

덕을 두텁게 품은 자는 갓난아기에 비유되니, 벌·전갈·도마뱀·뱀이 쏘거나 물지 않고, 맹수가 이빨로 물어뜯거나 발톱으로 공격하지 않으며, 사나운 새가 부리로 쪼거나 발톱으로 낚아채지 않는다.

---

272. 47장에 "집밖으로 나가지 않아도 천하를 알고, 창밖으로 내다보지 않아도 천도를 본다"[不出戶, 知天下, 不闚牖, 見天道]는 말이 있다.

赤子無求無欲, 不犯衆物. 故毒蟲之物, 無犯之人也.[273] 含德之厚
者, 不犯於物. 故無物以損其全也.

갓난아기는 구하는 것이 없고 바라는 것이 없어서 모든 것을 범하지
않는다. 그러므로 독충 같은 것들이 범함이 없는 사람이다. 덕을 두텁게
품은 자는 사물을 범하지 않는다. 그러므로 어떤 것도 그 온전함을 훼손
하지 않는다.

骨弱筋柔, 而握固,

뼈와 근육은 유약하나 쥐는 것은 견고하고,

以柔弱之故, 故握能周[274]固.

유약하기 때문에 그러므로 쥐는 것이 지극히 견고할 수 있다.

未知牝牡之合而全作,

아직 음양 화합의 원리를 알지 못하나 무사히 자랄 수 있으니,

---

273. 『도장집주』본에는 '충'(蟲)자가 '석'(螫)자로, '야'(也)자가 '어'(於)자로 되어
   있다. 이 경우에 해석을 "그러므로 독을 쏘는 것들이 범함이 없다. 사람 중
   에서 덕을 깊이 터득한 자는 사물을 범하지 않는다"[故毒螫之物無犯, 於人也
   含德之厚者, 不犯於物]로 하거나, "그러므로 독을 쏘는 것들이 사람을 범함이
   없다. 덕을 깊이 터득한 자는 사물을 범하지 않는다"[故毒螫之物, 無犯於人也
   也. 含德之厚者, 不犯於物]로 하면 되는데, 두 가지 경우 모두 문제가 조금씩
   있다. 곧 전자는 번역이 자연스럽지만 구두가 부자연스럽고, 후자는 구두가
   자연스럽지만 번역이 앞 구절과 자연스럽게 연결되지 않는다.
274. 『도장집주』본에는 '주'(周)자가 '견'(堅)자로 되어 있는데, 이 경우에 해석을
   "쥐는 것이 견고할 수 있다"로 하면 된다.

作, 長也. 無物以損其身, 故能全長也. 言含德之厚者, 無物可以
損其德, 渝其眞. 柔弱不爭而不摧折, 皆若此也.

자라다는 말은 성장하다는 의미이다. 어떤 것도 갓난아기의 몸을 훼손
하는 일이 없으므로 무사히 성장할 수 있다. 덕을 두텁게 품은 자는 어떤
것도 그의 덕을 훼손하고 그의 참된 상태를 변하게 할 수 없다는 말이다.
유약해서 다투지 않고 꺾이지 않는 것이 모두 위와 같다.

精之至也. 終日號而不嗄,

지극한 정기이다. 종일 울어도 목이 쉬지 않으니,

無爭欲之心, 故終日出聲而不嗄[275]也.

다투면서 무엇을 하려는 마음이 없으므로 종일 울부짖어도 목이 쉬지
않는다.

和之至也. 知和曰常.

지극한 조화이다. 조화를 아는 것에 대해 치우치지 않음〔常〕이라고
한다.

物以和爲常. 故知和則得常也.

사물은 조화로 치우치지 않음을 삼는다. 그러므로 조화를 알면 치우치
지 않음을 터득한다.

275.『도장집주』본에는 '사'(嗄)자가 '희'(噎)자로 되어 있는데 같은 의미이다.

知常曰明.

치우치지 않음을 아는 것에 대해 밝음이라고 한다.

不皦不昧, 不溫不涼, 此常也. 無形不可得而見, 曰明也.

밝지도 않고 어둡지도 않으며, 따뜻하지도 않고 서늘하지도 않으니, 이런 것이 치우치지 않음이다. 형태가 없어서 볼 수 없으니 "(치우치지 않음을 아는 것에 대해)[276] 밝음〔明〕이라고 한다"라고 했다.

益生曰祥.

삶을 풍성하게 하는 것에 대해 재앙〔祥〕이라고 한다.

生不可益, 益之則夭[277]也.

삶은 풍성하게 해서는 안 되는데 풍성하게 하니 재앙이 된다.

心使氣曰強.

마음이 기운〔氣〕을 부리는 것에 대해 강함이라고 한다.

心宜無有, 使氣則強.

마음에는 아무것도 없어야 마땅한데 기운을 부리니 강하게 된다.

---

276. 루우열은 『노자주역왕필주교석』에서 우혜(宇惠)의 설에 의거해서 '고왈지상'(故曰知常)이 있는 것으로 교석했다.

277. 『도장집주』본에는 '요'(夭)자가 '요'(妖)자로 되어 있는데 같은 의미이다.

物壯則老, 謂之不道. 不道早已.

사물이 장성하면 노쇠해지니, 이것을 '도답지 않다'고 한다. 도답지 않
으면 일찍 끝난다.

제 56 장

知者不言,

아는 자는 말하지 않고,

因自然也.

저절로 그러함에 따른다.

言者不知.

말하는 자는 알지 못한다.

造事端也.

일의 실마리를 만든다.

塞其兌, 閉其門, 挫其銳,

그 출구를 막고 그 문을 닫아서 그 예리함을 꺾고,

含守質也.

질박함을 머금고 지킨다.

解其分,

분쟁을 화해시키며,

除爭原也.

분쟁의 근원을 제거한다.

和其光,

그 빛남을 부드럽게 하고,

無所特顯, 則物無所偏爭也.[278]

특별히 드러내는 것이 없다면, 사물이 치우치고 다투는 바가 없다.

同其塵,

그 속세와 하나가 되니,

無所特賤, 則物無所偏恥也.

특별히 깔보는 것이 없다면, 사물이 유별나게 수치스러울 것이 없다.

278.『도장집주』본에는 '즉물무소편쟁야'(則物無所偏爭也)가 '즉물물무편쟁야'(則
物物無偏爭也)로 되어 있는데, 이 경우에 해석을 "사물마다 치우침과 다툼이
없다"로 하면 된다.

是謂玄同. 故不可得而親, 不可得而疏,

이것이 '아득히 구분 없이 같이 여기는 것'〔玄同〕이다. 그러므로 가까이 할 수도 없고 멀리할 수도 없으며,

可得而親, 則可得而疏也.

가까이할 수 있는 것이라면 멀리할 수도 있다.

不可得而利, 不可得而害,

이롭게 할 수도 없고 해롭게 할 수도 없으며,

可得而利, 則可得而害也.

이롭게 할 수 있는 것이라면 해롭게 할 수도 있다.

不可得而貴, 不可得而賤.

귀하게 할 수도 없고 천하게 할 수도 없다.

可得而貴, 則可得而賤也.

귀하게 할 수 있는 것이라면 천하게 할 수도 있다.

故爲天下貴.

그러므로 천하에서 귀한 것이 된다.

無物可以加之也.[279]

어떤 것으로도 더 보탤 수 없다.

해설

아는 자가 말하지 않는 것은 도, 곧 마음 비움이 대상화되지 않기 때문이다.

제 57 장

以正治國, 以奇用兵, 以無事取天下.

바르게 하는 것〔正〕으로 나라를 다스리면 속이는 것〔奇〕으로 군대를 부리게 되니, 하는 일이 없는 것으로 천하를 취한다.

以道治國, 則國平. 以正治國, 則奇正[280]起也. 以無事, 則能取天

279.『도장집주』본에는 '야'(也)자가 '자'(者)로 되어 있는데, 이 경우에 해석을 "어떤 것으로도 더 보탤 것이 없다"로 하면 된다.

280.『도장집주』본에는 '정'(正)자가 '병'(兵)자로 되어 있는데, 이 경우에 해석을 "속임수와 군대가 일어난다"로 하면 된다.

下也. 上章云, 其取天下者, 常以無事. 及其有事, 又²⁸¹不足以取天下也. 故以正治國, 則不足以取天下, 而以奇用兵也. 夫以道治國, 崇本以息末, 以正治國, 立辟以攻末. 本不立而末淺, 民無所及. 故必至於奇用兵也.

도로써 나라를 다스리면 나라가 태평해진다. 바르게 하는 것으로 나라를 다스리면, 그것을 속이는 것이 흥기한다. 하는 일이 없는 것으로 한다면 천하를 취할 수 있다. 48장에서 "천하를 취하는 자는 항상 하는 일이 없는 것으로 한다. 하는 일이 있으면 또 천하를 취하기에 부족하다"라고 하였다. 그러므로 바르게 하는 것으로 나라를 다스린다면 천하를 취하기에 부족해서 속이는 것으로써 군대를 부린다. 도로써 나라를 다스린다면 근본을 높임으로써 말단을 없애고, 바르게 하는 것으로써 나라를 다스린다면 형법〔辟〕을 세움으로써 말단을 다스린다. 근본이 확립되지 않고 말단이 천박해지면 백성들이 어쩔 줄 모른다. 그러므로 반드시 속이는 것으로 군대를 부리는 지경까지 가게 된다.

吾何以知其然哉. 以此. 天下多忌諱, 而民彌貧, 民多利器, 國家滋昏.

내가 어떻게 그렇다는 것을 알게 되었는가? 다음의 일들로 안다. 천하에 꺼리고 피하는 것이 많을수록 백성들이 더욱 가난해지고, 백성들이 이로운 물건을 많이 가지고 있을수록 국가는 더욱 혼란해진다.

---

281. 『도장집주』본에는 '우'(又)자가 없는데, 48장에는 "천하를 취할지라도 항상 하는 일이 없는 것으로 한다. 하는 일이 있으면, 천하를 취하기에 부족하다"〔取天下, 常以無事. 及其有事, 不足以取天下〕로 되어 있다.

利器, 凡所以利己之器也. 民强則國家弱.

이로운 물건은 일반적으로 자신을 이롭게 하는 물건이다. 백성들이 강해지면 국가는 약해진다.

人多伎巧, 奇物滋起.

사람들이 기교와 솜씨가 많아질수록 이상한 일들이 점점 생긴다.

民多智慧, 則巧僞生, 巧僞生, 則邪事起.

백성들이 지혜가 많아지면 교묘한 것과 인위적인 것이 생겨나게 되고, 교묘한 것과 인위적인 것이 생겨나게 되면 나쁜 일들이 발생하게 된다.

法令滋彰, 盜賊多有.

법령을 드러낼수록 도적은 많아진다.

立正, 欲以息邪, 而奇兵用, 多忌諱, 欲以恥貧, 而民彌貧. 利器, 欲以强國者也, 而國愈昏多, 皆舍本以治末, 故以致此也.

바르게 하는 것을 세워서 잘못된 것을 없애려고 했으나 속임수와 군대를 부리게 되었고, 꺼리고 피할 것을 많게 해서 가난한 것을 부끄럽게 만들고자 했으나 백성들은 더 가난하게 되었다. 이로운 기구는 나라를 강하게 하고자 하는 것이었는데 나라는 더욱 혼란스럽게 되었으니, 모두 근본을 버리고 말단을 다스렸기 때문에 이런 지경에까지 이르게 되었다.

故聖人云, 我無爲而民自化, 我好靜而民自正, 我無事而民自富, 我無欲而民自樸.

그러므로 성인이 "내가 시행하는 것을 없앴더니 백성들이 저절로 감화되었고, 내가 가만히 있는 것[靜]을 좋아했더니 백성들이 저절로 바르게 되었으며, 내가 일삼을 것을 없앴더니 백성들이 저절로 부유해졌고, 내가 하고자 하는 것을 없앴더니 백성들이 저절로 소박해졌다"라고 말했다.

上之所欲, 民從之速也. 我之所欲, 唯無欲, 而民亦無欲, 而自樸也. 此四者, 崇本以息末也.

윗사람들이 하고자 하는 것은 백성들이 재빨리 따른다. 내가 하고자 하는 것은 단지 하고자 함을 없애는 것일 뿐이었는데, 백성들도 하고자 하는 함을 없애서 저절로 소박해졌다. 그러니 본문의 네 가지는 근본을 숭상하고 말단을 없애는 것이다.

제 58 장

其政悶悶, 其民淳淳.
정사가 흐리멍덩하니 백성들이 순진하고 순진하다.

言善治政者, 無形無名無事, 無政²⁸²可舉. 悶悶然卒至於大治, 故

282.『도장집주』본에는 '정'(政)자가 '정'(正)자로 되어 있는데, 이 경우에는 해석을 "바르게 하는 것으로 내세울 만한 것이 없다는 말이다"[無正可舉]로 하면 된다.

曰其政悶悶也. 其民無所爭競, 寬大淳淳, 故曰其民淳淳也.

　정치를 잘하는 자는 드러내는 것이 없고 이름 붙이는 것이 없으며 일삼는 것이 없어서, 정사로 거론할 만한 것이 없다는 말이다. 흐리멍덩하게 한 것이 마침내 크게 다스려지게 하므로 "정사가 흐리멍덩하다"고 했다. 백성들은 다투는 것이 없이 관대하고 순진하게 되므로 "백성들이 순진하고 순진하다"고 했다.

　其政察察, 其民缺缺.
　정사가 세밀하고 자세하니 백성들이 잗달다.

　立刑名, 明賞罰, 以檢姦僞. 故曰察察也. 殊類分析, 民懷爭競. 故曰其民缺缺也.

　'형벌과 명분'(刑名)을 내세우고 상과 벌을 밝혀서 간사한 것과 거짓된 것을 검속한다. 그러므로 "세밀하고 자세하다"고 했다. 종류마다 나누고 쪼개니 백성들의 가슴속에 다투는 마음이 생긴다. 그러므로 "백성들이 잗달다"고 했다.

　禍兮, 福之所倚, 福兮, 禍之所伏. 孰知其極. 其無正.
　화란 복이 기대어 있는 곳이고 복이란 화가 누워 있는 곳이니, 누가 그 궁극을 알겠는가? 아마도 바로잡는 것이란 없는 것이겠지!

言誰知善治之極乎. 唯無可正舉, 無可形名,[283] 悶悶然而天下大
化, 是其極也.[284]

훌륭하게 다스리는 것의 궁극을 누가 알겠는가라는 말이다. 오직 바
르게 하고 일으키는 것을 없애고 드러나게 하고 이름으로 내세우는 것을
없애서 흐리멍덩한데 천하가 크게 감화되니, 이것이 훌륭하게 다스리는
것의 궁극이다.

正復爲奇,

바르게 하는 것이 다시 속이는 것이 되고,

以正治國, 則便復以奇用兵矣. 故曰[285]正復爲奇.

바르게 하는 것으로 나라를 다스리면, 곧 다시 속이는 것으로 군대를 부
리게 된다. 그러므로 "바르게 하는 것이 다시 속이는 것이 된다"고 했다.

善復爲妖.

---

283. 『도장집주』본에는 "유무가정거, 무가형명"(唯無可正舉, 無可形名) 구절이
"유무정가거, 무형가명"(唯無正可舉, 無刑可名)으로 되어 있는데, 이 경우에
해석을 "바르게 하는 것으로 거론할 만한 것이 없고 형벌을 주는 것으로 이
름 붙일 만한 것이 없어서"로 하면 된다.

284. 『도장집주』본에는 이 구절 전체의 주석이 '필왈'(弼曰) 아래에 있지 않고 '방
왈'(雱曰) 아래에 있는데 잘못된 것이다. 곧 왕필(王弼)의 주도 '방왈'(雱曰)
아래에 왕방(王雱)의 주도 '방왈'(雱曰) 아래에 두었는데, 처음의 것이 왕필
의 주이다.

285. 『도장집주』본에는 '왈'(曰)자가 없는데, 이 경우에 해석을 "그러므로 바르게
하는 것이 다시 속이는 것이 된다"로 하면 된다.

선하게 하는 것이 다시 괴이하게 하는 것이 된다.

立善以和萬物, 則便復有妖之患也.[286]
선을 내세워서 만물을 조화롭게 하면, 곧 다시 괴이한 환난이 생긴다.

人之迷, 其日固久.
사람들이 미혹된 것이 시간상으로 정말 오래되었다.

言人之迷惑失道固久矣, 不可便正善治以責.
사람들의 미혹으로 도를 상실한 지가 참으로 오래되었으니, 바로 훌륭한 다스림으로 바르게 되기를 책해서는 안 된다는 말이다.

是以聖人方而不割,
이 때문에 성인은 바르게 하면서 해치지 않고,

以方導物, 舍去其邪, 不以方割物, 所謂大方無隅.
바른 것으로 사물을 인도해서 그 사악한 것을 버리게 하지만 바른 것으로 사물을 해치지는 않으니, 이른바 (41장의) "큰 모는 모서리가 없다"는 것이다.

---

286. 『도장집주』본에는 "입선이화물, 즉변부유요요녕지환야"(立善以和物, 則便復有妖妖佞之患也)로 되어 있는데, 이 경우에 해석을 "선을 내세워서 만물을 조화롭게 하면, 곧 다시 괴이하게 겉으로 아첨만 하는 환난이 생긴다"로 하면 된다.

廉而不劌,

곧게 하면서 상처를 주지 않고,

廉, 淸廉也. 劌, 傷也. 以淸廉淸民, 令去其邪,[287] 令去其汙, 不以淸廉劌傷於物也.

곧게 한다는 말은 청렴하게 한다는 뜻이고, 상처를 준다는 말은 해친다는 의미이다. 청렴으로 백성들을 깨끗하게 해서 그들의 사악한 것과 더러운 것을 버리게 하지만 청렴으로 사물을 해쳐 상처주지는 않는다.

直而不肆,

정직하게 하지만 함부로 하지 않고,

以直導物, 令去其僻, 而不以直激沸[288]於物也, 所謂大[289]直若屈也.

정직함으로 사물을 인도하여 그들의 편벽된 것을 버리게 하지만 정직함으로 사물과 부딪혀 들끓게 하지 않으니, 이른바 (45장의) "쪽 곧은 것은 굽은 듯하다"는 것이다.

---

287. 『도장집주』본에는 '영거기사'(令去其邪) 네 글자가 없다.

288. 『도장집주』본에는 '비'(沸)자가 '불'(怫)자로 되어 있는데, 이 경우에 해석을 "정직함으로 사물과 부딪히고 흔들지 않으니"로 하면 된다.

289. 『도장』본에는 '대'(大)자가 없는데, 이 경우에 해석을 "이른바 곧은 것은 굽은 듯하다"로 하면 된다.

光而不燿.

비추어 주지만 (숨긴 것을) 드러내지 않는다.

以光鑑其所以迷, 不以光照求其隱匿也. 所謂明道若昧也. 此皆崇本以息末, 不攻而使復之也.

빛으로 그들이 미혹한 까닭을 비추어 주면서도 빛으로 그들이 숨긴 것을 밝혀 끌어내지 않으니, 이른바 (41장의) "밝은 도는 어두운 듯하다"는 것이다. 이것은 모두 근본을 숭상하여서 말단을 없애 버리고 다스리지[攻] 않으면서 그들을 근본으로 돌아가게 하는 것이다.

제 59 장

治人事天, 莫若嗇.

사람을 다스리고 하늘을 섬기는 데에는 곡식을 거두는 것만 한 것이 없다.

莫若,[290] 猶莫過也. 嗇, 農夫. 農人之治田, 務去其殊類, 歸於齊一也, 全其自然, 不急其荒病, 除其所以荒病. 上承天命, 下綏百姓,

---

290. 『도장』본과 『도장집주』본에는 모두 '여'(如)자로 되어 있다.

莫過於此.

'~만한 것이 없다'는 말은 '~보다 뛰어난 것이 없다'는 말과 같다. 곡식을 거둔다는 말은 농부라는 의미이다. 농부가 전야를 가꾸면서 열심히 다른 종류[殊類]들을 제거하여 가지런히 하나로 복귀시키니, 저절로 그렇게 됨을 온전히 해서 흉년이 들고 병충해가 생기는 것에 대해 급박해하지 않고, 흉년이 들고 병충해가 생기는 까닭을 제거하는 것이다. 위로 천명을 받들고 아래로 백성을 편안하게 하는 데 이보다 좋은 것이 없다.

夫唯嗇, 是謂早服.

오직 농부만이 이들에 대해 일찌감치 따른다고 말한다.

早服²⁹¹常也.

(농부는) 일찌감치 치우치지 않음을 따른다.

早服, 謂之重積德.

일찌감치 따르는 것에 대해 거듭 덕을 쌓는다고 말한다.

唯重積德, 不欲銳速. 然後乃能使早服其常. 故曰早服謂之重積德者也.

오직 거듭 덕을 쌓고 예리하게 하거나 빨리 하려고 하지 않는다. 그렇게 한 다음에야 치우치지 않음을 일찌감치 따르게 할 수 있다. 그러므로 "일

---

291. 『도장집주』본에는 '복'(服)자가 '복'(復)자로 되어 있는데, 이 경우에 해석을 "일찌감치 치우치지 않음으로 되돌아간다"로 하면 된다.

찌감치 따르는 것에 대해 거듭 덕을 쌓는다고 말한다"라고 했던 것이다.

重積德, 則無不克, 無不克, 則莫知其極.
거듭 덕을 쌓으면 하지 못할 것이 없고, 하지 못할 것이 없으면 그 끝을 아무도 모른다.

道無窮也.
도는 끝이 없다.

莫知其極, 可以有國.
아무도 끝을 몰라야 나라를 소유할 수 있다.

以有窮而莅國, 非能有國也.
끝이 있는 것을 가지고 나라에 군림해서는 나라를 소유할 수 없다.

有國之母, 可以長久.
나라의 근본[母]을 소유하면 영원할 수 있다.

國之所以安, 謂之母. 重積德, 是唯圖其根, 然後營末, 乃得其終也.
나라가 편안하게 되는 까닭 그것을 어미라고 한다. 거듭 덕을 쌓는 것만이 그 근본을 도모하는 것이니, 그렇게 한 다음에 말단을 경영해야 유종의 미를 거둘 수 있다.

是謂深根固柢, 長生久視之道.

이것을 일러 뿌리를 깊고 튼튼하게 하고 장생하고 멀리 보는 방법이라고 한다.

제 60 장

治大國, 若烹小鮮.
큰 나라를 다스리는 것을 작은 생선을 삶듯이 한다.

不擾也, 躁則多害, 靜則全眞.²⁹² 故其國彌大, 而其主彌靜, 然後乃能廣得衆²⁹³心矣.
소란스럽게 하지 않는다는 것이니, 조급하게 하면 해가 많고, 고요하게 하면 원래의 참됨을 온전히 한다. 그러므로 그 나라가 클수록 그 임금이 더욱더 고요하게 한 다음에라야 널리 뭇사람들의 마음을 얻을 수 있다.

以道莅天下, 其鬼不神,

292.45장의 주에 "고요하면 사물의 참됨을 온전히 하고, 조급하면 사물의 성품을 해친다"[靜則全物之眞, 躁則犯物之性]라는 말이 있다.

293.『도장집주』본에는 '중'(衆)자가 '감'(感)자로 되어 있는데, 이 경우에 해석을 "그러므로 그 나라가 클수록 그 임금은 더욱더 고요한 다음에야 널리 (사람들의) 마음을 움직이게 할 수 있다"로 하면 된다.

도로써 천하에 군림하면, 귀신〔鬼〕은 신령스럽지 않은데,

治大國, 則若烹小鮮, 以道莅天下, 則其鬼不神也.
큰 나라를 다스리는 것이라면 작은 생선을 삶듯이 하고, 도로써 천하
에 군림한다면 귀신은 신령스럽지 않다.

非其鬼不神. 其神不傷人,
귀신이 신령스럽지 않아서가 아니며, 신령스러움이 사람을 해치지 않
는데,

神不害自然也. 物守自然, 則神無所加. 神無所[294]加, 則不知神之
爲神也.
신령스러움은 저절로 그렇게 됨을 해치지 않는다. 사물이 저절로 그렇
게 됨을 지키면, 신령스러움이 가해질 곳이 없다. 신령스러움이 가해질
곳이 없으면, 신령스러움이 신령스러운지를 모른다.

非其神不傷人. 聖人亦不傷人.
신령스러움이 사람을 해치지 않아서가 아니다. 성인도 그처럼 사람을
해치지 않는다.

道洽則神不傷人, 神不傷人, 則不知神之爲神. 道洽則聖人亦不傷

294.『도장집주』본에는 '소'(所)자가 없는데, 이 경우에 해석을 "신령스러움이 가
함이 없다면"으로 하면 된다.

人, 聖人不傷人, 則²⁹⁵不知聖人之爲聖也. 猶云²⁹⁶不知神之爲神, 亦
不知聖人之爲聖也. 夫恃威網, 以使物者, 治之衰也, 使不知神聖之
爲神聖, 道之極也.

도와 합치되면 신령스러움이 사람을 해치지 않고, 신령스러움이 사람
을 해치지 않으면 신령스러움이 신령스러운지를 모른다. 도와 합치되면
성인도 사람을 해치지 않고, 성인이 사람을 해치지 않으면 성인이 성스
러운지를 모른다. 신령스러움이 신령스러운지를 몰라 또한 성인이 성스
러운지를 모른다고 말하는 것과 같다. 권위와 법망에 의지해 사람을 부
리는 것은 변변치 못한 다스림이니, 신령스러움과 성인이 신령스럽고 성
스러운지를 모르게 하는 것이 도의 지극함이다.

夫兩不相傷, 故德交歸焉.

저 양자는 서로 함께 (사람을) 해치지 않는다. 그러므로 덕이 함께 돌아
간다.

神不傷人, 聖人亦不傷人, 聖人不傷人, 神亦不傷人. 故曰兩不相
傷也. 神聖合道交歸之也.

---

295. 『도장집주』본에는 '부'(不)자 앞에 '역'(亦)자가 더 있는데, 이 경우에 해석을
    "성인이 사람을 해치지 않으면 역시 성인이 성스러운지를 모른다"로 하면
    된다.
296. 『도장』본과 『도장집주』본에는 '부'(不)자 앞에 '비독'(非獨) 두 글자가 더 있
    는데, 이 경우에 해석을 "신령스러움이 신령스러운지를 모를 뿐만이 아니라
    또한 성인이 성스러운지를 모른다고 말하는 것과 같다"[猶云非獨不知神之爲
    神, 亦不知聖人之爲聖也]로 하면 된다.

신령스러움이 사람을 해치지 않으니 성인도 사람을 해치지 않고, 성인
이 사람을 해치지 않으니 신령스러움도 사람을 해치지 않는다. 그러므로
"양자는 서로 함께 (사람을) 해치지 않는다"라고 했다. 신령스러움과 성
스러움이 도와 합일해서 함께 돌아간다.

제 61 장

大國者下流,

큰 나라가 겸손하게 처신하니,

江海居大而處下, 則百川流之. 大國居大而處下, 則天下流[297]之.
故曰大國下流也.

강과 바다가 넓은 곳을 차지하고 있으면서도 낮은 곳에 위치해 있으니
온갖 하천의 물이 흘러 들어온다. 큰 나라가 넓은 영토를 차지하고 있으
면서도 겸손하게 처신하니 천하가 몰려 들어온다. 그러므로 "큰 나라가
겸손하게 처신하니"라고 했다.

天下之交,

---

297. 『도장집주』본에는 '유'(流)자가 '귀'(歸)자로 되어 있는데, 이 경우에 해석을
    "천하가 귀의한다"로 하면 된다.

천하의 교착점이 되고,

天下所歸會也.[298]
천하가 귀의해서 모이는 곳이다.

天下之牝.
천하의 암컷이 된다.

靜而不求, 物自歸之也.[299]
가만히 있으면서 아무것도 요구하지 않으니 사물들이 저절로 귀의한다.

牝常以靜勝牡, 以靜爲下.
음은 항상 고요함으로써 양을 이기고, 고요함으로써 아래가 된다.

以其靜, 故能爲下也. 牝, 雌也. 雄躁動貪欲, 雌常以靜, 故能勝雄也, 以其靜復能爲下, 故物歸之也.
음은 고요하기 때문에 아래가 될 수 있다. 음(牝)이란 글자는 암컷이란 뜻이다. 수컷은 조급하게 움직이고 탐욕스러운데, 암컷은 항상 고요하기 때문에 수컷을 이길 수 있고, 그것이 고요히 있으면서 다시 아래가 되기 때문에 사물들이 귀의한다.

---

298. 『도장집주』본에는 "천하지소귀회자야"(天下之所歸會者也)로 되어 있는데 해석상 차이점은 없다.
299. 『도장집주』본에는 '야'(也)자가 없는데 해석상 차이점은 없다.

故大國以下小國,

그러므로 대국이면서 소국에게 낮추면,

大國以下, 猶云以大國下小國.

대국이면서 낮춘다는 말은 대국으로서 소국에게 낮춘다고 말하는 것
과 같다.

則取小國.

소국을 취하고,

小國則附之.

소국이라면 대국에게 의지하게 된다.

小國以下大國, 則取大國.

소국이면서 대국에게 낮추면 대국에게 받아들여진다.

大國納之也.

대국이 소국을 받아들인다.

故或下以取, 或下而取.

그러므로 낮추어서 취하기도 하고, 낮추어서 받아들여지기도 한다.

言唯修卑下, 然後乃各得其所.

오직 낮추는 것을 닦은 다음에야 제각기 자신이 있을 곳에 있게 된다

는 말이다.

大國不過欲兼畜人, 小國不過欲入事人, 夫兩者各得其所欲, 大者宜爲下.

그러나 대국은 사람들을 두루 육성하고자 하는 것에 지나지 않고, 소국은 들어가서 남을 섬기고자 하는 것에 지나지 않으니, 저 양자가 제각기 그들이 원하는 것을 이루려면 큰 것이 낮추어야 한다.

小國修下, 自全而已, 不能令天下歸之. 大國修下, 則天下歸之. 故曰各得其所欲, 則大者宜爲下也.

소국이 낮추는 것을 닦으면 스스로를 온전하게 보존할 뿐이고 천하를 그에게로 귀의하게 하지는 못한다. 대국이 낮추는 것을 닦으면 천하가 그에게 귀의한다. 그러므로 "제각기 그들이 원하는 것을 이루려면 큰 것이 낮추어야 한다"라고 했다.

제 62 장

道者, 萬物之娛,

도란 만물의 흐릿함이니,

娛猶曖³⁰⁰也, 可得庇蔭之辭也.

'흐릿함'〔娛〕은 가려 주는 것과 같으니 (만물을) 감싸 줄 수 있다는 말이다.

善人之寶,

선한 자가 보배로 여기는 것이고,

寶以爲用也.

보배로 여겨 쓰임을 삼는다.

不善人之所保.

선하지 못한 자가 보존하는 것이다.

保以全也.

보존해서 온전해진다.

美言可以市, 尊行可以加人,

멋진 언사는 가치가 있고 훌륭한 행동은 사람들에게 영향을 미치지만,

言道無所不先, 物無有貴於此也. 雖有珍寶璧馬, 無以匹³⁰¹之. 美

---

300. 『도장집주』본에는 '애'(曖)자가 '애'(愛)자로 되어 있는데, 이 경우에 해석을 "본문의 '흐릿함'〔娛〕은 사랑하는 것과 같으니"로 하면 된다.

301. 『도장집주』본에는 '필'(匹)자가 '정'(正)자로 되어 있는데, 이 경우에 해석을

言之, 則奪衆貨之賈, 故曰美言可以市也. 尊行之, 則千里之外應
之,[302] 故曰可以加於人也.

　도는 앞서지 않는 곳이 없어서 사물 중에 이보다 귀한 것이 없으니, 비
록 보배와 말이 있을지라도 이것에 필적할 수 없다는 말이다. 멋지게 말
을 하면 온갖 재화의 가치를 빼앗을 수 있으므로 "멋진 언사는 가치가 있
다"라고 했고, 훌륭하게 행동하면 천리 밖에서도 응하므로 "사람들에게
영향을 미친다"라고 했다.

　人之不善, 何棄之有.
　사람이 선하지 못하다고 해서 어찌 버려질 수 있겠는가!

　不善當保道以免放.[303]
　선하지 못한 사람은 도를 보존해서 내침을 면하게 해야 한다.

　故立天子, 置三公.
　그러므로 천자를 세우고 삼공을 둔다.

　言尊行道也.

_____

　　"비록 보배와 말이 있을지라도 주로 함이 없다는 말이다"로 하면 된다. '정'
　　(正)자를 '부'(副)의 대가 되는 의미, 곧 '본정'으로 보았다.
302.『주역』「계사상」(繫辭上)에 "공자는 '군자가 집에 있을지라도 하는 말이 선
　　하면 천리 밖에서도 호응한다'라고 했다"〔子曰, 君子居其室出其言, 善則千里
　　之外應之〕라는 말이 있다.
303.『도장집주』본에는 '방'(放)자가 '방'(倣)자로 되어 있는데 서로 통한다.

도를 높여서 행한다는 말이다.

雖有拱璧以先駟馬, 不如坐進此道.

비록 큰 옥을 끼고 네 마리 말이 끄는 수레[駟馬]를 앞세울지라도 앉아
서 이 도에 나아가는 것만 못하다.

此道上之所云也. 言故立天子, 置三公, 尊其位, 重其人, 所以爲
道也, 無物有貴於此者. 故雖有拱抱寶璧以先駟馬而進之, 不如坐而
進此道也.

본문의 '이 도'[此道]는 위에서 말한 것이다. "(위의 본문에서) 그러므로
천자를 세우고 삼공을 둔다"는 것은 그 지위를 높이고 그 사람을 존중해
서 도를 행하기 위함이니, 사물에는 이것[道]보다 귀한 것이 없다는 말이
다. 그러므로 비록 큰 옥을 끼고 네 마리 말이 끄는 수레를 앞세우고 나아
갈지라도 앉아서 이 도에 나아가는 것만 못하다.

古之所以貴此道者何. 不日以求得, 有罪以免邪. 故爲天下貴.

옛날에 이 도를 귀하게 여긴 이유가 무엇 때문인가? "그것으로 구하면
얻고, 죄가 있으면 그것으로 사면된다"고 말하지 않았던가! 그러므로 천
하에서 귀함이 된다.

以求則得求, 以免則得免, 無所而不施, 故爲天下貴也.

그것으로 구하면 구할 수 있고, 그것으로 사면하면 사면될 수 있으니,
어디엔들 행해지지 않은 바가 없다. 그러므로 천하에서 귀함이 된다.

제 63 장

爲無爲, 事無事, 味無味.

아무것도 시행함이 없음을 행하고, 아무것도 일삼지 않음을 일삼으며,
아무 맛도 없음을 맛으로 여긴다.

以無爲爲居, 以不言爲敎, 以恬淡爲味, 治之極也.

아무것도 시행함이 없음을 생활로 삼고, 말하지 않음을 교화로 삼으
며, 담백함을 맛으로 여기니 다스림의 극치이다.

大小多少, 報怨以德.

대소든지 다소든지 '덕'(德)으로써 원한을 갚는다.

小怨則不足以報, 大怨則天下之所欲誅, 順天下之所同者德也.

사소한 원한이라면 보복하기에 부족하지만 큰 원한이라면 천하 사람
들이 주벌하고자 하는 바이니, 천하 사람들이 함께하는 바를 따르는 것
이 덕(德)이다.

圖難於其易, 爲大於其細. 天下難事, 必作於易, 天下大事, 必作
於細. 是以聖人終不爲大, 故能成其大. 夫輕諾必寡信, 多易必多難.
是以聖人猶難之,

쉬운 것에서 어려운 것을 도모하고, 미세한 것에서 큰 것을 행한다. 세
상에서 어려운 일은 반드시 쉬운 것에서 생기고, 세상에서 큰일은 반드

시 작은 것에서 일어난다. 그러니 바로 성인이 끝내 큰 것을 행하지 않기 때문에 큰 것을 이룰 수 있는 것이다. 대답을 가볍게 하면 반드시 신용이 적어지고, 쉽다고 여기는 것이 많으면 반드시 어려움이 많이 생긴다. 그러니 바로 성인이 오히려 그런 것들을 어렵게 여기기 때문에

以聖人之才, 猶尙難於細易, 況非聖人之才, 而欲忽於此乎. 故曰猶難之也.

성인의 재주로도 오히려 미세하고 쉬운 것을 어렵게 여기는데, 하물며 성인의 재주도 없으면서 이런 것들을 소홀히 보려고 함에야 말해 무엇하겠는가! 그러므로 "오히려 그런 것들을 어렵게 여긴다"라고 했다.

故終無難矣.

끝내 어려움이 없는 것이다.

제 64 장

其安易持, 其未兆易謀,

편안할 때는 지키기 쉽고, 아직 조짐이 나타나지 않았을 때는 도모하기 쉬우며,

以其安, 不忘危持之, 不忘亡謀之,[304] 無功之勢. 故曰易也.[305]

편안할 때에 위태롭게 될 것을 잊지 않고 지키며, 망하게 될 것을 잊지 않고 준비하니, (나중에 문제될) 일이 없는 형세다. 그러므로 "쉽다"고 했다.

其脆易泮, 其微易散.

여릴 때는 잘라 버리기가 쉽고, 미미할 때는 분산시키기가 쉽다.

雖失無入有, 以其微脆之故, 未足以興大功, 故易也. 此四者, 皆說愼終也. 不可以無之故而不持, 不可以微之故而弗散也. 無而不持, 則生有焉, 微而不散, 則生大焉, 故愼終之患, 如始之禍, 則無敗事.

비록 '아무것도 없음'〔無〕을 벗어나서 '무엇인가 있음'〔有〕으로 접어들게 되었을지라도 그것이 미미하고 여리기 때문에 아직 큰일을 일으킬 정도는 되지 못한다. 그러므로 (잘라 버리고 분산시키기가) 쉽다. 본문의 네 가지는 모두 나중을 미리 염려하라는 설명이다. 아무것도 (드러난 것이) 없다고 해서 지키지 않아서는 안 되고, 미미하다고 해서 분산시키지 않

304.『주역』「계사하」(繫辭下)에 "공자가 '위태로운 것은 그 위치를 편안히 여기는 것 때문이고, 망하는 것은 그 생존을 믿는 것 때문이고, 어지러운 것은 그 다스림을 의지하는 것 때문이다. 그러므로 군자는 편안해도 위태롭게 될 것을 염려하고, 생존해도 망하게 될 것을 걱정하며, 다스려져도 어지럽게 될 것을 생각한다'라고 했다"〔子曰, 危者安其位者也, 亡者保其存者也, 亂者有其治者也. 是故君子安而不忘危, 存而不忘亡, 治而不忘亂〕라는 말이 있다.

305.『노자주역왕필주교석』에서 루우열은 "편안할 때 위태롭게 될 것을 잊지 않고, 유지될 때 망할 것을 잊지 않으며, 일이 없는 형세에서 도모한다"〔以其安不忘危, 持之不忘亡, 謀之無功之勢〕라고 했는데,『한문대계』(漢文大系)에도 동일하다.『도장집주』본에는 이 구절 전체의 주가 없다.

아서는 안 된다. 아무것도 (드러난 것이) 없을 때 지키지 못하면 무엇인가가 생겨 나오고, 미미할 때에 분산시키지 못하면 큰일이 생긴다. 그러므로 나중에 생길 환란에 대해 염려하기를 처음부터 있는 재앙처럼 여긴다면 일을 그르치는 경우는 없다.

爲之於未有,

아직 있지 않을 때에 대비하고,

謂其安未兆也.

본문 첫 구절의 편안하고 아직 조짐이 나타나지 않았을 때를 말한다.

治之於未亂.

아직 혼란스럽지 않을 때에 다스린다.

謂[306]微脆也.

본문 두 번째 구절의 미미하고 여릴 때를 말한다.

合抱之木, 生於毫末, 九層之臺, 起於累土, 千里之行, 始於足下.
爲者敗之, 執者失之.

아름드리나무도 털끝처럼 가는 싹에서 생겨나고, 구층의 누대도 한 삼태기의 흙을 쌓아 올리는 것에서 시작되며, 천리 길도 한 걸음부터 시작

306.『도장집주』본에는 '미'(微)자 앞에 '폐'(閉)자가 더 있는데, 이 경우에 해석을 "미미하고 여릴 때 막는 것을 말한다"[謂閉微脆也]로 하면 된다.

된다. 그러니 무엇인가 시행하는 것은 그르치는 것이고, 움켜잡는 것은 잘못하는 것이다.

　當以愼終除微, 愼微除亂. 而以施爲治之, 形名執之, 反生事原, 巧辟滋作. 故敗失也.

　나중을 염려해서 미미할 때 제거하고, 미미할 때 염려해서 혼란을 제거해야 한다. 베풀고 시행하는 것[施爲]으로써 다스리고, '드러내고 명명하는 것'[形名]으로써 움켜잡는다면, 도리어 일의 실마리를 내놓는 것이니 교묘하고 편벽된 것이 더욱더 생긴다. 그러므로 그르치는 것이고 잘못하는 것이다.

　是以聖人無爲, 故無敗, 無執, 故無失. 民之從事, 常於幾成而敗之.

　이 때문에 성인은 아무것도 시행함이 없으므로 그르침이 없고, 움켜잡는 일이 없으므로 잘못함이 없다. 백성들은 일을 함에 항상 빌미가 이루어졌을 때 하기 때문에 그르친다.

　不愼終也.

　(시작에서) 나중을 염려하지 않았다.

　愼終如始, 則無敗事. 是以聖人欲不欲, 不貴難得之貨,

　나중을 처음같이 염려한다면 일을 그르침이 없다. 이 때문에 성인은 (남들이) 하지 않고자 하는 것을 하고자 하고, 얻기 힘든 재화를 귀하게 여기지 않으며,

好欲雖微, 爭尙爲之興, 難得之貨雖細, 貪盜爲之起也.

좋아하고 하고자 하는 것이 미미할지라도 다툼과 숭상이 그 때문에 생겨나고, 얻기 힘든 재화가 작을지라도 탐욕과 도둑이 그 때문에 생겨난다.

學不學, 復衆人之所過.

(남들이) 배우지 않는 것을 배워서, 뭇사람들이 잘못한 바를 회복시킨다.

不學而能者, 自然也, 喩於不學[307]者, 過也. 故學不學, 以復衆人之[308]過.

배우지 않고 능한 것이 저절로 그렇게 됨이니, 배우지 않은 자들을 깨우치게 하는 것은 잘못이다. 그러므로 배우지 않는 것을 배워서 뭇사람들의 잘못을 회복시킨다.

以輔萬物之自然, 而不敢爲.

그렇게 함으로써 만물이 저절로 그렇게 됨을 도와주지만 감히 어떤 것도 시행하지 않는다.

---

307. 『고일총서』본에는 '불'(不)자가 없는데, 이 경우에 해석을 "배우지 않고 능한 것은 저절로 그렇게 됨이고, 배우도록 깨우쳐 주는 것은 잘못이다"[不學而能者, 自然也, 喩於學者, 過也]로 하면 된다.
308. 『도장집주』본에는 '지'(之)자 다음에 '소'(所)자가 있는데, 이 경우에 해석을 "뭇사람들이 잘못한 바를 회복시킨다"로 하면 된다.

제 65 장

古之善爲道者, 非以明民, 將以愚之.

옛날에 훌륭하게 도를 행한 자는 백성들을 밝게 한 것이 아니라, 그들을 어리석게 했다.

明, 謂多見巧詐, 蔽³⁰⁹其樸也. 愚, 謂無知守眞, 順自然也.

밝게 한다는 것은 식견을 많게 하고 속임수를 교묘하게 해서 순박함을 가리는 것을 말한다. 어리석게 한다는 것은 앎을 없애고 '참된 본성'〔眞〕을 지켜서 저절로 그렇게 됨을 따르는 것을 말한다.

民之難治, 以其智多.

백성들을 다스리기 어려운 것은 그들의 지혜〔智〕가 많아졌기 때문이다.

多智巧詐, 故難治也.

지혜가 많아 속임수를 교묘하게 하기 때문에 다스리기 어렵다.

故以智治國, 國之賊,

그러므로 지혜로 나라를 다스리는 것이 국가의 해악이고,

---

309. 『도장취선집』(道藏取善集)에서는 '폐'(蔽)자가 '산'(散)자로 되어 있는데, 이 경우에 해석을 "밝게 한다는 것은 식견을 많게 하고 속임수를 교묘하게 해서 순박함을 흩어 버리는 것을 말한다"로 하면 된다.

智, 猶治也, 以智治國, 所以謂之賊者. 故謂之智也. 民之難治, 以其多智也, 當務塞兌閉門,[310] 令無知無欲. 而以智術動民, 邪心旣動, 復以巧術防民之僞, 民知其術防, 隨而避之. 思惟密巧, 奸僞益滋. 故曰以智治國, 國之賊也.

지혜는 다스리는 것과 같은데, 지혜로 나라를 다스리기 때문에 그것을 해악이라고 했다. 그러므로 국가의 해악을 지혜라고 말했다. 백성들을 다스리기 어려운 것은 그들의 지혜가 많아졌기 때문이니, 힘써 출구〔兌〕를 막고 문(門)을 닫아서 (백성들이) 아는 것도 하고자 하는 것도 없게 해야 한다. 그런데 지혜와 술수로 백성들을 움직여서 사특한 마음이 움직이게 한 뒤에, 다시 교묘한 술수로 백성들의 허위를 막으려고 하지만, 백성들이 그 술수로 막는 것을 알아채고 따르는 척하면서 피한다. 생각이 정밀하고 교묘해질수록 간사하고 거짓된 것은 더욱더 자라난다. 그러므로 "지혜로 나라를 다스리는 것이 국가의 해악이다"라고 했다.

不以智治國, 國之福. 知此兩者, 亦稽式. 常知稽式, 是謂玄德. 玄德, 深矣, 遠矣,

지혜로 나라를 다스리지 않는 것이 국가의 복이다. 이 두 가지를 아는 것이 또한 '법칙'〔稽式〕이다. 법칙을 아는 것, 이것을 '아득한 덕'〔玄德〕이라고 한다. 아득한 덕은 심원해서

---

310. 52장에 "출구를 막고 문을 닫으니"〔塞其兌, 閉其門〕라는 말이 있고, 56장에 "출구를 막고 그 문을 닫아서 그 예리함을 꺾고"〔塞其兌, 閉其門, 挫其銳〕라는 말이 있다.

稽³¹¹ 同也. 今古之所同, 則³¹²不可廢. 能知稽式, 是謂玄德. 玄
德, 深矣, 遠矣.

법칙은 한결같다는 의미이다. 예나 지금이나 한결같은 것이라면 폐해
서는 안 된다. 법칙을 알 수 있는 것, 이것을 바로 아득한 덕이라고 하니,
아득한 덕은 심원하다.

與物反矣.

사물과 함께 (참된 원래의 상태로) 되돌아간다.

反其眞也.

참됨으로 되돌아간다.

然後乃至大順.

그런 다음에야 크게 따르게 된다.

---

311. 『도장집주』본에는 '계'(稽)자가 본문이나 주에서 모두 '해'(楷)자로 되어 있다.
312. 『고일총서』본에는 "금고지소동즉"(今古之所同則)이 "금고지소동이즉"(今古
之所同而則)으로 되어 있는데, 이 경우에 해석을 "예나 지금이나 한결같이
해서 모범으로 삼는 것은 (폐해서는 안 된다)"로 하면 된다.

제 66 장

江海所以能爲百谷王者, 以其善下之. 故能爲百谷王. 是以欲上民, 必以言下之, 欲先民, 必以身後之. 是以聖人處上而民不重, 處前而民不害. 是以天下樂推而不厭. 以其不爭, 故天下莫能與之爭.

강과 바다가 모든 계곡의 왕이 될 수 있는 것은 그것들이 잘 낮추기 때문이다. 그러므로 모든 계곡의 왕이 될 수 있는 것이다. 이 때문에 백성들보다 위가 되고자 한다면 반드시 말을 낮추어야 하고, 백성들보다 앞서고자 한다면 반드시 자신을 뒤로해야 한다. 이 때문에 성인이 윗자리에 있지만 백성들이 중압감을 느끼지 않고, 앞서가지만 자신들을 해친다고 느끼지 않는다. 이 때문에 천하의 사람들이 기꺼이 추대하고 염증을 느끼지 않는다. 성인은 다투지 않기 때문에 천하에서 누구도 그와 다툴 수 없다.

제 67 장

天下皆謂我道大, 似不肖. 夫唯大, 故似不肖. 若肖, 久矣其細也夫.

세상 사람들은 모두 나의 도가 커서 (기존의 학풍을) 본받지 않은 것 같다고 한다. 오직 크기 때문에 본받지 않은 것 같다. 본받았다면 오래되었을 것이다, 그 세분됨이.

久矣其細, 猶曰其細久矣. 肖則失其所以爲大矣. 故曰若肖, 久矣
其細也夫.[313]

"오래되었을 것이다, 그 세분됨이"라는 말은 "그 세분됨이 오래되었을
것이다"라고 말한 것과 같다. 본받았다면 크게 되는 까닭을 상실하므로
"본받았다면 오래되었을 것이다, 그 세분됨이"라고 했다.

我有三寶, 持而保之, 一曰慈, 二曰儉, 三曰不敢爲天下先.

나는 세 가지 보물이 있어서 지키고 보존하니, 하나는 사랑〔慈〕이고,
하나는 검약〔儉〕이며, 나머지 하나는 천하에 감히 솔선하지 않는 것이다.

慈故能勇,

사랑하기 때문에 용감할 수 있고,

夫慈以陳則勝, 以守則固. 故能勇也.

사랑으로 싸우면 승리하고, 그것으로 수비를 하면 철통같다. 그러므로
용감할 수 있다.

儉故能廣,

검약하기 때문에 넉넉할 수 있으며,

節儉愛費, 天下不匱. 故能廣也.

---

313. 『도장』본과 『도장집주』본에는 모두 '부'(夫)자가 '고'(故)자 뒤에 있는데, 해
     석상 차이는 없다.

절약하고 검소해서 비용을 아끼니 천하가 궁핍하게 되지 않는다. 그러
므로 넉넉할 수 있다.

不敢爲天下先, 故能成器長.
천하에 감히 솔선하지 않기 때문에 그릇의 으뜸을 이룰 수 있다.

唯後外其身, 爲物所歸, 然後乃能立成器, 爲天下利, 爲物之長也.
오직 자신을 앞세우지 않고 도외시해서[314] 사물들이 귀의한 다음에야,
그릇을 내세우고 이루어서 천하의 이로움을 삼고[315] 사물의 으뜸으로 삼
을 수 있다.

今舍慈且勇,
지금 사랑을 버리고 용감한 것을 가져가며,

且猶取也.
가져가다는 말은 취하다[取]는 의미와 같다.

---

314. 7장에 "이 때문에 성인은 자기 자신을 뒤로 물리는데도 자신이 남보다 앞
  서게 되며, 자기 자신을 도외시하는데도 자신이 보존되니, 사사로움이 없기
  때문이 아니겠는가? 그러므로 자신의 사사로움을 이룰 수 있다"[是以聖人後
  其身而身先, 外其身而身存, 非以其無私邪, 故能成其私]라는 말이 있다.
315. 『주역』「계사상」에 "물건을 갖추어서 사용되게 하고 그릇을 내세우고 이루어
  서 천하의 이로움이 되게 하는 데는 성인보다 위대한 이가 없다"[備物致用,
  立成器以爲天下利, 莫大乎聖人]라는 구절이 있다.

舍儉且廣, 舍後且先, 死矣.

검약한 것을 버리고 넉넉한 것을 취하며, 뒤따르는 것을 버리고 솔선하는 것을 취한다면 죽는다.

夫慈以戰則勝,

사랑으로 전쟁을 한다면 승리하고,

相憫而不避於難, 故勝也.

서로 가엾게 여겨서 어려운 일을 피하지 않으므로 승리한다.

以守則固. 天將救之, 以慈衛之.

그것으로 수비를 한다면 철통같다. 하늘이 도와준다면 사랑으로 호위할 것이다.

해설

"세상 사람들은 모두 나의 도가 커서 (기존의 학풍을) 본받지 않은 것 같다고 한다. 오직 크기 때문에 본받지 않은 것 같다. 본받았다면 오래되었을 것이다, 그 세분됨이"라는 구절은 다른 학파들이 분별지를 기반으로 자신들의 주장을 체계화시키는 데 비해, 노자는 도리어 분별지를 사용하지 않음을 두고 하는 말이다. 분별지로 무엇을 체계화시키면 시킬수록 그것이 더 세분된다는 사실을 알면 위의 구절은 쉽게 이해된다. 38장에서 "이 때문에 대장부는 두터운 것에 거주하고 야박한 것에 거주하지 않고, 열매에 거처하고 꽃봉오리에 거처하지 않는다"라고 한 말은 이 구절과 직결된다.

제 68 장

善爲士者, 不武,
훌륭한 지휘관(士)은 무용을 뽐내지 않고,

士,卒之師也. 武尙先陵人也.
지휘관은 병졸들의 우두머리이다. 무용은 앞서는 것을 숭상해서 남을
능멸한다.

善戰者, 不怒,
싸움을 잘하는 자는 분노하지 않고,

後而不先, 應而不唱. 故不在怒.
뒤따르고 솔선하지 않으며, 응수는 하지만 선창하지 않는다. 그러므로
분노하지 않는다.

善勝敵者, 不與,
적을 잘 이기는 자는 적과 다투지 않고,

不與爭也.

적과 다투지 않는다.

善用人者, 爲之下. 是謂不爭之德, 是謂用人之力.

사람을 잘 부리는 자는 사람들에게 자신을 낮춘다. 이것을 다투지 않는 덕이라 하고, 사람을 부리는 힘이라 한다.

用人而不爲之下, 則力不爲用也.

남들을 부리면서 그들의 아래가 되지 않으면, 그들의 힘을 사용하지 못한다.

是謂配天, 古之極.

이것을 하늘에 짝하는 방법이라 하니, 옛 도의 극치이다.

제 69 장

用兵有言, 吾不敢爲主而爲客, 不敢進寸而退尺. 是謂行無行.

용병술에 "감히 주인이 되지 않고 손님이 되고, 감히 한 치도 나아가지 않고 한 자(尺)를 물러난다"는 말이 있다. 이것이 행군해 나아가도 나아간 흔적이 없고,

彼遂不止.[316]

저들(병사를 잘 지휘하는 사람)은 마침내 머물러 있지 않는다.

攘無臂, 扔無敵,

소매를 걷어 올려도 팔이 보이지 않으며, 끌어당겨도 (당기는) 상대가
없고,

行謂行陣也. 言以謙退哀慈, 不敢爲物先. 用戰猶行無行, 攘無臂,
執無兵, 扔[317]無敵也, 言無有與之抗也.

간다는 것은 행군[行陣]을 말한다. 겸손하고 물러나며 불쌍히 여기고
사랑하기 때문에 감히 남들[物]보다 앞서지 않는다는 말이다. 이것을 전
쟁에 사용하면, 행군해 나아가도 나아간 흔적이 없고, 소매를 걷어 올려
도 팔이 보이지 않으며, 무기를 잡고 있어도 무기가 보이지 않고, 끌어당
겨도 (당기는) 상대가 없는 듯하니, 누구와도 겨룸이 없다는 말이다.

---

316. 루우열은 『노자주역왕필주교석』에서 도홍경(陶鴻慶)의 설을 근거로 '피'(彼)
   자를 '진'(進)자로 보았다. 그러나 본문에 "용병술에 ~라는 말이 있다"[用兵
   有言]라는 것으로 볼 때, '피'(彼)자는 나아간다는 의미의 '진'(進)자가 아니
   라 '병가'(兵家)를 가리키는 것으로 보인다. 병가에서는 "감히 주인이 되지
   않고 손님이 되고, 감히 한 치도 나아가지 않고 한 자[尺]를 물러난다"[吾不
   敢爲主而爲客, 不敢進寸而退尺]는 구절을 적을 속이기 위한 술수로 이용해서,
   적이 이 술수에 걸려들면 마침내 머물러 있지 않고 그 이상으로 진격해 나
   가기 때문이다.
317. 『도장집주』본에는 '잉'(扔)자가 '잉'(仍)자로 되어 있는데, 이 경우에 해석을
   "따라다녀도 따라다니는 상대가 없는 듯하니"로 하면 된다.

執無兵. 禍莫大於輕敵, 輕敵幾喪吾寶.

무기를 잡고 있어도 무기가 보이지 않는 것이다. 화(禍)는 적을 깔보는 것보다 큰 것이 없는데, 적을 깔보면 거의 자신의 보배를 잃어버릴 것이다.

言吾哀慈謙退, 非欲以取强, 無敵於天下也, 不得已, 而卒至於無敵, 斯乃吾之所以爲大禍也. 寶三寶也. 故曰幾亡吾寶.

나는 불쌍히 여기고 사랑하며 겸손하고 물러서니, 강하게 되어서 천하에 무적이 되고자 하는 것이 아니다. 그런데 부득이하게 마침내 천하무적이 되면, 이것이야말로 내가 큰 화로 여기는 것이라는 말이다. 보물은 세 가지 보물이다.[318] 그러므로 "거의 자신의 보물을 잃을 것이다"라고 했다.

故抗兵相加, 哀者勝矣.

그러므로 군대를 동원해서 서로 맞붙을 때에 불쌍히 여기는 쪽이 승리한다.

抗, 擧也. 加[319]當也. 哀者必相惜, 而不趣利避害, 故必勝.

---

318. 67장에 "나는 세 가지 보물이 있어서 지키고 보존하니, 하나는 사랑이고, 하나는 검약이며, 나머지 하나는 천하에 감히 솔선하지 않는 것이다"〔我有三寶, 持而保之, 一曰慈, 二曰儉, 三曰不敢爲天下先〕라는 말이 있다.

319. 『도장집주』본에는 '가'(加)자가 '약'(若)자로 되어 있는데, 이 경우에 해석을 "동원한다는 말은 군대를 일으킨다는 의미이니 적을 맞이하는 것과 같다"〔抗, 擧也, 若當也〕로 하면 된다.

동원한다는 말은 일으킨다는 의미이다. 맞붙는다는 말은 대적한다는 의미이다. 불쌍히 여기는 쪽은 반드시 서로 애처롭게 여겨서 이로움을 좇고 해로움을 피하지 않으므로 반드시 승리한다.

제 70 장

吾言甚易知, 甚易行, 天下莫能知, 莫能行.

나의 말은 매우 알기 쉽고 매우 행하기 쉬운데, 천하에서 누구도 알지 못하고 누구도 행하지 못한다.

可不出戶窺牖而知,[320] 故曰甚易知也, 無爲而成, 故曰易行也. 惑於躁欲, 故曰莫之能知也, 迷於營利, 故曰莫之能行也.

집밖으로 나가거나 창밖으로 내다보지 않아도 알 수 있기 때문에 "매우 알기 쉽다"라고 했고, 아무것도 시행하지 않아도 이룰 수 있기 때문에 "매우 행하기 쉽다"라고 했다. 성급하게 하고 싶은 것에 미혹되므로 "누구도 알지 못한다"라고 했고, 영화와 이익에 빠지므로 "누구도 행하지 못한다"라고 했다.

---

320. 47장에 "집밖으로 나가지 않아도 천하를 알고, 창밖으로 내다보지 않아도 천도를 본다"[不出戶, 知天下, 不闚牖, 見天道]라는 말이 있다.

言有宗, 事有君.

말에는 근본(宗)이 있고, 일에는 으뜸(君)이 있다.

宗, 萬物之宗也, 君, 萬物³²¹之主也.

근본은 만물의 근본이고, 으뜸은 만물의 으뜸이다.

夫唯無知, 是以不我知.

그런데 단지 분별이 없기 때문에 나를 알아보지 못한다.

以其言有宗, 事有君之故, 故有知之人, 不得不知之也.

말에는 근본이 있고 일에는 으뜸 되는 까닭이 있다. 그러므로 분별 있
는 사람은 그것을 알지 않을 수 없다.

知我者希, 則我者貴,

나를 알아보는 자가 별로 없으면, 내가 귀한 존재이니,

唯深, 故知之者希也. 知我益希, 我亦無匹. 故曰知我者希, 則我
者³²²貴也.

단지 심오하기 때문에 알아보는 자가 별로 없다. 나를 알아보는 자가

---

321. 『도장집주』본에는 '물'(物)자가 '사'(事)자로 되어 있는데, 이 경우에 해석을
"으뜸은 만사의 으뜸이다"로 하면 된다.
322. 『도장집주』본에는 '자'(者)자가 없는데, 이 경우에 해석을 "나를 알아보는 자
가 별로 없으면 내가 귀한 존재이다"로 하면 된다.

드물수록 나에게는 또한 나를 필적할 수 있는 자가 없으므로, "나를 알아보는 자가 별로 없으면, 내가 귀한 존재이다"라고 했다.

是以聖人被褐懷玉.

바로 성인이 거친 베로 만든 옷을 입고 가슴속에 옥을 품고 있기 때문이다.

被褐者, 同其塵,[323] 懷玉者, 寶其眞也. 聖人之所以難知, 以其同塵而不殊, 懷玉而不渝.[324] 故難知而爲貴也.

거친 베옷을 입었다는 것은 티끌 같은 세속과 함께함이고, 가슴속에 옥을 품고 있다는 것은 참됨[眞]을 보배로 여김이다. 성인을 알아보기 어려운 것은 티끌 같은 세속과 함께하는데도 특별하지 않고, 옥 같은 진리를 가슴에 품고 있는데도 넘치지 않기 때문이다. 그러므로 알아보기가 어려워서 귀한 것이다.

---

323. 4장과 56장에 "빛남을 부드럽게 하고 티끌 같은 세속과 함께한다"[和其光, 同其塵]라는 말이 있다.

324. 『도장취선집』에는 '투'(渝)자가 '현'(顯)자로 되어 있는데, 이 경우에 해석을 "옥 같은 진리를 가슴에 품고 있는데도 드러나지 않기 때문이다"로 하면 된다.

제 71 장

知不知, 上, 不知知, 病.

알지 못함(의 속성)을 알면 최상이고, 앎(의 속성)을 알지 못하면 병이다.

不知知之不足任, 則病也.

앎으로 감당하기에는 부족하다는 것을 알지 못하면 병이다.

夫唯病病, 是以不病. 聖人不病. 以其病病. 是以不病.[325]

병을 병으로 볼 뿐이라면 그 때문에 병이 없다. 성인은 병이 없으니, 그것은 병을 병으로 보기 때문이다. 그 때문에 병이 없다.

제 72 장

民不畏威, 則大威至, 無狎其所居, 無厭其所生.

백성들이 위엄을 두려워하지 않으면 크게 두려워할 것이 닥치니, 멈춰 있는 것을 가볍게 여기지 말고, 다듬어지지 않은 것을 싫증내지 말라.

325.『도장집주』본에는 이 경문 아래에 "병을 병으로 보는 것은 병이 되는 까닭을 알기 때문이다"[病病者知所以爲病]라는 왕필의 주가 있다.

清淨無爲謂之居, 謙後不盈謂之生. 離³²⁶其淸淨, 行其躁欲, 棄其
謙後, 任其威權, 則物擾而民僻. 威不能復制民,³²⁷ 民不能堪其威,
則上下大潰矣, 天誅將至. 故曰民不畏威, 則大威至, 無狎³²⁸其所
居, 無厭其所生, 言威力不可任也.

맑고 고요하게 하며 시행함이 없는 것을 멈춰 있는 것이라고 하고, 덜
어 내고 물러나며 채우지 않는 것을 다듬어지지 않는 것이라고 한다. 맑
고 고요하게 함을 잃어 조급하게 하고 싶은 대로 행하고, 덜어 내고 물러
나는 것을 버리고 위엄과 권력에 맡기면, 사물은 동요되고 백성들은 마
음대로 행동한다. 위엄으로는 백성들을 다시 통제할 수 없고 백성들은
그 위엄을 감당할 수 없으니, 상하가 크게 어지러워져서 하늘의 주벌이
닥치게 된다. 그러므로 "백성들이 위엄을 두려워하지 않으면 크게 두려
워할 것이 닥치니, 멈춰 있는 것을 가볍게 여기지 말고, 다듬어지지 않는
것을 싫증내지 말라"라고 했으니, 위엄과 권력으로는 감당해 낼 수 없다
는 말이다.

夫唯不厭,

오직 싫증내지 않아야 할 뿐이니,

326.『도장』본과『도장집주』본에는 모두 '이'(離)자가 '수'(雖)자로 되어 있는데 잘
    못된 것이다.
327.『도장집주』본에는 '민'(民)자가 '양'(良)자로 되어 있는데, 이 경우에 해석을
    "권위로 다시 통제하고 선량하게 할 수 없게 되면"으로 하면 된다.
328.『도장집주』본에는 '압'(狎)자가 '협'(狹)자로 되어 있는데 서로 통하는 글자
    이다.

不自厭也.

스스로 싫증내지 않는다.

是以不厭.

이 때문에 (천하의 사람들도) 싫어하지 않는다.

不自厭, 是以天下莫之厭.

스스로 싫증내지 않기 때문에, 천하에서 누구도 싫어하지 않는다.

是以聖人自知, 不自見,

이 때문에 성인은 스스로 알고 있지만 스스로 나타내지 않고,

不自見其所知, 以耀光[329]行威[330]也.

그 알고 있는 것을 스스로 내보임으로써 빛을 발하거나 위엄을 드러내지 않는다.

自愛, 不自貴.

스스로 아끼지만 스스로 귀하게 여기지는 않는다.

自貴, 則物狎厭居生.

---

329. 『고일총서』본에는 '요광'(耀光)이 '광요'(光耀)로 되어 있다.
330. 알고 있는 것을 내보임으로써 빛을 발하게 하지 않으니 행위가 드러나지 않는다"[不自見其所知以耀光, 行藏也]로 하면 된다.

스스로 귀하게 여기면 사물들이 멈춰 있는 것과 다듬어지지 않은 것을 가볍게 여기고 싫증낸다.

故去彼取此.
그러므로 저것을 버리고 이것을 취한다.

제 73 장

勇於敢, 則殺,
과감하게 행하는 데에 용감하면 죽게 되고,

必不³³¹得其死也.
반드시 제 명에 죽지 못한다.

勇於不敢, 則活.
과감하게 행하지 않은 데에 용감하면 살게 된다.

必齊命也.

331.『도장집주』본에는 '제'(齊)자가 '제'(濟)자로 되어 있는데 같은 의미이다.

반드시 명대로 산다.

此兩者, 或利, 或害.

이 두 가지 용감함 중에서, 어떤 것은 이롭고 어떤 것은 해롭다.

俱勇而所施者異, 利害不同, 故曰或利或害.

모두 용감한 것이지만 시행하는 곳이 달라서 이로움과 해로움이 같지 않다. 그러므로 "어떤 것은 이롭고 어떤 것은 해롭다"라고 했다.

天之所惡, 孰知其故. 是以聖人猶難之.

하늘이 싫어하는 바를 어느 누가 그 이유를 알겠는가? 이 때문에 성인이 오히려 과감하게 행하기를 어렵게 여긴다.

孰, 誰也. 言誰能知天下之所惡意故邪,[332] 其唯聖人. 夫聖人之明, 猶難於勇敢, 況無聖人之明, 而欲行之也. 故曰猶難之也.[333]

'어느 누가'라는 말은 '어느 누구가'라는 의미이다. '천하가 싫어하는 까닭을 어느 누가 알 수 있겠는가?'라는 것은 그것이 성인뿐이라는 말이다. 성인의 명철함을 가지고도 오히려 과감하게 행하기를 어렵게 여기는

---

332. 『노자주역왕필주교석』에서 루우열은 『열자』(列子) 「역명」(力命)에 있는 장감 (張湛)의 주에 의거해서 "'천하가 싫어하는 까닭을 어느 누가 알 수 있겠는 가?'라는 것은 그것이 성인뿐이라는 말이다"[言誰能知天下之所惡意故邪] 구절을 "'누가 하늘의 뜻을 알 수 있겠는가?'라고 말했으니, 성인뿐이다"[言誰能知天意邪, 其唯聖人]로 교석했다.

333. 『도장집주』본에는 이 구절의 주가 모두 없다.

데, 하물며 성인의 명철함도 없으면서 행하려고 함에야 말해 무엇 하겠는가! 그러므로 "오히려 과감하게 행하기를 어렵게 여긴다"라고 했다.

天之道, 不爭而善勝,
하늘의 도는 다투지 않아도 잘 이기고,

天[334]唯[335]不爭, 故天下莫能與之爭.
하늘은 오직 다투지 않기 때문에 천하 사람들 중에 누구도 하늘과 다툴 수 없다.

不言而善應,
말하지 않아도 잘 감응하며,

順則吉, 逆則凶, 不言而善[336]應也.
따르면 길하고 거스르면 망하니, 말하지 않아도 잘 감응한다.

不召而自來,
부르지 않아도 저절로 오고,

---

334. 『도장집주』본에는 '천'(天)자가 '부'(夫)자로 되어 있는데, 이 경우에 해석을 "오직 다투지 않기 때문에"로 하면 된다.
335. 『도장』본에는 '유'(唯)자가 '수'(雖)자로 되어 있는데 잘못된 것이다.
336. 『도장집주』본에는 '선'(善)자가 '임'(臨)자로 되어 있는데, '임'(臨)자를 '지킨다'는 의미로 보면 해석상 큰 차이는 없다.

處下則物自歸.

아래에 머물러 있으니 만물이 저절로 귀의한다.

繟然而善謀,

느긋하면서도 잘 계획한다.

垂象而見吉凶,[337] 先事而設誠, 安而不忘危, 未兆而謀之. 故曰 繟[338] 然而善謀也.

상(象)을 드리워서 길흉을 보이니, 일이 있기 전에 정성을 드리고 편할 때에 위급함을 잊지 않으며 조짐이 있기 전에 계획한다. 그러므로 "느긋 하면서도 잘 계획한다"라고 했다.

天網恢恢, 疏而不失.

하늘의 법망은 넓고 커서 엉성한데도 놓치지 않는다.

---

337. 『주역』「계사상」에 "이 때문에 하늘이 신령한 것을 내놓으니 성인이 이를 모 범으로 했고, 천지가 변화하니 성인이 이를 본받아서 법으로 삼았으며, 하 늘이 형상을 드리워 길흉을 보이니 성인이 이를 본보기로 했다"〔是故天生神 物,聖人則之, 天地變化, 聖人效之. 天垂象, 見吉凶, 聖人象之〕라는 말이 있다.

338. 『도장집주』본에는 '천'(繟)자가 '탄'(坦)자로 되어 있는데, 비슷한 의미의 글 자이다.

제 74 장

民不畏死, 奈何以死懼之. 若使民常畏死, 而爲奇者, 吾得執而殺
之, 孰敢.

백성들이 죽음을 두려워하지 않는데, 어떻게 죽이는 것으로 두렵게 하
겠는가! 만약 백성들이 항상 죽음을 두려워하는데 기이한 행동을 하는
자를 내가 잡아서 죽인다면, 누가 감히?

詭異亂羣, 謂之奇也.

괴이하게 무리를 어지럽히는 것을 기이한 짓〔奇〕이라고 한다.

常有司殺者殺. 夫代司殺者殺, 是謂代大匠斲. 夫代大匠斲者, 希
有不傷其手矣.

그러니 항상 사형 집행자를 두어서 죽인다. 사형 집행자를 대신해서
죽인다면, 이것은 뛰어난 목수를 대신해서 나무를 다듬는 것이다. 뛰어
난 목수를 대신해서 나무를 다듬을 자는 손을 다치지 않는 경우가 거의
없다.

爲逆, 順者之所惡忿也, 不仁者, 人之所疾也. 故曰常有司殺也.

거역하는 것은 순종하는 자들의 미워하고 노여워하는 대상이고, 어질
지 못한 자는 사람들이 미워하는 대상이다. 그러므로 "항상 사형 집행자
를 둔다"라고 했다.

제 75 장

民之饑, 以其上食稅之多. 是以饑. 民之難治, 以其上之有爲. 是以難治. 民之輕死, 以其上求生之厚. 是以輕死. 夫唯無以生爲者, 是賢於貴生.

백성들이 굶주리는 것은 그 윗사람들이 세금으로 거둬들이는 것이 많기 때문이다. 이 때문에 굶주린다. 백성들을 다스리기 어려운 것은 윗사람들이 무엇인가 시행하기 때문이다. 이 때문에 다스리기 어렵다. 백성들이 죽음을 가볍게 여기는 것은 윗사람들이 너무 잘 살려고 하기 때문이다. 이 때문에 죽음을 가볍게 여긴다. 오직 삶을 위함이 없는 것, 이것이 삶을 귀하게 여기는 것보다 낫다.

言民之所以僻, 治之所以亂, 皆由上, 不由其下也, 民從上也.[339]

백성들이 마음대로 행동하는 까닭과 다스림이 어지러워지는 까닭은 모두 윗사람들에게 원인이 있는 것이지, 아랫사람들에게 원인이 있는 것이 아니니, 백성들은 윗사람을 따른다는 말이다.

---

339. 『도장집주』본에는 이어서 "아마도 이곳은 노자가 지은 것이 아닌 것 같다" 〔疑此非老子之所作〕라는 말이 연결되어 있다.

제 76 장

　人之生也, 柔弱, 其死也, 堅强. 萬物草木之生也, 柔脆, 其死也, 枯槁. 故堅强者, 死之徒, 柔弱者, 生之徒. 是以兵强, 則不勝,

　사람이 살아있을 때는 (몸이) 부드럽고 약하지만, 죽으면 딱딱하게 굳어버린다. 만물과 초목도 한창 피어날 때는 연약하고 여리지만, 죽으면 말라서 단단해진다. 그러므로 딱딱하고 단단한 것은 죽은 것이고, 부드럽고 여린 것은 살아 있는 것이다. 이 때문에 군대가 강하면 이기지 못하고,

　强兵以暴於天下者, 物之所惡也, 故必不得勝.

　군대를 강하게 해서 천하에서 포악을 일삼는 자는 사람들[物]이 미워하는 상대이므로 반드시 승리하지 못한다.

　木强則兵.

　나무가 강하면, 재앙을 당한다.

　物所加也.

　사물이 부딪히는 것이기 때문이다.

　强大處下,

　강대한 것은 아래에 거처하고,

木³⁴⁰之本也.

나무의 뿌리이다.

柔弱處上.

유약한 것은 위에 거처한다.

枝條是也.

가지가 그것들이다.

제 77 장

天之道, 其猶張弓與. 高者, 抑之, 下者, 擧之, 有餘者, 損之, 不
足者, 補之. 天之道, 損有餘, 而補不足, 人之道, 則不然,

하늘의 도는 아마도 활을 당기는 것과 같을 것이다. 높은 것을 억제하
고 낮은 것을 들어 올려주며, 충분한 것을 덜어 내고 부족한 것을 보태 준
다. 하늘의 도는 충분한 것을 덜어 내고 부족한 것을 보태 주는데, 사람의
도는 그렇지 않으니,

340.『도장집주』본에는 '목'(木)자가 '대'(大)자로 되어 있는데, 이 경우에 해석은
　　"큰 것이 뿌리이다"(大之本也)로 하면 된다.

與天地合德, 乃能包之, 如天之道. 如人之量, 則各有其身, 不得相均. 如惟無身無私乎自然, 然後乃能與天地合德.

천지와 덕을 합치한다면 이에 모든 것을 포섭할 수 있으니, 하늘의 도와 같다. 사람들의 헤아림이라면, 제각기 그 자신이 있다고 여겨서 서로 균일할 수 없다. 만약 오직 저절로 그렇게 됨에서 자신을 의식함이 없고 사사로움을 없게 한다면, 그런 다음에라야 천지와 덕을 합치할 수 있다.

損不足, 以奉有餘. 孰能有餘, 以奉天下. 唯有道者. 是以聖人爲而不恃, 功成而不處, 其不欲見賢.

부족한 것에서 덜어 내서 충분한 것을 받든다. 누가 충분하면서 천하를 받들 수 있겠는가? 도를 소유한 자일 뿐이다. 이 때문에 성인은 무엇을 시행해도 그것에 의지하지 않고 공이 이루어져도 머물지 않으니, 그것은 현명함을 드러내지 않고자 함이다.

言唯能處盈而全虛, 損有以補無, 和光同塵, 蕩而均者, 唯其道也. 是以聖人不欲示其賢, 以均天下.

오직 채워져 있음에 머물면서 비움을 온전히 하고, 있는 것을 덜어 내어서 없는 것을 도와주며, 빛남을 부드럽게 해서 티끌과 함께하고, 널리하면서 고르게 할 수 있는 것은 도뿐이다. 이 때문에 성인은 그 현명함을 내보이지 않음으로써 천하를 고르게 한다는 말이다.

제 78 장

天下莫柔弱於水, 而攻堅強者, 莫之能勝, 以其無以易之.

천하에 물보다 유약한 것은 없지만 견강한 것을 공격하는 것으로 그보다 나은 것은 없으니, 그것으로써 하는 것을 그 어떤 것으로도 대신할 수 없다.

以, 用也. 其, 謂水也. 言用水之柔弱, 無物可以易之也.[341]

'~으로써 하는 것'이라는 말은 '사용한다'는 의미이고, '그것'은 물을 말한다. 물의 유약함을 사용한다면, 그 어떤 것으로도 대신할 것이 없다는 말이다.

弱之勝強, 柔之勝剛, 天下莫不知, 莫能行. 是以聖人云, 受國之垢, 是謂社稷主, 受國不祥, 是爲天下王. 正言若反.

약한 것이 강한 것을 이기고, 부드러운 것이 굳센 것을 이기는 것은, 천하에서 어느 누구도 알지 못함이 없는데 아무도 행하지 못한다. 이 때문에 성인이 "나라의 더러움을 받아들이면 그것을 사직의 주인이라고 하고, 나라의 상서롭지 못함을 받아들이면 그것이 천하의 왕이 되는 것이다"라고 했다. 올바르게 한 말이 마치 거꾸로 말한 것 같다.

---

341. 『도장집주』본에는 이 구절의 주가 모두 없다.

제 79 장

和大怨, 必有餘怨,

커다란 원망은 풀어 주어도 반드시 원한이 남으니,

不明理其契, 以致大怨已至, 而德³⁴²和之, 其傷不復, 故³⁴³有餘
怨也.

문서의 내용〔契〕을 분명하게 처리하지 못해서 커다란 원망이 생기도록
해놓고 덕으로 풀어 주면, 그 상처는 회복되지 않으므로 원한이 남는다.

安可以爲善. 是以聖人執左契,³⁴⁴

---

342. 『도장』본과 『도장집주』에는 '덕'(德)자 다음에 '이'(以)자가 더 있는데, 해석
상 차이점은 없다.

343. 『도장』본과 『도장집주』본에는 '고'(故)자 다음에 '필'(必)자가 더 있는데, 이
경우에 해석을 "반드시 원한이 계속 남는다"로 하면 된다.

344. 『예기』(禮記) 「곡례」(曲禮)에 "곡식을 바칠 자는 우계를 잡는다"〔獻粟者, 執右
契〕라고 되어 있는데, 이는 그 차용 관계에 대한 문서를 좌우로 나누어서 채
무자가 오른쪽 문서를 집어서 채권자에게 주는 것을 기술한 것이다. 정현(鄭
玄)이 주에서 "계는 계약문서인데 오른쪽이 높음이 된다"〔契券要也, 右爲尊〕
라고 한 것과 종합해서 생각해 볼 때, 오른쪽 문서를 가진 사람이 왼쪽 문서
를 가진 사람에게 그 내용을 이행하도록 요구할 수 있는 권리가 있는 것으
로 보인다. 그런데 임희일(林希逸)은 『도덕진경구의』(道德眞經口義)에서 "좌
계란 요즘 함께 작성한 문서와 같은데, 한 사람은 왼쪽을 가지고 있고 다른
한 사람은 오른쪽을 가지고 있다. 그러므로 '좌계'라고 했으니, 이 문서가 나
에게 있다면 그 내용을 반드시 요구할 수 있다. 성인은 비록 이 문서를 가지

어떻게 잘했다고 하겠는가? 이 때문에 성인은 좌계를 잡고,

左契防怨之所由生也.
(성인이) 좌계(를 잡음으)로 원망이 생기는 것을 막는다.

고 있을지라도 남에게 요구하지 않으니, 그것을 잊고서 함께 동화되었기 때
문이다"〔左契者, 如今合同文字也. 一人得左一人得右. 故曰左契, 此契在我, 則其
物必可索. 聖人雖執此契, 而不以索於人, 忘而化也〕라고 함으로써『예기』와 상
반되게 주하고 있다. 이에 비해 오징(鳴澄)은 "좌계를 가진 자는 자신이 남
에게 요구하지 못하고 남이 와서 자기에게 요구하기를 기다린다. 우계를 가
지고 와서 합쳐 보는 자가 있으면 바로 그 내용을 이행하고, 속으로 그 사람
이 선한지를 헤아리지 않는다"〔執左契者, 己不責于人, 待人來責于己, 有持右契
來合者, 卽與之. 無心計較其人之善否〕라고 함으로써『예기』와 부합되게 주하
고 있다. 임희일과 오징의 견해를 서로 비교해 볼 때, 일단 좌계에 대해 서로
상반된 견해가 있음을 알 수 있다. 이상의 내용과 왕필의 주를 종합해서 본
문을 생각해 볼 때, 우계를 가진 사람이 좌계를 가진 사람에게 문서의 내용
대로 이행할 것을 요구할 권리가 있는 것으로 보인다. 그런데 본문의 내용
은 우계를 가진 사람이 좌계를 가진 사람에게 문서의 내용을 실행하라고 요
구했지만 그 내용의 이행에 대해 서로 다르게 생각함으로써 문제가 생겼을
때, 어떻게 해결할 것인가에 관한 기술로 보인다. 본문 첫 구절에서 "문서의
내용을 분명하게 처리하지 못해서 커다란 원망이 생기도록 해놓고 덕으로
풀어 주면, 그 상처는 회복되지 않으므로 원한이 남는다"라는 왕필의 주는,
좌계를 지닌 사람과 우계를 지닌 사람이 서로 문서의 내용을 이행하다가 문
제가 생겨서 그 해결을 관청에 맡겼을 경우 그 문제를 분명하게 처리해야
한다는 것으로 봐야 한다. 그리고 "성인이 좌계를 잡고 사람들을 책하지 않
는다"라는 본문의 말은 이 문제를 처리하는 과정에서 성인이 채무자의 입장
에 서 있는 것으로 봐야 한다. 곧 성인이 약자인 채무자의 입장에 서 있으면
관리나 채권자가 강자의 입장에서 함부로 문제를 처리할 수 없게 되는 것이
다. 그래서 유덕한 사람이 나와서 문서를 공정하고 분명하게 살핌으로써 원
망이 생기지 않도록 하는 것이다. 바로 아래의 "덕이 있으면 문서를 담당한
다"라는 본문은 이것을 말하는 것으로 봐야 한다.

而不責於人. 有德司契,

사람들을 책하지 않는다. 덕이 있으면 문서를 담당하고,

有德之人, 念思其契, 不令怨生而後責於人也.[345]

덕이 있는 사람은 문서에 대해서 깊이 생각해서 원망이 생긴 이후에
사람들을 책하지 않도록 한다.

無德司徹.

덕이 없으면 사찰을 담당한다.

徹, 司人之過也.

사찰은 사람들의 잘못을 담당한다는 의미이다.

天道無親, 常與善人.

천도는 친하게 여기는 것이 없어 항상 선한 사람과 함께한다.

---

345. 문서를 작성해서 남길 정도의 일들은 모두 큰일들이기 때문에 유덕한 사람
이 이것을 담당하고, 사람들의 잘못을 살피는 정도의 사소한 일은 유덕한
사람이 담당해야 할 만큼 큰일이 아니기 때문에, 아래의 본문에 "덕이 없
으면 사찰을 담당한다"라고 한 것으로 보인다.

제 80 장

小國寡民,

나라를 작게 하고 백성을 적게 해서,

國旣小, 民又寡, 尚可使反古, 況國大民衆乎. 故擧小國而言也.

　나라가 작게 된 다음에 백성들이 또 적어져야 오히려 옛날로 돌아가게
할 수 있는데, 하물며 나라가 크고 백성이 많음에야 말해 무엇하겠는가!
그러므로 작은 나라를 들어서 말했다.

使有什佰之器,³⁴⁶ 而不用,

　훌륭한 재능이 있을지라도 쓰이지 않게 하고,

言使民雖有什伯之器, 而無所用,³⁴⁷ 何患不足也.

　백성들이 비록 훌륭한 재능〔什伯之器〕을 가지고 있을지라도 쓸 곳이 없
다면, 무엇 때문에 부족한 것을 근심하겠느냐는 말이다.

---

346. 본문의 '십백지기'(什伯之器)의 '기'(器)에 대해서 '기계'나 '병기'로 보는 견
　　해도 있다.
347. 『도장』본과 『도장집주』본에는 '용'(用)자 다음에 '지당'(之當) 두 글자가 더
　　있는데, 이 경우에 해석을 "백성들이 비록 훌륭한 재능이 있을지라도 합당
　　하게 쓰일 곳이 없다면, 무엇 때문에 부족한 것을 근심하겠느냐는 말이다"
　　〔言使民雖有什伯之器, 而無所用之當, 何患不足也〕로 하면 된다.

使民重死, 而不遠徙.

백성들이 죽음을 두렵게 여기고 멀리 이사하지 않게 한다면,

使民不用, 惟身是寶, 不貪貨賂. 故各安其居, 重死而不遠徙也.

백성들이 쓰이지 않게 하면 몸뚱이만 보배로 여기고 재화를 탐내지 않는다. 그러므로 제각기 자신들이 거처하는 곳을 편안히 여겨 죽음을 두렵게 여기고 멀리 이사하지 않는다.

雖有舟輿, 無所乘之, 雖有甲兵, 無所陳之. 使人復結繩而用之, 甘其食, 美其服, 安其居, 樂其俗, 隣國相望, 鷄犬之聲相聞, 民至老死不相往來.

배가 있을지라도 탈 사람이 없고 무기가 있을지라도 전쟁할 곳이 없다. 사람들이 다시 새끼를 꼬아서 (표시로) 사용하고, 자기들의 음식을 달게 먹으며, 자기들의 옷을 아름답게 여기고, 자기들의 거처를 편안하게 여기며, 자기들의 풍속을 아름답게 여기면, 이웃나라가 서로 바라보여 개 짖고 닭 우는 소리를 서로 들을 수 있을지라도 백성들이 늙어 죽을 때까지 서로 왕래하지 않는다.

無所欲求.[348]

구하고 바라는 것이 없다.

348.『도장집주』본에는 '욕구'(欲求)가 '구욕'(求欲)으로 되어 있다.

제 81 장

信言不美,
진실한 말은 아름답지 않고,

實在質也.
진실은 질박함[質]에 있다.

美言不信.
아름다운 말은 진실하지 않다.

本在樸也.
근본은 소박함[樸]에 있다.

善者不辯, 辯者不善. 知者不博,
훌륭한 사람은 말로 하지 않고, 말로 하는 자는 훌륭하지 않다. 아는
자는 해박하지 않고,

極在一也.
궁극은 하나[一]에 있다.

博者不知. 聖人不積,
해박한 자는 알지 못한다. 성인은 어떤 것도 쌓아 놓지 않고,

無私自有, 唯善是與, 任物而已.

자신이 스스로 소유하지 않고, 단지 훌륭하면 인정해서 사물에 맡겨둘 뿐이다.

旣以爲人, 己愈有,

벌써 그것으로 남을 위했으니 자신이 더욱더 소유하게 되고,

物所尊也.

사물이 존중하는 바다.

旣以與人, 己愈多.

벌써 그것으로 남을 인정했으니 자신이 더욱더 많아지게 된다.

物所歸也.

사물들이 귀의하는 바다.

天之道, 利而不害,

하늘의 도는 이롭게 하면서도 해치지 않고,

動常生成之也.

움직일 때마다 항상 낳아서 완성한다.

聖人之道, 爲而不爭.

성인의 도는 위해주면서도 다투지 않는다.

順天之利, 不相傷也.

하늘이 이롭게 하는 것을 따라 서로 해치지 않는다.

老子指略

　夫物之所以生, 功之所以成, 必生乎無形, 由乎無名. 無形無名者, 萬物之宗也. 不溫不涼, 不宮不商, 聽之不可得而聞, 視之不可得而彰, 體之不可得而知, 味之不可得而嘗. 故其爲物也則混成, 爲象也則無形, 爲音也則希聲, 爲味也則無呈. 故能爲品物之宗主, 苞通天地, 靡使不經也.

　사물이 생겨나는 까닭과 일이 이루어지는 연유는 반드시 '형체 없음'[無形]에서 나오고 '이름 없음'[無名]에서 말미암는다. 형체 없음과 이름 없음이 만물의 근본[宗]이어서 따뜻하지도 않고 시원하지도 않으며 궁(宮)도 아니고 상(商)도 아니며, 청각으로 들을 수 없고 시각으로 구분할 수 없으며 촉각으로 느낄 수 없고 미각으로 맛볼 수 없다. 그러므로 그것의 형체는 뒤섞여 있는 상태이고, 그것의 모양은 형상이 없으며, 그것의 소리는 들을 수 없고, 그것의 맛은 알 수 없다. 그러므로 만물[品物]의 근본이 되어서 천지를 포괄하고 통섭할 수 있으니 어느 것이고 경유하지 않도록 함이 없다.

　若溫也則不能涼矣, 宮也則不能商矣. 形必有所分, 聲必有所屬, 故象而形者, 非大象也, 音而聲者, 非大音也. 然則, 四象不形, 則大象無以暢, 伍音不聲, 則大音無以至, 四象形而物無所主焉, 則大象暢矣. 伍音聲而心無所適焉, 則大音至矣.

따뜻하면 시원할 수 없고, 궁(宮)이라면 상(商)이 될 수 없다. 드러나는 것은 반드시 구분되는 바가 있고, 소리 나는 것은 반드시 속하는 곳이 있으므로, 모양 지어져 드러나는 것은 대상(大象)이 아니고, 울려서 소리 나는 것은 대음(大音)이 아니다. 그런데 그렇게 사상(四象: 太陽·太陰·少陽·少陰)이 드러나지 않는다면 대상(大象)이 뻗어 나갈 도리가 없고, 오음(伍音: 宮商角徵羽)이 소리를 내지 않으면 대음(大音)이 도달할 방법이 없으니, 사상(四象)이 드러나지만 사물이 주로 하는 것이 없다면 대상이 뻗어 나가고, 오음이 소리 나지만 마음이 가는 바가 없다면 대음이 도달한다.

故執大象則天下往, 用大音則風俗移也. 無形暢, 天下雖往往, 而不能釋也, 希聲至, 風俗雖移移, 而不能辯也. 是故天生伍物, 無物爲用, 聖行伍教, 不言爲化. 是以道可道, 非常道, 名可名, 非常名也. 伍物之母, 不炎不寒, 不柔不剛, 伍教之母, 不皦不昧, 不恩不傷. 雖古今不同, 時移俗易, 此不變也, 所謂自古及今, 其名不去者也.

그러므로 대상을 지킨다면 천하가 제 갈 길을 가고, 대음을 사용하면 풍속이 옮겨진다는 것이다. 형체 없음이 뻗어나가면 천하가 제 갈 길을 가고 갈지라도 (이것에 대해) 알 수 없고, 들을 수 없는 소리가 도달하면 풍속이 옮겨지고 옮겨질지라도 (이것에 대해) 말할 수 없다. 이런 까닭에 하늘이 오물(伍物: 金·木·水·火·土)을 생성하면서도 '사물이 없음'[無物]으로 작용을 삼고, 성인은 오교(伍教: 伍倫)를 행하면서도 '말하지 않음'[不言]으로 교화를 삼는다. 이 때문에 무엇이라고 하든지 도를 도라고 할 수 있으면 '치우치지 않은 도'[常道]가 아니고, 어떻게 하든지 이름을 이름이라고 할 수 있으면 '치우치지 않은 이름'[常名]이 아니다. 오물(伍

物)의 어미는 뜨겁지도 않고 차갑지도 않으며, 부드럽지도 않고 강하지도 않으며, 오교(伍敎)의 어미는 밝지도 않고 어둡지도 않으며, 은혜롭지도 않고 해롭지도 않다. 비록 옛날과 오늘날이 같지 않고 시대와 풍속이 바뀌고 변하더라도 이것은 변하지 않으니, 이른바 예로부터 지금까지 그 이름이 없어지지 않는다는 것이다.

天不以此, 則物不生, 治不以此, 則功不成. 故古今通, 終始同. 執古可以御今, 證今可以知古始, 此所謂常者也. 無皦昧之狀, 溫涼之象, 故知常曰明也. 物生功成, 莫不由乎此, 故以閱衆甫也.

하늘에서 이것을 사용하지 않는다면 사물을 내놓지 못하고, 다스림에 이것을 사용하지 않는다면 일을 이루지 못한다. 그러므로 옛날과 오늘날이 통하고 시작과 끝이 같다. 옛날의 도를 가지고 오늘날의 일을 다스리고 오늘날을 증험하여 옛 시작을 알 수 있으니, 이것이 이른바 '치우치지 않음'[常]이다. 밝거나 어두운 상태가 없고 따뜻하거나 시원한 모양이 없으므로 치우치지 않음을 아는 것을 밝음[明]이라고 한다. 사물이 생겨나고 일이 이루어지는 것이 이것에서 말미암지 않음이 없으므로 이것으로 모든 시작[甫]을 살핀다.

夫奔電之疾, 猶不足以一時周, 御風之行, 猶不足以一息期. 善速在不疾, 善至在不行. 故可道之盛, 未足以官天地, 有形之極, 未足以府萬物. 是故歎之者, 不能盡乎斯美, 詠之者, 不能暢乎斯弘, 名之不能當, 稱之不能旣. 名必有所分, 稱必有所由. 有分則有不兼, 有由則有不盡, 不兼則大殊其眞, 不盡則不可以名, 此可演而明也.

번개처럼 빠르게 달릴지라도 오히려 일시에 두루 하기에는 부족하고,

바람을 타고 가는 것일지라도 한순간에 도착하기는 부족하다. 정말로 빠른 것은 달리지 않는 것에 있고, 잘 도착하는 것은 가지 않는 것에 있다. 그러므로 말할 수 있는 성대함은 천지를 주관하기에는 부족하고, 형체가 있는 것은 아무리 클지라도 만물을 저장하기에는 부족하다. 이런 까닭에 감탄하는 것으로는 그 아름다움을 다 표현할 수 없고, 영탄하는 것으로는 그 광활함을 다 설명할 수 없으니, 무엇이라고 이름 붙이는 것으로는 합당하게 할 수 없고, 무엇이라고 일컫는 것으로는 다할 수 없다. 이름에는 반드시 나누는 것이 있고, 일컬음에는 반드시 말미암은 것이 있다. 나누는 것이 있으면 아우르지 못함이 있고, 말미암는 것이 있으면 다하지 못함이 있다. 아우르지 못하면 원래의 참된 상태와 크게 다르고, 다하지 못하면 이름 붙일 수 없으니, 이에 대한 것은 미루어 밝힐 수 있다.

夫道也者, 取乎萬物之所由也, 玄也者, 取乎幽冥之所出也, 深也者, 取乎探賾而不可究也, 大也者, 取乎彌綸而不可極也, 遠也者, 取乎綿邈而不可及也, 微也者, 取乎幽微而不可覩也. 然則道玄深大微遠之言, 各有其義, 未盡其極者也. 然彌綸無極, 不可名細, 微妙無形, 不可名大. 是以篇云: 字之曰道, 謂之曰玄, 而不名也. 然則, 言之者失其常, 名之者離其眞, 爲之者則敗其性, 執之者則失其原矣. 是以聖人不以言爲主, 則不違其常, 不以名爲常, 則不離其眞, 不以爲爲事, 則不敗其性, 不以執爲制, 則不失其原矣.

도(道)란 만물이 유래하는 것에서 취했고, 아득함[玄]이란 어두움[幽冥]이 나오는 것에서 취했으며, 깊음[深]이란 탐색해도 궁구할 수 없는 것에서 취했고, 큼[大]이란 사물에 널리 통해도 다할 수 없는 것에서 취했으며, 멂[遠]이란 요원해서 도달할 수 없는 것에서 취했고, 세미함[微]이란 은미해서 볼 수 없는 것에서 취했다. 그렇다면 도·아득함·깊음·큼·세미함·넓이라는 말은 제각기 의미가 있지만, 궁극을 다할 수 없는 것이다. 그러나 사물에 널리 통해 다할 수 없는 것을 작다고 이름 붙일 수 없고, 미묘해서 형체가 없는 것을 크다고 이름 붙일 수는 없다. 이 때문에 『도덕경』 25장에서 "그것에 도(道)라고 별명〔字〕을 붙인다"고 하고 1장에서 "그것을 아득함이라고 이른다"라고 하면서도 이름을 붙이지 않았다. 그렇다면 말로 표현하는 것은 그 치우치지 않음을 상실한 것이고, 이름을 붙이는 것은 그 참됨을 벗어나는 것이며, 무엇인가 시행하는 것은 본성을 잘못되게 하는 것이고, 붙잡아 놓는 것은 근원을 잃은 것이다. 이 때문에 성인은 말로 근본을 삼지 않으니 그 치우치지 않음을 어기지 않고, 이름으로 치우치지 않음을 삼지 않으니 그 참된 원래의 상태를 이탈하지 않으며, 시행하는 것으로 일을 하지 않으니 그 본성을 잘못되게 하지 않고, (무엇을) 붙잡아 놓는 것으로 제도를 삼지 않으니 그 근원을 잃지 않는다.

然則, 老子之文, 欲辯而詰者, 則失其旨也, 欲名而責者, 則違其義也. 故其大歸也, 論太始之原, 以明自然之性, 演幽冥之極, 以定幽冥之迷. 因而不爲, 損而不施, 崇本以息末, 守母以存子, 賤夫巧術, 爲在未有, 無責於人, 必求諸己, 此其大要也.

그렇다면 노자의 말을 연구해서 캐내고자 할 경우에 그 취지를 잃게 되고, 이름 붙여서 따지고자 할 경우에는 그 본의를 어기게 된다. 그러므로 그 '최종 목적지'〔大歸〕는 '최초로 만물이 형성되는 근원'〔太始之原〕을 논하여 자연의 본성을 밝히는 것이고, 미묘함의 극치에 통하여 미묘함에 헷갈림을 바로잡는 것이다. 따르고 시행하지 않으며, 덜어 내고 베풀지 않으며, 근본을 숭상해서 말단을 잠재우며, 어미를 지켜서 자식을 보존하며, 교묘한 술책을 천하게 여기고 조짐도 없는 상태[未有]에서 행하며, 남을 책하지 않고 반드시 자신에게서 구한다. 이것이 그 중요한 핵심이다.

而法者尙乎齊同, 而刑以檢之. 名者尙乎定眞, 而言以正之. 儒者尙乎全愛, 而譽以進之. 墨者尙乎儉嗇, 而矯以立之. 雜者尙乎衆美, 而總以行之. 大刑以檢物, 巧僞必生, 名以定物, 理恕必失, 譽以進物, 爭尙必起, 矯以立物, 乖違必作, 雜以行物, 穢亂必興. 斯皆用其子而棄其母, 物失所載, 未足守也.

그런데 법가는 '서로 일치하는 것'[齊同]을 숭상해서 형벌로 단속하고, 명가는 '일정하게 참됨'[定眞]을 숭상해서 말로 바로잡으며, 유가는 '온전하게 사랑함'[全愛]을 숭상해서 칭찬으로 진작시키고, 묵가는 '검소하게 아낌'[儉嗇]을 숭상해서 교정으로 내세우며, 잡가는 각 학파의 장점을 숭상해서 총괄하는 것으로 행한다. 형벌로 사물을 단속하면 교묘한 속임수가 반드시 생겨나고, 이름으로써 사물을 규정하면 정리(情理)와 어짊[恕]이 반드시 상실되며, 칭찬으로써 사람을 진작시키면 다투고 숭상하는 일이 반드시 일어나고, 교정으로 사물을 내세우면 어그러지고 어긋나는 일이 반드시 일어나며, 혼잡한 것으로 사물을 움직이면 혼란이 반드시 일어난다. 이들은 모두 자식[子]을 사용하고 어미[母]를 버려서 사물이 의지할 곳을 잃어버렸으니 지키기에는 부족한 것들이다.

然致同塗異, 至合趣乖, 而學者惑其所致, 迷其所趣. 觀其齊同, 則謂之法, 覩其定眞, 則謂之名, 察其純愛, 則謂之儒, 鑒其儉嗇, 則謂之墨, 見其不係, 則謂之雜, 隨其所鑒而正名焉, 順其所好而執意焉. 故使有紛紜憒錯之論, 殊趣辯析之爭, 蓋由斯矣.

그러나 도달할 곳은 같은데 길은 다르고 이를 곳은 합치하는데 취향은
다르니, 배움이란 그 도달할 곳을 헷갈리게 하고 취향을 미혹되게 한다.
서로 일치하는 것을 내보이면 이것을 법가라고 하고, 일정하게 참된 것
을 보이면 이것을 명가라고 이르며, 순순하게 사랑하는 것을 살피면 이
것을 유가라고 말하고, 검소하게 아끼는 것을 성찰하면 이것을 묵가라고
말하며, 어느 한쪽에 얽매이지 않는 것을 드러내면 이것을 잡가라고 말
하니, 자신들이 성찰한 것에 따라서 이름을 바로잡으며, 자신이 좋아하
는 것에 따라서 생각을 고정시킨다. 그러므로 분분하고 혼란한 논의와
취향을 달리하여 분별하고 분석하는 논쟁이 있게 되는 것은 대개 이 때
문이다.

又其爲文也, 擧終以證始, 本始以盡終, 開而弗達, 導而弗牽. 尋
而後旣其義, 推而後盡其理, 善發事始以首其論, 明夫會歸以終其
文. 故使同趣而感發者, 莫不美其興言之始, 因而演焉, 異旨而獨構
者, 莫不說其會歸之徵, 以爲證焉. 夫途雖殊, 必同其歸, 慮雖百, 必
均其致, 而擧夫歸致以明至理. 故使觸類而思者, 莫不欣其思之所
應, 以爲得其義焉.

또 그들의 표현은 끝을 들어서 처음을 증명하고 처음을 근본으로 해서
나중을 극진하게 하여 열어 놓지만 통달하지는 못하고, 인도하지만 거느
리지 못한다. (그들의 표현은) 탐구한 뒤에 그 의미를 다하고 추론한 뒤에
그 이치를 다하여 사물의 시작[事始]을 잘 드러내는 것으로써 논의를 시
작하고 귀결을 밝히는 것으로써 글을 끝맺는다. 그러므로 취향을 같이하
여 느껴 일어나는 자들로 하여금 이론이 시작되는 처음을 훌륭하게 여겨

서 그것으로 말미암아 통하지 않음이 없게 하며, 취지를 달리해서 혼자 도모하는 자들로 하여금 그 귀결의 증명을 흡족하게 여겨서 논증을 삼지 않음이 없게 한다. 길이 비록 다를지라도 귀결을 반드시 같게 하고, 생각이 비록 각각일지라도 반드시 이르는 곳을 균일하게 하여 귀결점을 들어서 지극한 이치를 밝힌다. 그러므로 유추하여 생각하는 자들로 하여금 자신의 생각에 반응되는 것을 흔쾌히 여겨서 그 의미를 터득하지 않음이 없게 한다.

凡物之所以存, 乃反其形, 功之所以剋, 乃反其名. 夫存者不以存爲存, 以其不忘亡也, 安者不以安爲安, 以其不忘危也. 故保其存者亡, 不忘亡者存, 安其位者危, 不忘危者安.

사물이 보존되는 원인은 곧 그것의 드러남[形]과 상반되고, 일이 정해지는 원인은 그것의 이름과 상반된다. 보존되는 자는 보존됨을 보존됨으로 여기지 않고 망함을 잊지 않기 때문이고, 편안한 자는 편안함을 편안함으로 여기지 않고 위태로움을 잊지 않기 때문이다. 그러므로 보존됨을 지키는 자는 망하고, 망함을 잊지 않는 자는 보존되며, 자신의 지위를 편안하다고 여기는 자는 위태롭고, 위태로움을 잊지 않는 자는 편안하다.

善力擧秋毫, 善聽聞雷霆, 此道之與形反也. 安者實安, 而曰非安之所安, 存者實存, 而曰非存之所存, 侯王實尊, 而曰非尊之所爲, 天地實大, 而曰非大之所能, 聖功實存, 而曰絶聖之所立, 仁德實著, 而曰棄仁之所存. 故使見形而不及道者, 莫不忿其言焉.

역사(力士)가 가벼운 털을 들고, 청각이 뛰어난 자가 우레와 천둥소리를 들으니, 이것은 도가 드러나는 것과는 상반되기 때문이다. 편안한 자는 진실로 편안하지만 "편안함이 그렇게 한 것이 아니다"라고 하고, 보존되는 자는 진실로 보존되지만 "보존됨이 그렇게 한 것이 아니다"라고 하며, 후왕(侯王)이 진실로 존귀하지만 "존귀함이 그렇게 만든 것이 아니다"라고 하고, 천지가 진실로 크지만 "큼이 (크게) 할 수 있는 것이 아니다"라고 하며, 성인의 공업이 진실로 존재하지만 "성스러움을 단절함으로써 이룩한 것이다"라고 하고, 어진 덕이 진실로 드러나 있지만 "어짊을 버림으로써 보존한 것이다"라고 한다. 그러므로 드러나는 것만 보고 도에 미치지 못하는 자로 하여금 이 말에 화를 내지 않음이 없게 한다.

夫欲定物之本者, 則雖近而必自遠以證其始. 夫欲明物之所由者, 則雖顯而必自幽以敍其本. 故取天地之外, 以明形骸之內, 明侯王孤寡之義, 而從道一以宣其始. 故使察近而不及流統之原者, 莫不誕其言以爲虛焉. 是以云云者, 各申其說, 人美其亂. 或迂其言, 或譏其論. 若曉而昧, 若分而亂, 斯之由矣.

만물의 근본을 규정하고자 하는 자라면 비록 (만물이) 가까이 있을지라도 반드시 먼 곳에서부터 그 시작을 증명할 것이다. 만물이 말미암은 바를 밝히고자 하는 자라면 비록 (만물이) 드러나 있을지라도 반드시 드러나지 않은 것에서부터 그 근본을 서술할 것이다. 그러므로 천지의 밖에서 취해서 육체[形骸]의 안을 밝히고, 후왕(侯王)이 '고아된 자'[孤]·'덕이 적은 자'[寡]라고 하는 뜻을 밝혀서 도를 따라 하나가 되는 것으로써 그 시초를 드러낸다. 그러므로 가까운 것만을 살피고 통괄하는 근원적인 흐름에 이르지 못한 자로 하여금 이 말을 허탄하게 여겨서 내용이 없는 것으로 여기지 않을 수 없게 한다. 이 때문에 이처럼 말하는 자들이 제각기 자신들의 설을 주장하니, 사람들은 그들의 혼란스러운 것을 아름답게 여긴다. 어떤 이는 그 말이 우원하다고 하고 어떤 이는 그 논점을 나무람에 깨달은 것 같으면서도 어둡고, 분명한 것 같으면서도 혼란한 것은 바로 이 때문이다.

名也者, 定彼者也, 稱也者, 從謂者也. 名生乎彼, 稱出乎我. 故涉之乎無物而不由, 則稱之曰道, 求之乎無妙而不出, 則謂之曰玄. 妙出乎玄, 衆由乎道. 故生之畜之, 不壅不塞, 通物之性, 道之謂也. 生而不有, 爲而不恃, 長而不宰, 有德而無主, 玄之德也.

이름〔名〕이란 '나 이외의 사물'〔彼〕을 확정하는 것이고, 일컬음〔稱〕이란 '말하는 사람의 의향'〔謂〕을 따르는 것이다. 이름은 나 이외의 사물에서 생겼고, 일컬음은 나에게서 나왔다. 그러므로 '어떤 사물이든 말미암지 않은 것이 없다'〔無物而不由〕는 것에 적용하면 그것을 도라고 일컫고, '어떤 묘함이든 나오지 않은 것이 없다'〔無妙而不出〕는 것으로 추구하면 그것을 '아득히 구분할 수 없음'〔玄〕이라고 말한다. 미묘함은 아득히 구분할 수 없음에서 나오고, 모든 것〔衆〕은 도에서 말미암는다. 그러므로 '낳아 주고 길러 준다는 것'은 막지 않음이 사물의 성품을 통하게 하는 것이니, 도를 말하는 것〔謂〕이다. 무엇인가 내놓아도 있다고 하지 않고, 무엇을 시행해도 그것에 의지하지 않으며, 장성하게 해놓고도 주관하지 않고, 덕은 있지만 주관하는 이가 없다는 것이니, 아득히 구분할 수 없는 덕이다.

玄, 謂之深者也, 道, 稱之大者也. 名號生乎形狀, 稱謂出乎涉求. 名號不虛生, 稱謂不虛出. 故名號則大失其旨, 稱謂則未盡其極. 是以謂玄則玄之又玄, 稱道則域中有四大也.

아득히 구분할 수 없다는 것은 말[謂]의 깊은 속뜻이고, '도'는 일컬음[稱]의 큰 것[大]이다. '명명해서 부르는 것'[名號]은 형상[形狀]에서 생겼고, '일컬어서 말하는 것'[稱謂]은 관련시켜 보고 구해 보는 것에서 나왔으니, 명명해서 부르는 것이 공연히 생기지 않았고, 일컬어서 말하는 것이 괜히 나오지 않았다. 그러므로 명명해서 부르는 것은 그 뜻을 크게 잃는 것이고, 일컬어서 말하는 것은 그 극치를 다하지 못하는 것이다. 이 때문에 그것을 아득히 구분할 수 없음이라고 말하는 것이라면 아득하고 또 아득함이고, 도라고 일컫는 것이라면 우주에는 네 개의 큰 것이 있음이다.

老子之書, 其幾乎可一言而蔽之. 噫! 崇本息末而已矣. 觀其所由, 尋其所歸, 言不遠宗, 事不失主. 文雖伍千, 貫之者一, 義雖廣瞻, 衆則同類. 解其一言而蔽之, 則無幽而不識.

노자의 『도덕경』을 거의 한마디로 요약할 수 있을 것이다. 아! '근본을 높여서 말단을 그치게 하는 것'[崇本息末]일 뿐이다. 연유하는 것을 살피고 귀결되는 것을 탐색하면, 말이 근본에서 멀어지지 않고 일 처리가 근본을 잃지 않는다. 노자의 글이 비록 5천 글자이나 그것을 꿰뚫는 것은 하나[一]이며, 의미가 비록 넓고 넉넉하지만 많은 것이 같은 류이다. 그 한마디를 풀어서 설명한다면, 어둡지만 알지 못함이 없다는 것이다.

每事各爲意, 則雖辯而愈惑. 嘗試論之曰, 夫邪之興也, 豈邪者之所爲乎. 淫之所起也, 豈淫者之所造乎. 故閑邪在乎存誠, 不在善察, 息淫在乎去華, 不在滋章, 絶盜在乎去欲, 不在嚴刑, 止訟存乎不尙, 不在善聽. 故不攻其爲也, 使其無心於爲也, 不害其欲也, 使其無心於欲也.

일마다 제각기 의도를 둔다면 분별할지라도 더욱 미혹된다. 시험 삼아 논해 보자. 사악함이 생겨나는 것이 어찌 사악한 자가 하는 것이겠으며, 난잡함이 일어나는 것이 어찌 난잡한 자가 만드는 것이겠는가? 그러므로 사악한 짓을 막는 것은 진실함[誠]을 보존하는 데 달려 있지 잘 감시하는 데 있지 않고, 난잡한 짓을 종식시키는 것은 화려함을 제거하는 데 달려 있지 법령[章]을 증가시키는 데 있지 않으며, 도둑질을 없애 버리는 것은 욕심을 세거하는 데 달려 있지 형벌을 엄격히 하는 데 있지 않으며, 송사(訟事)를 그치게 하는 것은 (재화를) 숭상하지 않는 데 달려 있지 재판을 잘 처리하는 데 있지 않다. 그러므로 백성들이 무엇인가 하는 것을 다스리지 않아 그들이 무엇인가 하는 것에 대해 무심해지도록 하고, 백성들이 무엇인가 하고자 하는 것을 방해하지 않아 그들이 무엇인가 하고자 하는 것에 대해 무심해지도록 한다.

謀之於未兆, 爲之於未始, 如斯而已矣. 故竭聖智以治巧僞, 未若見質素以靜民欲, 興仁義以敦薄俗, 未若抱樸以全篤實, 多巧利以興事用, 未若寡私欲以息華競. 故絶司察, 潛聰明, 去勸進, 剪華譽, 棄巧用, 賤寶貨. 唯在使民愛欲不生, 不在攻其爲邪也. 故見素樸以絶聖智, 寡私欲以棄巧利, 皆崇本以息末之謂也.

조짐조차 없을 때 계획하고 시작하기 전에 하는 것을 이와 같이 할 따름이다. 그러므로 성스러움과 지혜로움을 다해 교묘한 속임수를 다스리는 것은 '소박한 상태'[質素]를 드러내어서 백성들이 하고자 하는 것을 진정시키는 것만 못하고, 어짊과 의로움을 일으켜 야박한 풍속을 도탑게 하는 것은 소박한 상태를 견지하고서 독실한 상태를 온전히 하는 것만 못하며, 교묘함과 이로움을 많게 해서 일의 쓸모를 일으키는 것은 사욕을 적게 해서 '화려함을 다투는 풍속'(華競)을 종식시키는 것만 못하다. 그러므로 사찰(司察)을 끊고, 총명을 드러내지 않으며, 장려하여 촉진하는 것을 없애고, 실속 없는 명예를 제거하며, 교묘한 쓰임을 버리고, 보화를 하찮게 여긴다. 오로지 백성들의 애욕이 생겨나지 않게 하는 데 달려 있고, 사악한 짓을 다스리는 데 달려 있지 않다. 그러므로 소박함을 드러내어서 성스러움과 지혜를 끊어 버리고, 사욕을 적게 해서 교묘함과 이로움을 버리게 하는 것은 모두 '근본을 숭상해서 말엽을 없애는 것'(崇本息末)을 이르는 것이다.

夫素樸之道不著, 而好欲之美不隱, 雖極聖明以察之, 竭智慮以攻之, 巧愈思精, 僞愈多變. 攻之彌甚, 避之彌勤, 則乃智愚相欺, 六親相疑, 樸散眞離, 事有其奸.

소박(素樸)한 도(道)가 드러나지 않고 '좋아하고 욕심낼 만한 아름다움'(好欲之美)이 감춰지지 않으면, 비록 성스러움(聖)과 명철함(明)을 지극히 하여 백성들을 감시하고 지혜(智)와 생각(慮)을 다하여 백성들을 다스려, 교묘함을 더욱더 생각해서 정밀하게 할지라도 거짓됨은 더욱더 변화무쌍해질 것이다. 백성들을 다스릴수록 (백성들이) 더욱더 부지런히 피하니, 지혜로운 이와 어리석은 이가 서로 속이고 육친(六親)이 서로 의심하며 소박함이 흩어지고 진실함이 이탈되어 일에는 간사함이 있게 된다.

蓋舍本而攻末, 雖極聖智, 愈致斯災, 況術之下此者乎. 夫鎭之以素樸, 則無爲而自正. 攻之以聖智, 則民窮而巧殷. 故素樸可抱, 而聖智可棄. 夫察司之簡, 則避之亦簡, 竭其聰明, 則逃之亦察. 簡則害樸寡, 密則巧僞深矣. 夫能爲至察探幽之術者, 匪唯聖智哉. 其爲害也, 豈可記乎. 故百倍之利未渠多也.

근본을 버려두고 말엽으로 다스려서, 비록 성스러움과 지혜를 지극하게 함에도 위와 같은 재앙을 더 초래하는데, 더군다나 이보다 못한 술수에 대해서야 말할 나위가 있겠는가! 소박함으로 진정시키니, 시행함이 없어도 저절로 바르게 된다. 성스러움과 지혜로 다스리면 백성들은 궁색하게 되고 교묘함은 커진다. 그러므로 소박함을 (가슴에) 품고 성스러움과 지혜는 버려야 한다. 살피고 감시하는 것이 간략하면 피하는 것도 질박하고, 총명을 다하면 도피하는 것도 세밀해진다. 간략해지면 소박함을 해침이 적어지고, 엄밀해지면 작위를 정교하게 것이 심해진다. 지극하게 감시하고 보이지 않는 곳까지 탐색하는 술수를 부릴 수 있는 것은 오직 성스러움과 지혜로움이 아니겠는가? 그러니 그 해로움을 어떻게 기록할 수 있을까! 그러므로 "성스러움을 끊고 지혜로움을 버리면 백성들의 이익이 백배로 된다"라는 것이 그렇게 과장된 말은 아니다.

夫不能辯名, 則不可與言理, 不能定名, 則不可與論實也. 凡名生於形, 未有形生於名者也. 故有此名必有此形, 有此形必有其分. 仁不得謂之聖, 智不得謂之仁, 則各有其實矣.

이름[名]을 분별할 수 없다면 함께 이치[理]를 말할 수 없고, 이름을 정할 수 없으면 함께 내용[實]을 논할 수 없다. 대체로 이름은 형상[形]에서 생겨나고, 형상이 이름에서 생겨난 적은 없다. 그러므로 어떤 이름이 있으면 반드시 어떤 형상이 있고, 어떤 형상이 있으면 반드시 그 구분[分]이 있다. 어짊을 성스러움이라고 말할 수 없고 지혜로움을 어짊이라고 말할 수 없으니, 제각기 그 내용이 있기 때문이다.

夫察見至微者, 明之極也, 探射隱伏者, 慮之極也. 能盡極明, 匪唯聖乎. 能盡極慮, 匪唯智乎. 校實定名, 以觀絶聖, 可無惑矣.

지극히 은미한 것을 살피고 보는 것은 명철함의 극치이고, 감추어져 드러나지 않는 것을 탐구하고 알아맞히는 것은 사려의 극치이다. 지극한 명철함을 다할 수 있는 것이 오로지 성스러움이 아니겠으며, 지극한 사려를 다할 수 있는 것이 오로지 지혜로움이 아니겠는가? 그러나 내용을 따져서 이름을 붙이면서 성스러움을 끊어버릴 줄 알아야 미혹됨이 없을 수 있다.

夫敦樸之德不著, 而名行之美顯尙, 則修其所尙而望其譽, 修其所道而冀其利. 望譽冀利以勤其行, 名彌美而誠愈外, 利彌重而心愈競. 父子兄弟, 懷情失直, 孝不任誠, 慈不任實, 蓋顯名行之所招也. 患俗薄而名興行. 崇仁義, 愈致斯僞, 況術之賤者乎. 故絶仁棄義以復孝慈, 未渠弘也.

도탑고 소박한 덕이 드러나지 않고, 이름 붙이고 실행하는 아름다움이 드러나고 숭상되니, 사람들이 숭상하는 것을 닦고 칭찬을 바라며, 사람들이 말하는 것을 닦고 이롭기를 기대한다. 칭찬을 바라고 이익을 기대해서 행동에 힘쓰니, 명예가 아름다울수록 진실성은 더욱 도외시되고, 이익이 많을수록 마음속으로 더욱 경쟁한다. 부자지간과 형제지간에 정을 가슴에 품고 있는데도 정직을 상실하게 되어 효도하는 마음에는 (본래의) 진실성이 없어지고, 자식을 사랑하는 마음에는 진실함이 사라지니, 대개 이름 붙이고 행동하는 것으로 드러낸 결과이다. 풍속이 야박한 것을 근심해서 행동으로 흥기시킬 것을 이름 붙이니, 어짊과 의로움을 숭상해서 더욱더 작위를 초래한다. 그런데 이보다 하찮은 술수에 대해서야 말할 나위가 있겠는가? 그러므로 "어짊을 끊고 의로움을 버리면 백성들이 효성과 자애를 회복한다"는 것이 그리 과장된 말은 아니다.

夫城高則衝生, 利興則求深. 苟存無欲, 則雖賞而不竊, 私欲苟行, 則巧利愈昏. 故絶巧棄利, 代以寡欲, 盜賊無有, 未足美也.

성이 높으면 성을 부수는 전차(衝)가 생겨나고, 이익이 흥성하면 하고자 하는 것이 긴절해진다. 진실로 욕심 내지 않는 마음(無欲)을 보존하면 비록 상을 줄지라도 도둑질을 하지 않고, 개인적인 욕심을 구차하게 부리면 교묘함과 이로움으로 더욱 혼미해질 것이다. 그러므로 교묘한 마음을 끊고 이익을 버려서 욕심을 적게 하는 것(寡欲)으로 대신한다면, 도적이 없게 되어도 별로 아름답게 여기지 않는다.

夫聖智, 才之傑也, 仁義, 行之大者也, 巧利, 用之善也. 本苟不存, 而興此三美, 害猶如之, 況術之有利, 斯以忽素樸乎. 故古人有歎曰, 甚矣, 何物之難惡也.

성스러움과 지혜로움은 재주 중에 뛰어난 것이고, 어짊과 의로움은 행동 중에 훌륭한 것이며, 교묘함과 이로움은 용도 중에 최선의 것이다. 진실로 근본을 보존하지 않고 이상의 세 가지 아름다운 것을 일으켜도 해로움이 오히려 위와 같다. 하물며 술수를 이롭게 여겨서 소박함을 소홀히 함에랴? 그러므로 옛사람들은 "심하구나! 얼마나 사물에 대해 깨닫기 어려운가!"라고 탄식하였다.

旣知不聖爲不聖, 未知聖之不聖也, 旣知不仁爲不仁, 未知仁之爲不仁也. 故絶聖而後聖功全, 棄仁而後仁德厚. 夫惡强非欲不强也,

爲强則失强也, 絶仁非欲不仁也, 爲仁則僞成也. 有其治而乃亂, 保
其安而乃危. 後其身而身先, 身先非先身之所能也, 外其身而身存,
身存非存身之所爲也.

　이미 성스럽지 않음이 성스럽지 않은 줄만 알고, 성스러움이 성스럽지
않은 줄을 모르고, 이미 어질지 않음이 어질지 않은 줄만 알고, 어짊이 어
질지 않은 줄 모른다. 그러므로 성스러움을 끊어 버린 이후에 성스러운 공
업이 완전해지고, 어짊을 버린 이후에 어진 덕이 두터워진다. 강함을 싫어
하는 것은 강해지지 않고자 하는 것이 아니라 강해지면 강함을 상실하기
때문이고, 어짊을 끊어 버리는 것은 어질지 않고자 하는 것이 아니라 어질
어지면 작위가 이루어지기 때문이다. 그러니 다스림이 있으면 이에 어지
럽게 되고, 편안함을 보전하면 이에 위태롭게 된다. 자기 자신을 뒤로 물
리는데도 자신이 남보다 앞서게 되니, 자신이 앞서게 됨은 자신을 앞세워
서 할 수 있는 것이 아니다. 자기 자신을 도외시하는데도 자신이 보존되
니, 자신이 보존됨은 자신을 보존하여서 할 수 있는 것이 아니다.

功不可取, 美不可用. 故必取其爲功之母而已矣. 篇云, 旣知其子,
而必復守其母. 尋斯理也, 何往而不暢哉.

　일은 취해서는 안 되고 아름다움은 사용해서는 안 된다. 그러므로 반
드시 일이 되는 어미[母]를 취해야 할 뿐이다. 『도덕경』 52장에서 "그 자
식을 알고 나서 다시 그 어미를 보존한다"라고 하였으니, 이 이치를 잘
탐구하면 어디 간들 통하지 않겠는가!

『崇有論』[349]

顧深患時俗放蕩, 不尊儒術. 何晏阮籍素有高名於世, 口談浮虛, 不遵禮法, 尸祿耽寵, 仕不事事. 至王衍之徒, 聲譽太盛, 位高勢重, 不以物務自嬰, 遂相放效, 風敎陵遲, 乃著崇有之論以釋其蔽曰.

나 배위는 시대의 풍속이 방탕해서 유가의 도를 높이지 않는 것에 대해 깊이 염려했다. 하안과 완적은 평소 세상에 이름이 높이 알려졌는데, 근거 없고 허황된 것[浮虛]을 담론하고 예법을 따르지 않아, 하는 일 없이 녹만 축내고 총애나 탐내며 벼슬은 하면서 일은 하지 않았다. 심지어 왕연의 무리는 명성이 아주 성대하여 지위는 높고 위세는 막중한데, 사무에 스스로 관여하지 않으면서 마침내 서로 본받으니, 덕행으로 사람을 가르치고 인도하는 일이 점점 쇠퇴하였다. 이에 『숭유론』을 지어서 그 폐단을 다음처럼 밝혔다.

夫總混羣本, 宗極之道也. 方以族異, 庶類之品也.
총체적으로 뒤섞이면서 있는 모든 근본이 종극의 도이다.[350] 틀 지워

---

349. 원문은 경인문화사의 『진서』(晉書)를 기본으로 했다.
350. 『숭유론』의 대전제이다. 논의의 편리를 위해 대전제 가)라고 하겠다.

져서[方] 군집으로 나누어진 것이 모든 종류의 사물이다.[351]

　形象著分, 有生之體也. 化感錯綜, 理迹之原也.

　그러니 형상이 제각기 드러나는 것은 '있음[有]이라는 것의 생장·변화 그 자체'[有生[352]之體]이고,[353] 변화와 감응이 뒤섞이는 것은 '이치라는 것의 자취 그 자체'[理迹之原]이다.[354]

　夫品而爲族, 則所稟者偏, 偏無自足, 故憑乎外資. 是以生而可尋, 所謂理也. 理之所體, 所謂有也. 有之所須, 所謂資也. 資有攸合, 所謂宜也. 擇乎厥宜, 所謂情也.

　여러 사물로 나누어지고 군집으로 되면, (총체적으로 뒤섞이면서 있는 모든 근본[總混羣本]에서) '갈라져서 나온 바탕'[所稟者]이 치우치게 된다.[355] 치우치면 자족함이 없으므로 외부의 바탕[外資]에 의지한다.[356]

---

351. 역시 『숭유론』의 대전제로 논의의 편리를 위해 대전제 나)라고 하겠다.
352. 사물에서 있음[有]은 사물의 드러난 모습만을 지시하고, 생(生)은 있음[有] 을 이루는 바탕이 생장·변화하는 것만을 의미한다.
353. 대전제 나)의 부연 설명으로서 '틀 지워져서[方] 군집으로 나누어진 것'[方以族 異]이 '형상이 제각기 드러나는 것'[形象著分]과 연결되고, '모든 종류의 사물이 다'[庶類之品]가 '있음이라는 것의 생장·변화 그 자체'[有生之體]와 연결된다.
354. 대전제 가)의 부연 설명으로서 '총체적으로 뒤섞이면서 있는 모든 근본'[總 混羣本]이 '변화와 감응이 뒤섞이는 것'[化感錯綜]과 연결되고 '종극의 도이 다'[宗極之道]가 '이치라는 것의 자취 그 자체이다'[理迹之原]와 연결된다.
355. 대전제 가)에서 나)로 변화되는 것에 대한 설명이다. 그러나 가)의 변화 자 체가 나)이기 때문에 양자를 분리해서는 안 된다.
356. '갈라져서 나온 바탕'[所稟者]은 홀로 변화하는 것이 아니라 '총체적으로 뒤

이것은 생장·변화하는 것을 가지고 찾아볼 수 있으니 그것이 이른바 이치이다. 그런데 이치가 의지해서 드러나는 것〔體〕이 이른바 있음이고, 있음이 의지하는 것이 이른바 바탕이다. 그런데 바탕은 합하는 바가 있으니 이른바 이치에 합당함〔宜〕이다.[357] 그 합당함을 택하는 것이 이른바 실정이다.[358]

識智旣受, 雖出處異業, 黙語殊塗,[359] 所以寶生存宜, 其情一也.
'분별심'〔識智〕이 쌓인 다음에, 비록 벼슬을 하거나 하지 않는 것에서 하는 일을 달리하고, 침묵하거나 말을 하는 것에서 가는 길을 달리할지라도 (그것은 모두) 삶을 귀하게 여기고 이치에 합당함을 보존하기 위함이니, 그 실정은 동일하다.[360]

섞이면서 있는 모든 근본〔總混羣本〕과 함께 바탕을 주고받으면서 변화한다.

357. 대전제 가)가 나)로 될 때 이치〔理〕를 따른다. 곧 바탕이 이(理)에 따라서 사물로 구성되니 그것이 의(宜)이다.

358. 여기까지는 자연의 변화에 대한 설명이고 다음은 분별력을 가진 사람에 대한 설명이다.

359. 『주역』(周易) 「계사하」(繫辭下) 5장 "'부지런히 왕래하면 벗이 네 생각을 따를 것이다'라고 하니, 공자께서 '천하의 사람들이 무엇을 생각하고 무엇을 근심하는가? 천하의 사람들은 돌아갈 곳이 같은데 길을 달리하고 이룩할 것이 하나인데 생각을 가지각색으로 한다. 천하의 사람들은 무엇을 생각하고 무엇을 근심하는가?'라고 하셨다."〔易曰, 憧憧往來, 朋從爾思. 子曰, 天下何思何慮. 天下同歸而殊塗, 一致而百慮. 天下何思何慮.〕

360. 비록 사람들이 분별력을 가지고 다양한 형태로 살아갈지라도 사람의 '삶'〔生〕도 사물의 생장·변화와 동일하게 대전제 가)가 나)로 드러난 것에 지나지 않는다. 그 때문에 사람의 삶도 자연의 생장·변화와 그 실상은 동일하다.

衆理並而無害, 故貴賤形焉.³⁶¹ 失得由乎所接, 故吉凶兆焉. 是以
賢人君子, 知欲不可絶, 而交物有會,³⁶² 觀乎往復, 稽中定務, 惟夫
用天之道, 分地之利, 躬其力任, 勞而後饗, 居以仁順, 守以恭儉, 率

---

361. 『중용』(中庸) 18장 "무왕이 말년에 천명을 받으시자, 주공이 문왕·무왕의
    덕을 이루시어, 태왕과 왕계를 추존하여 왕으로 높이시고, 위로 선공을 천
    자의 예로써 제사하시니, 이 예가 제후와 대부 및 사서인에게까지 통하였
    다. 그리하여 아버지가 대부가 되고 아들이 사가 되었으면, 장례는 대부의
    예로써 하고 제사는 사의 예로써 하며, 아버지가 사가 되고 아들이 대부가
    되었으면, 장례는 사의 예로써 하고 제사는 대부의 예로써 하며, 기년상은
    대부에까지 이르고 삼년상은 천자에까지 이르렀으니, 부모의 상은 귀천에
    관계없이 동일했다."〔武王未受命, 周公成文武之德, 追王泰王王季, 上祀先公以
    天子之禮, 斯禮也, 達乎諸侯大夫及士庶人. 父爲大夫, 子爲士, 葬以大夫, 祭以士.
    父爲士, 子爲大夫, 葬以士, 祭以大夫. 期之喪, 達乎大夫, 三年之喪, 達乎天子, 父母
    之喪, 無貴賤一也.〕
    19장 "공자께서 다음처럼 말씀하셨다. '무왕과 주공은 세상에서 효를 잘 행
    한 것으로 칭찬 받는 분이시다. 효는 사람의 뜻을 잘 계승하며, 사람의 일을
    잘 전술하는 것이다. 봄과 가을에 선조의 사당을 수리하며 종묘의 보기(寶
    器)를 잘 진열하며 그 의상을 펴놓으며 제철의 음식을 올린다. 종묘의 예는
    소목(昭穆)을 차례하는 것이요, 관작에 따라 서열함은 귀천을 분별하는 것이
    요, 일을 차례로 맡김은 어진이를 분별하는 것이요, 여럿이 술을 권할 때에
    아랫사람이 윗사람을 위하여 (술잔을 올림은) 천한 이에게까지 미치는 것이
    요, 잔치할 때에 모발의 색깔대로 차례하는 것은 년치(年齒)를 서열하는 것
    이다.'"〔子曰, 武王周公, 其達孝矣乎. 夫孝者, 善繼人之志, 善述人之事者也. 春秋,
    修其祖廟, 陳其宗器, 設其裳衣, 薦其時食. 宗廟之禮, 所以序昭穆也, 序爵, 所以辨
    貴賤也, 序事 所以辨賢也, 旅酬下爲上, 所以逮賤也, 燕毛, 所以序齒也.〕
362. 『중국철학사교학자료선집』(中國哲學史教學資料選輯)*에서는 "교물(交物)은
    외물과 접촉하는 것이다. 회(會)는 합치되는 점이고, 관건(關鍵)이니, 아래
    문장에서 말하는 '그러므로 (마음의) 움직임이 교차하는 바가 존망의 관건
    〔會〕이다'〔故動之所交, 存亡之會也〕구절을 가리킨다. 교물유회(交物有會)는
    외물과 접촉할 때 길흉과 존망이 바로 그 속에 있다는 말이다"라고 하였다.
    * 北京大學哲學系中國哲学史教研室选注, 中华书局, 1981.

以忠信, 行以敬讓, 志無盈求, 事無過用, 乃可濟乎! 故大建厥極,
綏理羣生, 訓物垂範, 於是乎在, 斯則聖人爲政之由也.

중리(衆理)는 병존해도 방해됨이 없으므로[363] 여기에서 귀천이 드러난
다. 잘되고 못됨은 접하는 것에서 말미암으므로[364] 여기에서 길흉이 징
조를 보인다. 이 때문에 현인과 군자는 지(知)와 '무엇인가 하고자 하는
마음'[欲][365]을 끊어서는 안 되고, 사물과 접촉하는 데 관건[會]이 있는 것
을 왕복하는 것에서 살펴서 마땅함[中]을 헤아리고 노력할 방향을 확정
하며, 단지 하늘의 법칙을 이용하고 땅의 이익을 나누어서 역량과 책임
을 몸소 하고 노력한 다음에 만족하며, 인순(仁順)으로 거처하고 공검(恭
儉)으로 단속하며, 충신으로 솔선하고 경양(敬讓)으로 행하며, 지향하는
것[志]은 지나치게 하지 않고 하는 일은 과분하게 하지 않으니, 이에 (마
땅함을 헤아리고 노력할 방향을 확정함[稽中定務]을) 이룰 수 있구나! 그러므
로 (현인과 군자가) 최고의 원칙을 크게 세우고 백성들을 편안하게 다스리
며 사물에 교훈을 주고 규범을 드리우는 것은 여기[稽中定務]에 있으니,
이것이 성인의 정사를 행하는 까닭이다.

---

363. 대전제 가)로 변화하는 자체가 이(理)이기 때문에 서로 방해됨이 없다.
364. 분별력이 없는 사물은 이(理)에 따라 합당하게 생멸하게 되어 있으니 그것
    이 실상이다. 사람이 비록 분별력을 가지고 다양하게 살아간다고는 하지만
    그것도 사실은 자연의 실상에 지나지 않는다. 그러나 사물의 생장·변화에
    는 이(理)가 있기 때문에 분별력을 그것에 맞게 제대로 사용했을 때는 득이
    되고 그렇지 못할 때는 실이 된다. 이하는 그것에 대한 설명이다.
365. 여기서 사용된 '지욕'(知欲)은 『도덕경』의 왕필주를 염두에 두고 한 것이다.
    1장과 3장의 왕필주를 참조.

若乃淫抗陵肆, 則危害萌矣. 故欲衍則速患, 情佚則怨博, 擅恣則
興攻, 專利則延寇, 可謂以厚生而失生者也.

만약 이에 절제하지 못하고 제멋대로 사용하게 되면 위험과 해로움이
생겨난다. 그러므로 무엇인가 하고자 하는 마음이 한도를 벗어나면 환
란을 재촉하고, 정(情)이 방일해지면 원망 받을 일이 많아지며, 방자하게
행동하면 다툼을 일으키고 이익만 오로지 하면 도둑을 불러들이게 되니,
생을 두텁게 하려다가 생을 잃게 되는 경우[366]라고 말할 수 있다.

悠悠之徒, 駭乎若茲之釁, 而尋艱爭所緣. 察夫偏質有弊, 而覩簡
損之善, 遂闡貴無之議, 而建賤有之論. 賤有則必外形, 外形則必遺
制, 遺制則必忽防, 忽防則必忘禮. 禮制不存, 則無以爲政矣.

한가로운 무리들은 이와 같은 폐단에 경악을 금하지 못하고 간쟁(艱
爭)이 연유하는 원인을 탐색했다. '치우친 형질'[偏質][367]에 폐단이 있음
을 살피고 '간략하게 하고 줄이는 것에 대한 좋은 점'[簡損之善]을 보고,
마침내 '무를 귀하게 여기는 의론'[貴無之議][368]을 드러내고 '유를 천하

---

366. 『도덕경』 50장과 75장을 참조.
367. 왕필에게 분별력은 자연을 있는 그대로 파악하지 못하게 하는 것이다. 곧
    분별력은 유의 이면으로서 '대상화되지 않는 것'[無]이 있다는 것을 깨닫지
    못하게 하고 대상화된 것만을 추구하여 한쪽으로 치우치게 한다.
368. 배위에게 무(無)는 '마음의 활동'[心]으로서 유(有)를 유용하게 하는 것이기
    때문에 사람이 세상을 살아가는 데 반드시 있어야 하는 것이다. 그러나 왕
    필에게 '마음 비움'으로써의 무(無)는 분별력, 곧 마음의 활동을 없애는 것
    이다. 배위는 위에서 열거한 폐단 때문에 분별력을 없애는 귀무론이 등장한
    것으로 보았다.

게 보는 의론'[賤有之論]³⁶⁹을 내세웠다. 그러나 유를 천하게 보면 반드시 '드러나는 것'[形]을 도외시하고, 드러나는 것을 도외시하면 반드시 제도 [制]를 버리고, 제도를 버리면 반드시 대비[防]를 소홀히 하고, 대비를 소홀히 하면 반드시 예를 망각한다. 예제(禮制)가 보존되지 않으면 정사를 행할 방법이 없다.

　衆之從上, 猶水之居器也. 故兆庶之情, 信於所習, 習則心服其業, 業服則謂之理然. 是以君人必愼所敎, 班其政刑一切之務, 分宅百姓, 各授四職, 能令稟命之者不肅而安, 忽然忘異, 莫有遷志. 況於據在三之尊, 懷所隆之情, 敦以爲訓者哉! 斯乃昏明所階, 不可不審.
　대중이 윗사람을 따르는 것은 물이 그릇에 담겨 있는 것과 같다. 그러므로 뭇 백성들의 정은 친숙한 것을 신임한다. 친숙해지면 그 일에 심복하고, 그 일에 심복하는 것을 이치상 그렇게 되어 있는 것이라고 말한다. 이 때문에 군주는 반드시 (백관과 백성에 대하여) 교화할 바를 조심스럽게 행해야 하니, 그 형정(刑政)과 일체의 일을 반포하고 백성들에게 살 집을 나누어 주며, 각자에게 사·농·공·상의 직분[四職]을 부여함에 있어서, 명령을 받은 자가 그것을 매섭게 여기지 않고 편안하게 여기도록 하며 홀연히 (귀천의) 차이를 잊고 아무도 뜻을 바꾸려고 하지 않도록 할 수 있어야 한다. 하물며 삼공(三公)이라는 존귀한 위치에 거하면서 백성들의 존경을 받으며 돈독하게 훈계하는 자임에랴! 이것이 바로 밝게 되고 어둡게 되는 통로이니, 살피지 않아서는 안 된다.

---

369. 왕필에게 유(有)는 분별 작용이 대상화시킨 것이다.

夫盈欲可損而未可絶有也, 過用可節而未可謂無貴也. 蓋有講言之
具者, 深列有形之故, 盛稱空無之美. 形器之故有徵, 空無之義難檢,
辯巧之文可悅, 似象之言足惑, 衆聽眩焉, 溺其成說.

지나치게 무엇인가 하고자 하는 마음을 줄일 수는 있지만 있는 것을
끊어 버릴 수는 없고, 지나치게 사용하는 것은 절제할 수 있지만 귀한 것
을 없애라고 말할 수는 없다. 그런데 일반적으로 조리 있게 설명하는 자
는 '유형의 연유'〔有形之故〕에 대해 깊이 나열하고 '공무의 장점'〔空無之
美〕을 성대하게 칭한다. 형기(形器)에 대한 연유는 근거가 있고 공무에 대
한 의미는 검증하기 어려우며, 교묘하게 둘러대는 글은 흡족하게 여길
만하고 도리에 유사한 말은 미혹시키기에 충분하니, 뭇사람들이 듣고는
현혹되어 그 설에 빠진다.

雖頗有異此心者, 辭不獲濟, 屈於所狃, 因謂虛無之理, 誠不可蓋.
唱而有和, 多往弗反, 遂薄綜世之務, 賤功烈之用, 高浮游之業, 埤
經實之賢.

비록 이와 마음을 아주 달리하는 자[370]가 있을지라도 말을 명확하게
펼칠 수 없고 익숙한 것에 넘어가고 그 때문에 허무(虛無)에 대한 이치를
말하니 진실로 그것을 막을 수 없다. 주창하면 화답하며 대부분이 떠나
가지만 돌아올 줄 모르니, 마침내 세상을 총괄하는 일을 경시하고 공열
의 효용을 낮게 여기며, 내용이 없는 것〔浮游〕을 높이고 '실제적인 일을
경영하는 데 탁월함'〔經實之賢〕을 낮추었다.

---

370. 귀무론자들과 다른 견해를 가진 자를 말한다.

人情所殉, 篤夫名利. 於是文者衍其辭, 訥者讚其旨, 染其衆也. 是以立言藉於虛無, 謂之玄妙,[371] 處官不親所司, 謂之雅遠, 奉身散其廉操, 謂之曠達. 故砥礪之風, 彌以陵遲. 放者因斯, 或悖吉凶之禮, 而忽容止之表, 瀆棄長幼之序, 混漫貴賤之級. 其甚者至於裸裎, 言笑忘宜, 以不惜爲弘, 士行又虧矣.

인정이 따르는 바는 명리(名利)에 두텁다. 이에 글재주가 있는 자는 없음을 숭상하는 이론을 부연하고 말재주가 없는 자는 없음을 숭상하는 이론의 논지에 찬동해서 대중을 현혹한다. 이 때문에 이론을 허무에 의지해서 그것을 현묘한 것이라고 말하며, 관직에 나아가서는 맡은 바를 친히 하지 않으면서 그것을 고상하게 멀리하는 것이라고 말하며, 몸을 봉양하고 염치와 절조를 버리면서 그것을 활달하다고 말한다. 그러므로 '열심히 노력하는 풍속'[砥礪之風]이 점점 더 쇠미하게 되었다. 방탕한 자는 이것으로 인하여 혹 길흉의 예를 어그러뜨리고, 행동거지의 표현을 소홀히 하며, 어른과 아이의 질서를 무시하고, 귀한 자와 천한 자의 귀천의 등급을 어지럽혔다. 그들 중에 지나친 자는 심지어 옷을 제대로 입지 않고 벌거벗고 다닐 정도이고 말하거나 웃을 때 마땅함을 버리고 '꺼리지 않는 것'[不惜]을 '대범함'[弘]으로 여기니 '선비들의 언행'[士行]이 또 어그러졌다.

老子旣著伍千之文, 表攎穢雜之弊, 甄舉靜一[372]之義, 有以令人

---

371. 『도덕경』 1장을 참조.

372. 『도덕경』 10장 "혼백을 싣고 하나를 껴안아 분리되지 않도록 할 수 있는가?"[載營魄抱一, 能無離乎] 16장 "비어 있음을 이루는 것이 궁극이고 고요

釋然自夷, 合於易之損·謙·艮·節之旨. 而靜一守本, 無虛無之謂
也.[373] 損·艮之屬, 蓋君子之一道, 非易之所以爲體守本無也.[374] 觀
老子之書, 雖博有所經,[375] 而云有生於無, 以虛爲主, 偏立一家之

함을 지키는 것이 독실함이다."[致虛極, 守靜篤] 『순자』(荀子) 「해폐」(解蔽)
"'사람이 어떻게 도를 알게 되는가?' '마음이 있기 때문이다.' '마음이 어떻
게 도를 알게 되는가?' '비어 있고 전일하면서 고요하기 때문이다.' 마음은
간직하지 않는 것이 없지만 이른바 비어 있음도 있다. 마음은 여러 가지로
되지 않은 적이 없지만 이른바 전일함도 있다. 마음은 움직이지 않은 적이
없지만 이른바 고요함도 있다. 사람이 태어나면 앎이 있고, 앎이 있으면 뜻
이 있다. 뜻이란 마음에 무엇인가를 간직하고 있는 것이다. 그렇지만 이른
바 비어 있음이 있어 이미 간직한 것으로 앞으로 받아들일 것을 해치지 않
으니, 그것을 비어 있음이라고 한다."[人何以知道? 曰, 心. 心何以知? 曰, 虛壹
而靜. 心未嘗不藏也, 然而有所謂虛, 心未嘗不兩也, 然而有所謂一, 心未嘗不動也,
然而有所謂靜. 人生而有知, 知而有志, 志也者, 藏也, 然而有所謂虛, 不以所已藏害
所將受, 謂之虛.]

373. 『진서』(晉書)에서는 '이정일수본, 무허무지위야'(而靜一守本, 無虛無之謂也)
라고 끊어 읽었고, 『중국철학사교학자료선집』에서는 '이정일수본무, 허무지
위야'(而靜一守本無, 虛無之謂也)로 끊어 읽으면서 '수'(守)는 '주장하다'로 '본
무'(本無)는 '없음을 근본으로 삼는다'는 뜻으로 풀이했는데, 전자를 따랐다.

374. 『진서』의 미주에서 '비역지소이위체수본무야'(非易之所以爲體守本無也) 구절
에 대해 '수본무'(守本無) 세 글자는 앞 구절과 관계해서 부연된 것이라고 교
감했다.(李校守本無三字, 涉上文衍) 이 경우에 해석은 "(손괘와 간괘 따위는 대
개 군자의 한 방편이니,) 『주역』(周易)에서 요체로 삼는 것이 아니다"로 해야
한다. 『중국철학사교학자료선집』에서는 '체'(體)를 '주체'의 의미로 풀고 '역
지소이위체'(易之所以爲體)를 『주역』의 이론 체계에서 주체가 되는 것'이라
는 의미로 풀었다. 이런 점에서 이 구절은 "손괘나 간괘의 뜻은 군자의 도에
있어서 한 부분일 뿐이라는 것이지, 『주역』의 기본적인 이론체계가 허무를
근본으로 삼아야 한다고 주장하는 것이 아니다"라는 의미이다.

375. 『중국역대사상가전기휘전』(中國歷代思想家傳記彙詮)에서는 '박유소경'(博有
所經)의 의미를 "학식이 깊고 넓어서 조리가 있다"[淵博而有條理]로 풀었는

辭, 豈有以而然哉.

　노자가 『도덕경』을 저술함으로써 번다한 폐단을 폭로하고 정일(靜一)의 의미를 밝혀서 사람들이 의심 없이 저절로 편안해지게 했으니, 『주역』의 손괘(損卦)·겸괘(謙卦)·간괘(艮卦)·절괘(節卦)의 취지에 부합된다. 그런데 '정일'(靜一)하게 근본을 유지함에는 (귀무론자들의) '마음 비움'(虛無)에 대한 말은 없다.[376] 손괘(損卦)·간괘(艮卦) 따위는 대개 군자의 한 방편이니, 『주역』에서 요체로 하는 것은 (귀무론자들과 같이) '마음 비움'(無)을 근본으로 유지하라는 것이 아니다. 『도덕경』을 보면 비록 학식이 깊고 넓어서 조리가 있고 "있음은 없음에서 나온다"(有生於無)라고 말하여 허(虛)를 주로 해서 한 학파의 설을 편중되게 내세웠을지라도 아마 까닭이 있어서 그렇게 했을 것이다!

　人之旣生, 以保生爲全, 全之所階, 以順感爲務. 若昧近以虧業, 則沈溺之釁興, 懷末而忘本, 則天理之眞滅.

　사람이 태어나고 나면 생을 보전하는 것으로 온전함을 삼는데, 온전함으로 가는 통로는 '순리대로 감응하는 것'(順感)에 힘쓰는 것이다. '가까운 것'(近)에만 맛을 들여 추구하고 본업을 일그러뜨리면 '탐닉하는 폐단'(沈溺之釁)이 일어나고, 말엽에만 염두에 두고 근본을 잊으면 천리의 참됨이 사라진다.

　데, 이것을 따랐다.

376. 배위는 『도덕경』의 '무'(無)를 '마음의 활동'(心)으로 보고 있다.

故動之所交, 存亡之會也, 夫有非有,[377] 於無非無, 於無非無, 於有非有.

그러므로 (마음의) 움직임이 교차하는 바가 존망의 관건〔會〕이니, 있음의 측면〔有〕에서는 있는 것이 아니고, 없음의 측면〔無〕에서는 없는 것이 아니며, 없음의 측면에서 없는 것이 아니며 있음의 측면에서 있는 것이 아니다.[378]

是以申縱播之累, 而著貴無之文. 將以絶所非之盈謬, 存大善之中節, 收流遁於旣過, 反澄正于胸懷. 宜其以無爲辭, 而旨在全有.

이 때문에 (노자가) '방종으로 인한 폐단'〔縱播之累〕을 거듭 설명하고 '마음의 활동'〔無〕을 귀하게 여기는 글을 저술했다. '잘못된 것으로서 욕망이 지나쳐서 생기는 잘못'〔所非之盈謬〕을 없애고 위대한 선의 중절을 보존하고, 이미 잘못된 것으로 흘러간 것을 거두어 들이며, 가슴에 맑고 바른 것을 되돌리려고 함에 마땅히 『도덕경』은 '마음의 활동'〔無〕으로 이론의 근거를 삼았지만 취지는 있음을 온전히 함에 있다.[379]

---

377. 『진서』에는 '어'(於)자가 탈락되었다고 교감하였다.

378. 『숭유론』 마지막 단락의 "마음은 일이 아니지만 일을 하는 데는 반드시 마음을 경유한다. 그렇지만 일이 아닌 것으로 일을 할 수 없으니, 마음이 없음이 된다고 한다. 장인은 물건이 아니지만 물건을 만드는 데는 반드시 장인이 있어야 한다. 그렇지만 물건이 아닌 것으로 물건을 만들 수는 없으니, 장인은 있음이 아니라고 한다"〔心非事也, 而制事必由於心, 然不可以制事以非事, 謂心爲無也. 匠非器也, 而制器必須於匠, 然不可以制器以非器, 謂匠非有也〕라는 구절에서 '마음이 없음이 된다'〔心爲無〕와 '장인은 있음이 아니다'〔匠非有〕라는 구절을 참조하면 이해하기 쉬울 것이다.

379. '마음의 활동'〔無〕을 통해 있음을 유용하게 한다는 의미이다.

故其辭曰『以爲文, 不足』[380]. 若斯, 則是所寄之塗, 一方之言也.
若謂至理信以無爲宗, 則偏而害當矣.

그러므로 『도덕경』에서 "표현[文]으로 삼기에는 충분하지 못하다"[以
爲文, 不足]라고 했다. 그렇다면 이것은[381] 기탁해서 하는 방도이고 일방
적인 말이다. 만약 지극한 이치가 진실로 없음을 근본[宗]으로 삼는다고
말한다면 편협하고 해가 되는 것은 당연하다.

先賢達識, 以非所滯, 示之深論.[382] 惟班固著難, 未足折其情, 孫
卿楊雄大體抑之, 猶偏有所許. 而虛無之言, 日以廣衍, 衆家扇起,
各列其說. 上及造化,[383] 下被萬事, 莫不貴無, 所存僉同.

---

380. 『도덕경』 19장을 참조.

381. '약사'(若斯) 이하는 바로 앞 단락의 "『도덕경』을 보면 비록 학식이 깊고 넓
어서 조리가 있고 '있음은 없음에서 나온다'라고 말하여 허(虛)를 주로 해서
한 학파의 설을 편중되게 내세웠을지라도 아마 까닭이 있어서 그렇게 했을
것이다!"[觀老子之書, 雖博有所經, 有生於無, 以虛爲主, 偏立一家之辭, 豈有以而
然哉]라는 구절에서 "있음은 없음에서 나온다"는 말로 보면 될 것이다.

382. 『중국철학사교학자료선집』에서는 "체(滯)는 체류하다는 것이다. 비소체(非
所滯)는 노장의 학에 마음을 둔 것이 아니라는 말이다. 미(未)자는 원래의 글
자가 와전돼 '시'(示)자로 되었기에 문의에 따라 개정했다. 『전진문』(全晉文)
에서는 '불'(不)자로 보았는데 의미가 통하지 않는다"[滯, 滯留. 非所滯, 言對
老莊之學非所留心. 未: 原訛作'示', 依文義改正;『全晉文』作'不'亦通]라고 했다.
이 해석에 따르면 다음과 같이 번역할 수 있다. "선현은 식견이 뛰어났지만
노장의 학에 염두를 두지 않아서 논의를 심도 있게 전개하지 못했다. 단지
반고(班固)만이 『난장론』(難莊論)을 지었지만 그 실상을 완전히 논파하지 못
했다."

383. 『중국철학사교학자료선집』에서는 "조화(造化)는 만물을 화생하는 것을 가
리킨다"[造化, 指化生萬物]로 풀었고, 『중국역대사상가전기휘전』에서는 "조

선현은 식견이 뛰어나서 (마음이) 정체되지 않는 것을 가지고[384] 심도 있는 논의를 보여주었다. 단지 반고(班固)가 『난장론』(難莊論)[385]을 지었지만 그 실정을 완전히 논파하지 못했고, 순자[孫卿]와 양웅(楊雄)은 대체로 억눌렀지만 오히려 한쪽으로 허락하는 바가 있었다.[386] 그런데 허

화(造化)는 천지와 사방을 변하게 하는 것 곧 만물의 본체이다"[造化, 六化, 卽萬物的本體]로 풀었는데, 근본적으로 의미의 차이는 없다.

384. 바로 위에서 배위는 『도덕경』의 '무'(無)를 귀무론자들의 '무'(無)로 봐서는 안 됨을 논증했다. 따라서 '비소체'(非所滯)도 이런 논리의 연장선에서 마음이 비워짐으로써 머물러 있는 바가 아닌 것, 곧 활동하는 것으로 봐야 한다. 이런 논리를 따른다면 선현은 노자를 지칭하는 것이 된다. 왜냐하면 아래에서 배위가 분연히 일어나 숭유론을 외치는 이유는 귀무론자들의 잘못을 바로 잡으려는 것이기 때문이다.

385. 『난장론』(難莊論)은 현재 단편만 겨우 보존되어 있다. 『난장론』은 다음이 전부인데, 『장자』의 무엇을 비판했는지 전혀 알 수 없다. "아주 먼 옛날에는 수레나 배가 없어 뭍으로 걸어서 다녔고, 집을 짓지 못해 굴에 살았다. 일반 사람들이 세상의 이익을 좇는 것이 쇠파리가 고기국물로 날아가는 것과 같다. 쇠파리가 고기국물을 좋아하다 보면 국물에 빠져 죽게 됨을 망각하게 되고, 일반 사람들이 세상의 이익을 탐하다 보면 죄를 짓는 화근에 빠진다."[太古之世, 不車不舟, 陸走以遊, 不棟不宇, 巢穴而處, 衆人之逐世利, 如靑蠅之赴肉汁也, 靑蠅嗜肉汁, 而忘溺死, 衆人貪世利, 而陷罪禍] 엄가균(嚴可均) 교집(校輯) 『전상고삼대진한삼국육조문』(全上古三代秦漢三國六朝文)1권, 『전후한문』(全後漢文)25권, 「반고」(班固), 610쪽.

386. 순자(荀子)가 노장(老莊)을 비판한 것은 『순자』의 「천론」(天論)과 「해폐」(解蔽)편에 나타나고, 양웅(揚雄)이 비판한 것은 『법언』(法言)의 「문도」(問道)와 「군자」(君子)편에 나타난다. 순자는 「천론」에서 "노자는 굽히는 데는 식견이 있지만 펴는 데는 식견이 없고, …, 굽히기만 하고 펼 줄 모르면 귀천이 구분되지 않는다"[老子有見於詘, 無見於信, …, 有詘而無信, 則貴賤不分]라고 함으로써 노자를 비판했고, 「해폐」에서 "장자는 자연에 가려 인위를 알지 못했고,… 모두 도의 한 모퉁이다"[莊子蔽於天, 而不知人, … 皆道之一隅也]라고 함으로써 장자를 일면으로 긍정했다. 양웅은 「문도」에서 "노자가 도덕에 대

무에 대한 말이 날로 널리 전파되었고 여러 학파가 선동하면서 일어나서 제각기 자신의 설을 펼쳤다.[387] 위로는 조화에 미치고 아래로는 만사에 이르러 없음을 귀하게 여기지 않음이 없어 보존하는 바가 모두 같았다.

情以衆固, 乃號凡有之理皆義之埤者, 薄而鄙焉. 糵論人倫及經明之業, 邃易門肆.

인정은 따르는 자가 많을 때 견고하게 되니, 이에 모든 있음의 이치는 모두 의리의 낮은 것이라고 일컫는 것이 널리 일상적으로 되었다. 인륜을 변론하고 세상을 다스리고 도를 밝히는 일이 마침내 문호를 바꾸어서 제멋대로 하게 되었다.

顧用矍然, 申其所懷, 而攻者盈集, 或以爲一時口言. 有客幸過咸見, 命著文摘列虛無不允之徵. 若未能每事釋正, 則無家之義弗可奪也.

나는 그 때문에 놀라서 마음에 품은 바를 드러내니, 공박하는 자가 구

해 말한 것에서는 내가 취한 것이 있다. 인과 의를 막고 예와 학을 끊은 것에서는 내가 취한 것이 없다"〔老子之言道德, 吾有取焉耳. 及搥提仁義, 絶滅禮學, 吾無取焉耳〕라고 하고, 또 "어떤 사람이 '장주에게 취할 것이 있습니까?'라고 물으니, '욕심을 적게 하는 것입니다'라고 답했다"〔或曰莊周有取乎. 曰少欲〕라고 함으로써 일면 긍정했으며, 「군자」에서 "어떤 사람이 '사람이 생사를 하나로 보고 빈부를 동일하게 보고 귀천을 같게 볼 수 있다면 어떻습니까?'라고 물었다. '이와 같이 할 수 있는 자는 무엇인가 두려워하는 것이 있을 겁니다. 진실로 생사를 하나로 보고 빈부를 동일하게 보고 귀천을 같게 볼 수 있다면, 나는 성인을 빈 껍질로 볼 것입니다'라고 답했다"〔或曰, 人有齊死生, 同貧富, 等貴賤, 何如. 曰, 作此者, 其有懼乎. 信死生齊, 貧富同, 貴賤等, 則吾以聖人爲囂囂〕라고 함으로써 비판했다.

387.『도덕경』42장의 왕필주도 여기에 해당된다.

름처럼 몰려들어서 일시의 구설로 삼았다. 다행히 어떤 객이 지나가면서 그것을 함께 보고 글을 지어서 허무(虛無)가 부당하다는 근거를 들춰내라고 했다. 만약 매사를 풀이하여 바르게 하지 않는다면 '귀무를 주장하는 학자들의 논의'[無家之義]를 꺾을 수 없었기 때문이다.

顧退而思之, 雖君子宅情, 無求於顯, 及其立言, 在乎達旨而已. 然去聖久遠, 異同紛糾, 苟少有仿佛, 可以崇濟先典, 扶明大業, 有益於時, 則惟患言之不能, 焉得靜黙. 及未擧一隅, 略示所存而已哉.

내가 물러나 생각해 보건대, 비록 군자가 실상에 처하여 현달을 구하는 것이 없을지라도 이론을 내세움에 뜻을 두루 통하게 할 뿐이다. 그러나 성인이 돌아가신 지 오래되고 이동이 어지럽게 뒤얽혔으니 진실로 조금이라도 비슷한 것이 있어서 선대 경전의 뜻을 높여 이루고 대업을 돕고 밝힘으로써 시대에 도움이 된다면 말이 능하지 못함을 근심으로 여길 뿐이지 어찌 침묵하고 있겠는가? 그러나 아직 한 모퉁이도 제대로 들어내지 못함에 대략 생각하는 바를 보일 뿐이다!

夫至無者無以能生. 故始生者自生也. 自生而必體有, 則有遺而生虧矣. 生以有爲己分, 則虛無是有之所謂遺者也. 故養旣化之有, 非無用之所能全也. 理旣有之衆, 非無爲之所能循也.

'지극한 없음'[至無]388은 생장·변화할 방법이 없다. 그러므로 처음의 생장·변화는 저절로 생장·변화한 것이다. 저절로 생장·변화하지만 반

---

388. 왕필에게 있어서 '물아일체'의 무를 말한다.

드시 있음에 의지해서 드러나니[體], 있음이 사라지면 생장·변화도 사라진다. 생장·변화는 있음으로써 자신의 몫을 삼으니 허무[389]는 있음이 사라진 것이다. 그러므로 이미 변화된 있음을 기르는 것은 '없음의 작용'[無用][390]이 온전하게 할 수 있는 것이 아니다. 이미 있는 뭇 사물을 다스리는 것은 무위가 어떻게 할 수 있는 것이 아니다.

心非事也, 而制事必由於心, 然不可以制事以非事, 謂心爲無也. 匠非器也, 而制器必須於匠, 然不可以制器以非器, 謂匠非有也.

마음은 일이 아니지만 일을 하는 데는 반드시 마음을 경유한다. 그렇지만 일이 아닌 것으로 일을 할 수는 없으니, 마음이 없음이 된다고 한다. 장인은 물건이 아니지만 물건을 만드는 데는 반드시 장인이 있어야 한다. 그렇지만 물건이 아닌 것으로 물건을 만들 수 없으니, 장인은 있음이 아니라고 한다.

是以欲收重泉之鱗, 非偃息之所能獲也, 隮高塘之禽, 非靜拱之所能捷也. 審投弦餌之用,[391] 非無知之所能覽也. 由此而觀, 濟有者皆有也, 虛無奚益於已有之羣生哉.

이 때문에 아주 깊은 못의 물고기를 잡고자 하나 누워 휴식하면서 얻을 수 있는 것이 아니고, 높은 담 위의 짐승을 잡고자 하나 가만히 팔짱을

---

389. 왕필에게 있어서 '허공'을 말한다.
390. 『도덕경』11장과 40장의 왕필주를 참조.
391. 『중국역대사상가전기휘전』에서는 '심투현이지용'(審投弦餌之用)의 의미를 "활과 낚시의 사용 방법에 능숙함"으로 풀었다.

끼고 있으면서 할 수 있는 것이 아니며, 화살과 낚싯줄을 다루는 능숙한 솜씨는 아무것도 모르면서 알아볼 수 있는 것이 아니다. 이것으로 본다면 있음을 이루는 것은 모두 있음이니, 허무가 이미 있어 생장·변화하는 모든 것들에게 무슨 보탬이 되겠는가!

『貴無論』[392]

魏志裵潛傳. 注頠著崇有貴無二論, 以矯虛誕之弊, 文辭精富, 爲世名論. 文今佚.

『위지』(魏志) 「배잠전」(裵潛傳)에서 "배위는 「숭유」(崇有)와 「귀무」(貴無)라는 두 편의 논문을 저술해서 허망한 것에 대한 폐단을 교정했는데, 글이 정밀하고 풍부해서 세상에서 유명한 논문이 되었다"고 주를 달았다. 『귀무론』(貴無論)은 현재 소실되었다.

---

392. 『전진문』(全晉文) 33권 『귀무론』(貴無論).

魏晉玄學에서 知와 無에 대한 考察

(『道教學研究』 제16집 2000년 한국도교학회)

Ⅰ. 서문

왕필의 사상은 貴無論으로 불리듯이 그 사상의 중심은 無다. 그러나 아직까지 왕필의 無에 대한 해석은 다양하다. 그것들을 대략 정리하면 본체론적인 입장에서 채용으로 해석하는 학자들이 있는가 하면,[1] 인식론적 혹은 관념론적인 입장에서 해석하는 학자들이 있다.[2] 전자의 주장은 조금씩 관점은 다르지만 왕필의 有와 無를 本末과 연관하여 體用으로 해석하는 것이다. 후자의 주장도 어느 정도 차이점은 있지만 절대 또는 道로서의 無가 분별로 인해 오도된 관념의 세계로 빠지게 된다는 것이다.

필자의 견해는 후자 쪽이지만 조금 관점을 달리하여 왕필의 無는 수양론적인 관점에서 해석해야 된다는 것이다. 이것은 『道德經』42장의 王弼注를 『莊子』「齊物論」과 비교해 볼 때 드러난다. 왕필은 『도덕경』42장 "道生一, …, 三生萬物" 구절을 「제물론」의 논리로 설명했기 때문이다. 곧 장자는 「제물론」에서 만물과 내가 하나인 물아일체의 상태에서 一·二·三으로 분화됨을 설명했는데, 왕필은 이 논리를 42장의 핵심 구절의 주석에 응용했기 때문이다. 「제물론」이나 『도덕경』42장의 왕필주에서 물아

---

1. 樓宇烈, 『老子周易王弼注校釋』, 華正書局, 中華民國 七十二年, 「前言」; 許抗生(노승현 옮김), 『노자철학과 도교』, 예문서원, 1995, 126쪽; 金恒培, 「佛敎와 老莊哲學에 관한 一考察」, 『哲學思想』第 14輯, 東國大學校 哲學會 1993, 5~9쪽.

2. 宋恒龍, 「西溪 朴世堂의 老·莊 硏究와 道家哲學」, 『韓國道敎哲學史』, 136~138쪽; 林采佑, 『王弼 易 哲學 硏究』 -以簡御繁 사상을 중심으로-, 延世大學校博士學位論文, 1996, Ⅵ장.

일체의 상태가 만물로 분화되는 까닭이 '말'[言]과 관계해서 설명되고 있다. 그런데 필자가 보기에 이것은 근본적으로 분별지[知]의 분별로 인해서 물아일체의 상태가 萬物로 분화된 것이다.[3]

裴頠의 『崇有論』을 보면 이런 점이 확인된다. 배위는 『崇有論』에서 지나친 知欲의 폐단으로 인해 貴無論이 등장하게 되었다고 본다.[4] 그렇다면 貴無論에서 無는 知欲과 관계해서 설명되어야 하는 것이다. 곧 貴無論에서 無란 知欲을 없애는 것으로서 바로 '마음 비움'이다. 無를 마음 비움으로 볼 때, 이런 관점은 본체론보다는 수양론과 관계해서 설명하는 것이 바람직하게 보인다. 『도덕경』 42장 왕필주의 無를 본체론적인 관점에서 '體'로 볼 경우 그 의미가 분명하지 않지만, '마음 비움'으로 해석할 경우 그 의미가 분명해진다.[5]

魏晉玄學의 선두 주자인 王弼(226~249)의 사상은 사상사적으로 裴頠(267~300)나 郭象(252~312)에게 많은 영향을 주면서 동시에 비판되었을 것으로 보인다. 이 때문에 이들의 사상을 왕필을 중심으로 함께 살펴볼 때, 玄學에서 無의 의미가 한결 명확하게 드러날 것이다. 그러나 지면

---

3. 졸고, 「王弼注를 통해 본 『道德經』의 이해」, 『道教文化研究』 第 11輯, 1997.

4. 졸고, 「裴頠의 『崇有論』에 對한 考察」, 『道教文化研究』 第 12輯, 1998.

5. 42章 王弼注 "萬物萬形, 其歸一也. 何由致一. 由於無也. 由無乃一, 一可謂無." 구절에서 "何由致一. 由於無也. 由無乃一, 一可謂無."의 '一과 동일하게 언급되는 無(一可謂無)'에서는 별 문제가 없지만, '一에 도달하는 수단으로 언급되는 無(何由致一. 由於無也)'에서는 의미가 통하지 않게 된다. 곧 '無로 말미암아 一에 도달한다(由於無也)'는 것에서 無를 本體로 볼 수는 없기 때문이다. 그런데 여기서 '無'를 '마음 비움'으로 볼 경우 이런 문제가 전혀 생기지 않는다. 자세한 것은 졸고 「王弼注를 통해 본 『道德經』의 이해」, 131~133쪽을 참조.

관계상 이들의 사상을 전면적으로 모두 고찰하기보다는 王弼의 老子注에 나타나는 無를 중심으로 이것에 대한 배위의 비판과 곽상의 입장을 논의하겠다.

따라서 본 논문의 목적은 먼저 왕필의 無를 '분별지'[知]와 연관해서 논의함으로써 수양론적인 관점에서 파악해야 함을 밝히는 것이고, 다음에 왕필의 연장선에서 배위나 곽상의 입장을 살펴봄으로써 필자의 입장이 잘못되지 않았음을 논증하는 것이다. 필자가 파악하기로는 왕필에게 '無'는 '知欲'을 없애는 것 곧 '마음 비움'이고, 배위에게는 이와 상반되게 '知欲'을 적절하게 조절하고 '理'를 파악하고 '禮'를 보존하는 '마음의 작용'이다. 그런데 곽상은 양자의 입장을 새롭게 止揚하고 있다. 그러면 먼저 왕필에게 無가 어떤 의미를 갖는지 살펴보자.

Ⅱ. 王弼에게 無의 의미

1. 사물에 있어서 비어 있음

『도덕경』에서 '사물에 있어서 비어 있음'으로서의 無는 11장에 집중되어 있는데, 왕필의 주석도 노자와 별로 다른 것이 없다.[6] 11장에서 無는 사물[有]에 있어서 효용이 되는 비어 있음, 곧 사물이 사물로서의 역할을

---

6. 『道德經』11章, "三十輻共一轂, 當其無, 有車之用." 구절에 대한 王弼注 "轂所以能統三十輻者, 無也. 以其無能受物之故, 故能以實統衆也."; "埏埴以爲器, 當其無, 有器之用. 鑿戶牖以爲室, 當其無, 有室之用. 故有之以爲利, 無之以爲用." 구절에 대한 王弼注, "木埴壁所以成三者, 而皆以無爲用也. 言無者有之所以爲利, 皆賴無以爲用也."

하게끔 하는 비어 있음이다. 2장에서도 無의 의미는 이와 비슷하다. 다만 善惡과 같은 가치를 長이나 短, 高나 下, 難이나 易 등과 같은 사물의 특성과 동일선상에서 논의하는 것이 조금 다르다.[7] 2장과 11장에서의 無가 사물에 있어서 비어 있음을 의미하는 것은 사실 논의할 여지도 없는 것이다.

그런데 놀랍게도 왕필은 40장 "天下萬物生於有, 有生於無" 구절에서 無를 사물에 있어서 비어 있음으로 주석하고 있다. 이와 같은 사실은 이 구절 자체의 주에서는 명확하게 드러나지 않지만, 40장의 첫 구절 "反者, 道之動"에 대한 주와 비교해 볼 때 알 수 있다. 먼저 "有生於無" 구절에 대한 그의 주부터 살펴보자.

천하의 사물은 모두 有로 낳음을 삼고, 有가 시작하는 바는 無를 근본으로 삼으니, 有를 온전히 하고자 한다면 반드시 無로 되돌아가야 한다.[8]

인용문에서 "有가 시작하는 바는 無를 근본으로 삼는다"라는 주석만 가지고는 사실 無가 정확히 무엇을 의미하는지 알 수 없다. 그러나 "有를 온전히 하고자 한다면 반드시 無로 되돌아가야 한다"라는 구절에서 그 해결의 실마리가 보인다. 40장의 첫 구절 "反者, 道之動"의 주석에서 이미 '되돌아감'(反)과 연관해서 有와 無를 설명했기 때문이다.

---

7. 『道德經』 2章, "天下皆知美之爲美, 斯惡已. 皆知善之爲善, 斯不善已. 故有無相生, 難易相成, 長短相較, 高下相傾, 音聲相和, 前後相隨."
8. 『道德經』 40章 王弼注, "天下之物, 皆以有爲生, 有之所始, 以無爲本, 將欲全有, 必反於無也."

高는 下를 기초로 삼고, …, 有는 無를 효용으로 삼으니, 이것이 되돌아 가는 것이다.[9]

인용문에서 "高는 下를 기초로 삼고, …"는 것은 "有는 無를 효용으로 삼는다"와 동일선상에서 주석된 것임을 분명히 염두에 두어야 한다. 곧 有無가 高下와 동일선상에서 주석된 것에 주목해야 한다. 이 구절은 바로 "이것이 되돌아가는 것이다"라는 구절과 연결되고 있는데, 이 말은 "有生於無" 구절에 대한 주에서의 '有無'와 직결되는 것이다. 따라서 왕필주로 볼 때 40장에서의 有無는 高下와 동일선상에 있는 것으로서, 사물에서의 '비어 있음'이다.

『도덕경』의 핵심장의 하나인 40장에서 왕필이 '無'를 '사물에 있어서 비어 있음'으로 주석했다는 것은 왕필철학의 기반을 파악하는 데 중요한 의미가 있다고 본다. 그가 본체론적인 관점에서 『도덕경』을 주석했다면 40장보다 더 그런 관점을 명확하게 드러낼 부분들이 별로 없기 때문이다. 왕필의 노자 주를 읽을 때 이런 점을 놓쳐서는 안 된다.

2. 知欲을 없애는 마음 비움

필자가 보기에 왕필주에서 '사물에서의 비어 있음'이 아닌 것으로서의 '無'는 '知와 欲'을 없애는 '마음 비움'으로서 『도덕경』이나 왕필주에서 '無知'와 '無欲'이 이에 해당한다. 無知에 관한 구절은 『도덕경』에 3장[10]과

---

9. 『道德經』40章 王弼注, "高以下爲基, 貴以賤爲本, 有以無爲用, 此其反也."
10. 『道德經』3章, "常使民無知無欲."

10장,[11] 그리고 70장[12]에 세 번 나오는데, 70장의 것은 '사람들이 노자 자신을 알아보지 못함을 언급한 것'이기 때문에 '마음 비움'과는 무관하다. 無欲에 관한 구절은 『도덕경』에서 1장,[13] 3장,[14] 34장,[15] 37장,[16] 그리고 57장[17]에 걸쳐서 모두 다섯 번이 나오고 있다. 왕필주에서 無知는 3장에서 두 번[18] 25장에서 한 번[19] 그리고 65장에서 두 번[20]에 걸쳐서 모두 다섯 번이 나오고, 無欲은 1장에서 한 번[21] 20장에서 두 번[22] 27장에

---

11. 『道德經』10章, "愛民治國, 能無知乎."

12. 『道德經』70章, "夫唯無知, 是以不我知."

13. 『道德經』1章, "故常無欲以觀其妙."

14. 『道德經』3章, "常使民無知無欲."

15. 『道德經』34章, "萬物恃之而生而不辭, 功成不名有, 衣養萬物而不爲主, 常無欲, 可名於小."

16. 『道德經』37章, "無名之樸, 夫亦將無欲."

17. 『道德經』57章, "我無事而民自富, 我無欲而民自樸."

18. 『道德經』3章 王弼注, "心懷智而腹懷食, 虛有智而實無知也." "骨無知以幹, 志生事以亂, 心虛則志弱也."

19. 『道德經』25章 王弼注, "用智不及無知, …, 有儀不及無儀, 故轉相法也."

20. 『道德經』65章 王弼注, "愚謂無知守眞順自然也." "民之難治, 以其多智也, 當務塞兌閉門, 令無知無欲."

21. 『道德經』1章 王弼注, "妙者微之極也. 萬物始於微而後成, 始於無而後生. 故常無欲空虛, 可以觀其始物之妙."

22. 『道德經』20章 王弼注, "若將無欲而足, 何求於益, 不知而中, 何求於進." "衆人無不有懷有志, 盈溢胸心, 故曰有餘也. 我獨廓然無爲無欲, 若遺失之也."

서 한 번[23] 34장에서 한 번[24] 47장에서 한 번[25] 49장에서 한 번[26] 55장에서 한 번[27] 57장에서 두 번[28] 그리고 65장에서 한 번[29]에 걸쳐서 모두 열한 번이 나온다. 이상은 無자가 '知'자나 '欲'자와 직접 연결된 것들을 나열한 것이다. 이외에『도덕경』에서 마음 비움은 虛心[30]이나 虛 또는 靜[31] 등으로 표현되기도 하고, 왕필주에서는 虛와 靜을 연결해서 虛靜[32]으로 표현되기도 하고, 또는 '虛'자에 '無'자나 '空'자를 연결해서 虛無[33]나 空虛[34] 등으로 표현되기도 한다.

23.『道德經』27章 王弼注, "常使民心, 無欲無惑, 則無棄人矣."

24.『道德經』34章 王弼注 "萬物皆由道而生, 旣生而不知其所由. 故天下常無欲之時, 萬物各得其所."

25.『道德經』47章 王弼注, "務無欲反虛無也."

26.『道德經』49章 王弼注, "皆使和而無欲, 如嬰兒也."

27.『道德經』55章 王弼注, "赤子無求無欲, 不犯衆物, 故毒蟲之物, 無犯之."

28.『道德經』57章 王弼注, "上之所欲, 民從之速也. 我之所欲, 唯無欲, 而民亦無欲, 而自樸也."

29.『道德經』65章 王弼注, "民之難治, 以其多智也, 當務塞兌閉門, 令無知無欲."

30.『道德經』3章, "是以聖人之治, 虛其心, 實其腹."

31.『道德經』16章, "致虛極, 守靜篤."

32.『道德經』16章 王弼注, "以虛靜觀其反復. 凡有起於虛, 動起於靜. 故萬物雖並動作, 卒復歸於虛靜, 是物之極篤也."

33.『道德經』16章 王弼注, "與天合德, 體道大通, 則乃至於極虛無也.", "窮極虛無, 得道之常, 則乃至於不窮極也"; 43章 王弼注, "虛無柔弱, 無所不通, 無有不可窮, 至柔不可折."; 48章 王弼注, "務無欲反虛無也."

34.『道德經』1章 王弼注, "萬物始於微而後成, 始於無而後生. 故常無欲空虛, 可以觀其始物之妙."

『도덕경』이나 왕필주에서 '知(智)'[35]나 '欲'은 대부분 부정적으로 사용
되었다. 왕필에게 知는 배움[學][36] 허위[僞][37] 등과 관련해서 '참됨(眞)'에
서 벗어나는 것으로 언급되고,[38] 欲은 '… 하고자 함'[39]과 또는 '삶을 두
텁게 하고자 하는 욕심'[40] 事欲[41] 등과 관련해서 없애야 될 것으로 언급
된다.[42] 그런데 여기서 知나 欲은 모두 분별지에 의해 무엇인가를 대상화
시킴으로써 체계화시키는 것과 관련 있다.

하편(48장)에 "배움을 행할 경우 날로 보태고, 도를 행할 경우 날로 덜
어낸다"고 하였다. 그렇다면 배운다는 것은 능하기를 더하고, 그 지식

---

35. 王弼注에서 '知'자나 '智'자에 대한 구분은 없는 것으로 보인다. 『道德經』 3章
　　"使夫智者不敢爲也"구절에 대해 왕필은 "智者謂知爲也"라고 하고, 10章 "愛
　　民治國, 能無知乎"구절에 대해 "任術以求成, 運數以求匿者, 智也. 玄覽無疵, 猶
　　絶聖也. 治國無以智, 猶棄智也. 能無以智乎, 則民不辟而國治之也"라고 하기 때
　　문이다.

36. 『道德經』 20章 王弼注, "學求益所能, 而進其智者也."

37. 『道德經』 18章 王弼注, "故慧智出, 則大僞生也."

38. 『道德經』 3章 "常使民無知無欲"구절에 대한 王弼注, "守其眞也"; 22章 王弼注,
　　"轉多轉遠其根, 轉少轉得其本. 多則遠其眞, 故曰惑."

39. 『道德經』 37章 "無名之樸, 夫亦將無欲"구절에 대한 王弼注, "無欲競也."

40. 『道德經』 50章 王弼注, "善攝生者, 無以生爲生, 無死地也. 器之害者, 莫甚乎戈兵,
　　獸之害者, 莫甚乎兕虎, 而令兵戈無所容其鋒刃, 虎兕無所措其爪角, 斯誠不以欲累
　　其身者也.""故物苟不以求離其本, 不以欲渝其眞, 雖入軍而不害, 陸行而不可犯
　　也. 赤子之可則而貴信矣."

41. 『道德經』 52章 "塞其兌, 閉其門"구절에 대한 王弼注, "兌事欲之所由生, 門事欲
　　之所由從也."

42. 『道德經』 32章 王弼注, "抱樸無爲, 不以物累其眞, 不以欲害其神, 則物自賓, 而道
　　自得也."

을 진보시키기를 구하는 것이다. 그러나 만약 '무엇인가 하고자 하는 마음'[欲]을 없애서 만족하게 된다면 무엇 때문에 보태기를 추구하겠으며, 모르는 가운데 합당하게 된다면 무엇 때문에 진보하기를 추구하겠는가? 저 참새와 제비는 짝이 있고 비둘기도 짝이 있으며, 추운 지방의 사람들은 반드시 털옷을 입을 줄 안다. 저절로 그렇게 됨이 이미 충분한데 더 보태면 우환이 된다.[43]

인용문으로 볼 때 왕필이 근본적으로 본성적인 욕구나 앎에 대해서 부정하는 것은 아니다. 그는 본성적인 앎이나 욕구를 대상화시킴으로써 체계화시키는 것을 부정하고 있는 것이다. "學은 能하기를 더하고 지식을 진보시키기를 구하는 것"이라고 하면서, "欲을 없애서 만족하게 된다면 무엇 때문에 보태기를 추구하겠으며…"라고 한 것에서 이것을 확인할 수 있다. 이런 점은 仁과 義에 대해서도 동일하다. 곧 왕필은 仁과 義가 내면에서 발생했다는 점에서는 긍정하지만 대상화됨으로써 체계화되는 것에는 반대한다.

인과 의는 내면에서 발생했는데도 그것을 행할 경우 오히려 허위가 된다. 하물며 바깥에서 꾸미기를 힘쓰는데 오래갈 수 있겠는가? 그러므로 예란 충성과 신의가 갈 데까지 간 것이고 혼란의 시작이다.[44]

---

43. 『道德經』20章 王弼注, "下篇爲學者日益, 爲道者日損. 然則學求益所能, 而進其智者也. 若將無欲而足, 何求於益, 不知而中, 何求於進. 夫燕雀有匹, 鳩鴿有仇, 寒鄕之民, 必知旃裘."

44. 『道德經』38章 王弼注, "夫仁義發於內, 爲之猶僞. 況務外飾而可久乎. 故禮者忠

왕필이 知와 欲을 부정하는 것은 무엇이 분별지에 의해 대상화됨으로써 체계화되는 것을 반대하는 것이다. 『도덕경』 38장에서 道에서 仁義禮로 나아가는 것을 못마땅하게 보는 것도 다름이 아니라 무엇인가가 체계화되면 될수록 더욱 道에서 벗어나게 된다는 것인데, 왕필의 주석에서도 동일하다. 사실 『논어』에서 공자는 무엇을 체계화시켜서 언급한 것은 없다. 그러나 『맹자』나 『순자』에서는 그 이론이 더욱더 치밀하게 전개되고 있다. 『도덕경』 38장의 왕필주는 이것을 부정한 것이다.[45] 왕필이 知나 欲을 분별지와 관계해서 부정하는 것은 知와 欲에서부터 '허위'〔僞〕가 발생하기 때문이다. 곧 분별지에 의해 대상화된 것은 절대적인 것이 아니라 상대적인 것에 지나지 않는데, 사람들이 그것을 체계적으로 절대화시킬 때 본성에서 나온 仁義마저도 허위가 된다는 것이다.

이상에서 知欲이 모두 분별지의 대상화시키는 작용과 연결되어 부정되는 것을 살펴봤다. 왕필에게 마음 비움의 궁극 목적은 知欲을 제거함으로써 '본성'〔性〕인 自然에 따라 살고자 하는 것이다. '마음 비움'에 대한 논의는 이미 『韓非子』에도 나타나고 있다.

일반적으로 '무의 술'〔無術〕이란 의도적으로 無爲와 無思로 비움〔虛〕을 삼음이다. 의도적으로 無爲와 無思로 비움을 삼는 것은 마음〔意〕에 항상 비움을 잊지 못함이니, 이것은 비우게 되기를 노력하는 것이다. 비

　　信之薄, 而亂之首也."

45. 『道德經』 38章 王弼注, "無以爲者, 無所偏爲也. 凡不能無爲而爲之者, 皆下德也, 仁義禮節是也, 將明德之上下, 輒擧下德以對上德, 至於無以爲, 極下德. 下之量上仁是也. 足及於無以爲, 而猶爲之焉. 爲之而無以爲, 故有爲爲之患矣."

움이란 마음으로 노력함을 없애는 것이다. 이제 비우게 되기를 노력한다면 이것은 비우지 못한 것이다.[46]

한비자는 의식적으로 마음을 비우겠다고 하는 것에 대해서 비판하고 있는데, 마음 비움에 대한 이런 비판적인 사고가 왕필에게도 영향을 미친 것으로 보인다. 다음은 『도덕경』의 핵심인 42장의 "道生一, …, 三生萬物" 구절에 대한 왕필의 주인데, 여기에 이런 점이 나타나고 있다.

만물은 가지각색으로 드러나지만 그 귀착점은 一이다. 무엇을 말미암아서 一에 이르게 되는가? 無로 말미암아서이다. 無로 말미암아야 一이 되니, 一을 無라고 말할 수 있다. 그런데 그것(無)을 一이라고 말해 버리고 나면, 어찌 말을 없앨 수 있겠는가? 말이 있고 一이 있으니, 二가 아니고 무엇인가? 一이 있고 二가 있으니 마침내 三이 생겨난다. 無에서 有로 가는데 셈은 여기에서 다하니 이 다음부터는 道의 갈래가 아니다.[47]

이 구절은 왕필이 『莊子』「齊物論」[48]의 논리를 응용한 것인데, 필자는

46.『韓非子翼』第六卷, 解老第十八, "夫無術者, 故以無爲無思爲虛也. 夫故以無爲無思爲虛者, 其意常不忘虛, 是制於爲虛也. 虛者謂其意所無制也. 今制於爲虛, 是不虛也."

47.『道德經』42章 王弼注, "萬物萬形, 其歸一也. 何由致一. 由於無也. 由無乃一, 一可謂無. 已謂之一, 豈得無言乎. 有言有一, 非二如何. 有一有二, 遂生乎三. 從無之有, 數盡乎斯, 過此以往, 非道之流."

48.『莊子』齊物論, "天地與我并生, 而萬物與我爲一. 旣已爲一矣, 且得有言乎. 旣已謂

왕필주에 한비자의 비판적인 사고가 밑바탕에 있다고 본다. 그것은 「제물론」에는 無에 대한 언급이 없이 물아일체의 상태만을 논의한 데 비해서 왕필의 주에는 물아일체의 상태를 無와 함께 언급했기 때문이다. 곧 왕필이 물아일체의 상태에 도달한 마음 비움은 대상화될 수 없다고 했는데, 이것은 한비자에게서 마음 비움이 의식화 곧 대상화될 수 없다는 말과 연결되기 때문이다.

사실 완전한 마음 비움이란 마음을 비워야 한다는 생각마저도 없을 때 가능하다. 42장의 왕필주에서 완전한 마음 비움은 물아일체의 상태로서 전혀 대상화될 수 없는 것이다. 이것을 대상화할 경우, 여기에는 벌써 세 개의 각기 다른 것이 성립하게 된다. 인용문에서 알 수 있듯이, '① 대상화된 물아일체의 상태'와 '② 그것을 표현한 말〔言〕'이 있지만, 여전히 '③ 無'는 대상화되지 않고 남아 있기 때문이다.

이상에서 살펴본 것처럼, 왕필이 知欲을 부정하면서 '마음 비움'을 통해 '물아일체의 상태'에 도달할 것을 주장하는 것으로 볼 때, 그에게 無는 知欲을 제거하는 것이다. 왕필에게 이런 의미의 無가 『도덕경』의 핵심인 42장의 주에 사용되었다는 것은 그 의미가 아주 크기 때문에, 40장 주에서의 '無' 곧 '사물에서의 비어 있음'과 서로 연결해서 설명되어야만 한다. 『도덕경』의 핵심장인 40장과 42장의 주에서 無가 서로 연관성이 없음에도 불구하고 왕필이 각기 '사물에서의 비어 있음'과 '마음 비움'으로 서로 다르게 주석했을 까닭이 없기 때문이다. 그러면 두 가지 의미의 無가 어떻게 서로 연결될 수 있는지 살펴보자.

之一矣. 且得無言乎. 一與言爲二, 二與一爲三. 自此以往, 巧歷不能得, 而況其凡乎.”

3. 분별지의 한계를 드러내기 위한 40장의 無

왕필에게 40장의 無는 물건[有]의 효용이 되는 근본이다. 곧 사물[有]의 효용은 그것이 활용될 수 있는 비어 있음에 있다는 것이다.[49] 사실 사물의 존재 양식은 두말할 필요도 없이 有와 無가 자연스럽게 결합되어 있는 것인데, 사람들은 대부분 분별지 때문에 쉽게 대상화되는 有만 주목하고 無를 간과하고 있다. 2장이나 11장의 내용은 분별지에 의해 쉽게 대상화되지 않는 無의 효용을 사람들에게 알림으로써 사물의 존재 양식을 바로 알아야 된다는 것이다. 이런 의미가 40장 "反者, 道之動" 구절의 주에 나타나고 있다.

> 高는 下를 기초로 삼고, 貴는 賤을 근본으로 삼고, 有는 無를 효용으로 삼으니, 이것이 되돌아가는 것이다. (道의) 움직임에서 모두 그 없는 바를 안다면 사물에 통한다. 그러므로 "되돌아가는 것이 도의 움직임이다"라고 했다.[50]

왕필은 높음과 귀함 그리고 있음[有]과 같은 것들이 낮음과 천함 그리고 없음[無]에 의해서 성립하게 됨을 되돌아감[反]으로 주석하면서, 이런 관계를 알아야 됨을 역설했다. 有가 無에 의해서 성립하게 된다는 것은

---

49. 『道德經』 11章, "三十輻共一轂, 當其無, 有車之用. 埏埴以爲器, 當其無, 有器之用. 鑿戶牖以爲室, 當其無, 有室之用. 故有之以爲利, 無之以爲用."; 40章 王弼注, "高以下爲基, 貴以賤爲本, 有以無爲用, 此其反也. 動皆知其所無, 則物通矣. 故曰反者, 道之動."

50. 『道德經』 40章 王弼注, "高以下爲基, 貴以賤爲本, 有以無爲用, 此其反也. 動皆知其所無, 則物通矣. 故曰反者, 道之動."

'사물에서 쉽게 드러나는 부분'〔有〕만 보지 말고 그 '裏面'〔無〕까지 보라는 것이다. 이 말은 有의 근본이 無이니, 無가 有보다 중요하다는 것이 아니라, 有와 無로 결합된 사물의 존재 양식을 분명하게 알아야 된다는 것이다. 사물이 有와 無로 결합되어 존재하는 것은 自然[51]인데 사람들은 분별지에 의해 쉽게 대상화되는 有만 보고 그 이면에 無가 있음을 간과한다. 곧 사람들이 분별지로 有만 대상화시킴으로써 사물의 본성인 自然에서 벗어나게 된다는 것이다. 따라서 사람들이 자연으로 되돌아가기 위해서는 사물을 한쪽〔有〕으로만 대상화시키는 분별지를 없애야 된다.

그런데 사실 위의 인용문은 有와 無로 결합된 사물의 존재 양식을 분별지를 통해서 깨달아야 된다는 설명이다. 이는 분별지를 부정하는 필자의 논의와 상반되는 것으로 보인다. 그러나 이 구절은 분별력 있는 사람들에게 분별지의 한계를 역설함으로써 그 이상을 설명하기 위한 비유임을 알아야 한다. 이런 비유를 방편으로 사용하지 않을 경우 어떤 설명도 불가능하기 때문이다. 따라서 40장의 이 구절은 사람들에게 분별지의 한계를 드러냄으로써 그 이상을 설명하고자 하는 것이다. 단순한 사물의 경우 그것이 유와 무로 결합되었음을 분별지를 통해 알 수 있지만, 道나 自然은 근본적으로 분별지로 파악할 수 있는 것이 아니다. 道나 自然은 단지 마음을 비움으로써 물아일체의 상태에서 따를 수 있을 뿐이기 때문이다.

질박함〔樸〕이란 無로 마음을 삼았으니 역시 이름이 없다. 그러므로 도

---

51. 『道德經』2章 王弼注, "喜怒同根是非同門. 故不可得而偏擧也. 此六者*陳自然, 不可偏擧之明數也."
　　*六者는 본문의 有無, 難易, 長短, 高下, 音聲, 그리고 '前後'를 말함.

를 터득하려면 질박함을 보존하는 것만 한 것이 없다.[52]

    인용문에서 '질박함'이란 '다듬어지지 않은 본성'을 말한다. 사람의 마음에서 이것은 바로 '분별지에 의해서 다듬어지지 않은 본래의 마음'이다. 본래의 마음은 분별로 꽉찬 상태가 아니라 어떤 분별도 없는 無이다. 따라서 도를 터득하려면 분별지를 없앰으로써 본래의 마음을 회복해야 한다. 분별지가 사라진 본래의 마음은 어리석은 듯이 보이지만 이것이 본성을 지키는 것이고 自然과 함께하는 것이다.[53] 이런 의미 속에서 40장의 無 곧 '사물에 있어서 비어 있음'과, 42장의 無 곧 '마음 비움'은 서로 긴밀하게 연결되어 있다. 곧 40장의 無는 분별지의 한계를 드러내기 위한 비유로서 知欲을 없애는 마음 비움과 긴밀하게 연결되어 있다는 것이다.

Ⅲ. 裵頠의 王弼 비판

    배위는 貴無論을 비판하기 위해서 『숭유론』을 짓고, 왕필을 적극적으로 비판하고 있는데, 그의 주된 입장은 왕필과는 상반되게 知欲을 끊어서는 안 된다는 것이다.[54] 왕필에게 세상만사의 해결책은 知欲을 없앰으로

---

52. 『道德經』32章 王弼注, "樸之爲物, 以無爲心也, 亦無名, 故將得道莫若守樸."

53. 『道德經』65章, "古之善爲道者, 非以明民, 將以愚之." 구절에 대한 王弼注, "愚謂無知守眞順自然也."

54. 『崇有論』, "是以賢人君子, 知欲不可絶."

써, 곧 마음을 비움으로써 自然에 따라서 사는 것이다. 그러나 배위에게 세상만사의 해결책은 마음으로 道를 파악해서 그것에 따라 사물을 제재하는 것이다. 마음으로 사물을 제재한다는 것은 바로 마음의 기능인 분별심으로 세상만사를 조절해야 한다는 것이다. 양자에게 분별심이 이렇게 달리 해석될 때, 40장의 "有生於無" 구절에 대한 해석도 달라질 수밖에 없다. 곧 왕필에게 40장의 '無'는 이미 살펴보았듯이 '사물에서의 비어 있음'이지만, 배위에게는 '마음'[心]으로 해석된다.

그러므로 이미 변화된 有를 기르는 것은 '무의 작용'[無用]이 온전하게 할 수 있는 것이 아니다. …. 마음은 일이 아니지만 일을 제재하는 데는 반드시 마음을 경유한다. 그렇지만 일이 아닌 것으로 일을 제재할 수는 없으니, 마음[心]이 無가 된다고 한다.[55]

배위에게 세상사의 해결은 왕필처럼 '마음 비움'[無]에 있는 것이 아니라 도리어 '마음'[心]을 적절하게 사용하는 데에 있다. "마음은 일이 아니지만 일을 제재하는 데는 반드시 마음을 경유한다. 그렇지만 일이 아닌 것으로 일을 제재할 수는 없으니, 마음이 無가 된다고 한다"라고 한 말에서 이것을 확인할 수 있다. 곧 무형인 마음의 작용에 의해 모든 일이 해결된다는 것인데, 이것은 '마음 비움'[無]과 상반되는 것으로서 바로 배위가 왕필을 비판한 것이다.

배위가 왕필의 無를 비판하는 것은 인용문의 첫 구절, 곧 "이미 변화된

---

55. 『崇有論』, "故養旣化之有, 非無用之所能全也 ; …. 心非事也, 而制事必由於心, 然不可以制事以非事, 謂心爲無也."

有를 기르는 것은 '무의 작용'[無用]이 온전하게 할 수 있는 것이 아니다"
라고 한 말에서부터 나타난다. 곧 인용문에서 '무의 작용'[無用]은 『도덕
경』 2장이나 40장의 왕필주 "有는 無로 작용을 삼는다"[有以無爲用]는 것
을 의미하기 때문이다. 배위에게 '사물에서의 비어 있음'[無]은 마음에 의
해 有가 활용되도록 제작된 것에 지나지 않기 때문에, 有의 효용은 비어
있음에 있는 것이 아니라 비어 있음이 유용하게 되도록 제재한 마음에
있다. 배위에게 비어 있음은 왕필처럼 有의 효용이라기보다는 '무엇'[有]
이 있다가 사라진 것에 불과하다.[56]

배위는 위의 인용문에서 왕필에게 '사물에서의 비어 있음'과 '마음 비
움'이라는 두 가지 의미가 있는 '無'를 동시에 모두 비판했다. 배위에게
『도덕경』의 無는 모두 '마음'[心]인 것이다. 곧 배위는 왕필에게 사물에서
의 비어 있음으로 해석되는 『도덕경』 11장과 40장의 無를 '마음'[心]으로
해석하면서 '마음 비움'까지 동시에 모두 부정한 것이다. 무에 대한 배위
의 해석은 왕필과 전면 대립하는 것인데, 다음의 인용문에서도 이런 점
이 어느 정도 드러난다.

다행히 어떤 객이 지나가면서 그것을 함께 보고 글을 지어서 虛無가 부
당하다는 근거를 들춰 내라고 했다. 만약 매사를 풀이하여 바르게 하
지 않는다면 '귀무를 주장하는 학자들의 논의'[無家之義]를 꺾을 수 없
었기 때문이다.[57]

---

56. 『崇有論』, "夫至無者無以能生, 故始生者自生也. 自生而必體有, 則有遺而生虧矣.
    生以有爲己分, 則虛無是有之所謂遺者也."
57. 『崇有論』, "有客幸過咸見, 命著文摘列虛無不允之徵. 若未能每事釋正, 則無家之

虛無가 부당하다는 근거를 들어냄으로써 귀무파의 논의를 꺾는다는 것은 虛無에 대해 귀무파와 다르게 해석하고 있음을 나타내는 것이다. 왕 필에게 마음 비움의 궁극목적은 물아일체의 상태에서 自然과의 합일이 다. 곧 왕필은 자연과의 합일을 위해 분별지를 없애고자 하는 것이다. 그 러나 배위에게 분별지는 宜를 보존하고 종극에는 예제를 보존하고 정사 를 행하는 데 없어서는 안 되는 것이다.

그 합당함을 택하는 것이 이른바 실정(情)이다. 분별심이 쌓인 다음에, 비록 벼슬을 하거나 또는 하지 않음으로써 하는 일을 달리하고, 말을 하거나 또는 하지 않음으로써 가는 길을 달리할지라도 '삶'(生)을 귀하 게 여기고 '理에 합당함'(宜)을 보존하기 위함이니 그 실정(情)은 동일 하다.[58]

배위에게 분별지는 왕필처럼 허위(僞)의 출발점이 아니라 실정(情)으 로서 삶을 귀하게 여기고 '합당함'(宜)을 보존하는 데 필요한 것이다. 배 위의 이런 입장은 왕필과 정반대이다. 그런데 배위의 왕필 비판에서 주 목해야 할 것은 분별지를 각기 자신들의 입장, 곧 유가 또는 도가의 입장 에서 달리 보고 있다는 점이다. 이런 점에서 분명히 해야 할 것은 無가 본 체와 관련되는 것이 아니라 수양과 관련되어서 해석되어야 한다는 것이 다. 곧 왕필에게 마음 비움으로, 배위에게 마음(의 작용)으로 논의된다는

義弗可奪也."

58. 『崇有論』, "擇乎厥宜, 所謂情也. 識智旣受, 雖出處異業, 黙語殊塗, 所以寶生存宜, 其情一也."

것은 無가 본체론적인 관점에서 해석되어서는 안 되고 수양론적인 관점에서 해석되어야 한다는 것이다.

배위는 분별심을 절제하지 못하는 폐단 때문에 귀무론이 등장했다고 보는데, 여기에서도 이들의 논쟁이 수양론적인 관점에서 일어난 것이지 본체론적인 관점에서 발생한 것이 아님을 확인할 수 있다.

만약 이에 (분별심을) 질제하지 못하고 제멋대로 사용하게 되면 서서히 위태롭고 해롭게 된다. 그러므로 무엇인가 하고자 하는 마음이 한도를 벗어나면 빠르게 다가오는 것이 환난이고 情이 방일해지면 원망 받을 일이 많아지며, ···. 한가로운 무리들은 이와 같은 '폐단'〔釁〕에 경악을 금하지 못하고 艱爭이 연유하는 원인을 탐색했다. (분별심이) '형질을 한쪽으로만 추구하게 하는 데'〔偏質〕에 폐단이 있음을 살피고 '분별심을 간략하게 하고 줄이는 것에 대한 좋은 점'〔簡損之善〕을 보고, 마침내 '마음 비움을 귀하게 여기는 의론'〔貴無之議〕을 드러내고 '마음 비우지 못함을 천하게 보는 의론'〔賤有之論〕을 내세웠다. 그러나 有를 천하게 보면 반드시 '드러내는 것'〔形〕을 도외시하고, ···, 윤리규범을 소홀히 하면 반드시 예를 망각한다. 예제(禮制)가 보존되지 않으면 정사를 행할 방법이 없다.[59]

---

59. 『崇有論』, "若乃淫抗陵肆, 則危害萌矣. 故欲衍則速患, 情佚則怨博, ···, ···. 悠悠之徒, 駭乎若茲之釁, 而尋艱爭所緣. 察夫偏質有弊, 而觀簡損之善, 遂闡貴無之議, 而建賤有之論. 賤有則必外形, ···, 遺制則必忽防, 忽防則必忘禮. 禮制不存, 則無以爲政矣."

인용문에서 한가로운 무리들은 귀무파의 학자들을 두고 한 말로 그 속에는 물론 왕필도 포함되었다고 봐야 할 것이다. 貴無나 崇有에서 논쟁의 중심은 분별지를 긍정할 것인가 부정할 것인가에 있다. 이런 점에서 볼 때, 왕필의 노자주를 수양론적인 관점에서 파악해야지 본체론적인 관점에서 파악해서는 안 됨을 알 수 있다. 부수적으로 인용문에 대해 부가적인 설명을 한다면 배위가 분별지에 대한 폐단을 인정하지만 그것이 말엽적인 것에 지나지 않는 것으로 보고 있음을 알 수 있다. 왜냐하면 분별지는 예제를 보존해서 정사를 행하는 데 없어서는 안 되는 요소이기 때문이다.

사실 배위가 왕필을 비판하는 데 본체론적인 요소가 전혀 없는 것은 아니다. 배위는 왕필 비판에 앞서 그의 이론이 전개되는 근본에 대해 본체론적인 설명을 하기 때문이다. 곧 배위에게 만유는 총체적으로 뒤섞여 있는 종극의 도가 제각기 군집으로 하나하나 나누어져서 모습을 갖춘 것이다. 그리고 '형상으로 드러난 사물의 모습'〔有〕은 종극의 도가 뒤섞이는 변화 그 자체이고, '종극의 도가 뒤섞이는 변화와 감응'〔理〕은 뭇 사물들이 남긴 흔적이다.

총체적으로 뒤섞이면서 있는 모든 바탕이 종극의 도이다. 틀 지워져서〔方〕 군집으로 나누어진 것이 모든 종류의 사물이다. 그러니 형상이 제각기 드러나는 것은 '有라는 것의 생장·변화 그 자체'〔有生之體〕이고, 변화와 감응이 뒤섞이는 것은 '理라는 것의 자취 그 자체'〔理迹之原〕이다.[60]

---

60. 『崇有論』, "夫總混羣本, 宗極之道也. 方以族異, 庶類之品也. 形象著分, 有生之體也. 化感錯綜, 理迹之原也."

위의 인용문은『숭유론』의 첫 구절로서 배위가 종극의 도와 사물이 맺고 있는 관계, 곧 전체와 개체 간의 관계를 설명한 것이다. 배위가 귀무론자들의 논리를 반박하기 위하여『숭유론』을 저술한 것을 염두에 둘 때, '有'의 의미에 유의해야 한다. 왕필에게 '有'는 自然 또는 道가 분별심에 의해 한쪽으로 왜곡되어 대상화된 것이다. 그러나 배위에게 '有'는 인간의 분별심과 관계없이 道가 부분적으로 모습을 드러낸 그 자체이다. 곧 배위는『숭유론』의 첫 구절부터 귀무론자들의 논리를 반박할 근거로 有가 道의 일부분임을 언급한 것이다. 그러나 배위의 이런 관점은 결국 분별지를 긍정하기 위한 것이다. 곧 분별지를 통해서 宜와 理를 파악해야 된다는 것으로서[61] 수양론적인 관점에서 왕필의 마음 비움을 부정한 것이다.

IV. 郭象의 止揚

1. 裵頠의 王弼 비판에 나타난 한계

배위는『도덕경』의 '無'를 '마음'[心]으로 보면서 또한 그것의 작용인 분별심을 근거로 귀무론자들의 논의를 비판했음을 지금까지 살펴보았다. 그런데 배위는『숭유론』에서『도덕경』을 유가의 입장에서 해석하면서도 노자를 부정하지 않는다.[62] 단지 "오직 班固만이『難莊論』을 지었는

---

61. 이에 대한 자세한 것은 졸고「裵頠의『崇有論』에 對한 考察」에서 '3. 知欲의 역할'을 참조.
62. 졸고,「裵頠의『崇有論』에 對한 考察」, 249~250쪽.

데 그 '실상'[情]을 완전히 논파하지 못했다'[63]라고 한 것으로 봐서, 배위
가 장자에 대해서 부정적인 시각을 가지고 있음을 알 수 있다. 또한 이 구
절을 통해 배위는 귀무론을 『장자』와 관련시켜서 비판했을 가능성을 배
제할 수 없다.[64] 왕필이 『장자』 「제물론」의 논리로 『도덕경』을 해석했기
때문이다.

사실 왕필은 「제물론」의 '물아일체의 상태'를 『도덕경』에서 '마음 비
움'[無]의 궁극으로 소화시켰다. 따라서 왕필에게 無는 물아일체의 상태
로서, 『도덕경』 25장의 "有物混成, 先天地生"을 의미하는 것이다. 배위가
왕필의 물아일체의 상태를 부정하는 근본적인 이유는 물아일체의 상태
에는 '분별심'이 전혀 개입될 여지가 없다는 데 있다. 따라서 분별지의 한
계를 드러내기 위하여 방편으로 사용되는 사물에서의 비어 있음도 부정
될 수밖에 없다. 그런데 배위의 왕필 비판에는 문제가 있다. 다음의 인용
문을 보면서 논의하자.

지극한 무[至無]란 생장·변화할 방법이 없다. 그러므로 처음의 생장·
변화는 저절로 생장·변화한 것이다. 저절로 생장·변화하지만 반드시
有에 의지해서 드러나니[體], 有가 사라지면 생장·변화도 사라진다. 생
장·변화는 有로써 자신의 몫을 삼으니 虛無는 有가 사라진 것이다.[65]

---

63. 『崇有論』, "惟班固著難, 未足折其情."
64. 현존하는 『難莊論』은 다음이 전부인데, 『장자』의 무엇을 비판했는지 전혀 알
    수 없다. "太古之世, 不車不舟, 陸走以遊, 不棟不宇, 巢穴而處, 衆人之逐世利, 如
    青蠅之赴肉汁也. 青蠅嗜肉汁, 而忘溺死. 衆人貪世利, 而陷罪禍."
65. 『崇有論』, "夫至無者無以能生, 故始生者自生也. 自生而必體有, 則有遺而生虧矣.
    生以有爲己分, 則虛無是有之所謂遺者也."

배위는 『도덕경』의 無를 '마음[心]'으로 해석함으로써 왕필의 無를 모두 비판했는데, 문제는 인용문에서 至無에 대한 언급이다. 그런데 여기서 '至無'는 왕필에게 '마음이 완전히 비워진 상태' 곧 '물아일체의 상태'를 의미하는 것으로 봐야 한다. 배위의 『숭유론』이 전반적으로 귀무론을 비판하는 점에서 볼 때, 至無가 왕필에게 물아일체의 상태를 의미하지 않는다면 무의미한 것이 되기 때문이다. 『장자』의 「천지」에 유일하게 나오는 '至無'노 '마음 비움'을 의미한다.[66] 또한 이런 의미는 곽상의 독화론과도 자연스럽게 연결되는데 잠시 후에 이어서 살펴보자.

여러 가지 정황으로 봐서 배위에게 至無는 틀림없이 왕필의 주에서 만유의 근본이 되는 '물아일체의 상태'[無]를 의미한다. 왕필에게 만유는 물아일체의 상태가 분별지에 의해 분화되어 나온 것이기 때문에,[67] 사실 배위에게 "至無란 생장·변화할 방법이 없다"라는 비판이 가능하다. 곧 물아일체의 상태는 분별지의 개입 없이 그 자체만으로 만유로 분화될 수 없다는 것이다. 다시 말해서 배위의 비판처럼 至無는 자체적으로 생장·변화할 수 없는 것이다. 그런데 배위의 비판은 타당하지만 여기에는 문제점이 있다. 곧 배위의 비판은 왕필의 논리 전개를 부정한 것이 아니라, 다만 無에 대한 왕필의 개념 규정을 부정한 것에 지나지 않기 때문이다.

왕필에게 마음 비움의 궁극 목적은 분별을 제거함으로써 물아일체의

---

66. 『莊子』 「天地」, "視乎冥冥, 聽乎無聲. 冥冥之中, 獨見曉焉. 無聲之中, 獨聞和焉. 故深之又深而能物焉, 神之又神而能精焉. 故其與萬物接也, 至無而供其求, 時騁而要其宿."

67. 졸고 「王弼注를 통해 본 『道德經』의 이해」에서 'Ⅱ. 『도덕경』 42장의 이해'를 참조.

상태에서 자연과 함께 하는 것이다. 왕필에 있어서 물아일체의 상태가 비록 분별지에 의해 생장하고 소멸하는 것으로서 대상화되지는 않는다고는 하지만, 만유의 근본인 有物混成의 상태에서 변화하고 있음을 간과해서는 안 된다. 배위의 비판은 왕필에게 자연과의 합일이라는 마음 비움의 궁극 목적을 간과한 것이다. 배위는 왕필에게 마음 비움의 궁극 목적을 제외시킴으로써 변화 속에 있는 有物混成의 상태를 주목하지 못했는데, 이런 문제가 곽상에게 지양되고 있다.

2. 郭象의 兩者 止揚

곽상은 배위의 왕필 비판을 최대한 수용하면서 왕필 사상의 핵심인 물아일체의 상태를 계승하고 있다. 이는 사상사적으로 분명히 규명되어야 하는 작업임에도 불구하고 아직까지 그 전모가 제대로 밝혀지지 않고 있다. 그러면 곽상이 無에 대해서 어떤 입장을 취하는지 살펴보면서 이것에 대해 고찰해 보자.

> 無가 전부터 無라면 有를 낳을 수 없고, 有가 아직 나오지 않았다면 또 무엇을 낳는 것이 될 수 없다. 그렇다면 무엇이 낳고 낳는가? 홀로 스스로 낳을 뿐이다.[68]

곽상이 천지의 변화가 홀로 자생한다고 했을 때, 이는 분명히 배위의 왕필 비판을 받아들인 것이다. 곧 '분별이 완전히 제거된 至無 그 자체로

---

68. 『莊子翼(漢文大系)』「齊物論」18쪽, 郭註, "無旣無矣, 則不能生有, 有之未生, 又不能爲生. 然則生生者誰哉. 塊然而自生耳."

는 만물이 분화되어 나오지 않는다'는 배위의 왕필 비판을 받아들인 것이다. 그러나 곽상이 다음의 인용문에서 왕필처럼 분별지를 여전히 부정하고 있음을 볼 때, 동시에 왕필의 마음 비움도 받아들이고 있음을 알 수 있다.

중니는 다음처럼 설명했다. 천지가 항상 존재하니 바로 없었던 적이 없었다. '마음 비움'[虛心]으로써 '천명'[命]을 기다리니, 이것은 (천지를) 신묘함[神]으로 받아들이는 것이다. '사려 작용'[思]으로 구하면 깨닫지 못하게 된다. 無는 변화하여 有가 될 수 없을 뿐만 아니라, 有도 변화하여 無가 될 수 없다. 이 때문에 有라는 것이 비록 수없이 변화할지라도 한결같이 無가 될 수 없으므로 (有는) 옛날부터 없었던 적이 없이 항상 (어떤 형태로든지) 존재했다.[69]

인용문에서 곽상은 '虛心'을 '神'으로 보면서 '사려 작용'[思]을 부정했다. 이것은 왕필 사상의 핵심인 '물아일체의 상태'를 받아들이기 위한 것이다. 이런 점은 이 주석의 본문 "염구가 중니께 '천지가 있기 전을 알 수 있는지요?'라고 질문을 하니, 중니께서 '그럼! 예나 지금이나 같은 거야'라고 답하셨다. …"[70]라는 구절과 비교해 볼 때 분명히 나타난다. 곧 천

---

69. 『莊子翼(漢文大系)』「知北遊」34쪽, 郭註, "仲尼言天地尙存, 乃無未有之時. 虛心以待命, 斯神受也. 思求則致不了. 非惟無不得化而爲有也, 有亦不得化而爲無矣. 是以夫有之爲物, 雖千變萬化, 而不得一爲無也. 故自古無未有之時而常存也."

70. 『莊子翼(漢文大系)』「知北遊」33~34쪽, "冉求問於仲尼曰. 未有天地可知邪. 仲尼曰. 可, 古猶今也. 冉求失問而退. 明日復見. 曰, 昔者吾問, 未有天地可知乎, 夫子曰. 可, 古猶今也. 昔日吾昭然, 今日吾昧然, 敢問何謂也. 仲尼曰. 昔之昭然也,

지를 신묘함(神)으로 받아들이라는 곽상의 주석은 천지가 나오기 전인 有物混成을 虛心인 神으로써 깨달아야 한다는 것인데, 이는 왕필의 마음 비움을 계승한 것이다.

그런데 여기에서도 "無는 변화하여 有가 될 수 없을 뿐만 아니라, …"라는 구절을 볼 때, '至無 그 자체로는 만물이 분화되어 나오지 않는다'는 배위의 입장이 여전히 수용되고 있음을 알 수 있다. 이 때문에 곽상은 왕필에게 물아일체로서의 '마음 비움'을 '有物混成'과 같은 의미로 사용하지 않고 天命을 기다리는 것으로 표현한 것이다. 곧 곽상은 왕필처럼 '마음 비움을 통해서 물아일체의 상태에 도달한다'라고 하지 않고, 마음 비움과 천명을 분리해서 '虛心으로써 天命을 기다린다'라고 한 것이다. 그러나 이것은 동시에 '물아일체의 상태에서 自然과 함께 할 수 있다'는 왕필의 입장을 수용한 것이기도 하다. 곽상이 이처럼 배위와 왕필을 지양하는 것은 다음 구절에서 더욱 잘 드러난다.

玄冥은 無라고 명명할 수 있지만 無가 아니다. 이름(名)을 통해서 無에 도달하는 자는 반드시 名表에서 無를 터득한다. 그러므로 비록 玄冥한 경지라고는 하지만 아직 극진하지 못해서 ….[71]

인용문 첫 구절에서 "玄冥은 無라고 명명할 수 있지만 無가 아니다"라는 말은 왕필의 입장과 그것에 대한 배위의 비판을 종합해서 언급한 것

神者先受之, 今之昧然也, 且又爲不神者求邪."

71. 『莊子翼(漢文大系)』, 「大宗師」15쪽, 郭註, "玄冥者, 所以名無而非無也. 夫階名以至無者, 必得無於名表. 故雖玄冥猶未極, …."

이다. 玄冥은 왕필에게 물아일체의 상태로서의 無 곧 有物混成이다. 그러나 배위가 '至無는 생장·변화할 수 없다'고 했기 때문에, 곽상은 有物混成을 마음 비움과 분리해서 설명하고 있는 것이다. 그런데 곽상의 이런 입장은 배위의 왕필 비판을 받아들이면서 또한 배위를 비판하고자 하는 것이다. "이름을 통해서 개념[名表]으로 無를 터득한 자는 玄冥한 경지일지라도 극진하지 못하다"는 뒤 구절에서 이를 확인할 수 있다. 곧 이름은 분별지에 의해서 성립하는 것이기 때문에 이를 통해서는 분별이 사라진 물아일체의 상태를 체득할 수 없다는 것이다. 이는 분별지를 인정하는 배위를 날카롭게 비판한 것이다.

위의 인용문은 한편으로 배위의 비판이 상식적으로 하자가 없음을 시인하는 것이기도 하면서, 다른 한편으로 배위의 왕필 비판이 정곡을 찌르지 못했음을 비판한 것이기도 하다. 왕필의 마음 비움을 글자 그대로 받아들여서 有物混成과의 합일이라는 궁극 목적을 제외할 경우 배위의 비판은 타당하다. 그러나 이는 손가락으로 달을 가리킬 때 손가락만 보고 달을 보지 못하는 경우와 같다. 이로 볼 때, 곽상이 왕필의 입장과 배위의 입장을 지양하고 있지만 그 중심축은 왕필의 계승임을 알 수 있다. 곧 곽상도 왕필처럼 知를 부정하는 입장에서 왕필의 물아일체의 상태를 되살리고 있다는 것이다. 다음의 인용문에서 이런 점이 잘 드러난다.

하늘과 사람이 하는 바가 모두 '저절로 그렇게 된 것'[自然]임을 안다면, 안으로는 자신에 '구속을 당하지 않고'[放] 밖으로는 사물과 '경계가 사라져서'[冥], 모든 것과 '현묘하게 같아지니'[玄同], 그것에 맡겨 놓으면 되지 않는 것이 없다. ("知天之所爲, 知人之所爲者, 至矣" 구절에 대한 주)

'하늘'〔天〕이란 '저절로 그렇게 됨'〔自然〕을 말한다. 그러니 '(본문의) 행위함'〔爲爲者〕이란 (대상화시켜서) 행위할 수 있는 것이 아니고, '행위함'〔爲〕이 '저절로 행위했음'〔自爲〕일 뿐이고, '(본문의) 앎'〔爲知者〕이란 (대상화시켜서) 알 수 있는 것이 아니고 '앎'〔知〕이 '저절로 알음'〔自知〕일 뿐이다. '저절로 알음'〔自知〕〔自然〕일 뿐이니 '알지 못함'〔不知〕이다. 알지 못함이라면 '앎'〔知〕은 '알지 못함'〔不知〕〔自然〕에서 나왔다. '저절로 행위 했음'〔自爲〕〔自然〕일 뿐이니 '행위하지 않음'〔不爲〕이다. 행위하지 않음이라면 '행위함'〔爲〕은 '행위하지 않음'〔不爲〕〔自然〕에서 나왔다. 행위함이 행위하지 않음에서 나왔기 때문에 행위하지 않음이 '주체'〔主〕가 되고, 앎이 알지 못함에서 나왔기 때문에 알지 못함이 '근본'〔宗〕이 된다. 이 때문에 眞人은 앎을 버림으로써 알고 행위하지 않음으로써 행위하고 저절로 그렇게 해서 생하고, 坐忘으로써 체득한다. 그러므로 ….[72]("知天之所爲者, 天而生也" 구절에 대한 주)

이 주석에서 두 번째 단락은 본문 "知天之所爲者, 天而生也"를 설명하기 위한 것임을 염두에 두고 세심하게 살펴야 그 의미를 파악할 수 있다. 인용문에서 '행위하게 됨'〔爲爲者〕과 '알게 됨'〔爲知者〕은 '天이 하는 바 곧 自然'을 의미한다. 그래서 곽상은 '행위할 수 있는 것도 아니고 알 수 있는 것도 아니다'라고 하면서 '저절로 되는 것'이라고 한 것이다. 이하는 이것

72.『莊子翼(漢文大系)』「大宗師」2쪽, 郭注. "知天人之所爲者, 皆自然也, 則內放其身, 而外冥於物. 與衆玄同, 任之而無不至也. 天者, 自然之謂也. 夫爲爲者, 不能爲, 而爲自爲耳. 爲知者, 不能知, 而知自知耳. 自知耳, 不知也. 不知也, 則知出于不知矣. 自爲耳, 不爲也. 不爲也, 則爲出于不爲矣. 爲出於不爲, 故以不爲爲主. 知出於不知, 故以不知爲宗. 是故眞人遺知而知, 不爲而爲, 自然而生, 坐忘而得. 故…."

위진현학에서 지와 무에 대한 고찰·363

에 대한 설명으로서 결국 사람들이 '自然'에 따라야 함을 설명한 것이다.

自然은 대상화됨으로써 분별되는 것이 아니기 때문에 自然에서는 무엇을 하고 있을지라도 대상화되지 않는다. 곧 '自然'에서의 '爲'와 '知'는 대상화되지 않기 때문에 역설적으로 '不爲(無爲)'와 '不知(無知)'이다. 이런 논리 아래 自然에서의 爲와 知는 '不爲'와 '不知'에서 나온 것이다. 따라서 "행위함이 행위하지 않음에서 나왔기 때문에 행위하지 않음이 '주체'〔主〕가 되고, 앎이 알지 못함에서 나왔기 때문에 알지 못함이 '근본'〔宗〕이 된다"라고 할 수 있고, 또한 "眞人은 앎을 버림으로써 알고 행위하지 않음으로써 행위하고 …"라고 할 수 있는 것이다. 이는 결국 '無知(不知)' '無爲(不爲)'로써 自然에 순응해야 함을 언급한 것인데, 왕필의 중심 사상을 계승한 것이다.

Ⅴ. 결론

왕필은 『도덕경』의 無를 근거로 자연에 귀의할 것을 주장했다. 이것은 맹자나 순자가 긍정한 사려 작용을 왕필이 도가의 입장에서 부정한 것이다. 그런데 배위는 유가의 입장에서 『도덕경』의 無를 마음〔心〕으로 해석하고 또한 그것의 분별 작용을 적극적으로 긍정함으로써 왕필의 無, 곧 마음 비움을 부정했다. 이것은 왕필에게 만유의 근본인 無를 마음으로 격하시키면서 유가에서 도덕을 정초시키는 사려 작용을 다시 인정한 것이다. 그런데 곽상은 왕필과 배위의 입장을 지양하면서 배위가 긍정한 분별 작용을 부정했으니, 이는 도가의 입장에서 도덕을 정초시키는 유가의 사려 작용을 다시 부정한 것이다.

이상의 논의에서 위진시대의 도가와 유가는 인간의 '지성'[知]에 어떤 태도를 취할 것인지에 대해 첨예하게 대립하면서 사상사의 한 부분을 장식했음을 알 수 있다. 『孟子』「萬章上」에서 "莫之爲而爲者, 天也. 莫之致而至者, 命也"라고 한 것으로 볼 때, 이미 '自然'으로서의 '天'이 학자들에게 보편적으로 받아들여진 것으로 보인다. 다만 그들은 自然에 순응하는 방법으로서 분별지를 어떻게 볼 것인지에 대해서 첨예하게 대립했던 것이다. 그런데 왕필이나 곽상이 분별지를 부정하는 것은 도가의 특성을 이어받은 것이다.

세상 사람들은 모두 나의 도가 크지만 (기존의 학풍을) 본받음이 없는 것 같다고 한다. 오직 클 뿐이다. 그러므로 본받음이 없는 것 같다. 본받음이 있다면 오래되었을 것이다, 그 세분됨이.[73]

도가가 분별지를 부정하는 것은 다른 학파가 분별지를 긍정하는 것과 근본적으로 다른 것이다. 곧 인용문에서 "본받음이 있다면 세분됨 있다"는 것은 바로 도가 분별지에 의해서 세분됨을 나타내는 것으로서 38장의 "是以大丈夫處其厚, 不居其薄, 處其實, 不居其華"라는 구절과 동일선상에서 해석되는 것이다. 여기서 '厚'나 '實'은 분별지에 의해서 세분되지 않는 道나 自然을 의미하는 것이기 때문이다. 『장자』에서 언급되는 마음 비움도 모두 분별지를 부정한 것으로서 동일한 관점에서 논의될 수 있는 것들이다.

---

73. 『道德經』 67章, "天下皆謂我道大, 似不肖. 夫唯大. 故似不肖. 若肖, 久矣其細也夫."

이상의 논의에서 필자는 위진현학에서 無가 본체론적인 관점 아래 전개된 것이 아니라 수양론적인 관점 아래에서 전개되었음을 대략 밝혔다고 본다. 본 논문이 비록 위진시대에서 왕필과 배위 그리고 곽상이라는 제한된 사람들을 중심으로 전개된 것이지만, 이들이 사상사의 한 부분을 장식했다는 점에서 가볍게 대할 학자들이 아니다. 이 때문에 본체론적인 관점, 특히 송대의 체용론적인 사고 아래 논의된 無는 재고되어야 한다고 본다.

無에 대한 연구는 중국 학자들에게서 많이 진행된 것으로 보이는데 특히 龐樸의 분석은 주목할 만하다. "龐樸은 甲骨文, 金文, 竹簡, 민속 습속 巫俗을 비롯해서『墨經』,『論語』,『尸子』,『呂氏春秋』등에서의 용례를 근거로 삼아서 無 개념의 형성과 연변 과정을 연구했다. 그는 이 연구를 통하여 '無'자의 의미를 '있다가 없어진 것'〔有而後无〕곧 '亡', '외견상으로는 없지만 실은 있는 것'〔似无實有〕곧 '無', '본래 없는 것'〔无而絶无〕곧 '无'로 분석했다. 그는 이런 의미를 가지고 위진현학의 무를 분석하면서 왕필과 하안의 무는 無이며, 向秀와 郭象의 무는 '无'로서 有生於無를 반대했지만 실은 有生於无를 반대한 것이라고 했다."[74] 필자는 龐樸의 분석에 대해서 탁월하다고 보면서도 다소 견해를 달리하는데, 龐樸의 견해를 필자의 견해와 비교해 보자.

왕필의 '無'는 '사물에서의 비어 있음'과 '마음 비움'이다. 그런데 '사물에서의 비어 있음'은 분별지의 한계를 설명함으로써 그것을 극복하도록

---

74. 이상은 1998년 5월 30일에 韓國道敎文化學會에서 林采佑가 발표한「노자 11 장을 통해 본 노자의 有·無관」, 2~3쪽에서 축약해서 재인용한 것이다. (龐樸,「說'無'」,『中國文化與中國哲學』, 北京, 東方出版社, 1996, 62~74쪽.)

하기 위한 비유에 지나지 않기 때문에, 결국 '사물에서의 비어 있음'은 분별지를 제거함으로써 곧 마음을 비움으로써 물아일체의 상태에서 자연과 함께하기 위한 비유로 봐야 한다. 따라서 왕필에게 無의 궁극적인 의미는 결국 '물아일체의 상태'인 '有物混成'이다. 이런 관점에서 龐朴이 왕필의 無를 '외견상으로는 없지만 실은 있는 것'이라고 분석한 것에는 근본적으로 동의한다. 그런데 龐朴이 만약 40장 "有生於無" 구절의 왕필주를 근거로 무를 無로 봤다면 잘못되었다고 본다. 이미 살펴보았듯이 40장 왕필주에서 '無'는 '사물에서의 비어 있음'을 의미하기 때문이다.

곽상의 '무'는 배위의 왕필 비판을 받아들인 것으로써 '물아일체의 상태'에서 '有物混成'을 제외한 '마음 비움'이다. 그런데 곽상이 『지북유』에서 '마음 비움'을 '虛心'으로 표현한 것은 배위의 왕필 비판을 염두에 두고 왕필의 '물아일체의 상태'〔無〕와 구분하기 위한 것이다. 따라서 곽상의 '무'는 왕필의 '물아일체의 상태'에서 '有物混成'이 제외된 것으로서 마음이 비워진 것만 의미한다. 사실 완전한 '마음 비움'이란 '본래 없는 것' 곧 논리적으로나 상정되는 것이기 때문에 龐朴의 견해가 옳은 것 같다. 그러나 곽상에게 '無'는 '自然을 따르는 신묘함'〔神〕이 전제된 것이기 때문에 절대적으로 없는 것만은 아니다. 곧 '自然'에 합일할 수 있는 '마음의 신묘한 기능'〔神〕이 여전히 전제되어 있기 때문이다. 그러므로 곽상의 '무'를 '본래 없는 것'〔无而絶无〕으로 봐서는 안 된다.

『道德經』의 시각으로 본 『聖書』의 창세기 신화

- 아담에서 노아까지 -

(『동서철학연구』제35호 2005년 한국동서철학회)

한글 요약

老子의 無爲自然은 마음을 비울 때 저절로 실현되니, 『도덕경』의 핵심은 '지적 분별력'[知]과 '무엇인가 하고자 하는 것'[欲]을 없애는 '마음 비우기'에 있다. 곧 知와 欲을 없앰으로써 의도적으로 하는 것 없이 저절로 무엇인가 하게 될 때, 이것이 無爲이고 自然이라는 말이다. 그런데 『성서』 「창세기」 앞 부분의 신화 곧 아담에서 노아까지의 신화도 마음 비움과 무관한 것 같지는 않다. '선악과 곧 지식의 나무 열매를 먹지 말라'는 하느님의 금기와 카인의 죄 그리고 인류의 타락으로 인한 대홍수의 징벌 등이 모두 無知無欲을 외치는 『도덕경』의 내용과 연관된 것으로 보이기 때문이다.

끝없는 경쟁과 문명의 역기능으로 숨 가쁜 우리의 모습을 볼 때, 인류는 하느님의 말씀처럼 선악과를 먹고 지적인 능력을 개발하는 것으로 인해 이미 모두 죽었는지도 모른다. 초등학생마저 공부에 대한 압박감으로 자살을 하고, 더 좋은 점수를 얻기 위해 대규모 입시부정이 조직적으로 서슴없이 행해지는 것을 보면, 지적 경쟁으로 인한 인류의 인간다운 삶은 이미 에덴동산에서 추방됨과 동시에 아득히 사라져 버렸는지도 모른다. 그래서 마음을 비우라는 『도덕경』의 사상을 가지고 『성서』 「창세기」 신화를 해석해 봄으로써 종교의 기원에 대해 재고해 보면서 문명에 대해 반성해 보고자 한다.

주제어: 에덴동산, 無爲自然, 知, 카인의 죄, 수련도교(신선도).

I. 서론

　서양의 『성서』[1]만큼 『도덕경』[2]도 오랜 세월 동안 동양에서 식자들의 사랑을 받아 온 책이다. 그 주석만도 1,000종이 훨씬 넘고 있으니 말이다. 짧고 압축적인 글로 無爲自然을 노래한 『도덕경』의 핵심은 '지적인 능력'[知]과 '무엇인가 하고 싶은 생각'[欲]을 없애는 '마음 비움'이다. 마음을 비우고 의도적으로 하는 것 없이 저절로 무엇인가 하게 될 때, 이것이 바로 無爲이고 自然이기 때문이다. "비어 있음을 이루는 것이 궁극이고, 고요함을 지키는 것이 돈독함이다"[3]라는 『도덕경』의 구절은 사람들에게 '마음 비움' 이외에 더 추구할 것이 없음을 단적으로 강조한 말이다.

　그런데 한 가지 흥미로운 것은 『도덕경』의 이와 같은 특성이 동양 문화권과 그 전통이 다른 『성서』의 「창세기」 신화 속에서도 나타나고 있다는 사실이다. 사람을 창조한 후 '선과 악을 알게 하는 나무 열매' 곧 '지식의 나무 열매'[4]를 먹지 말라고 지시한 하느님의 명령은 사람들의 '지적인 능력'[知]을 개발하지 않음으로써 무위자연의 상태에 도달하려는 『도덕경』의 사상과 별로 달라 보이지 않기 때문이다. '원초적이고 본능적인 욕구'[欲]에 '지적인 능력'[知]이 더해져 상승 작용을 일으킬 때, 사람들은 불타

1.　이 논문에서 인용하는 국역 『성서』는 '국제가톨릭 성서공회'에서 편찬한 '해설판 공동번역'임을 밝혀 둔다.
2.　『道德經』 3章, "常使民無知無欲." *별도의 표시가 없는 한 이 논문에서 인용하는 『道德經』은 '中華書局'에서 간행한 『諸子集成』 속에 있는 '華亭張氏' 본임을 밝혀 둔다.
3.　『道德經』 16章, "致虛極, 守靜篤."
4.　존 보커 지음, 이종인 옮김, 『사진과 그림으로 보는 성서』, 시공사, 2003, 30쪽.

오르는 욕망의 노예가 되어 무위자연의 상태 곧 에덴에서와 같은 평화롭고 조용한 삶을 더 이상 유지할 수 없게 된다.

'하느님이 아담 내외를 추방하면서 다시 에덴으로 돌아와 생명나무의 열매를 먹지 못하도록 에덴 동쪽에 거룹과 빙빙 도는 불칼을 장치하여 그 길목을 지키게 했다'는『성서』의 말은 知와 欲을 없앰으로써 무위자연의 상태를 이루려는『도덕경』의 사상과 아주 흡사하다. 곧 정염이나 욕망의 불꽃처럼 흔히 욕망에 대해 불과 연관하여 표현하고 거룹(지품천사)이 知와 관계있는 것으로 볼 때, 불칼을 欲의 상징으로 거룹을 知의 상징으로 풀이할 수 있기 때문이다. 그런데 다만「창세기」신화가 많은 부분 부정적으로,『도덕경』이 다소 긍정적으로 서술되는 것은 인류의 타락 과정을 그린 것이「창세기」의 내용이고, 무위자연의 상태로 복귀 과정을 표현한 것이『도덕경』의 내용이기 때문일 것이다.

천지분간도 제대로 하지 못하는 어린 시절, 사내아이나 계집아이 모두 시냇가에서 부끄러운 줄도 모르고 발가벗고 물장구치면서 놀았으니, 분별력이 아직 없었기 때문이다. 차츰 나이가 들면서 사물에 대한 판단력이 생기면, 어느 순간부터 아이들은 하나둘씩 중요 부분을 가릴 줄 알고 마침내 이성과 서로 함께 놀지도 않게 된다. 아마 우리에게도 에덴이 있었다면, 이처럼 사물에 대한 뚜렷한 분별이 없었던 유년 시절이 아니었겠는가? 이 시절엔 그저 배부르고 친구들과 적당히 노는 것 외에 다른 특별한 소원이 없었으니, 기본 생활을 위한 의식주의 해결 외에 사회적으로 부와 귀를 좇느라고 찌들어 버린 성년의 마음가짐과는 비교할 수 없을 정도로 해맑았다고 할 수 있겠다.

필자가 보기에『성서』「창세기」에서 인류의 타락은 지적인 능력이 드러나 개발되는 것과 깊은 관계가 있다. 곧 아담의 신화는 물론 카인과 아벨의 신화 및 대홍수의 신화까지 모두 知로 인한 인류의 타락과 관계가 깊다. 그러나 그 知는 인류의 창조 때부터 부여한 본성이기에 하느님은 대홍수 이후에 그 사용을 허락한다. 본 논문에서는 이와 같은 골격을 토대로 知가 인류의 타락과 어떻게 관계되는지 아담부터 노아까지의 「창세기」 신화를 통해 살펴보고자 한다. 다만 대홍수 이후에 知의 사용이 허락되는 것에 관해서는 곧 하느님이 노아에게 무지개로 약속을 한 이후부터의 신화에 관해서는 老子보다 莊子의 사상과 관계가 깊어 별고를 통해 논의하기로 한다.

Ⅱ. 무위자연과 에덴동산

노자의 사상은 일반적으로 남방문화의 풍요로움을 배경으로 잉태되고 성장한 것으로 평가된다. 에덴의 기후도 남방과 비슷했을 것으로 보인다. 아담 내외가 알몸으로 지냈고, 하느님이 날이 저물어 서늘해진 다음에 동산을 산책했다면,[5] 그 기후가 다소 무더워야 했기 때문이다. 남방의 풍요 속에서 태초에 사람들은 어떻게 삶을 꾸려 갔을까? 지금 우리의 시

---

5. 『성서』「창세기」 2장 25절, "아담 내외는 알몸이면서도 서로 부끄러운 줄을 몰랐다."; 3장 7절, "그러자 두 사람은 눈이 밝아져 자기들이 알몸인 것을 알고 무화과나무 잎을 엮어 앞을 가렸다."; 3장 8~11절, "날이 저물어 선들바람이 불 때 야훼 하느님께서 동산을 거니시는 소리를 듣고 아담과 그의 아내는 야훼 하느님 눈에 뜨이지 않게 동산 나무 사이에 숨었다. 야훼 하느님께서 아담을 부르셨다. '너 어디 있느냐?' 아담이 대답하였다. '당신께서 동산을 거니시는 소리를 듣고 알몸을 드러내기가 두려워 숨었습니다.' '네가 알몸이라고 누가 일러 주더냐?' …."

각으로 본다면, 아마 게으르고 둔했을지도 모르겠다. 따뜻한 기후로 주변에 먹을 것이 충분하고 적당한 곳에 잠자리를 마련할 수 있어 사는 데에 전혀 불편함 없다면, 부지런히 움직일 필요도 없었고 새롭고 진귀한 것을 찾아 모험을 감행할 필요도 없었을 것이다.

야훼 하느님께서 아담을 데려다가 에덴에 있는 이 동산을 돌보게 하시며 이렇게 이르셨다. "이 동산에 있는 나무 열매는 무엇이든지 마음대로 따 먹어라. 그러나 선과 악을 알게 하는 나무 열매만은 따 먹지 말아라. 그것을 따 먹는 날, 너는 반드시 죽는다."[6]

혹 호기심을 이기지 못해 모험을 감행하려는 자가 있다면 그의 안전을 염려하는 다른 많은 사람들이 말렸을 것이다. 그런 만류에도 불구하고 모험을 감행하다가 사고라도 당하면 다음부터는 아예 그런 일 자체를 그 사회의 금기로 만들 수도 있을 것이다. 『성서』「창세기」의 '선과 악을 알게 하는 나무 열매를 먹지 말라'는 하느님의 금기도 이런 점과 연결되어 해석될 수 있다고 본다. 곧 낯선 곳에 가서 새로운 것을 보고 싶은 호기심은 근본적으로 지적인 욕구 때문이니, 지적 욕구를 개발하고 드러내는 일 그 자체에 대해 엄격히 제한을 가할 수 있다. 이런 점은 『도덕경』에서도 마찬가지이니, 풍요로움을 만끽하는 원시사회에서 볼 수 있는 하나의 특성인지도 모른다.

---

6. 『성서』「창세기」 2장 15~17절.

늘 백성들이 '알고자 하는 것'〔知〕과 '하고자 하는 것'〔欲〕이 없도록 하고, 작위할 줄 아는 자들이 감히 어떤 짓도 하지 못하도록 한다.[7]

『성서』에서 선악과를 먹지 못하게 하는 것은 사람의 눈이 밝아져 곧 사물에 대한 분별력이 생겨 하느님 자신들처럼 사람들이 선과 악에 대해 알게 되기 때문이고,[8] 『도덕경』에서 知를 개발하지 못하게 하는 것은 사람들이 무위자연을 벗어나 인위적인 조작과 가식의 세계로 나아가게 되기 때문이다.[9] 『도덕경』에서 知의 사용은 사물에 이름 붙이는 정도까지만 허용되는데, 여기서의 知는 문화의 축적이 가미되지 않은 상태에서 나오는 원초적이고 순수한 것이다.

처음으로 제정할 때에 이름을 둔다. 이름까지 두고 나면 그칠 줄도 알아야 될 것이다. 그칠 줄 알면 위태롭지 않게 된다.[10]

---

7. 『道德經』 3章, "常使民無知無欲, 使夫智者不敢爲也."
8. 『성서』 「창세기」 3장 7절, "그러자 두 사람은 눈이 밝아져 자기들이 알몸인 것을 알고 무화과나무 잎을 엮어 앞을 가렸다.": 3장 22절, "야훼 하느님께서는 '이제 이 사람이 우리들처럼 선과 악을 알게 되었으니, 손을 내밀어 생명나무 열매까지 따 먹고 끝없이 살게 되어서는 안 되겠다'고 생각하시고."
9. 『道德經』 65章, "옛날에 훌륭하게 도를 행한 자는 백성들을 밝게 한 것이 아니라, 그들을 어리석게 했다. 백성들을 다스리기 어려운 것은 그들의 智가 많아졌기 때문이다. 그러므로 智로 나라를 다스리는 것이 국가의 해악이고, 智로 나라를 다스리지 않는 것이 국가의 복이다."〔古之善爲道者, 非以明民, 將以愚之. 民之難治, 以其智多. 故以智治國, 國之賊, 不以智治國, 國之福〕
10. 『道德經』 32章, "始制有名. 名亦旣有, 夫亦將知止. 知止, 可以不殆."

老子는 知를 사물에 이름 붙이는 것 이상으로 사용하면 위태롭다고 했다. 王弼의 주석을 참고할 경우, 그 까닭은 '견해의 차이가 생겨 사람들이 서로 다투기 때문이다.'[11] 사물에 이름 붙이는 것 정도로 사람이 창조될 때 부여받은 知를 사용하는 것에 대해서는 하느님도 원하는 바이다. 아담은 하느님이 보고 계시는 가운데 들짐승과 공중의 새에 대해 하나하나 이름을 붙인다.

들짐승과 공중의 새를 하나하나 진흙으로 빚어 만드시고, 아담에게 데려다 주시고는 그가 무슨 이름을 붙이는가 보고 계셨다. 아담이 동물 하나하나에게 붙여 준 것이 그대로 그 동물의 이름이 되었다.[12]

그런데 이미 살펴보았듯이 하느님은 자신이 창조할 때 사람들에게 부여한 것 이상으로 사람들이 지혜롭게 되는 것에 대해서는 금했다. 그렇게 금지명령을 내렸음에도 불구하고 아담과 그 아내는 뱀의 유혹을 뿌리치지 못하고 그 명령을 어긴다. 그 결과 그들은 벌로 각기 출산의 고통과 노동의 고통을 짊어지고 에덴에서 추방당한다.

---

11. 『道德經』32章 王弼注, "…. 그러므로 처음으로 제정한 때에 이름을 둔다. 이 다음 단계부터는 송곳 끝이나 칼날같이 작은 일에도 다툴 것이므로 '이름까지 있게 되었다면 그칠 줄도 알아야 될 것이다'라고 하였다. 그런데 마침내 이름을 믿고서 그것으로 사물로 부른다면 다스림의 모체를 상실한다. 그러므로 그칠 줄 아는 것이 위태롭게 되지 않는 까닭이다."〔故始制有名也. 過此以往, 將爭錐刀之末. 故曰名亦旣有, 夫將知止也. 遂任名以號物, 則失治之母也. 故知止所以不始也.〕王弼의 注 역시 '華亭張氏' 본임을 밝혀 둔다.

12. 『성서』「창세기」2장 19절.

야훼 하느님께서 만드신 들짐승 가운데 제일 간교한 것이 뱀이었다. ….
…. … 뱀이 여자를 꾀었다. "절대로 죽지 않는다. 그 나무 열매를 따 먹
기만 하면 너희의 눈이 밝아져서 하느님처럼 선과 악을 알게 될 줄을 하
느님이 아시고 그렇게 말하신 것이다." 여자가 나무를 쳐다보니 과연 먹
음직하고 보기에 탐스러울뿐더러 사람을 영리하게 해 줄 것 같아서, 그
열매를 따 먹고 같이 사는 남편에게도 따 주었다. 남편도 받아먹었다. 그
러자 두 사람은 눈이 밝아져서 자기들이 알몸인 것을 알고 무화과나무
잎을 엮어 앞을 가렸다. …. 그리고 여자에게는 이렇게 말씀하셨다. "너
는 아기를 낳을 때 몹시 고생하리라. 고생하지 않고는 아기를 낳지 못하
리라. …." 그리고 아담에게는 이렇게 말씀하셨다. "너는 아내의 말에 넘
어가 따 먹지 말라고 내가 일찍이 일러 둔 나무의 열매를 따 먹었으니,
땅 또한 너 때문에 저주를 받으리라. 너는 죽도록 고생해야 먹고살리라.
…." 야훼 하느님께서는 가죽옷을 만들어 아담과 그의 아내에게 입혀 주
셨다. 야훼 하느님께는 "이제 이 사람이 우리들처럼 선과 악을 알게 되
었으니, 손을 내밀어 생명나무 열매까지 따 먹고 끝없이 살게 되어서는
안 되겠다고 생각하시고 에덴동산에서 내쫓으시었다. … 이렇게 아담을
쫓아내신 다음 하느님은 동쪽에 거룹들을 세우시고 돌아가는 불칼을 장
치하여 생명나무에 이르는 길목을 지키게 하셨다.[13]

위의 인용문에는 중요한 구절이 몇 곳 있다. 첫째, "여자가 나무를 쳐
다보니 과연 먹음직하고 보기에 탐스러울뿐더러 사람을 영리하게 해 줄

---

13. 『성서』 「창세기」 3장 1~24절.

것 같아서, 그 열매를 따 먹고 같이 사는 남편에게도 따 주었다. 남편도 받아먹었다. 그러자 두 사람은 눈이 밝아져서 자기들이 알몸인 것을 알고 무화과나무 잎을 엮어 앞을 가렸다"는 구절. 둘째, "너는 아기를 낳을 때 몹시 고생하리라. 고생하지 않고는 아기를 낳지 못하리라"라는 구절. 셋째, "손을 내밀어 생명나무 열매까지 따 먹고 끝없이 살게 되어서는 안 되겠다고 생각하시고 에덴동산에서 내쫓으시었다"라는 구절. 넷째, "이렇게 아남을 쫓아내신 다음 히느님은 동쪽에 거룹들을 세우시고 돌아가는 불칼을 장치하여 생명나무에 이르는 길목을 지키게 하셨다"는 구절.

이상의 네 구절은 모두 서문 첫 단락에서 언급한 『도덕경』의 '知'·'欲'과 관계가 있다. 곧 "먹음직하고 탐스러울뿐더러 사람을 영리하게 해 줄 것 같았다"는 말은 하느님께 부여받은 원초적인 知와 欲이 사물에 대한 구분으로 자극되어 막 꿈틀거리기 시작하는 것이고, '불칼'은 선악과를 먹음으로써 개발되어 드러난 知로 인해 원초적인 欲이 상승 작용을 일으키며 불타오르는 것이며, "눈이 밝아져서 자기들이 알몸인 것을 알고 무화과나무 잎을 엮어 앞을 가렸다"는 말과 '거룹'(Cherubim:지품천사)은 선악과를 먹음으로써 知가 개발되어 드러난 것이다. '불칼'을 '欲'과 연결한 것에 대해 다소 의아스럽게 생각할 수 있다. 그렇지만 '情炎'이나 '욕망의 불꽃'이라는 말에서 나타나듯이 흔히 '欲'을 '불'과 연결시키고 있는 점을 상기하면 무리한 연결은 아니라고 본다. 출산의 고통과 생명나무는 수련도교(河上公章句)나 신선도와 연결된다.[14] 그런데 여기서의 '知'·'欲'

---

14. 선도수련에서 호흡법은 호흡 이외에 마음을 두지 않는 것이다. 호흡 수련을 하면 몸이 무척 유연해지니, 여성의 경우 무통 분만을 할 수 있다. 가능한 고통을 줄이면서 자연분만을 하기 위해 병원에서 시행되기도 하는 라마즈 호

도 '마음 비움'과 관련할 때, 이것들 역시 수련도교와 긴밀하게 관계됨을 알고 있어야 한다.

지금까지의 논의를 정리하자면, 아담과 하와의 에덴 생활은 무위자연의 선경에서 노니는 신선과 유사하다고 할 수 있을 것이다. 뱀의 유혹이 있기 전까지 아담과 그 아내는 하느님으로부터 창조되면서 부여받은 '知'와 '欲'을 그대로 순수하게 보존하고 있었다. 곧 '知'가 아직 개발되지 않음으로써 '欲'이 그것과 결합해 상승 작용을 일으키며 타오르지 않았다. 그런데 뱀의 유혹을 받아 선악과를 먹은 후 欲은 더 이상 본연의 순수한 상태를 유지하지 못하고 우리의 몸을 활활 타게 만든다. 수련도교적 입장에서 보면, 우리가 다시 무위자연의 에덴으로 돌아갈 수 없는 것은 바로 이 때문이다. 곧 '거룹'과 '불칼'은 '개발된 知'와 '본연의 순수한 상태를 벗어나 타오르는 欲'이니, 이것들이 에덴으로 가는 길목을 굳게 막아 놓고 있는 것이다.

그런데 『도덕경』으로 볼 때, 우리가 에덴으로 다시 돌아갈 수 없는 것이 아니다. 노자가 사람들의 知와 欲을 없애려는 것은 사람들을 무위자연의 에덴동산 곧 태초의 상태로 다시 되돌려 놓기 위함이기 때문이다. 비록 거룹과 불칼이 에덴에 이르는 길목을 지키고 있을지라도 수행을 통해 마음을 비울 경우, 거룹과 불칼은 본연의 상태로 물러나 에덴으로 돌아가는 길을 터주기 때문이다.

나라를 작게 하고 백성을 적게 하며, 훌륭한 재능이 있을지라도 쓰이

흡법은 선도의 호흡법을 응용한 것으로 볼 수 있다. 곧 선악과를 먹기 전 아담 내외의 에덴 생활은 신선의 생활과 유사했다고 보는 것이다.

지 못하게 하고, …. 사람들로 하여금 다시 새끼를 꼬아서 (부호로) 사용하도록 하니, 자기들의 음식을 달게 먹고 자기들의 옷을 아름답게 보며, 거처를 편안하게 여기고 풍속을 아름답게 여기며, 그리고 이웃나라가 서로 바라보이고 개와 닭소리가 서로 들릴 정도로 가까운 거리에 있을지라도 백성들이 늙어 죽을 때까지 서로 왕래하지 않는다.[15]

하느님이 '선과 악을 알게 하는 나무 열매를 먹으면 반드시 죽는다'고 하고, 그리고 그들이 선악과를 먹은 후 거룹과 불칼로 장벽을 쌓아 다시 에덴으로 돌아오지 못하도록 하는 등 『성서』의 서술이 대부분 부정적인 것은 知로 인해 인류가 타락하는 것을 막고자 했기 때문일 것이다. 이와 상반되게 『도덕경』의 서술이 다소 긍정적인 것은 인류가 무위자연의 에덴동산으로 되돌아가 영생할 수 있는 길을 제시하고자 했기 때문일 것이다.[16]

---

15. 『道德經』80章, "小國寡民, 使有什佰之器, 而不用, …. 使人復結繩而用之, 甘其食, 美其服, 安其居, 樂其俗, 隣國相望, 鷄犬之聲相聞, 民至老死不相往來."
16. 『道德經』5章, "신명을 기르면 죽지 않는다"〔谷神不死〕 구절에 대한 河上公의 註, "谷자는 기른다는 의미이다. 사람이 신명을 기를 수 있으면 죽지 않는다."〔谷, 養也. 人能養神, 則不死也. ….〕

Ⅲ. 아담과 카인

1. 에덴에서 아담의 추방과 카인의 죄

아담과 하와가 에덴에서 추방되는 결정적인 이유는 선악과를 먹고 선과 악을 알게 되었는데 게다가 생명나무 열매까지 먹으면 영원히 살게 된다는 염려 때문이다. 에덴에서 추방당한 후 아담과 하와는 知와 欲의 상승 작용으로 성욕이 생겨 한자리에 들고는 임신하여 아이를 낳으니, 그가 인류 최초의 살인자 카인이다. 그는 아우 아벨과 함께 나란히 하느님께 제사를 드렸지만 하느님은 아우 아벨의 제사만 반기고 카인의 제사를 물리쳤다. 화가 난 카인은 동생을 들로 끌어내 죽인다.

아담이 아내 하와와 한자리에 들었더니 아내가 임신하여 카인을 낳고 이렇게 외쳤다. "야훼께서 나에게 아들을 주셨구나!" 하와는 또 카인의 아우 아벨을 낳았는데, 아벨은 양을 치는 목자가 되었고 카인은 밭을 가는 농부가 되었다. 때가 되어 카인은 땅에서 난 곡식을 야훼께 예물로 드렸고 아벨은 양떼 가운데서 맏배의 기름기를 드렸다. 그런데 야훼께서는 아벨과 그가 바친 예물은 반기시고 카인과 그가 바친 예물은 반기시지 않으셨다. 카인은 고개를 떨어뜨리고 몹시 화가 나 있었다. 야훼께서 이것을 보시고 카인에게 말씀하셨다. "너는 왜 그렇게 화가 났느냐? 왜 고개를 떨어뜨리고 있느냐? 네가 잘했다면 왜 얼굴을 쳐들지 못하느냐? 그러나 네가 만일 마음을 잘못 먹었다면, 죄가 네 문앞에 도사리고 앉아 너를 노릴 것이다. 그러므로 너는 그 죄에 굴레를 씌워야 한다." 그러나 카인은 아우 아벨을 "들로 가자"고 꾀어 들에 데

리고 나가서 달려들어 아우 아벨을 쳐 죽였다.[17]

아직까지 하느님이 왜 카인의 제사를 반기지 않았는지에 대해서는 의견이 분분하다. 곧 카인이 즉각 제물을 바치지 않고 며칠 후에 드렸고 나아가 첫 소실이 아닌 곡식을 드렸기 때문에, 시기하고 해치려는 마음을 가지고 드렸기 때문에, 하느님이 곡식보다 동물을 바치는 제사를 더 좋아했기 때문에, 믿음이 부족했기 때문에 등[18]으로 다양하게 해석되고 있다. 그런데 필자가 보기에 카인의 죄는 "야훼께서 나에게 아들을 주셨구나!"라고 외친 하와의 말과 관계가 깊다. 곧 아이를 갖는 것은 하느님이 원하던 것이 아니라는 말이다. 다시 말해 하느님이 금한 선악과를 먹음으로써 욕망이 생겨 한자리에 들게 되었고 아이를 낳게 되었다는 것이다.

여기서 잠시 생각해야 할 점은 선도수련을 하는 사람들이 남녀관계를 갖지 않으려고 한다는 사실이다. 필자가 보기에 무위동산 곧 에덴에서의 삶은 남녀관계를 벗어난 신선의 삶이다. 그런데 그 삶이 지혜를 밝히고 욕망을 분출하는 선악과를 먹은 것으로 인해 파괴되었다. 아담 내외가 잠자리를 같이함으로써 임신을 하고 출산을 하는 것은 하느님이 원하는 것이 아니라, 하느님의 금기를 어김으로 말미암아 파생된 것이었다. 그런데 하와는 불경스럽게도 "야훼께서 나에게 아들을 주셨구나!"[19]

---

17. 『성서』「창세기」4장 1∼8절.
18. 최창모, 「가인과 아벨 이야기(창세기 4장)의 구조와 의미」, 『神學思想』95輯, 1996년 겨울, 139∼142쪽.
19. 『성서』프로그램 베들레헴에서는 이 구절이 "하와가 말하였다. '주의 도우심으로 내가 남자아이를 얻었다'"라고 표현되고 있다.

라고 '외쳤던 것'[20]이다. 곧 하와는 하느님이 에덴에서 자신과 남편을 추방시킨 것에 대해 오히려 잘되었다는 듯이 교묘하게 비꼬고 있었던 것이다. 출산 때 어미가 한 말을 아이의 죄로 연결시킨다는 것은 그렇지만 하와의 말을 카인의 성품과 연결할 때, 카인은 교묘하게 머리(知)를 사용할 줄 아는 자이다. 곧 카인은 태어날 때부터 하느님이 금한 금단의 열매를 두려움 없이 얼마든지 삼킬 준비가 되어 있는 자이다. 하와가 하느님께 추방당한 것에 대해 반성하고 있었다면 출산 후에 그렇게 말하지 않았을 것이다. 아벨의 출산에서 아무 말이 없었던 점과 아주 대비된다.

　카인은 '좋은 머리'(知)를 사용해 하느님께 인정받기 위해 최선을 다했을 것으로 보인다. 곧 그는 곡식 중에서 최고의 것들을 골라 제사 지내고는 하느님께서 흡족히 받아들이실 것이라는 기대에 부풀어 있었을 것이다. 그런데 카인은 자신의 일에 너무 열중했기 때문인지 자신이 하는 일이 하느님의 금기라는 사실을 간과하고 있었던 것 같다. 그는 자신의 부모가 왜 에덴에서 추방당했는가를 명심하고 있어야 함에도 불구하고 말이다. 카인은 하느님의 싸늘한 반응에 대한 실망과 분노를 동생을 죽이는 것으로 푼다. 아마 카인은 머리가 좋은 그만큼 자존심에도 더 큰 상처를 입었을 것으로 보인다.

　카인은 동생의 피를 흘린 곳에서 후회와 자책으로 더 이상 살 수 없었

---

20. 앞의 인용문에서 하와가 "외쳤다"라고 표현한 것에 대해서 원문의 말을 살펴봐야 할 것으로 본다. 만약 원전에 일반적인 어투, 이를테면 "말하다"와 다른 어감이 있기 때문에 이렇게 번역되었다면 이는 의미가 있다고 본다. 아벨을 낳은 후에 아무 말이 없고, 셋을 낳은 후에 "… '하느님께서 카인에게 죽은 아벨 대신 이제 또 다른 아들을 주셨구나' 하며 이름을 셋이라고 지어 주었다"라고 한 것과 어투가 같아 보이지는 않는다.

을 것이다. 그러나 한편 타지를 떠돌다 남들에게 죽임을 당할까 두려워한다. 그래서 그가 하느님께 살해되지 않도록 도와주기를 하소연하자 하느님은 그에게 표를 찍어 줌으로써 신분을 보장해 준다.

그러나 야훼께서는 "네가 어찌 이런 일을 저질렀느냐?"고 하시면서 꾸짖으셨다. "네 아우의 피가 땅에서 나에게 울부짖고 있다. 땅이 입을 벌려 네 아우의 피를 네 손에서 받았다. 너는 저주를 받은 몸이니 이 땅에서 물러나야 한다. ….." 그러자 카인이 야훼께 하소연하였다. "벌이 너무 무거워서, 저로서는 견디지 못하겠습니다. 오늘 이 땅에서 저를 아주 쫓아내시니, 저는 이제 하느님을 뵙지 못하고 세상을 떠돌아다니게 되었습니다. 저를 만나는 사람마다 저를 죽이려고 할 것입니다." "그렇게 못하도록 하여 주마. 카인을 죽이는 사람에게는 내가 일곱 갑절로 벌을 내리리라." 이렇게 말씀하시고 야훼께서는 누가 카인을 만나더라도 그를 죽이지 못하도록 그에게 표를 찍어 주셨다. 카인은 하느님 앞에서 물러나와 에덴 동쪽 놋이라는 곳에 자리를 잡았다.[21]

하느님이 카인에게 찍어 준 표도 知와 관련이 있다고 본다. 아마도 카인은 자신이 동생을 죽인 것처럼 남들이 자신을 해칠까 두려웠을 것이다. 비록 『성서』에서는 하느님이 표를 찍어 다른 사람들이 해치지 못하게 한 것으로 서술되기는 했을지라도 카인은 자신을 방어하는 수단으로 일곱 갑절이나 될 만큼 철저한 보복을 생각해 낸 것으로 보인다. 카인을 죽

21. 『성서』「창세기」4장 10∼16절.

이는 사람에게 하느님이 일곱 갑절의 벌을 내린다는 말은 그 후손 라멕의 말로 볼 때, 자신에게 해를 가하는 자에 대해 카인의 잔인하고 철저한 앙갚음이다.

> 라멕이 아내들에게 말하였다. "아다야, 실라야, 내 말을 들어라. 라멕의 아내들아, 내 말에 귀를 기울여라. 나를 해치지 마라. 죽여 버리리라. 젊었다고 하여 나에게 손찌검을 하지 마라. 죽여 버리리라. 카인을 해친 사람이 일곱 갑절로 보복을 받는다면, 라멕을 해치는 사람은 일흔일곱 갑절로 보복을 받으리라."[22]

일반 사람들이 남에게 해를 당하면 적당히 받은 만큼 돌려주는 정도로 일을 마무리 짓는다. 그런데 카인이나 그 후손 라멕은 상대편을 완전히 응징함으로써 다른 모든 사람들이 자신들에게 다시 해를 가할 엄두조차 내지 못하게 한다. 곧 카인은 일반 사람들의 생각을 넘어 프로 싸움꾼의 수를 두고 있었던 것이다. 이는 싸움을 잘하는 사람들이 보통 사람들보다 몇 수 앞서 나아가는 것이다. 직접적인 논증은 아니지만 카인이 머리를 잘 사용했다는 것은 그 후손들 중에 목자들의 조상과 악사의 조상 및 대장장이가 나오는 것[23]에서, 그리고 카인을 정착문화의 도시적 상황으로 아벨을

---

22. 『성서』「창세기」 4장 23~24절.
23. 『성서』「창세기」 4장 17~22절, "카인이 아내와 한자리에 들었더니, 아내가 임신하여 에녹을 낳았다. …. 에녹에게서 이랏이 태어났고, 이랏은 므후야엘을, 므후야엘은 므두사엘을, 므두사엘은 라멕을 낳았다. 라멕은 두 아내를 데리고 살았는데, 한 아내의 이름은 아다요, 또 한 아내의 이름은 실라였다. 아다가 낳은 야발은 장막에 살며 양을 치는 목자들의 조상이 되었고 그의 아우

유목문화의 목가적 상황으로 해석하는 것[24]에서도 뒷받침된다.

2. 아담의 계보와 카인의 후손

카인의 후손은 知를 계속 사용함으로써 하느님께 버림받고 결국 아담의 계보에서 사라진다. 아담의 계보는 아담이 백삼십 세에 얻은 아들 셋과 그 후손에게로 이어진다.

아담이 다시 아내와 한자리에 들었더니 아내가 아들을 낳고는 "하느님께서 카인에게 죽은 아벨 대신 이제 또 다른 아들을 주셨구나"하며 이름을 셋이라고 지어 주셨다. 셋도 아들을 얻고 이름을 에노스라고 지어 불렀다. 그 때 에노스가 비로소 야훼의 이름을 불러 예배하였다. 아담의 계보는 이러하다. 하느님께서 사람을 지어 내시던 날, 하느님께서는 당신 모습대로 사람을 만드시되 남자와 여자로 지어 내셨다. 그날 하느님께서는 그들에게 복을 주시며 그 이름을 아담이라 지어 주셨다. 아담은 백삼십 세에 자기 모습을 닮은 아들을 낳고 이름을 셋이라 하였다. … 셋은 백오 세에 에노스를 낳았다. …. 에노스는 구십 세에 케난을 낳았다. …. 케난은 칠십 세에 마할랄렐을 낳았다. …. 마할랄렐은 육십오 세에 야렛을 낳았다. …. 야렛은 백육십이 세에 에녹을 낳았다. …. 에녹은 육십오 세에 므두셀라를 낳았다. 에녹은 므두셀라를 낳은 다음 삼백 년 동안 하느님과 함께 살면서 아들딸을 더 낳았다. 에

유발은 거문고를 뜯고 퉁소를 부는 악사의 조상이 되었으며 실라가 낳은 두발가인은 구리와 쇠를 다루는 대장장이가 되었다. …."
24. 자끄 엘룰 지음, 최홍숙 옮김, 『도시의 의미』, 한국로고스연구원, 1995.

녹은 모두 삼백육십오 년을 살았다. 에녹은 하느님과 함께 살다가 사라졌다. 하느님께서 데려가신 것이다. 므두셀라는 백팔십칠 세에 라멕을 낳았다. …. 라멕은 백팔십이 세에 아들을 낳고 이름을 노아라고 지어 주며 "이 아들은 야훼께서 땅을 저주하시어 고생하며 일하던 우리를 한숨 돌리게 해 주리라"하고 외쳤다. …. 노아가 셈과 함과 야벳을 낳았을 때의 나이는 오백 세였다.[25]

노아까지 이어지는 아담의 계보를 카인의 계보와 비교해 볼 때 차이점이 있다. 위의 인용문에서 곧 아담의 계보에서 생략한 부분 곧 '…' 부분은 '누구를 낳은 다음 누구는 얼마 동안 살면서 아들딸을 더 낳았다'는 것과 '누구는 모두 몇 년을 살고 죽었다'는 것이다. 이를테면 "셋을 낳은 다음 아담은 팔백 년 동안 살면서 아들딸을 더 낳았다. 아담은 모두 구백삼십 년을 살고 죽었다"라는 것이다. 동일하게 별 내용 없이 반복되기에 생략했던 것이다. 단지 인용문에서 특별히 주목되는 구절은 (에노스가 야훼라는 이름으로 처음 예배를 드렸다는 것과)[26] 에녹을 하느님이 데려갔다는 것 그리고 라멕이 노아를 낳고 외친 말뿐이다. 이상의 내용을 카인에 대한 기술과 비교해 보자.

카인은 하느님 앞에서 물러 나와 에덴 동쪽 놋이라는 곳에 자리를 잡았다. 카인이 아내와 한자리에 들었더니, 아내가 임신하여 에녹을 낳았다. 카인은 제가 세운 고을을 아들의 이름을 따서 에녹이라고 불렀

---

25. 『성서』「창세기」 4장 25절~5장 32절.
26. "아담의 계보는 이러하다"라는 말 앞에 있었던 사실이기에 ( )로 표시했다.

다. 에녹에게서 이랏이 태어났고, 이랏은 므후야엘을, 므후야엘은 므두사엘을, 므두사엘은 라멕을 낳았다. 라멕은 두 아내를 데리고 살았는데, 한 아내의 이름은 아다요, 또 한 아내의 이름은 실라였다. 아다가 낳은 야발은 장막에 살며 양을 치는 목자들의 조상이 되었고 그의 아우 유발은 거문고를 뜯고 퉁소를 부는 악사의 조상이 되었으며 실라가 낳은 두발가인은 구리와 쇠를 다루는 대장장이가 되었다. 두발가인에게는 나아마라는 누이가 있었다. 라멕이 아내들에게 말하였다. "아다야, 실라야, 내 말을 들어라. 라멕의 아내들아, 내 말에 귀를 기울여라. 나를 해치지 마라. 죽여 버리리라. 젊었다고 하여 나에게 손찌검을 하지 마라. 죽여 버리리라. 카인을 해친 사람이 일곱 갑절로 보복을 받는다면, 라멕을 해치는 사람은 일흔일곱 갑절로 보복을 받으리라."[27]

카인의 계보에서는 아담의 계보에서와 달리 각 인물에 대해 다소 다른 형식으로 그려진다. 아담의 계보에서는 각 인물의 맏아들에 대해 언급하며 몇 살까지 아들딸을 낳다가 죽었다고 한 사람 한 사람 거론한다. 반면 카인의 계보에서는 장자만 간결하게 이야기하며 특별한 인물에 대해 다소 세세히 그 업적에 대해 설명한다. 이를테면 야발을 목자들의 조상으로 두발을 악사의 조상으로 그리고 두발가인을 구리와 쇠를 다루는 대장장이로 서술하는 것이다. 두 계보에서 동일하게 모두 혈통의 흐름을 기술하면서도 다소 세세한 부분에서는 다른 서술 형태를 취하고 있는 것이다. 아담의 계보는 하느님과 관계된 사실들이, 카인의 계보에서는 문화

---

27. 『성서』 「창세기」 4장 17~24절.

의 기원과 관계된 사실들이 강조되고 있다. 아담의 계보에서는 (에노스는 야훼를 처음 경배한 자이기 때문에) 에녹은 하느님과 동행하며 살아서 하늘 나라로 간 자이기 때문에, 노아는 하느님의 말씀대로 살아 홍수의 피해 에서 벗어난 자이기 때문에 세세히 거론될 필요가 있는 것이다. 반면 카 인의 계보에서 야발과 유발은 문화의 조상이기 때문에, 두발가인은 쇠를 다루는 사람이기 때문에, 라멕은 카인의 후손다운 잔인한 사람이기 때문 에[28] 세세히 표현할 필요가 있는 것이다. 그런데 라멕의 잔인성이 선하지 못한 것임은 말할 필요도 없고, 야발과 유발 및 두발가인이 문화의 조상 이라는 것도 知와 관련할 때 하느님의 금기사항이라는 점을 상기했으면 한다. 카인의 후손들이 하느님의 말씀을 어기고 계속 선악과를 먹는 것 에 대해 곧 知를 사용하는 것에 대해 『성서』는 빼놓지 않고 고발하고 있 었던 것이다.

Ⅳ. 인류의 악행과 대홍수

1. 인류의 악행과 노아

카인의 후손은 더 이상 언급되지 않지만 사람들의 삶은 하느님의 의도 를 어기는 쪽으로, 곧 죄악을 저지르는 쪽으로 진행된다. 그런데 세상을

---

28. 『성서』 프로그램 베들레헴에서는 4장 23절 구절이 앞의 인용문과 달리 "라멕 이 자기 아내들에게 말하였다. '아다와 씰라는 내 말을 들어라. 라멕의 아내들 은 내가 말할 때에 귀를 기울여라. 나에게 상처를 입힌 남자를 내가 죽였다. 나를 상하게 한 젊은 남자를 내가 죽였다'"로 더 잔인하게 표현되고 있다.

타락하게 하는 데는 사람들보다 하느님의 아들들이 더 한몫하는 것으로
보인다.

> 땅 위에 사람이 불어나면서부터 그들의 딸들이 태어났다. 하느님의 아
> 들들이 그 사람의 딸들을 보고 마음에 드는 대로 아리따운 여자를 골
> 라 아내로 삼았다. 그래서 야훼께서는 "사람은 동물에 지나지 않으니
> 나의 입김이 사람들에게 언제까지나 머물러 있을 수는 없다. 사람은
> 백이십 년밖에 살지 못하리라" 하셨다. 그때 그리고 그 뒤에도 세상에
> 는 느빌림이라는 거인족이 있었는데 그들은 하느님의 아들들과 사람
> 의 딸들 사이에서 태어난 자들로서 옛날부터 이름난 장사들이었다. 야
> 훼께서는 세상이 사람의 죄악으로 가득 차고 사람마다 못된 생각만 하
> 는 것을 보시고 왜 사람을 만들었던가 싶으시어 마음이 아프셨다. 야
> 훼께서는 "내가 지어 낸 사람이지만, 땅 위에서 쓸어버리리라. …."[29]

자세하게 기술되지는 않았지만 반은 하느님의 피, 반은 사람의 피를
가짐으로써 세상에 이름을 떨친 영웅들 곧 하느님의 아들[30]과 사람의 딸

---

29. 『성서』 「창세기」 6장 1~7절.
30. 하느님의 아들을 셋의 후손으로 볼 수도 있을 것이다. 이럴 경우 카인의 후손
   은 사람의 자식이 되니, '하느님의 아들과 사람의 딸이 결혼했다'는 말은 셋
   의 후손들 중 사내들이 카인의 후손들 중 여인들과 결혼했다는 의미가 된다.
   그러나 이렇게 보기는 어렵다. 하느님의 아들과 사람의 딸 사이에 영웅이 태
   어났다는 구절을 설명하기 어렵기 때문이다. 곧 혈통으로 볼 때, 카인의 후손
   이나 셋의 후손이나 그들은 모두 동일하게 아담의 후손인데, 유독 셋의 후손
   에게서만 영웅이 태어났다고 하기는 어렵기 때문이다. 또한 아담의 후손 외
   에 다른 사람들이 있었다고 하는 것도 그다지 설득력이 없다고 본다. 하느님

사이에 태어남으로써 탁월한 능력을 갖춘 이들이 이 세상을 무법천지로 만들고 썩게 한 데 많이 관여한 것으로 보인다. 하느님의 아들들이 사람의 딸로 아내를 삼기에 야훼가 자신의 입김이 사람들에게 머물 수 없도록 수명을 단축시키는 것으로 볼 때, 하느님은 자신의 아들들이 사람의 딸들을 아내로 삼아 사는 것에 대해 불쾌하게 여긴 것이 틀림없다. 그렇다면 이들의 혼인으로 뛰어난 영웅이 태어나 세상을 떠들썩하게 만드는 것조차도 흡족해 하지 않았을 것이다. 『도덕경』에서도 영웅의 출현에 대해서는 부정적이다.

현명함(賢)을 숭상하지 않음으로써 백성들이 다투지 않게 한다.[31]

훌륭한 재능이 있을지라도 쓰이지 못하게 한다.[32]

성스러움을 끊고 지혜로움을 버리면 백성들의 이익이 백배가 되고, …, 교묘함을 끊고 이로움을 버리면 도적이 없어진다.[33]

영웅이 나타나면 사람들은 그들을 본받아 뛰어나게 되고자 능력을 다

의 창조로부터 벗어나는 사람이 있다는 말이 되거나, 아니면 아담 외에 다른 사람들을 아담보다 못하게 창조했다는 말이 되기 때문이다. 하느님의 아들은 글자 그대로 사람의 아들, 곧 창조물이 아닌 신성을 가진 하느님의 아들로 봐야 할 것이다.

31. 『道德經』3章, "不尙賢, 使民不爭."
32. 『道德經』80章, "使有什佰之器, 而不用."
33. 『道德經』19章, "絶聖棄智, 民利百倍, …, 絶巧棄利, 盜賊無有."

투게 된다. 노자는 이것을 경계했다. 영웅이 되기 위해서는 뛰어난 힘만 가져서는 안 되고 반드시 우수한 지력과 더불어 덕도 함께 갖추어야 한다. 그런데 노자는 근원적으로 知의 개발을 부정하기 때문에 탁월한 능력을 가진 영웅의 출현에 대해 반대한다.

하느님의 특성 중에 분별력이 있음을 기억해야 한다.[34] 그러니 하느님의 아들과 사람의 딸이 결합함으로써 태어난 자식들은 일반 사람들보다 뛰어난 분별력을 갖추고 있음은 말할 필요도 없을 것이다. 하느님은 흙으로 만든 아담과 아담의 갈빗대로 만든 하와가 선악과를 먹고 하느님 자신들의 특성 중의 하나인 분별력을 갖는 것조차 금했었다.[35] 그런데 이제 하느님 당신들의 아들로 말미암아 그 자신의 특성이 직접 피를 통해 사람들에게 전해지고 있는 꼴을 몸소 당하고 있는 것이다. 이런 점에서 이후 노아의 세대에 가서 홍수로 사람들을 모두 멸하는 것은 이미 예정된 일인지도 모른다. 하느님 그 자신의 특성이 사람들에게 전해져 남아 있는 일이 있어서는 안 되기 때문이다.[36] 『성서』는 인류의 악행으로 인해 대홍수로 이어지는 서막에서 하느님의 아들과 사람의 딸 사이에 태어난 영웅들에 대해 먼저 거론하고 있었으니, 이에 대해 주목할 필요가 있다고 본다. 필자의 생각으로는 『성서』는 知를 바탕으로 능력을 드러내는 것

---

34. 『성서』「창세기」 3장 22절, "야훼 하느님께서는 '이제 이 사람이 우리들처럼 선과 악을 알게 되었으니, ⋯.'"

35. 『성서』「창세기」 2장 16절~17절, "이렇게 이르셨다. '⋯. 그러나 선과 악을 알게 하는 열매만은 따 먹지 마라. 그것을 따 먹는 날, 너는 반드시 죽는다.'"

36. 『성서』「창세기」 6장 3절, "그래서 야훼께서는 '사람은 동물에 지나지 않으니 나의 입김이 사람들에게 언제까지나 머물러 있을 수는 없다. 사람은 백이십 년밖에 살지 못하리라' 하셨다."

이 죄악임을 이런 방식으로 표현했던 것이 아닌가 한다.

  이상에서 알 수 있듯이 하느님의 말씀을 따르는 삶은 특별하게 어떤 능력을 드러내는 데 있지 않다. 곧 하느님께 부여받은 知와 欲을 개발하지 않고 그대로 유지하는 삶은 평온하고 조용할 수밖에 없다. 그러니 하느님을 모시고 사는 노아에 대해 올바르고 흠 없는 사람 정도로만 기술하고 다른 어떤 업적도 기술하지 않는 것은 당연한 일일 것이다.

  그러나 노아만은 하느님의 마음에 들었다. 노아의 이야기는 이러하다. 그 당시에 노아만큼 올바르고 흠 없는 사람이 없었다. 그는 하느님을 모시고 사는 사람이었다. 노아는 셈과 함과 야벳, 이렇게 세 아들을 두었다.[37]

  노아를 모범적인 인간에 대한 하나의 본보기로 세울 필요가 있다면 구체적으로 그의 선행을 지적할 필요가 있다. 그러나 『성서』에서는 구체적으로 그 어떤 것도 언급하지 않고 있으니, 여기에서 무엇을 살펴야 할 것인가? 카인의 후손들에 대해 그 능력을 구체적으로 언급했던 것과는 대비되는 사실이다.[38] 노아의 업적에 대해 언급하지 않은 것은 선악과를 금했던 것과 관계가 깊다. 곧 하느님의 말씀대로 사는 것은 우리에게서 知

---

37. 『성서』 「창세기」 6장 8절~10절.
38. 『성서』 「창세기」 4장 20절~22절. "아다가 낳은 야발은 장막에 살며 양을 치는 목자들의 조상이 되었고 그의 아우 유발은 거문고를 뜯고 퉁소를 부는 악사의 조상이 되었으며 실라가 낳은 두발가인은 구리와 쇠를 다루는 대장장이가 되었다."

와 欲이 드러나지 않도록 마음을 비우고 사는 것이니, 특별히 언급할 것
이 없어야[39] 올바르고 흠 없는 자인 것이다.

2. 대홍수와 무지개 계약

하느님이 금한 열매를 사람들이 계속 먹고 타락했기에 인간의 세상은
냄새가 날 정도로 썩어 있었다. 하느님은 분노로 노아와 그 가족만 피신
하도록 해놓고 이토록 타락한 세상을 홍수로 쓸어버린다.

하느님이 보시기에 세상은 너무나 썩어 있었다. 그야말로 무법천지가
되어 있었다. 하느님이 보시기에 세상은 속속들이 썩어, 사람들이 하
는 일이 땅 위에 냄새를 피우고 있었다. 그래서 하느님께서는 노아에
게 이렇게 말씀하셨다. "세상은 막판에 이르렀다. 땅 위는 그야말로 무
법천지가 되었다. 그래서 나는 저것들을 땅에서 다 쓸어버리기로 하였
다. 너는 전나무로 배 한 척을 만들어라. …. 내가 이제 땅 위에 폭우를
쏟으리라. 홍수를 내어 하늘 아래 숨쉬는 동물은 다 쓸어버리리라. 땅
위에 사는 것은 하나도 살아남지 못할 것이다. 그러나 나는 너와 계약
을 세운다. 너는 네 아들들과 네 아내와 며느리들을 데리고 배에 들어
가거라. 그리고 온갖 동물도 암컷과 수컷으로 한 쌍씩 배에 데리고 들
어가 너와 함께 살아남도록 하여라. …." 야훼께서 노아에게 말씀하셨
다. "너는 네 식구들을 데리고 배에 들어가거라. 내가 보기에 지금 이

---

39. 『창세기』 5장에서 아담의 계보를 기술하면서 각 인물에 대해 아무 언급이 없
    는 것도 주목된다. 특히 하느님이 에녹을 데려갔다고 기술하면서도 그 행적
    에 대해 더 이상 언급하지 않는 것은 나름대로 시사하는 것이 있다고 본다.

세상에서 올바른 사람은 너밖에 없다. ……." ……. 땅 위에 홍수가 난 것은 노아가 육백 세 되던 해였다. ……. 마른 땅 위에서 코로 숨쉬며 살던 것들이 다 죽고 말았다. 이렇게 땅에 있던 것이 다 쓸려갔지만, 노아와 함께 배에 있던 사람과 짐승만은 살아남았다. 물은 백오십 일 동안이나 땅 위에 괴어 있었다.[40]

노아와 그 가족 그리고 함께 배로 피신했던 동물들 외에 모든 지상의 동물이 다 죽은 후 하느님은 비를 그치게 하고 땅이 마르자 노아가 가족과 짐승들을 데리고 배에서 나오도록 한다. 배에서 나온 노아가 번제를 드리자, 하느님은 그 냄새를 맡으시고 다시는 사람 때문에 모든 짐승을 없애 버리지 않겠다고 다짐하며 노아와 그 아들들에게 온 땅에 가득히 불어나라고 복을 내린다. 그리고 또한 하느님은 다시는 홍수로 모든 동물을 없애 버리지 않겠다고 약속을 하고, 그 징표로 구름 사이에 무지개를 둔다.

하느님께서 노아와, 배에 있던 모든 들짐승과 집짐승들의 생각이 나셔서 바람을 일으키시니, 물이 빼기 시작하였다. ……. 이월 칠일, 땅이 다 마르자, 하느님께서 노아에게 말씀하셨다. 너는 아내와 아들들과 며느리들을 데리고 배에서 나오너라. ……. 노아는 야훼 앞에 제단을 쌓고 모든 정한 들짐승과 정한 새 가운데서 번제물을 골라 그 제단 위에 바쳤다. 야훼께서 그 향긋한 냄새를 맡으시고 속으로 다짐하셨다. "사람은

---

40. 『성서』 「창세기」 6장 12절~7장 24절.

어려서부터 악한 마음을 품기 마련, 다시는 사람 때문에 땅을 저주하지 않으리라. ···." 하느님께서는 노아와 그 아들들에게 복을 내리시며 말씀하셨다. "많이 낳아, 온 땅에 가득히 불어나거라. ···." ···. "이제 나는 너희와 너희 후손과 계약을 세운다. ···. 나는 너희와 계약을 세워 다시는 홍수로 모든 동물을 없애 버리지 않을 것이요, ···. 내가 구름 사이에 무지개를 둘 터이니, 이것이 나와 땅 사이에 세워진 계약의 표가 될 것이다. ···."[41]

이상에서 중요한 사실은 하느님이 선악과를 먹지 못하게 한 금기를 스스로 철회한다는 것이다. "사람은 어려서부터 악한 마음을 품기 마련, 다시는 사람 때문에 땅을 저주하지 않으리라"는 하느님의 말씀은 이제부터는 知를 가지고 세상에서 어떤 업적을 이룰지라도 문제 삼지 않겠다는 것이다.

배에서 나온 노아의 아들은 셈과 함과 야벳이었다. ···. 한편, 노아는 포도원을 가꾸는 첫 농군이 되었는데, 하루는 ···.[42]

노아의 아들 셈과 함과 야벳의 계보는 아래와 같다. ···. 함의 아들은 구스, 이집트, 리비아, 가나안, ···. 구스에게서 니므롯이 났는데 그는 세상에 처음 나타난 장사였다. 그는 야훼께서도 알아주시는 힘센 사냥꾼이었다. 그래서 "야훼께서도 알아주시는 니므롯 같은 힘센 사냥꾼"

---

41. 『성서』 「창세기」 8장 1절~9장 17절.
42. 『성서』 「창세기」 9장 18절~21절.

이라는 속담까지 생겼다. 그의 나라는 시날 지방인 바벨과 에렉과 아깟과 갈네에서 시작되었다. 그는 그 지방을 떠나 아시리아로 나와서 니르웨와 르호봇성과 갈라를 세우고, 니느웨와 갈라 사이에 레센이라는 아주 큰 성을 세웠다.[43]

하느님은 사람들이 선악과를 먹는 것에 대해 문제 삼지 않으신 후 노아는 포도원을 가꾸는 첫 농군이 되고, 그리고 니므롯 같은 영웅이 나와 성과 나라를 세우기까지 하는 것이다. 저주받은 카인이 에녹이라는 고을을 세우고[44] 그 후손들이 특출한 문화적 업적을 남긴 것[45] 외에, 하느님의 인정을 받은 사람들 곧 셋의 후손들 중에서 무지개 언약 이전에 이런 업적들을 이룬 적이 없다. 심지어 사람들이 하늘까지 탑을 쌓아 이름을 드날리려 해도 하느님은 사람들의 언어를 뒤섞어 뿔뿔이 흩어놓는 정도로 방해만 하고 처벌을 내리지는 않는다.

온 세상이 한 가지 말을 쓰고 있었다. 물론 낱말도 같았다. 사람들은 동쪽에서 옮아오다가 … 의논하였다. "어서 벽돌을 빚어 불에 단단히 구워 내자. … ." 또 사람들은 의논하였다. "어서 도시를 세우고 그 가운데 꼭대기가 하늘에 닿게 탑을 쌓아 우리 이름을 날려 사방으로 흩

---

43. 『성서』「창세기」10장 1절~12절.
44. 『성서』「창세기」4장 16~17절.
45. 『성서』「창세기」4장 20~22절. "아다가 낳은 야발은 장막에 살며 양을 치는 목자들의 조상이 되었고 그의 아우 유발은 거문고를 뜯고 통소를 부는 악사의 조상이 되었으며 실라가 낳은 두발가인은 구리와 쇠를 다루는 대장장이가 되었다."

어지지 않도록 하자." 야훼께서 땅에 내려오시어 사람들이 이렇게 세운 도시와 탑을 보시고 생각하셨다. "…. 이것은 사람들이 하려는 일의 시작에 지나지 않겠지. 앞으로 하려고만 하면 못할 일이 없겠구나. 당장 땅에 내려가서 사람들이 쓰는 말을 뒤섞어 놓아 서로 알아듣지 못하게 해야겠다." 야훼께서는 사람들을 거기에서 온 땅으로 흩으셨다. 그리하여 사람들은 도시를 세우던 일을 그만 두었다.[46]

하느님은 사람들이 知를 사용해 일을 하는 것에 대해 용납을 하지만 모든 것을 용서해 주는 것은 아니다. 하느님 자신과 경쟁을 할 만큼 아무 일이나 저지르는 것을 묵과하지는 않는다. 뒤에 아우성치면 죄를 짓는 소돔과 고모라를 유황불로 멸하고 그리고 그 장면을 돌아보지 말라는 천사의 명령을 어진 죄로 롯의 아내를 소금 기둥으로 만든 것[47]으로 볼 때, 하느님은 정도 이상의 죄와 구체적으로 내린 자신의 명령을 어긴 것에 대해서는 여전히 용서를 하지 않는다. 그러나 그 처벌은 모든 사람을 멸하는 것이 아니라 죄를 가진 사람들에게만 한정적으로 내리고 끝내는 것이다.

V. 결론

이상처럼 『도덕경』의 '마음 비움', 곧 '無知無欲'의 관점을 적용해 『성

---

46. 『성서』「창세기」 11장 1~8절.
47. 『성서』「창세기」 19장 1~29절.

서 「창세기」 신화를 해석해 봤다. 물론 희랍 사상을 바탕으로 한 기존의
『성서』 신학적 시각에서 보면 아전인수라고 비판할 수 있을 것이다. 그렇
지만 『성서』 해석에 하나의 새로운 방향을 제시하는 데 꼭 그렇게 무리
한 해석만은 아니라고 본다. 『도덕경』은 인류가 知를 가지고 인위적 행위
를 하는 것 때문에 무위의 낙원(에덴동산)에서 멀어졌다고 본다. 필자가
보기에 아담에서 노아까지의 신화를 통해 『성서』에서 하고 싶은 이야기
도 『도덕경』과 동일하다고 본다. 곧 본문에서 논했듯이 하느님이 홍수로
인류를 멸하고 나서 다시는 그러지 않겠다는 무지개 약속을 하기 전까지
『성서』의 시각도 知에 대해 부정적이었다고 본다.

  본론에서 논하지는 않았지만 예수의 죽음과 부활도 필자가 논한 「창
세기」 신화와 전혀 무관한 것 같지는 않다. 카인과 아벨의 관계를 목가적
문명과 도시 문명의 대립으로 보든 아니면 지적인 사람과 소박한 사람의
대립으로 보든 知를 가진 사람에게 그렇지 못한 사람이 살해당하는 것이
다. 이럴 경우 십자가에 달린 예수는 아벨의 상징으로 그 부활은 셋의 상
징으로 볼 수 있다. 천착일 수 있겠지만 예수가 삼 일 만에 부활하는 것도
아담과 하와가 셋째 아들을 얻는 것[48]과 관계가 있을 듯하다. 또한 예수
의 "마음이 가난한 사람은 행복하다. 하늘나라가 그들의 것이다"[49]라는
말과 "…. 하느님의 나라는 바로 너희 가운데 있다"[50]라는 말은 선악과

---

48. 『성서』 「창세기」 4장 25절, "아담이 다시 아내와 한자리에 들었더니 아내가
    아들을 낳고는 '하느님께서 카인에게 죽은 아벨 대신 이제 또 다른 아들을 주
    셨구나' 하며 이름을 셋이라고 지어 주셨다."
49. 『성서』 「마태오」 5장 3절.
50. 『성서』 「루가」 17장 20절.

를 먹기 전의 에덴 생활과 관계가 있을 듯하다. 마음을 비우는 바로 그 곳이 하느님이 함께 하는 에덴동산이기 때문이다.

이와 관련하여 오늘날 문명의 역기능에 대해서도 깊이 반성해 봐야 한다. 그 혜택도 크지만 생존경쟁에서 살아남기 위한 지적 경쟁력의 강화로 모든 사람들이 엄청난 고통을 받고 있다. 또한 문명의 발달로 인한 환경오염은 이미 위험수위를 오래전에 넘었고, 그리고 가공할 전쟁무기의 개발로 인류가 한꺼번에 전멸할 수도 있다. 문명의 발달로 누리는 안락함 그 이상으로 우리는 위험에 처해 있다. 知를 최고로 개발해 패권을 장악한 국가는 자신들의 목적을 위해 망설임 없이 전쟁을 일으키고 대량 살생을 함부로 감행하고 있다. 타오르는 욕망으로 인해 자신의 인간성을 상실했음은 물론 남의 목숨까지 죄책감 없이 함부로 죽이고 있는 것이다. 정녕 우리는 선악과를 먹는 순간 이미 모두 죽었는지도 모른다. 이 시점에서 우리는 정녕 무엇을 위해 살고 있는지 「창세기」 신화를 통해 뒤돌아봐야 할 것이다.

知에 대한 부정이 『도덕경』과 『구약』 「창세기」 앞부분에서 동일하게 나타남은 물론 『신약』에서도 다소 나타나고 있다. 그러니 여기서 기독교와 도교 곧 신선도와의 화해의 가능성을 모색해 볼 수 있다. 또한 이를 토대로 한 걸음 더 나아가 다른 종교와도 서로 공유할 수 있는 점이 무엇인가 살펴보아야 할 것이다. 유대교에서 안식일에 전혀 아무것도 하지 않고 심지어 마음속으로 하는 생각조차 금하는 것은 철저히 마음을 비우는 훈련이라고 할 수 있다. 불교의 空사상 또한 마음 비움과 분리하여 설명할 수는 없다. 그러니 어쩌면 종교로 인한 문명과 문명 간의 갈등은 마음을 비우는 그 원초적인 자리에서 서로 만나 화해의 가능성을 모색해 볼 수 있을 것이다. 더구나 이슬람과 기독교의 문화 충돌은 그 원류가 같다는 점에서 더욱 화해의 가능성이 짙다고 본다.

부가적으로 더 언급할 것은 노자의 知에 대한 부정을 지양하는 것이 장자의 사상이니, 노아 이후의 『성서』 해석은 『장자』를 통해 다시 시도해 볼 수 있을 것이다.[51] 『도덕경』에서 부정되던 知가 『장자』에서는 인간 본성의 하나로 곧 무위자연으로 받아들여지면서 다시 지양된다. 그러니 무지개 언약 이후의 신화에 대해서는 장자의 사상과 관련하여 논해 볼 수 있겠다. 이에 대해서는 『성서』에 대한 필자의 역량을 더 기른 후 다른 지면을 빌려 발표하겠다.

---

51. 『장자』에 대한 자세한 것은 '한국동양철학회'에서 간행한 『동양철학』 14집에 있는 졸고 「노자의 무위자연과 장자의 소요」를 참고하기 바란다.

『초원담로』의 생명 사상
- 왕필의 『노자주』와 비교를 중심으로 -

(『생명연구』 제21집 2011년 서강대학교 생명문화연구소)

한글 요약

춘추시대에 제자백가는 제각기 나름대로의 덕목을 내세우면서 그것으로 세상의 혼란을 종식시킬 수 있다고 주장했다. 그런데 노자는 이들과 전혀 다르게 덕목을 내세우지 않아야 도리어 세상이 평화롭게 되어 모든 것들이 자신의 생명을 아름답게 기를 수 있다고 역설했다. 이와 같은 노자의 사상은 무위(無爲)라는 한마디 말로 요약되고, 그의 사상은『노자』(老子) 또는『도덕경』(道德經)이라는 책의 이름으로 기록되어 후대로 길이 길이 영향을 미치고 있다.

후대로 수많은 학자들이 끊임없이『도덕경』을 주석했고 많은 사람들이 계속 그것을 읽어 서양의『성경』에 비교될 정도로『도덕경』은 널리 알려져 있다. 다양한『도덕경』주석 중에서 위진시대(魏晉時代)의 천재 소년 왕필(王弼)의『노자주』(老子注)가 노자의 사상을 간결하게 가장 잘 드러냈다고 평가된다. 그런데 필자가 보기에 조선후기의 학자 이충익(李忠翊)의『초원담로』(椒園談老)가 왕필의『노자주』보다 노자의 사상을 훨씬 더 정교하고 간결하게 설명하고 있다.

조선시대『도덕경』주석 5권은 대부분 모두 통치이념의 근간인 주자성리학의 폐단을 수정·보완 또는 부정하기 위해 이루어졌다. 그런데 이충익 외에는 대부분 유학의 시각으로『도덕경』을 주석함으로써 원시유학의 덕목까지 부정하지는 못했다. 이충익은 노자의 시각으로『도덕경』을 주석함으로써 당시의 통치이념인 성리학은 물론 원시유학까지 모두 부정했다. 물론 여기에는 강화도를 기반으로 하는 독특한 집단의 학자들의 역할이 암암리에 작용했다.

　필자가 보기에 이충익이 이처럼 통치이념을 전면적으로 부정할 수 있었던 것에는 여러 가지 원인이 있을 수 있지만 다른 무엇보다 자유로운 생명의 고양에 대한 강렬한 열정이 있었기 때문이다. 가문의 당쟁 패배로 어린 시절부터 겪은 혹독한 고초와 끝없는 좌절이 이념의 대립을 무화시키는 『도덕경』의 사상 속으로 그를 강하게 몰아넣었을 것이다. 그 결과 그는 왕필의 『노자주』보다 더 뛰어난 『도덕경』 주석서 『초원담로』를 탄생시킬 수 있었던 것이다.

I. 들어가는 말

　『초원담로』[1](?)는 중기 강화학파의 한 사람인 초원(椒園) 이충익(李忠翊: 1744~1816)의 『노자』 주석이다. 조선시대 학자들의 현존하는 『도덕경』 주석은 모두 다섯 권인데, 보만재(保晚齋) 서명응(徐命膺: 1716~1787)의 『도덕지귀』(道德指歸: 1769~1777)만 다소 예외이고, 모두 통치이념의 근거인 성리학에 대한 반성과 비판이다. 율곡(栗谷) 이이(李珥: 1536~1584)의 『순언』(醇言: 1580년 혹은 그 이전)[2]은 성리학의 형이상학적인 명분론을 기반으로 점점 더 가열되는 정쟁을 완화시키기 위

---

1. 『초원담로』는 고려대학교 중앙도서관 한적실에 소장된 2권 1책의 필사본으로 등록번호는 '166000100'과 '465008673'이다.
2. 김학목, 「江華學派의 『道德經』 주석에 관한 고찰」, 『東西哲學硏究』 34호, 한국동서철학회, 2004, 278쪽.

해 마음 비움과 절제의 수양을 강조한 것이다.[3] 서계(西溪) 박세당(朴世堂: 1629~1703)의 『신주도덕경』(新註道德經: 1681)은 심원한 성리학을 토대로 예송 논쟁까지 벌일 정도로 치열하게 대립하는 당쟁을 공자의 "문질빈빈"(文質彬彬)으로 비판한 것이다.[4]

보만재 서명응의 『도덕지귀』는 통치이념인 성리학과 무관하게 상수학이나 선천역과 같은 사상으로 『도덕경』을 주석했기 때문에[5] 다른 주석서와는 나소 다르지만 역시 한편으로 성리학에서 벗어나고자 했던 것으로 볼 수 있다. 이충익의 『초원담로』 이후에 나온 것으로 주자학을 신봉하는 연천(淵泉) 홍석주(洪奭周: 1774~1842)의 『정노』(訂老: 1813)는 이상의 주석에 대한 비판 특히 박세당의 『신주도덕경』에 대한 강한 비판으로 주자성리학에서 성리학만을 따로 분리·제거하여 주자학을 원시유학으로 다시 정초하려는 것이다.[6] 이런 점에서 조선시대 『노자』 주석은 성리학 비판이 주된 흐름이었다고 평가할 수 있다.

그런데 본고에서 논의하려는 초원 이충익의 『초원담로』는 조선시대의 다른 『도덕경』 주석과 달리 성리학은 말할 필요도 없고 원시유학까지 이

---

3. 김학목, 「『醇言』에 나타난 栗谷의 經世思想」, 『民族文化』 25집, 민족문화추진회, 2002, 194~207쪽.

4. 김학목, 「『新註道德經』에 나타난 西溪의 體用論」, 『철학』 64집, 한국철학회, 2000, 42~51쪽.

5. 金文植, 「徐命膺 著述의 種類와 特徵」, 『한국의 경학과 한문학』, 태학사, 1996, 197~198쪽; 서명응(조민환·장원목·김경수 역주), 『도덕지귀』, 예문서원, 2008, 28~41쪽; 김학목, 「『道德指歸』 編制에 나타난 保晚齋 徐命膺의 象數學」, 『哲學硏究』 64집, 철학연구회, 2004, 36~48쪽.

6. 김학목, 「淵泉 洪奭周가 『道德經』을 주석한 목적」, 『철학연구』 60집, 철학연구회, 2003, 16~22쪽.

탈한다는 점에서 아주 특이하다. 『논어』의 "문질빈빈"과 인의(仁義)마저도 『초원담로』에서는 설 자리가 없다. 『초원담로』에 나타나는 이충익의 사상은 모든 생명의 자연스러운 발현, 곧 인위적인 제약이 가해지지 않은 생명의 고양을 목표로 하고 있다. 그가 젊은 시절에 불교에 심취하고[7] 결국 통치이념인 유학을 벗어나 이단으로 낙인찍힌 『도덕경』을 노자의 시각으로 주석할 수 있었던 이유는[8] 노자의 무위(無爲)가 모든 생명을 고양시키고 발현시킨다는 그의 사상 때문이다.

『도덕경』의 목표는 천지가 자신을 비움으로써 만물을 다스리는 것을 통치자가 본받아 백성들을 무위로 다스리게 하는 것이다.[9] 『도덕경』에서 무위의 다스림을 주장하는 이유는 유위(有爲)의 다스림은 백성들의 생명을 억제·훼손시키기 때문이다. 유위에는 유가에서 최고의 덕목으로 내세우는 인의(仁義)의 교화까지 포함된다. 『도덕경』 2장의 "천하가 모두 아름다움이 아름다운 것이 되는 줄 아는 것, 이것은 추악한 것일 뿐이고, 모두 선함이 선한 것이 되는 줄 아는 것, 이것은 선하지 않은 것일 뿐이다"[10]라는 구절로 볼 때, 유가의 인의는 천하가 아름답고 선한 것으로 알

---

7. 유호선, 「陽明學者 李忠翊의 佛敎觀 一考」, 『한국어문학연구』 48집, 한국어문학연구학회, 2007, 123~138쪽; 조남호, 「강화학파의 중흥」, 『인천학연구』 9, 인천대학교 인천학연구원, 2008, 164~170쪽.

8. 조남호, 「이충익의 노자 이해」, 『인문학연구』 15집, 경희대학교 인문학연구소, 2009, 116쪽.

9. 김학목, 「老子의 道와 無爲」, 『동서철학연구』 29호, 한국동서철학회, 2003, 189~204쪽.

10. 『초원담로』 2장, "天下皆知美之爲美, 斯惡已, 皆知善之爲善, 斯不善已." 필자가 보기에 이 구절은 왕필보다는 이충익의 주석이 더 탁월하기 때문에 『초원담로』의 주석에 따라 해석했다. 왕필주와의 차이는 본문에서 다시 서로 비교하

아야 할 덕목이기 때문에 추악하고 선하지 않은 것이며 생명의 발현을
막는 유위이다.

조선시대 다른 『도덕경』 주석에서 유학의 근본 사상을 부정하지 않는
것과 달리 이충익은 유학독존의 시대에 인의를 부정함으로써[11] 국가의
통치이념에 반대했다. 『순언』에서 율곡 이이는 『도덕경』을 통해 수기치
인이라는 자신의 의도를 드러내기 위해 유학에 어긋나는 『도덕경』의 구
절들을 제외시켰고,[12] 『신주도덕경』과 『도덕지귀』에서 박세당과 서명응
은 원시유학의 이념이나 상수학 등의 논리로 유학에 대치되는 『도덕경』
의 구절들을 긍정하거나 적극적인 주석을 회피했다.[13] 『정노』에서 홍석
주는 노자는 이단이 아닐 뿐만 아니라 인의를 부정한 것 역시 당시의 세

면서 자세히 밝히겠다.

11. 『초원담로』 19장의 주, "어째서 반드시 한숨 쉬며 어짊과 의로움을 말한 다
    음에 이롭게 되겠는가? …. 그렇다면 효도·자애·충성·믿음은 불화와 혼란
    에서 드러나는 미덕이지만 그렇게 되기를 원해서는 충분하지 못한 것이다.
    그러므로 효도·자애·충성·믿음이 조화롭고 고요한 곳으로 되돌아가 이름으
    로 내세워지지 않으면 거의 제대로 된 것이다."〔何必太息言仁義, 而後利哉. ….
    然則孝慈忠信, 所以爲不和昏亂之文美, 而不足以願然者. 故孝慈忠信, 還之和靖, 而
    名不立焉, 則幾矣.〕 18장의 주, "위대한 도가 없어지자 어짊과 의로움이 있게
    되었다는 것을 어떻게 알았는가? 육친이 불화하고 나라가 혼란해지자 충신
    과 효자가 나오는 것을 가지고 알았다."〔何以知大道廢, 而有仁義也. 以親不和國
    昏亂, 而有忠孝, 知之. 何以知智慧出, 而有大僞. 以有違情以徇忠孝之名者, 知之.〕

12. 김학목, 「『醇言』에 나타난 栗谷 李珥의 사상」, 『동서철학연구』 23호, 한국동서
    철학회, 2002, 298~308쪽.

13. 박세당(김학목 역), 『박세당의 노자』, 예문서원, 1999, 2장·18장·19장 등의
    주석; 서명응(조민환·장원목·김경수 역), 『도덕지귀』, 예문서원, 2008, 2장·18
    장·19장 등의 주석.

속적인 병폐를 지적한 것일 뿐이라고 변명했다.[14]

그런데 이충익은 망설임 없이 유학에 어긋나는『도덕경』의 구절들까지 노자의 시각 그대로 수용했으니, 그만큼 노자의 무위를 생명 존엄의 사상으로 절실하게 받아들였기 때문이다. 그에게 유위는 사람들을 병들게 하고 세상을 혼란하게 하는 것이며, 무위는 사람들의 생명을 온전하게 발현하게 하는 것이다.『도덕경』의 가장 권위 있는 주석은 왕필(王弼)의『노자주』[15](老子注)인데,[16] 이충익은 그것보다 훨씬 더 간결하고 정교하게『노자』를 주석하고 있다.[17] 그것도 왕필처럼 풍요롭고 자유로운 사상적 분위기가 아닌 독존유술의 시대적 조류와 멸문지화의 역경 속에서[18] 그가 이런 주석을 했다는 것은 고무적인데 아직까지 그 진면목이 제대로 알려지지 않고 있다.[19]

---

14. 김학목,「淵泉 洪奭周가『道德經』을 주석한 목적」,『철학연구』, 철학연구회, 2003, 19~21쪽.

15. 왕필의『노자주』는 신흥서국(新興書局)에서 영인한「사부집요(四部集要)」「자부(子部)」에 속해 있는 화정장씨본(華亭張氏本)을 말한다.

16. 왕필의『노자주』는 추만호가 우리문화연구소를 통해 1996년에『老子講義』로, 임채우가 예문서원을 통해 1997년에『왕필의 노자』로, 김학목이 홍익출판사를 통해 2000년에『노자 도덕경과 왕필의 주』등으로 번역·출간함으로써 아주 익숙하다. 추만호와 김학목의 번역은 제각기 모두 자신들 나름대로의 이해를, 임채우의 번역은 대만의 학자 루우열의 연구를 토대로 한 것이다.

17. 이충익의『초원담로』가 왕필의『노자주』보다 더 간결하다고 하는 이유는『초원담로』각 장의 주석 대부분이 원문의 글자보다 더 적기 때문이다. 물론 왕필의『노자주』는 그렇지 않다.

18. 朴浚鎬,「椒園 李忠翊의 生涯와 詩」,『한문학연구』제9집, 1994년, 211~216쪽.

19. 沈慶昊가 고려대학교 도서관에 소장되어 있던『椒園談老』를 1998년에 우연히 발굴하여 2000년에 아세아문화사를 통해 간행한 李種殷의『한국 도교문

『도덕경』은 각 구절들을 다르게 해석하는 수많은 주석 때문에 그 의미를 밝히기가 결코 쉽지 않다. 이런 문제 때문에 『초원담로』와 『도덕경』 그 자체와의 의미 차이를 밝히기 위해 아직까지 최고의 권위를 가진 왕필의 『노자주』를 부분적으로 참고하겠다. 필자가 보기에 왕필이나 이충익 모두 『노자』의 무위를 통해 궁극적으로 생명의 고양과 발현을 강조하고 있다는 점에서는 동일하지만 그들의 주석 방식은 여러 곳에서 같지 않다. 그 차이를 단적으로 알아볼 수 있는 곳이 『도덕경』 2장과 37장 등의 주석이니, 이것들을 비롯하여 필요에 따라 왕필의 주와 비교를 통해 노자의 무위가 어떻게 이충익에게 생명의 고양과 발현으로 나타나는지 살피겠다.

화의 초점』이라는 단행본에서 「椒園 李忠翊의 『談老』에 관하여」라는 논문으로 발표했고, 이후에 필자를 비롯하여 송항룡·조민환·조남호·민홍석·김윤경 등에 의해 다소 연구되었다. 송항룡·조민환, 「李忠翊의 『談老』에 나타난 老子哲學」, 『동양철학연구』 27집, 성균관대학교 동양철학연구회; 조남호, 「강화학파의 중흥 – 이충익의 양명학적 사고 –」, 『인천학연구』 제9호, 인천학연구원, 2008; 조남호, 『이충익의 노자 이해』, 『인문학연구』 15집, 경희대학교 인문학연구소, 2009; 김윤경, 「이광려의 『讀老子伍則』에 대한 讀法」, 『정신문화연구』 32권 4호, 한국학중앙연구원, 2009; 김윤경, 「하곡학파의 『노자』 독법」, 『도교문화연구』 33집, 한국도교문화학회, 2010; 김윤경, 「李忠翊의 『椒園談老』에 드러난 有無觀」, 『도교문화연구』 28집, 2008; 김학목, 「李忠翊의 『椒園談老』 硏究」, 『인천학연구』 2-2, 인천대학교 인천학연구원, 2003; 김학목, 「江華學派의 『道德經』 주석에 관한 고찰」, 『동서철학연구』 34호, 한국동서철학회, 2004.

Ⅱ. 생명의 훼손인 유위

이충익의 생명사상을 알기 위해서는 먼저『노자』에서 유위(有爲)와 무위(無爲)의 의미가 무엇인지 이해해야 한다. 이것들을 직역하면, '유위'(有爲)는 '시행함이 있음'이고, '무위'(無爲)는 '시행함이 없음'이다. 그 자세한 의미는 48장의 "배움을 시행하면 날마다 보태고, 도를 시행하면 날마다 덜어 낸다"[20]는 구절을 이해하면 드러난다. 배움과 도에는 여러 가지가 있겠지만『도덕경』과 관계할 때, 아름답고 선한 것이 무엇인지 아는 것이 배움이고, 거꾸로 그런 배움을 없애는 것이 도이다. 이미 앞의 Ⅰ장에서 살펴본 것으로『도덕경』2장의 "천하가 모두 아름다움이 아름다운 것이 되는 줄 아는 것, 이런 것은 추악한 것일 뿐이다"[21]에서 아름다움이 아름다운 것인 줄 천하가 아는 것은 교화를 시행하는 유위이다. 반면에 교화를 시행하지 않고 도리어 그런 일을 날마다 덜어서 없애 버리는 것이 무위이다.

무위에 대해서는 다음 Ⅲ장에서 다루고, 먼저 유위에 대해서 알아보자. 48장의 배움을 2장과 연결할 때, 이미 살펴본 것처럼 아름다운 것과 선한 것 등 통치에 필요한 것들을 백성들에게 교육시켜 알게 하는 것 곧 교화를 시행하는 것은 모두 유위이다. 교화를 시행하면, 무엇이 배울 내용인지 알

20.『초원담로』48장, "爲學日益, 爲道日損."
21.『초원담로』2장, "天下皆知美之爲美, 斯惡已." 필자가 보기에 이 구절은 왕필보다는 이충익의 주석이 더 탁월하기 때문에『초원담로』의 주석에 따라 해석했다. 왕필의 주를 따르면, "천하가 모두 아름다운 것이 아름다운 것인 줄 아는데, 이것은 추악한 것 때문일 뿐이다"로 해석해야 한다. 뒤에서 이충익과 서로 비교하면서 자세히 밝히겠다.

게 해야 하고, 또 그것을 넓고 자세히 시행하기 위해 여러 가지로 힘써야 하기 때문에 하는 일이 점점 더 많아질 수밖에 없다. "배움을 시행하면 날마다 보탠다"는 말의 의미는 대략 이처럼 이해하면 된다. 그런데 인의처럼 선한 것과 아름다운 것으로 백성들이 교화되도록 배움을 시행하는 것에 대해 곧 유학의 이념인 통치이데올로기를 시행하는 것에 대해 무엇 때문에 추악한 것이라고 단정하는지 그 까닭에 대해 알아보자.

1. 욕망의 자극인 유위의 교화

한마디로 노자가 유위를 반대하는 이유는 통치자들이 교화, 곧 유위를 시행하면 백성들이 그것을 본받아 교묘한 행위로 자신들의 욕망을 채움으로써 국가를 혼란하게 만들어 결국 모든 생명을 위험하게 한다는 것이다. 3장에서 "현자를 높이지 않아 백성들이 다투지 않게 하고, 얻기 어려운 재화를 귀하게 여기지 않아 백성들이 도적이 되지 않게 하며, 욕심날 만한 것을 드러내지 않아 마음이 어지러워지지 않게 한다. 이 때문에 성인의 다스림은 …, 항상 백성들이 알고 싶은 것과 하고 싶은 것을 없게 하며, 지혜로운 자가 감히 어떤 일도 하지 못하게 한다"[22]라는 구절이 이것에 대한 설명이다. 3장에서 현자와 얻기 어려운 재화 및 욕심날 만한 것은 2장에서 말하는 아름다운 것과 선한 것으로 보면 될 것이다. 이것에 대해 이충익은 다른 장의 주석과는 달리 길고 자세히 설명하고 있다.

현자를 높이고 어리석은 자를 천대하니, 어리석은 자가 (현명해지려고)

---

22. 『초원담로』3장, "不尙賢, 使民不爭, 不貴難得之貨, 使民不爲盜, 不見可欲, 使心不亂. 是以聖人之治, …, 常使民無知無欲, 使夫知者不敢爲也."

노력하며 자신이 있는 곳을 편하게 여기지 않는다. 금과 옥을 귀하게 여기고 잡다한 기구를 천하게 여기니, 농업과 공업에 종사하는 사람들이 그들의 의복과 먹을거리를 맛나고 아름다운 것으로 여기지 않고 그들의 직업을 버린다. 높은 명예와 드러나는 직위를 사람들에게 과시하니, 영화를 바라는 것이 끝이 없어지고 풍속이 어지러워진다. …. 이 때문에 성인의 다스림은 백성들이 마음과 뜻을 물리쳐 배와 뼈를 기르도록 하고 '알고 싶은 것'〔知〕과 '하고 싶은 것'〔欲〕이 중심을 어지럽히지 못하도록 한다. 그렇게 한 다음에야 농업과 공업에 종사하는 사람들이 자신들의 일에 전념해서 쇠약해지지 않는다. ….[23]

통치자가 유위, 곧 교화를 시행할 때 나오는 폐단은 어리석은 사람이 현명하게 되려고 하는 것이고, 평범한 백성들이 일상적으로 필요한 것들을 하찮은 것으로 여기고 또 명예와 영화에 눈이 멀어 끝없는 욕망으로 세상을 어지럽히는 것이다. 곧 유위로 아름다움과 선함을 드러내서 백성들을 교육시키면, 교화되기보다는 오히려 욕망이 자극되어 마침내 국가나 자신의 생명을 해치는 쪽으로 달려가게 된다는 것이다. 2장의 "천하가 모두 아름다움이 아름다운 것이 되는 줄 아는 것, 이것은 추악한 것일 뿐이고, 모두 선함이 선한 것이 되는 줄 아는 것, 이것은 선하지 않은 것일 뿐이다"라는 구절의 의미가 바로 여기에서 분명하게 살아난다.

---

23. 『초원담로』 3장의 주, "尙賢而賤愚, 則愚者有所跤, 而不安其所矣. 貴金玉而賤什器, 則農工不甘美其衣食, 而失其業矣. 高名顯位以夸示於人, 則榮願無窮, 而俗亂矣. …. 是以聖人之爲治, 使民黜其心志, 而養其腹骨, 知與欲無得以滑其中, 然後農工專其業, 而無羸瘠矣. …."

이충익의 이와 같은 해석은 노자의 사상을 노자의 시각으로 받아들인다는 점에서는 왕필과 동일하다. 그러나 왕필이『도덕경』의 각 구절마다 모두 하나하나 주석한 것과 비교해 보면, 이충익은 왕필과 다르게 노자를 이해하고 있다. 이충익은 각 장의 끝에서 그 장의 내용을 전체적으로 요약해서 주석했기 때문에 왕필보다 더 간결·정교하고, 심지어 많은 곳에서『도덕경』본문보다도 그 주석이 짧은 곳도 많다.[24] 본 논문에 인용된『초원담로』와『노자주』모두를 비교한다는 것은 지면과 시간 낭비일 뿐이니, 여기서는 먼저 절을 바꾸어서 무위와 유위를 모두 설명하는 단서가 되는 2장의 왕필주를 중심으로『초원담로』와의 차이를 살펴보도록 하겠다.

2. 이충익과 왕필의 2장 주석 차이

『도덕경』2장의 첫 구절 곧 "天下皆知美之爲美, 斯惡已, 皆知善之爲善, 斯不善已"에 대해 이충익과 왕필의 해석이 달라지는 까닭은 대명사 '斯'자 때문이다. 곧 이충익은 '斯'자가 "天下皆知美之爲美"를, 왕필은 "美之爲美"를 의미한다고 보았다. 그래서 이 구절에 대해 이충익은 "천하가 모두 아름다움이 아름다운 것이 되는 줄 아는 것, 이런 것은 추악한 것일 뿐이

---

24. 대표적으로 짧은 곳은 12·43·47장 등으로 다음과 같다.『초원담로』12장 본문, "伍色令人目盲, 伍音令人耳聾, 伍味令人口爽, 馳騁畋獵, 令人心發狂, 難得之貨, 令人行妨. 是以聖人爲腹不爲目, 故去彼取此." 주석, "爲腹, 外於心知也, 不爲目, 耳目內通也." 43장 본문, "天下之至柔, 馳騁天下之至堅, 無有入無間. 吾是以知無爲之有益. 不言之敎, 無爲之益, 天下希及之.", 주석, "無爲之有益, 有爲者敗之. 不言之敎, 神道設敎, 而天下服." 47장 본문, "不出戶, 知天下, 不闚牖, 見天道. 其出彌遠, 其知彌少. 是以聖人不行而知, 不見而名, 不爲而成." 주석, "離道而逐物, 彌遠而彌失."

고, 모두 선함이 선한 것이 되는 줄 아는 것, 이런 것은 선하지 않은 것일 뿐이다"라는 의미로, 왕필은 "천하가 모두 아름다움이 아름다운 것이 되는 줄 아는데, 이것은 추악한 것 때문일 뿐이고, 선함이 선한 것이 되는 줄 아는데, 이것은 선하지 않은 것 때문일 뿐이다"라는 의미로 주석했다.

이충익은 이 구절에 대해 "아름다운 것·선한 것이 이름으로 명명되어 저절로 그렇게 되는 것에서 나오지 않게 되니, 천하가 모두 아름다운 것·선한 것이 욕심낼 만한 것이라는 것을 알게 되어 추악한 것·선하지 않은 것이 서로 말미암아서 이루어진다"[25]라고 주석했다. 곧 그는 통치자들이 아름답고 선한 것을 이름으로 명명해서 교화를 통해 백성들에게 강조하기 때문에 백성들의 욕망이 자극되어 추악한 것과 선하지 않은 것이 나오게 된다는 것이다. 다시 말해 교화를 통해 아름답고 선한 것을 강조할수록 백성들의 욕망이 더 자극되어 결국 국가나 개인의 생명을 어지럽히고 훼손시키니, 유위를 시행하지 않아야 한다는 것이다.

왕필은 2장의 첫 구절에 대해 "아름다운 것과 추악한 것은 기뻐하는 것과 노하는 것과 같고, 선한 것과 선하지 않은 것은 옳은 것과 그른 것과 같다. 기뻐하는 것과 노하는 것은 근원이 같고, 옳은 것과 그른 것은 문호(門戶)가 같으므로, 한쪽만을 거론해서는 안 된다"[26]라고 주석했는데, 그 의미가 애매하다. 그런데 18장의 주 "매우 아름답다고 부르는 것은 아주 추악한 것에서 생기니, 이른바 아름다움과 추악함은 문(門)을 같이한다

---

25. 『초원담로』 2장의 주, "美善可名, 而不出於自然, 則天下皆知美善之可欲, 而惡與不善, 相因以成."

26. 『노자주』 2장의 주, "美惡猶喜怒也, 善不善猶是非也. 喜怒同根, 是非同門, 故不可得而偏擧也."

는 것이다"[27]라는 말을 참고할 때, 2장의 첫 구절에 대한 왕필주의 의미
가 분명해진다. 곧 선하지 않은 것과 추악한 것 때문에 선한 것과 아름다
운 것이 드러나니, 선한 것과 아름다운 것은 결국 상대적인 가치에 지나
지 않는다는 것이다.

이충익이나 왕필은 2장의 첫 구절에 대해 서로 다르게 주석했지만, 궁
극적으로 모두 노자의 무위를 목표로 하고 있다. 곧 이충익은 위에서 교
화를 시행하는 것 때문에 백성들이 잘못되어 나라를 혼란스럽게 하고 생
명을 해치니, 통치자들이 무위하면 비록 백성들 스스로 시행하는 것이
있을지라도 멀리 벗어나지 않고 제자리로 돌아온다고 강조한다. 곧 그는
"유가 있으면 반드시 무가 있게 되고, …, 장단과 고하가 불붙듯이 존립
하니, 이에 있는 재주를 다해 헤아려도 헤아릴 수 없는 지경까지 가게 된
다. 이 때문에 성인은 만물이[28] 시행한 것에 의지하지 않고 만물의 공에
머물지 않아서 바로 저절로 그렇게 되는 것으로 되돌릴 수 있으니, 만물
의 아름다운 것과 선한 것을 영원히 하고 길이 떠나지 않게 한다"[29]라고
주석한다.

반면에 왕필에게 아름다운 것은 추악한 것에 의해 성립하는 상대적인
가치를 지닌 것에 불과하듯이 나머지 본문의 유무 등도 동일한 맥락에서
해석되고, 성인이 무위하는 것도 유위가 상대적인 것에 지나지 않기 때

---

27. 『노자주』18장의 주, "甚美之名, 生於大惡, 所謂美惡同門."
28. 주석의 '其'자를 만물로 해석한 것은 본문 "萬物作焉而不辭, 生而不有, 爲而不
    恃, 功成而不居" 구절에서 萬物을 대신한 것이기 때문인데, 만백성을 의미하
    는 것으로 보면 될 것이다.
29. 『초원담로』2장의 주, "有有必有無, …, 長短高下, 熾然存立, 乃至巧歷所不能
    算. 是故聖人不恃其爲, 不居其功, 乃能反乎自然, 常其美善, 而長不去也."

문이라는 것이다. 다시 말해 상대적인 것을 절대적인 것으로 잘못 파악하여 교화를 베풀면 세상이 어지럽게 된다는 것이다. 왕필에게 절대적인 세계는 아름다운 것과 선한 것이 추악한 것과 선하지 않은 것으로 분리되지 않고 함께 있는 '저절로 그런 것'[自然]이기 때문에 한쪽만 거론해서는 안 되는 것이다.[30] 이런 점에서 이충익이 2장을 해석하는 관점과는 이상의 설명처럼 서로 차이가 있음을 알아야 한다.

　2장의 첫 구절 외에 나머지 본문을 이충익의 관점대로 해석하면 "그러므로 유(有)와 무(無)가 서로 낳아 주고 어려움과 쉬움이 서로 이루어지며, 긴 것과 짧은 것이 서로 드러나고 높은 것과 낮은 것이 서로 비교되며, 성(聲)과 음(音)이 서로 조화를 이루고 앞과 뒤가 서로 연결된다. 이 때문에 성인은 아무것도 시행함이 없는 일삼음을 지키고 말없는 교화를 행한다. 만물이 어떤 것을 일으켜도 말하지 않고, 무엇인가 내놓아도 있다고 하지 않으며, 무엇을 시행해도 그것에 의지하지 않고, 공을 이루어도 머물지 않는다. 오직 머물지 않기 때문에 떠나가지 않는다"[31]로 해야한다.

　2장의 나머지 본문을 왕필의 시각으로 보면, 그 문구가 동일할지라도

---

30. 『노자주』, 2장의 주, "기뻐하는 것과 노하는 것은 근원이 같고, 옳은 것과 그른 것은 문호(門戶)가 같으므로, 한쪽만을 거론해서는 안 된다. 본문의 여섯 가지[有無·難易·長短·高下·音聲·前後]는 모두 '저절로 그렇게 되는 것'[自然]들을 진술했으니, 한쪽만을 거론해서는 안 되는 '분명한 이치'[明數]이다." 〔喜怒同根, 是非同門, 故不可得而偏擧也. 此六者皆陳自然, 不可偏擧之明數也.〕

31. 『초원담로』 2장, "故有無相生, 難易相成, 長短相形, 高下相傾, 聲音相和, 前後相隨. 是以聖人處無爲之事, 行不言之敎. 萬物作焉而不辭, 生而不有, 爲而不恃, 功成而不居. 夫唯不居, 是以不去."

의미 내용은 다르다. 왕필에게 '유와 무가 서로 낳아 준다'는 의미는 유와 무가 상대적으로 서로 의지해서 성립한다는 말이다. 그런데 이충익에게 그 의미는 아름다움이 아름다운 것인 줄 알게 하는 교화를 시행하는 것이 잘못이라는 점에서 유무상생이다. 곧 아름다움을 강조하는 것을 유라고 하면, 강조하는 것 때문에 도리어 잘못되어 아름다움이 사라지는 것을 무라고 한다는 의미이다. 또한 왕필에게 '성인의 시행함이 없는 일삼음'이나 '말없는 교화'도 상대적인 것을 시행하지 않는다는 말이고, 이충익에게는 교화를 시행하면 잘못되기 때문에 아무것도 하지 않는다는 의미이다.

이충익이나 왕필 모두 궁극적으로 노자의 무위를 설명하기 위해 이상처럼 서로 다른 관점에서 『도덕경』 2장을 설명했다. 필자가 보기에 두 사람의 설명 방법이 비록 서로 다를지라도 모두 노자의 의도를 충실히 따르고 있다. 일반적으로 왕필의 『노자주』는 노자의 의도를 아주 간략하게 잘 드러낸 최고의 주석으로 평가된다. 그런데 이충익의 『초원담로』는 왕필주보다도 훨씬 더 간략하게 노자의 의도를 잘 드러내고 있다.[32] 그러니 그만큼 더 『초원담로』의 가치가 높다고 평가할 수 있다. 계속해서 생명을 고양시키는 무위에 대해 장을 바꾸어서 살펴보자.

---

32. 간혹 『초원담로』가 『노자주』보다 분량이 더 많은 곳도 있지만 대부분 그렇지 않다. 2장의 주를 비교해 보면, 『노자주』의 분량이 더 많다. 『초원담로』: "美善可名, 而不出於自然, 則天下皆知美善之可欲, 而惡與不善, 相因以成. 有有必有無, 有難必有易, 長短高下, 燦然存立, 乃至巧歷所不能算. 是故聖人不恃其爲, 不居其功, 乃能反乎自然, 常其美善, 而長不公也." 『노자주』: "美者, 人心之所進樂也, 惡者, 人心之所惡疾也. 美惡猶喜怒也, 善不善猶是非也. 喜怒同根, 是非同門, 故不可得而偏擧也. 此六者皆陳自然, 不可偏擧之明數也. 自然已足, 爲則敗也. 智慧自備, 爲則僞也. 因物而用, 功自彼成. 故不居也. 使功在己, 則功不可久也."

Ⅲ. 생명의 고양인 무위

48장의 "배움을 시행하면 날마다 보태고, 도를 시행하면 날마다 덜어 낸다. 덜어 내고 또 덜어 내서 아무것도 시행하는 것이 없게 되면, 시행하는 것이 없지만 시행하지 않는 것이 없게 된다"[33]라는 구절에서 배움은 2장의 아름다움 등에 대해 백성들이 알게 하는 것으로 교화를 시행하는 것 곧 유위이다. 그런데 유위는 백성들의 욕망을 자극함으로써 그 목적과 상반되게 도리어 나라는 물론 백성들의 생명까지 위태롭게 한다는 것을 이미 살펴보았다. 무위는 앞에서 간략히 살펴본 것처럼 통치지가 시행하는 것을 없애는 것이다. 48장의 말로 볼 때, 통치자가 시행할 것을 없애고 또 없앰으로써 아무것도 시행하지 않아 오히려 백성들이 제대로 되는 것이 무위이다.

지금까지의 논의를 참고할 때, 무위는 유위로 사람들의 욕망을 자극하지 않는 것이다. 곧 무위는 욕망을 자극하지 않기 때문에 백성들이 제자리에서 자신의 능력을 발휘하면서 소박하게 살아가는 것이다. 무위를 행하면 간혹 백성들 중에서 욕망을 자극시키는 일을 하는 자들이 있을지라도 아무도 주목하지 않게 됨으로써 저절로 안정된다고 이미 이충익이 앞의 Ⅱ장 2절에서 설명했다.[34] 이충익의 관점에서 무위의 시작은 유위로는 아름답고 선한 세상을 만들 수 없고 도리어 혼란만 가중시킨다는

---

33. 『초원담로』 48장, "爲學日益, 爲道日損, 損之又損之, 以至于無爲, 無爲而無不爲矣."
34. 『초원담로』 2장의 주, "이 때문에 성인은 만물이 시행한 것에 의지하지 않고 만물의 공에 머물지 않아서 바로 저절로 그렇게 되는 것으로 되돌릴 수 있으니, 만물의 아름다운 것과 선한 것을 영원히 하고 길이 떠나지 않게 한다."〔是 故聖人不恃其爲, 不居其功, 乃能反乎自然, 常其美善, 而長不去也.〕

것을 깨닫는 것이다. 곧 천하가 모두 아름다움이 아름다운 것인 줄 아는 것, 이것은 추악한 것일 뿐이고, 모두 선함이 선한 것인 줄 아는 것, 이것은 선하지 않은 것일 뿐임을 깨닫는 것이 무위의 시작이다.

무위는 도를 본받는 것으로 "도는 비우면서 작용해 그 무엇으로도 채울 수 없을 듯하다. 그러니 …. 그 예리함을 꺾어 분란을 해소한다"[35]라는 구절과 "천지는 아마도 풀무와 같을 것이니, 비어 있어 다하지 않고 움직이면 움직일수록 너욱더 내놓는다. 말이 많으면 자주 궁혜지니 마음속으로 지키고 있는 것만 못하다"[36]라는 구절과 관련된다. 이 구절들은 결국 '천지와 성인이 만물과 백성들에게 어질게 대하지 않은 것'[37]에 대한 까닭으로 압축된다. 곧 통치자가 유위의 폐단을 깨달아 자신을 비우고 무위로 무관심할 때 백성들이 무위의 교화 속으로 흡입되어 그들의 생명을 스스로 고양시킨다는 것이다. 무위에 대한 이충익의 설명을 32장과 37장을 통해 살펴보자.

1. 생명의 고양인 무위의 교화

32장의 "도는 항상 '이름'〔名〕이 없다. 질박함이 비록 하찮을지라도 천하에서 아무도 신하 삼을 수 없다. 후왕이 만약 그것을 지킬 수 있다면 만물은 저절로 복종할 것이고, 천지는 서로 합침으로 단 이슬을 내릴 것이

---

35. 『초원담로』 4장, "道沖而用之, 或不盈. …. 挫其銳, 解其紛."
36. 『초원담로』 5장, "天地之間, 其猶橐籥乎, 虛而不屈, 動而愈出. 多言數窮, 不如守中."
37. 『초원담로』 5장, "천지는 어질지 않아 만물을 지푸라기로 엮어 만든 강아지처럼 취급하고, 성인은 어질지 않아 백성을 지푸라기로 엮어 만든 강아지처럼 취급한다."〔天地不仁, 以萬物爲芻狗, 聖人不仁, 以百姓爲芻狗.〕

며, 사람들은 아무런 명령을 내리지 않아도 저절로 바르게 될 것이다"[38]
라는 말에서 첫 구절의 '이름'[名]이 2장의 아름다운 것·선한 것 등과 어
떻게 연관되는지 살필 수 있어야 한다. 이충익이 "아름다운 것·선한 것
에 이름을 붙여 저절로 그렇게 되는 것에서 나오지 않게 되니, 천하가 모
두 아름다운 것·선한 것이 욕심낼 만한 것이라는 것을 알게 되어 추악한
것·선하지 않은 것이 서로 말미암아서 이루어진다"[39]라고 하는 것으로
볼 때, 이름의 있음과 없음 곧 이름으로 드러내는지 여부가 유위와 무위
의 기점이다.

아름다운 것과 선한 것을 이름으로 드러내어 알림으로써 교화시키면
그 때문에 세상이 잘못되어 서로의 생명을 훼손한다는 의미로 이충익은
『노자』 2장의 첫 구절을 해석했다. 위의 단락에서 "도는 항상 이름이 없
다"는 구절 이하의 의미는 진정한 도는 이름으로 드러낼 수도 없고 드러
내서도 안 된다는 의미이고, 또 후왕이 도의 이름 없음을 본받으면 만물
과 백성들이 저절로 복종하고 바르게 된다는 것이다. 이충익은 이것에
대해 다음처럼 설명하고 있다.

도에 대해 비록 억지로 이름을 붙여 도라고 할 수는 있을지라도 도의
영원함과 같은 것은 도라고 이름 붙일 수 있는 것이 아니다. 그렇다면
도는 거칠게 비유한 것이다. 또 '질박함'[樸]으로 도의 크게 온전함에

---

38. 『초원담로』 32장, "道常無名. 樸雖小, 天下不敢臣. 侯王若能守, 萬物將自賓, 天
地相合, 以降甘露, 人莫之令而自均."
39. 『초원담로』 2장의 주, "美善可名, 而不出於自然, 則天下皆知美善之可欲, 而惡與
不善, 相因以成."

대해 비유하고, 나누어서 마름질한 것으로 '그릇'[器]이라고 이름 붙였다. 질박함을 그릇으로 비유하면 하찮다고 할 수 있다. 그렇지만 도의 크게 온전함은 바로 임금의 도이니, 후왕이 그것을 지킴으로써 만물을 복종시킬 수 있는 것이다. 질박함이 나누어져서 그릇이 되면 온갖 이름이 성립한다.[40]

위의 내용은 질박함으로 만물을 복종시킬 수 있다는 것인데, 통치에 필요한 덕목을 이름으로 드러내어 교화시키면 도리어 백성들이 다스려지지 않고, 이름으로 드러내지 않으면 오히려 다스려진다는 의미이다. 58장의 "화에는 복이 기대어 있고, 복에는 화가 엎드려 있으니, 누가 그 종극을 알겠는가? 그것에는 일정한 것이 없는 것 같구나! 일정한 것이 다시 느닷없는 것이 되고, 선하게 하는 것이 다시 재앙이 되게 하니, 사람들이 헷갈린 지가 시간적으로 꽤나 오래되었다"[41]라는 구절도 이상의 의미를 알면 쉽게 이해할 수 있다. 곧 유위를 복으로 여겨 시행하면 잘못되고, 무위로 가만히 놔두는 것이 재앙처럼 여겨질지라도 그렇게 하면 결국 제대로 된다는 의미이다.

이 시점에서 백성들에게 덕목을 드러내지 않게 시행하는 것은 어떨까 하는 의문을 가져 볼 수 있는데, 노자는 그 대답까지 준비해 놨다. 그는

---

40. 『초원담로』 32장의 주, "道雖强名之曰道, 然若道之常, 非道之可名, 則道是取譬之粗也. 又以樸取譬於道之大全, 而以散而制者, 名之曰器. 樸譬之器, 可謂小矣. 然道之大全, 卽君道也, 侯王所以守之, 以賓萬物者也. 樸散而爲器, 衆名立焉."

41. 『초원담로』 58장, "禍兮福所倚, 福兮禍所伏, 孰知其極. 其無正邪, 正復爲奇, 善復爲祅, 人之迷也, 其日固久矣."

37장에서 "도는 언제나 아무것도 시행함이 없지만 하지 못하는 것이 없다. 후왕이 만약 이것을 지킬 수 있다면 만물이 저절로 감화될 것이다. 감화된다고 이것을 일으키고자 하면, 나는 이름 없는 질박함으로 진정시킬 것이다. 이름 없는 질박함마저도 하고자 함이 없어야 할 것이니, 하고자 하지 않아 고요해진다면 천하가 저절로 바르게 될 것이다"[42]라고 했기 때문이다. 37장은 『도덕경』의 핵심인데, 여기서 노자는 '드러나지 않게 시행하는 것마저도 절대로 해서는 안 된다'고 했다. 이충익의 주석을 보면 더욱 분명해진다.

> 질박함으로 사물을 진정시키는 것을 일으키려고 하는 것은 사물이 근원으로 돌아가도록 하는 것이다. 그러나 이미 질박함이라고 말해 버렸다면 형태로 드러난 것이 되어 32장의 시작을 마름질해 나누면 이름이 서로 함부로 생겨난다는 것과 비슷하게 염려되므로, "이름 없는 질박함"이라고 했다. 그러나 그것을 이름 없음이라고 말했다면 말을 없앨 수 없으므로, 또 이름 없음마저도 하고자 하지 않는 것이다. 질박함이라고 이름 붙인 것은 단지 고요함을 사용하는 것에 대해 핵심을 지적한 것일 뿐이다. 고요해지는 것을 사용하니, 성대한 것은 근본으로 돌아가 저절로 바르게 된다. ….[43]

---

42. 『초원담로』 37장, "道常無爲而無不爲. 侯王若能守, 萬物將自化. 化而欲作, 吾將鎭之以無名之樸. 無名之樸, 亦將無欲, 不欲以靜, 天下將自定."
43. 『초원담로』 37장의 주, "以樸鎭物之欲作, 欲物之歸根也. 然旣謂之樸, 則涉於形, 似恐與始制之名相濫, 故曰無名之樸. 然謂之無名, 則不能無謂矣, 故又不欲以無名. 名樸, 只要以靜. 以靜, 則芸芸者, 歸根而自正. …."

이충익은 이름 없음이라는 말마저도 없애야 한다고 분명하게 언급하고 있다. 곧 통치자가 무위 그것까지도 의도적으로 행해서는 결코 생명을 고양시킬 수 없다고 강조했던 것이다. 37장은 『노자』에서 해석하기 어려운 곳 중의 한 곳인데, 이충익은 노자의 핵심을 놓치지 않고 간파하고 있다. 37장에 대한 왕필의 관점도 이충익과 다르지 않지만 이충익의 주석만큼 분명하지가 않다. 그들의 주석을 서로 비교해 보면, 이충익의 『초원담로』가 일마나 뛰어난지 바로 실감힐 수 있으니, 절을 바꿔 왕필의 『노자주』를 살펴보자.

2. 이충익과 왕필의 37장 주석 차이

『초원담로』와 『노자주』의 차이를 직접 살펴봄에 왕필 『노자주』에서 구절마다의 본문과 주석을 쉽게 구분하기 위해 원번호를 사용하겠다. 곧 본문 ①에 대해 그 주석에도 ①로 표시하겠다는 것이다. 『초원담로』는 이미 앞의 1절에서 살폈으니, 이것을 가지고 왕필주와 서로 비교하면 된다.

본문: ①도는 언제나 아무것도 시행함이 없지만, ②하지 못하는 것이 없다. ③후왕이 만약 이것을 지킬 수 있다면, 만물이 저절로 감화될 것이다. 감화된다고 이것을 일으키려고 한다면, 나는 '이름 없는 질박함'〔無名之樸〕으로 그것을 진압할 것이나, ④이름 없는 질박함, 그것마저도 하고자 함을 없애겠다. ⑤하고자 하지 않아 고요해지면, 천하가 저절로 안정될 것이다.〔①道常無爲, ②而無不爲. ③侯王若能守之, 萬物將自化. 化而欲作, 吾將鎭之以無名之樸, ④無名之樸, 夫亦將無欲. ⑤不欲以靜, 天下將自定.〕

왕필의 주석: ①저절로 그렇게 됨을 따른다. ②만물은 도로 말미암아 시행하는 것에 의해 다스려지고 완성되지 않는 것이 없다. ③'교화된다고 일으키려고 한다'라는 구절은 완성시키겠다고 일으킨다는 의미이고, '나는 이름 없는 질박함으로 그것을 진압할 것이다'라는 구절은 근본으로 여기지 않는다는 의미이다. ④내세우려고 함이 없다.〔①順自然也. ②萬物無不由爲以治以成之也. ③化而欲作, 作欲成也, 吾將鎭之無名之樸, 不爲主也. ④無欲競也.〕

『도덕경』의 전체적인 내용을 파악했다면, 37장의 의미는 이충익의 해석처럼 쉽게 다가올 수 있다. 그런데 왕필의 주석을 참고할 경우, 노자의 의도를 어긴 것은 아니지만 2장의 주석에서처럼 또 그 의미 파악이 다소 모호해진다. 이충익이 "그것을 이름 없음이라고 말했다면 말을 없앨 수 없으므로, 또 이름 없음마저도 하고자 하지 않는 것이다"라고 함으로써 의미 파악을 쉽게 할 수 있도록 한 것과 서로 비교된다. 왕필이 모호하게 주석한 것 때문에 이미 몇 권의 번역본이 시중에 나왔음에도 불구하고 해석에서 대부분 전체적인 초점을 찾지 못하고 있다.[44] 사실 왕필『노자주』 번역에 책임이 있는 필자도『초원담로』를 참고한 다음에『도덕경』을 더욱 깊이 이해했고, 또 왕필의 의도에 대해 대부분 이해할 수 있었음을 고백한다.

물론 왕필『노자주』의 모든 곳이 이충익의『초원담로』보다 못하다는 것은 아니다. 어느 곳은 왕필의 주석이 뛰어난 곳도 있지만 전체적으로

---

44. 추만호 역,『老子講義』, 우리문화연구소, 1996 ; 임채우 역,『왕필의 노자』, 예문서원, 1997 ; 김학목 역,『노자 도덕경과 왕필의 주』, 홍익출판사, 2000.

이충익의 주석이 훨씬 더 간결하고 정교하다는 것이다. 왕필은『도덕경』
2장·11장·40장의 유와 무를 통해 우리의 지성이 절대적인 세계를 파악
할 수 없음을 주장하고, 이어 천도와 합일하는 유일한 방법은 지성의 사
용이 아니라 그것을 없애는 마음 비움을 통해 도달할 수 있음을 체계적
으로 언급한다.[45]『노자주』의 이런 점은 유(有)와 무(無)로 이루어진 사물
의 자연스러운 존재 방식 곧 '사물로 드러나는 부분'〔有〕과 '사물이 사물
로 드러나게 하는 그 상대적 이면'〔無〕을 통해『도덕경』전체를 설명하려
는 구도로 왕필주의 탁월함이다.

그런데 이충익은 이미 2장의 주석에서 보았듯이 유(有)·무(無)의 상대
적 구조보다는 바로 아름다움이나 선을 고양하려는 유위 때문에 세상과
모든 생명이 잘못된다고 지적하여 깨닫게 함으로써 무위의 절대적인 세
계에 접근시키려고 한다. 곧 왕필이 유·무라는 사물의 존재 구조를 통해
마음 비움을 강조하고 결국 마음 비움을 통해 무위에 도달할 수 있음을
차례대로 설명하는 방법과는 다르다. 이충익은 1장의 "無名天地之始, 有
名萬物之母"구절에 대해 왕필이 "無名, 天地之始, 有名, 萬物之母"로 구두
한 것과 달리 "無, 名天地之始, 有, 名萬物之母"로 구두하고는[46] 이곳의 유

---

45. 김학목, 「王弼의『老子注』에서 有·無에 대한 考察」,『철학』제63, 2000, 59~
76쪽.
46.『초원담로』1장의 주, "천지가 아직 있지 않은 것을 무(無)라고 이름 붙이고,
만물이 이윽고 생겨나오는 것을 유(有)라고 이름 붙이는데, 무는 유에 상대
적인 무가 아니고, 유는 무에서 유로 된 것이 아니다. 무는 바로 '영원한 무'
〔常無〕이어서 이름 붙일 수 있는 무가 아니니, 그 오묘함을 헤아릴 수 없다.
유도 '영원한 유'〔常有〕이어서 이름 붙일 수 있는 유가 아니니, 그 미묘함이
끝이 없다. 헤아릴 수 없는 오묘함과 끝이 없는 미묘함을 꿰뚫어 볼 수 있다
면, 유와 무는 '영원한 유'〔常有〕와 '영원한 무'〔常無〕가 되어서 이름 붙일 수

와 무로 나머지 11장과 40장의 유와 무를 설명하는데,[47] 2장의 유와 무
도 이 틀을 벗어나지 않는다.[48]

　이충익의 논리 전개로 볼 때, 2장의 유와 무 역시 무이면서 유라는 1장
의 구조로[49] 설명할 수밖에 없는데, Ⅱ장 2절에서 이미 설명했듯이 아름
다움을 이름으로 드러내어 강조하면 그 때문에 추함이 나오듯이 유와 무
는 상생한다는 것이다. 곧 유와 무는 구분되지 않고 이름 없는 상태에서
는 하나이기 때문에, 유를 드러내면 무가 나오고 무를 드러내면 유가 나
온다는 것이다. 다시 말해 '좋은 것을 드러내어 교화하려고 하면 백성들
이 자신의 분수를 망각하고 억지로 따르려고 해서 잘못되고, 추악한

　　있는 유와 무가 아님을 알 수 있다. 무가 그냥 독자적으로 무이기 때문에 유
　　와 다르지 않고, 유가 그냥 혼자서 유이기 때문에 무와 구별되지 않는다.〔天
　　地未有, 名之曰無, 萬物旣生, 名之曰有, 無非對有之無, 有非自無爲有, 無乃常無, 而
　　非可名之無, 則其妙不測. 有亦常有, 而非可名之有, 則其徼無際. 能觀不測之妙, 與
　　無際之徼, 則有無之爲常有無, 而非可名之有無, 可知矣. 無乃特無, 故不殊於有, 有
　　乃獨有, 故不別於無.〕

47. 『초원담로』11장의 주, "유와 무가 서로에게 있어 이로움과 효용이 되는 것
　　을 알면, 1장에서 '나온 곳이 같은데 이름이 달라진다'는 구절의 뜻을 알게
　　된다."〔知有無之相卽, 而爲利用, 則同出異名之旨, 見矣.〕40장의 주, "만약 '무가
　　있어 유를 낳고 유가 있어 사물을 낳았'고 말한다면 막혀서 이해되지 않는
　　곳이 허다할 것이니, 생사와 주야가 서로 일관되는 (1장의) '영원한 무'〔常無〕
　　와 '영원한 유'〔常有〕가 아니다."〔若曰有無生有, 有有生物, 許多隔斷, 非死生晝
　　夜, 相爲一貫之常無常有也.〕

48. 김윤경이 「李忠翊의 『椒園談老』에 드러난 有無觀」에서 이충익과 왕필의 유무
　　를 서로 비교·연구했지만, 아직까지 심도 있는 고찰은 이루어지지 않았다.

49. 『초원담로』1장의 주, "무가 그냥 독자적으로 무이기 때문에 유와 다르지 않
　　고, 유가 그냥 혼자서 유이기 때문에 무와 구별되지 않는다."〔無乃特無, 故不
　　殊於有, 有乃獨有, 故不別於無.〕

것을 드러내어 교정하려고 하면 자신이 추악한 것에 편하지 않아 억지로 회피하려고 해서 잘못된다'는 것이다.[50] 결국 무엇이든 이름으로 드러내어 교화시키면 그 의도를 벗어나 나쁘게 된다는 의미이다.

유와 무가 상생하는 것은 그것들이 원래 하나였기 때문에 한쪽을 드러내면 다른 한쪽이 나타난다는 것이 이충익의 관점이다. 곧 백성들을 교화시키려고 선한 것을 이름으로 드러내면 선하지 않게 되니, 선한 것과 신하지 않은 것이 함께 있기 때문이라는 말이다. 이런 점에서 아무리 아름다운 것일지라도 절대로 드러내서는 안 되니, 그것이 무위의 교화이다. 곧 통치자가 이것을 깨닫고, 말하지 않고 시행함이 없는 교화로 모든 생명을 고양·발현시켜야 한다는 것이 『도덕경』의 궁극적인 가르침이다. 유와 무가 하나라는 이충익의 논리에는 불교의 '색즉시공, 공즉시색'과 양명학의 '심즉리'가 묘하게 전제되어 있는데,[51] 이것에 대한 논의는 다른 지면을 통해 발표하겠다.

---

50. 『초원담로』 3장의 주, "현자를 높이고 어리석은 자를 천대하니, 어리석은 자가 (현명해지려고) 노력하며 자신이 있는 곳을 편하게 여기지 않는다. …. 높은 명예와 드러나는 직위를 사람들에게 과시하니, 영화를 바라는 것이 끝이 없어지고 풍속이 어지러워진다. 성인의 다스림은 백성을 근본으로 한다. 그런데 좋지 않은 자들을 '구제할 대상'[資]으로 취급하면 좋지 않은 자들이 좋지 않은 것에 불안해서 욕심낼 만한 좋은 것으로 달려가니, 이것은 좋지 않은 자들이 다투어 일어나 도적질을 하고 난을 일으켜서 성인이 구제해야 할 대상을 잃어버리는 것이다."〔尙賢而賤愚, 則愚者有所跂, 而不安其所矣. …. 高名顯位以夸示於人, 則榮願無窮, 而俗亂矣. 聖人之治, 以民爲本, 而以不善人爲資, 不善人不安於不善, 而騖善之可欲, 則是不善人爭起爲盜亂, 而聖人失其資矣.〕

51. 금장태, 『한국유학의 노자 이해』, 서울대출판부, 2006, 258쪽; 유호선, 「陽明學者 李忠翊의 佛敎觀 一考」, 119~139쪽; 김학목, 「江華學派의 『道德經』 주석에 관한 고찰」, 『동서철학연구』 제34호, 293쪽.

Ⅳ. 끝맺는 말

어느 사상이든 그것이 생명의 고양과 발현을 목표로 한다는 점에서는 모두 동일하다고 볼 수 있는데, 노자의 사상은 여타의 사상과 다르다. 도가 이외의 다른 학파에서는 인의나 겸애 같은 것을 생명 고양의 근본 덕목으로 강조한다. 그런데 노자는 무엇이든 드러내어 강조하면 도리어 생명을 훼손하니 아무 것도 주장하지 않아야 된다고 한다. 이것이 노자의 무위로 여타의 사상과 확연히 다른 점이다. 노자의 사상은 수없이 많은 학자들이 주석했지만, 일반적으로 왕필(226~249)의 『노자주』가 간결하게 노자의 의도를 가장 잘 드러낸 것으로 평가된다. 그런데 필자가 보기에 왕필보다 더 간결하고 정교하게 노자의 의도를 드러낸 것이 이충익(1744~1816)의 『초원담로』이다.

이충익은 당쟁에 패한 가문의 후손으로 독존유술의 시대에 온갖 고난과 가난을 견디면서 『노자』를 노자의 시각으로 주석했다. 그 주석 이면에는 양명학과 불교의 영향도 있지만 조선후기로 갈수록 심각하게 폐단을 드러내는 주자성리학은 물론 그 원초적 기반인 원시유학까지 반성함으로써 생명의 가치를 새롭게 창조하려는 진리탐구의 정신이 숨어 있다. 그런데 이충익의 통치이념 부정에는 조선조 『노자』 주석 유학자들이 대부분 성리학의 새로운 활로를 『노자』에서 모색한 것과 절대로 무관하지 않다. 이충익 바로 다음의 자타가 공인하는 정통주자학자 홍석주(1774~1842)까지 그의 『도덕경』 주석 『정노』에서 성리학을 긍정하지 않고 있기 때문이다.

춘추시대의 무위 교과서 『노자』가 2천 년 이상의 엄청난 세월 후에 유학 일색의 조선시대에 노자의 의도 그대로 생명을 고양하는 사상으로 재조명되었으니, 모두 초원 이충익의 진리탐구에 대한 열정 때문이다. 율곡 이이의 『순언』으로부터 이어지는 『도덕경』 주석의 대부분이 모두 성리학을 비판한다는 점에서는 동일하지만 『초원담로』처럼 노자의 입장에서 원시유학까지 비판하지는 않았다. 더구나 『도덕경』 주석에서 최고의 권위를 가진 왕필의 『노자주』를 능가하는 간결하고 정교한 논리로 생명의 고양을 위해 조선조의 통치이념을 비판했다는 점에서 이충익의 『초원담로』는 소선시대 시성사에서 큰 획은 긋는 자랑스러운 우리의 문화유산이다.

이충익이 왕필보다 1,500년 이상 이후에 귀무론을 대표하는 왕필의 『노자주』와 이것에 대립하는 숭유론[52] 및 수많은 주석들을 참조하고 『도덕경』을 주석했으니, 왕필보다 훌륭할 수밖에 없다고 말할 수도 있다. 물론 그런 점은 당연히 인정해야 하겠지만 그렇다고 그것으로 『초원담로』의 탁월함이 결코 평가절하될 수는 없다. 다만 피비린내 짙게 풍기는 당쟁의 반동으로 『초원담로』가 나왔을 수도 있다는 생각에 곧 가문의 당쟁 패배 여파로 어린 시절부터 겪은 혹독한 아픔과 헤어날 길 없는 좌절 때문에 이념의 대립을 무화시키는 노자의 사상에 강렬하게 매혹되어 이토록 훌륭한 주석을 남겼을 수도 있다는 생각에 가슴 한편이 저민다.

---

52. 『초원담로』 「後序」, "'무를 귀하게 여기는 학파'〔無家〕는 세속의 학문이 근본에 헷갈리는 것을 비천하게 보고, '유를 높이는 학파'〔有家〕는 현묘한 이치가 일을 처리하지 못하는 것을 싫어하였다. 제각기 스스로 높이고 폄하하여 서로 융합되지 못하니, 유와 무가 모두 성립하지 못하고 도술이 분열되었다. …."〔無家, 卑世學之迷其本, 有家, 嫌玄理之不綜物. 各自主奴, 不相融攝, 有無俱不成立, 而道術裂. ….〕

슬기바다 13

노자 도덕경과 왕필의 주^注

초판 제1쇄 발행일 2000년 12월 28일
개정판 제1쇄 발행일 2012년 05월 30일
개정판 제2쇄 발행일 2014년 03월 27일

지은이 노자(老子)
옮긴이 김학목
발행인 이승용

발행처 |주|홍익출판사
출판등록번호 제1-568호
출판등록 1987년 12월 1일
주소 [04043]서울 마포구 양화로 78-20(서교동 395-163)
대표전화 02-323-0421   **팩스** 02-337-0569
이메일 editor@hongikbooks.com
홈페이지 www.hongikbooks.com

ISBN 978-89-7065-289-4 (03100)

이 도서의 국립중앙도서관 출판시도서목록(CIP)은
e-CIP 홈페이지(www.nl.go.kr/ecip)에서 이용하실 수 있습니다.
(CIP제어번호 : 2012002494)